Simpert-Kraemer-Gymnasium Krumbach		
Schuljahr	Name, Vorname	Klasse

20 /		
20 /		

Lesebuch für den Lateinunterricht

FONTES I

Macht und Politik
Rom und Europa
Liebe – Laster – Leidenschaft

mit Erläuterungen
und weiterführenden Texten

von
Karin Bittner
Jutta Harrer
Ingrid Terpolilli

J. LINDAUER VERLAG MÜNCHEN

1. Auflage – 4 3 2 1 / 2015 14 13 12
Die letzte Zahl bezeichnet das Jahr des Drucks.

Alle Drucke dieser Auflage sind, weil untereinander unverändert, nebeneinander verwendbar.

© 2011 J. Lindauer Verlag GmbH & Co KG, Kaufingerstr. 16, 80331 München
www.lindauer-verlag.de
ISBN 978-3-87488-215-6
Alle Rechte vorbehalten
Layoutentwurf: Jutta Harrer, Gräfelfing
Gesamtherstellung: Friedrich Pustet, Graphischer Großbetrieb, Regensburg

VORWORT

FONTES I ist ein Lesebuch für den Lektüreunterricht der 9. Jahrgangsstufe. Da Lektüre von *legere* „sammeln, lesen" abgeleitet ist, war es das Ziel, die lateinischen Texte so auszuwählen und zu präsentieren, dass dieser Aspekt nicht verloren geht. Die zum Teil umfangreichen deutschen Zwischentexte bringen den Inhalt nahe und erleichtern dadurch das Übersetzen, thematisch verwandte Texte vertiefen das Verständnis. Die Gegenwart wird immer wieder einbezogen, das persönliche Urteil herausgefordert, so dass das lateinische Original zur Quelle für eigene Überlegungen werden kann.

Auch das Titelbild stellt die Verbindung zwischen Altertum und Gegenwart her. Es zeigt den Konstantinsbogen aus dem 4. Jahrhundert in Rom in der Nähe des Kolosseums. Er diente als Vorbild für viele andere Triumphbögen, auch für das Siegestor, das in der Mitte des 19. Jahrhunderts in München errichtet wurde. Im Zweiten Weltkrieg wurde es selbst schwer beschädigt. Seit dem Wiederaufbau trägt es folgende Inschrift: Dem Sieg geweiht – vom Krieg zerstört – zum Frieden mahnend.

Die drei Kapitel „Macht und Politik", „Rom und Europa" und „Liebe, Laster, Leidenschaft" entsprechen den Vorgaben des Lehrplans für das G 8. Zu jedem einzelnen Text gehören ein ausführlicher Kommentar, Aufgaben zur Grammatik und zur Interpretation, dazu ein kleiner Lernwortschatz für die laufende Vorbereitung. In den ersten Abschnitten der *Commentarii de bello Gallico* am Anfang des Buches werden gezielt die wesentlichen grammatikalischen Erscheinungen aufgegriffen, um den Einstieg in das Übersetzen der Caesar-Texte zu vereinfachen. Zur schnellen Orientierung, Wiederholung und Ergänzung enthält der Anhang dazu eine auf das Notwendige beschränkte Übersicht der betreffenden Regeln. Diese Zusammenstellung ist auch für alle folgenden Texte bequem nutzbar.

Außerdem sind Hinweise zur Satzanalyse, zu den Stilmitteln und zur Metrik, weiterhin der gesamte Lernwortschatz, das Grundwissen und ein Namen- und Sachverzeichnis im Anhang beigefügt.

Die Texte und Arbeitsaufgaben sind als Angebot zu verstehen, d.h. sie sollen dem unterschiedlichen Interesse der Benutzer genügend Möglichkeiten bieten, im Rahmen des Lehrplans auszuwählen. Die Themen zur Gruppenarbeit sind zum Teil im Sinne der Projektarbeit für eine etwas längere Bearbeitungszeit konzipiert. Sie sollten also frühzeitig in die Planung einbezogen werden, damit die Ergebnisse sinnvoll in den Unterricht integriert werden können.

J. H.

INHALT

I. MACHT UND POLITIK — 9

1. EINLEITUNG: *VIR VERE ROMANUS* – DIE VERKÖRPERUNG DER *MORES MAIORUM* — 10

Mores antiqui (Ennius, Annales V, 156) — 10
Exempla maiorum (Quintilian, Institutio oratoria XII, 2, 29–30) — 11
Utile an honestum? (Cicero, De officiis III, 99–100, gekürzt) — 11
(Participium coniunctum, relativischer Satzanschluss)
  Römische Wertbegriffe: virtus — 13

2. C. IULIUS CAESAR – EROBERER, HERRSCHER, ERNEUERER

2.1 BIOGRAPHIE
2.1.1 Caesar und Rom — 14
2.1.2 Caesar – Zeittafel — 16

2.2 *COMMENTARII DE BELLO GALLICO* — 18
2.2.1 Die *Commentarii* als literarisches Werk — 18
2.2.2 Caesars Sprache — 18
2.2.3 Gallien und seine Bewohner *(B.G. I, 1)* — 19
  (Adverb, Gerundium, Gerundivum)
2.2.4 Die Helvetier – willkommene Feinde *(B.G. I, 12)* — 21
  (AcI, Satzanalyse)
2.2.5 Die Germanen – Roms Erzgegner *(B.G. I, 43–45)* — 23
  (indirekte Rede, verschränkter Relativsatz,
  Neutrum Plural verschiedener Wortarten als Substantiv)
2.2.6 *Clementia Caesaris* – nur ein Mittel zum Zweck? *(B.G. II, 29–35)* — 27
  (Ablativus absolutus)
2.2.7 Caesars Rheinübergang – ein historischer Moment *(B.G. IV, 16–19)* — 31
  Die Brück' am Tay (Theodor Fontane) — 34
2.2.8 Exkurs: Leben und Sitten der Gallier *(B.G. VI, 11–19, Auswahl)* — 35
  (NcI)
  Keltische Gottheiten — 37
2.2.9 Exkurs: Leben und Sitten der Germanen *(B.G. VI, 21–27, Auswahl)* — 38
  Die „edlen Wilden" (Tacitus, Germania, Auswahl) — 42
2.2.10 Das Ende des Freiheitskampfes der Gallier *(B.G. VII, 77–90, Auswahl)* — 43

2.3 CAESARS REFORMPROGRAMME — 46

2.4 *IMPERIUM ROMANUM – BELLUM IUSTUM – PAX ROMANA*
2.4.1 Der römische Weg — 47
2.4.2 *Bellum iustum*: Was heißt hier *iustum? (Cicero, De re publica III, 34f.)* — 48
2.4.3 Caesar und die Freiheit der anderen *(B.G. III, 10)* — 49
2.4.4 Vergil: die Bestimmung der Römer *(Aeneis VI, 851 ff.)* — 49

2.5	**CAESAR IM URTEIL DER UMWELT UND DER NACHWELT**	
2.5.1	*Clementia Caesaris* – Tugend oder Kalkül? *(Sueton, Divus Iulius 75)*	51
	Gnadenrecht	54
2.5.2	Zwei ungleiche Charaktere – Caesar und Cato *(Sallust, De coniuratione Catilinae 54)*	55
2.5.3	Der Tod des Tyrannen *(Sueton, Divus Iulius 76/82, gekürzt)*	57
2.5.4	*Quo tendis, Caesar? (Lukan, Pharsalia I, 183 ff.)*	58
2.5.5	Caesar im Spiegel der Geschichtstheorie: *Vir vere Romanus* (Theodor Mommsen) – Fragwürdige Größe (Bertolt Brecht) – Ohnmacht der Stärke (Christian Meier)	59
2.5.6	Caesars Weiterleben *(kleine Auswahl)*	60
3.	**KARL DER GROSSE – EIN EUROPÄISCHER HERRSCHER *DEI GRATIA***	
3.1	**KARL DER GROSSE UND EUROPA**	61
3.2	**DIE BIOGRAPHIE ALS LITERARISCHE GATTUNG**	
3.2.1	Nepos, Tacitus, Sueton	62
3.2.2	Einhard	62
3.3	**EINHARD, *VITA KAROLI MAGNI***	
3.3.1	Christianisierung im Dienste der Politik *(Vita 7, gekürzt)*	63
3.3.2	Die Hunnen – die Gefahr aus dem Osten *(Vita 13)*	65
3.3.3	Mit Diplomatie zum Ziel *(Vita 16, gekürzt)*	67
3.3.4	Karl der Große – eine Persönlichkeit von hohem Rang *(Vita 24–26, Auswahl)*	69
	Artes liberales	70
3.3.5	Die karolingische Reform *(Vita 29, gekürzt)*	71
II.	**ROM UND EUROPA**	73
1.	**ROMS ERBE – DIE LATEINISCHE SPRACHE UND IHR FORTWIRKEN**	74
2.	**ROMS AUFSTIEG ZUR WELTMACHT**	
2.1	**DIE RÖMISCHEN PROVINZEN UND IHRE VERWALTUNG**	76
2.2	**ENTWICKLUNG UND BEDEUTUNG DER PROVINZEN** *(Cicero, In Verrem act. II, II, 2–9)*	77
2.3	**DIE GERMANIENPOLITIK DER RÖMER**	79
	Der Germanenbegriff	79
	Die Eroberung Germaniens	79
	Die Römer in Germanien	79
2.3.1	Das Leben in den Provinzen	81
	Die römische Epigraphik	81
2.3.2	Ausgewählte Inschriften (Bau einer Wasserleitung, Inschrift eines Zenturios; Inschrift für einen Sklaven; Inschrift für einen jung verstorbenen Sohn)	83
	Die Inschrift auf dem Augsburger Siegesaltar	87

2.3.3		Das Leben in der Provinz Noricum in der Spätantike	
		Der heilige Severin *(Eugippius, Vita Sancti Severini,*	
		in Auszügen aus den Kapiteln I, IV, XI, XIX, XX, XXVIII)	88
		Severins Weissagung vor seinem Tod (Vita Sancti Severini,	
		XL, Auszüge)	95

3. DIE RÖMER UND DAS CHRISTENTUM

3.1	DIE RELIGION DER RÖMER		96
3.2	DIE ANFÄNGE DES CHRISTENTUMS		96
3.2.1	Der Brand von Rom *(Tacitus, Annales XV, 38/44)*		97
3.2.2	Die Bekehrung des Paulus – von Saulus zu Paulus		
	(Acta Apostolorum 9)		98
3.3	DIE ENTWICKLUNG DES CHRISTENTUMS		101
3.3.1	Die Verfolgung von Christen – die Märtyrerakten		
	(Passio Sanctarum Perpetuae et Felicitatis VI, 1–6;		102
	Passio Beati Maximi Episcopi, Auszüge)		104
	Die heilige Fides		105
3.3.2	Verteidiger des Christentums – die Apologeten		
	(Der Brief an Diognetus; Tertullian, Apologeticum, XLII, 1–7)		
3.3.3	Die antiken Götter *(Cicero, De natura deorum I, 46–48, gekürzt;*		109
	Minucius Felix, Octavius, XXIII, 5–7; XXIV, 1)		110
3.3.4	Das Ende der Christenverfolgungen		
	(Laktanz, De mortibus persecutorum 44)		112
	Ein Sieg für die Ewigkeit – die Inschrift am Konstantinsbogen		116
	Das Christentum wird zur Staatsreligion – das Dreikaiseredikt		117

4.	DIE ÜBERLIEFERUNG DES ANTIKEN GEDANKENGUTES		118
4.1	DIE LATEINISCHE LITERATUR IM MITTELALTER		
	Die *Carmina Burana (C. 136; 196, gekürzt; Archipoeta, C. 191)*		119
	Trinkfreudige Zeitgenossen (Martial I, 28; XII, 12;		
	Regula Sancti Benedicti 40		127
4.2	DIE HUMANISTEN		128
4.2.1	Francesco Petrarca		128
4.2.2	Romreisen *(Francesco Petrarca, Epistolae ad familiares II, 14, gekürzt;*		
	Conrad Celtis, Epigrammata II, 6)		129

5.	BAROCKES LATEIN AUF DER MARIENSÄULE IN MÜNCHEN		131
	Inschriften in München		132

6.	BLICK AUF DIE GEGENWART		134
6.1	DIE BEDEUTUNG DER LATEINISCHEN SPRACHE		
	(Papst Johannes XIII., Constitutio Apostolica, gekürzt)		135
6.2	DIE EUROPAHYMNE		137
	De vehiculis amphibiis (Nuntii Latini Nr. 478 vom 24.08.2003)		138
	Semper infans (Nuntii Latini Nr. 436 vom 07.08.2002)		138

III. LIEBE – LASTER – LEIDENSCHAFT 139

1. EINFÜHRUNG 140

2. FREUNDSCHAFT – LIEBE – LEIDENSCHAFT
Die Dichterin Sappho 142
Die Neoteriker – Wertschätzung der Subjektivität 143

2.1 C. VALERIUS CATULLUS – STURM UND DRANG IN ROM
2.1.1 Catull: Leben und Werk 144
2.1.2 Widmungsgedicht an den Freund Cornelius Nepos *(C. 1)* 146
Catulls Anspruch an seine Dichtung (C. 68a, V. 33–36) 148
Die Musen – Schutzgöttinnen der Kunst 148

2.2 LESBIA – EINE VERBOTENE LIEBE IN ROM? 149
2.2.1 Das Erwachen der Liebe *(C. 51, Sappho, frgm.)* 150
2.2.2 Der Liebesbeweis? *(C. 83; 109)* 152
2.2.3 Endlich am Ziel! *(C. 5)* 154
My Sweetest Lesbia (Thomas Campion, A Booke of Ayres I) 156
Catullus an Clodia, XV (Thornton Wilder, Die Iden des März) 156
2.2.4 Der Liebsten Allerliebstes! *(C. 2)* 157
2.2.5 Furcht vor der Flüchtigkeit der Liebe *(C. 70; 72)* 158
2.2.6 Alles Vergangenheit – aus und vorbei! *(C. 87; 75; 85; 58)* 160
Auswahl von Übersetzungen zu C. 85 aus verschiedenen Zeiten 163
Catullus an Clodia, XVII (Thornton Wilder, Die Iden des März) 163
Notizen zu Clodia in Ciceros Rede Pro M. Caelio (Auszüge) 164
2.2.7 Trauer um den Sperling *(C. 3)* 165
Das Luxushündchen Issa (Martial, Ep. I, 109, gekürzt) 167
Grabinschrift für das Schoßhündchen Myia 167
2.2.8 Das Leben geht weiter! *(C. 8)* 168
Die Elegiker: Tibull, Properz, Sulpicia und Ovid 169
Sulpicia (Epistula I) 170

2.3 P. OVIDIUS NASO – DER LIEBESLEHRER
2.3.1 Ovid: Leben und Werk *(Überblick)* 171
2.3.2 Einführung: *Ars amatoria* – Lieben als Kunst?
Der Dichter und die *Ars amatoria* 172
Gattungsmerkmale der *Ars amatoria* 172
Die Verbannung 172
Aufbau und Sprache der *Ars amatoria* 173

2.4 ARS AMATORIA
2.4.1 Lieben will gekonnt sein!
(Proömium, I, 1–10, gekürzt; 21–24; 29–34; I, 35–44; 55–66) 174
Ehe- und Sittengesetze des Kaisers Augustus
Militia amoris – Liebesdienst ist Kriegsdienst! (Am. I, 9, gekürzt) 178
2.4.2 Ratschläge für die Praxis *(I, 79–146, gekürzt; 475–486; III, 471–482; III, 103–110; 121–122; III, 133–152, gekürzt; III, 193–230, gekürzt)* 179
Auch Männern schadet Schönheitspflege nicht …
(I, 505–522, gekürzt) 185
Aber: Vorsicht vor allzu schönen Männern! (III, 433–456, gekürzt) 185

3.	LASTER – LÄSTERN – LEIDENSCHAFT	
	Einführung: Das Epigramm in Rom	186
	Aufbau des Epigramms	186
	Entwicklung und Rezeption des Epigramms	186
3.1	M. VALERIUS MARTIALIS – DAS LÄSTERMAUL	
	Leben und Werk	187
3.2	EPIGRAMMATON LIBRI XII	
3.2.1	Der Stolz des Dichters auf seinen Erfolg *(VI, 60; XIV, 194; I, 16; IX, 97)*	188
3.2.2	Kritik unter Dichterkollegen *(VII, 3; I, 110; VIII, 29; II, 88; I, 91; VII, 77; VIII, 69)*	189
	Martial, Prologus (Vorwort zu Buch I, gekürzt)	191
	Martial, Ep. I, 1	191
	John Owen, Ad Martialem, Epigrammatum libri X (2, 160)	191
	Valerius grüßt seinen Priscus (einleitender Brief zu Buch XII, gekürzt)	191
3.2.3	Heiratslustige Zeitgenossinnen *(X, 8; IX, 10; VIII, 79)*	192
3.2.4	Problematische Eheleute *(III, 26; IX, 15; IX, 78; X, 43)*	193
3.2.5	Schönheitsfehler *(V, 45; XI, 101; III, 8; XII, 7; I, 19; II, 35)*	195
3.2.6	Nachhilfe in Sachen Schönheit *(V, 43; III, 43; XII, 23; VI, 57)*	196
3.2.7	Lasterhafte Eigenschaften *(I, 71; I, 40; IV, 24; III, 94; X, 54)*	198
3.2.8	Verzerrte Berufsbilder *(X, 62, gekürzt; X, 60; V, 54; VII, 83; I, 47; VIII, 74; XI, 93)*	199
3.3	C. VALERIUS CATULLUS – DER BISSIGE SPÖTTER	
3.3.1	Provinzschönheiten *(C. 86; 43)*	201
3.3.2	Catull und Caesar – Kritik an Machtgier und Günstlingswirtschaft? *(C. 57, gekürzt; 29, gekürzt; 93)*	202

Anhang

I.	Grammatik	205
II.	Stilmittel	225
III.	Besonderheiten der Dichtersprache	227
IV.	Einführung in die lateinische Metrik	227
V.	Lernwortschatz	230
VI.	Grundwissen	236
VII.	Literaturverzeichnis	240
VIII.	Namen- und Sachverzeichnis	243
IX.	Abkürzungsverzeichnis	247
X.	Bild- und Textquellenverzeichnis	248

I. MACHT UND POLITIK

C. Iulius Caesar
(102/100–44 v. Chr.)

Karl der Große
(768–814 n. Chr.)

1. EINLEITUNG: *VIR VERE ROMANUS* – DIE VERKÖRPERUNG DER *MORES MAIORUM*

(Participium coniunctum, relativischer Satzanschluss)

In Rom war es zur Zeit der Republik für einen Mann aus dem Adel, der führenden Schicht im Staate, selbstverständlich, sich am politischen Leben zu beteiligen. Eine starke innere Bindung an das Gemeinwesen ließ die persönlichen Interessen hinter dem Einsatz für das große Ganze zurücktreten. Der Lohn war Macht, Anerkennung und Ruhm über das eigene Leben hinaus.

In seinem Werk *De re publica* definiert M. Tullius Cicero den Staat so (I, 39):

Est igitur res publica res populi, populus autem non omnis hominum coetus quoquo modo congregatus, sed coetus multitudinis iuris consensu et utilitatis communione sociatus.

> Der Staat ist also die Sache des Volkes, das Volk aber ist nicht jeglicher auf jede beliebige Weise zusammengewürfelte Zusammenschluss von Menschen, sondern das Zusammentreffen einer Menge, die durch die gleiche Rechtsauffassung und durch das Staatswohl vereinigt ist.

Marskopf auf einer Didrachme, erste römische Silbermünze (281 v. Chr.)

Die urrömische Tugend der *pietas* zeichnete schon den trojanischen Helden Aeneas aus, den die Römer als ihren Ahnherrn ansahen. Sie bedeutete die freiwillige Bindung aus Verehrung und Achtung heraus und galt gegenüber den Göttern, dem Vater, den Verwandten und darüber hinaus auch der *patria*.

Richtschnur für das eigene Handeln waren die *mores maiorum*, die Sitten der Vorfahren. Durch leuchtende Beispiele für vorbildhaftes Verhalten wurden die Heranwachsenden mit ihnen vertraut gemacht. Ein Schatz von Legenden aus der Gründungszeit des *imperium Romanum* sollte das wahre Römertum zeigen, um das Engagement für die *res publica*, d. h. die *res populi* zu verankern und den Bestand der Herrschaft zu sichern.

Mores antiqui (Ennius, *Annales V, 156*)

Ennius (239–169 v. Chr.), einer der wenigen uns bekannten Dichter aus der ersten (archaischen) Blüteperiode römischer Literatur, schuf nach dem Vorbild der Odyssee Homers mit den *Annales* das erste römische Nationalepos; dies wurde später allerdings in seiner Wirkung von der *Aeneis* Vergils überflügelt und geriet weitgehend in Vergessenheit.

In dem Fragment heißt es:

Moribus antiquis res stat Romana virisque.

> Der römische Staat ruht auf den Sitten und Männern der Vorzeit.

Exempla maiorum (Quintilian, *Institutio oratoria XII, 2, 29–30*)

M. Fabius Quintilianus, der führende Redelehrer seiner Zeit (um 35–100 n. Chr.), sieht es in seiner Unterweisung für den Redner als ein wichtiges Lernziel an, Worte und Taten bedeutender Vorfahren des eigenen Volkes zu kennen und sich an ihnen zu orientieren. Er zählt die Hauptmerkmale auf, die zur *virtus*, diesem umfassenden moralischen Begriff für vorbildhaftes Denken und Handeln im öffentlichen und privaten Bereich, gehören und den wahren Römer, den *vir vere Romanus,* auszeichnen.

An fortitudinem, iustitiam, fidem, continentiam, frugalitatem, contemptum doloris ac mortis melius alii docebunt quam Fabricii, Curii, Reguli, Decii, Mucii aliique innumerabiles? Quantum enim Graeci praeceptis valent, tantum Romani, quod est maius, exemplis.

> Oder werden etwa Tapferkeit, Gerechtigkeit, Treue, Selbstbeherrschung, Bescheidenheit, Verachtung von Schmerz und Tod besser andere lehren als Männer wie Fabricius, Curius, Regulus, Decius, Mucius und unzählige andere? Wie viel nämlich die Griechen aufgrund ihrer Lehrsätze gelten, so viel gelten die Römer, was bedeutender ist, durch Vorbilder.

Utile an honestum? (Cicero, *De officiis III, 99–100, gekürzt*)

M. Tullius Cicero (106–43 v. Chr.), ein Zeitgenosse Caesars (100–44 v. Chr.), ein glänzender Redner und hervorragender Anwalt, betätigte sich auch als Politiker (vgl. 2.5.2, S. 55) und war der große Vermittler des philosophischen Gedankenguts der Griechen.

In der Schrift *De officiis*, die er gegen Ende seines Lebens verfasste (er wurde wie Caesar vom politischen Gegner ermordet), handelt er das Sittliche *(honestum)* und das Nützliche *(utile)* ab und zeigt im dritten Teil auch mögliche Konflikte für den handelnden Menschen auf.

Als Beispiel führt er den Konsul Regulus an, der sich im Sinne der römischen altehrwürdigen *(prisca) virtus* verhält, als es um sein eigenes Schicksal und um die Belange des Vaterlandes geht. Als römischer Feldherr wird er im Kampf gegen Hannibals Vater Hamilcar im Ersten Punischen Krieg aus dem Hinterhalt gefangen genommen.

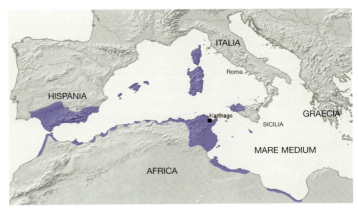

Das Gebiet des Punischen Reichs z. Zt. des Ersten Punischen Krieges (264–241 v. Chr.)

(99) … M. Atilius Regulus iuratus missus est ad senatum, ut nisi redditi essent Poenis captivi nobiles quidam, rediret ipse Carthaginem. Is cum Romam venisset, utilitatis speciem videbat, sed eam, ut res declarat, falsam iudicavit; …

(100) … Itaque quid fecit? In senatum venit, mandata exposuit, sententiam ne diceret, recusavit; quamdiu iure iurando hostium teneretur, non esse se senatorem. … Reddi captivos negavit esse utile; illos enim adulescentes esse et bonos duces, se iam confectum senectute. Cuius cum valuisset auctoritas, captivi retenti sunt, ipse Carthaginem rediit, neque eum caritas patriae retinuit nec suorum. …

… M. Atilius Regulus wurde zum Senat geschickt, nachdem er geschworen hatte, er werde, wenn den Puniern nicht bestimmte gefangene Adlige zurückgegeben würden, selbst nach Karthago zurückkehren. Als er nach Rom kam, sah er den Schein der Nützlichkeit, hielt ihn aber, wie der Verlauf zeigt, für irrig; …

… Was tat er deshalb? Er trat vor den Senat, legte seinen Auftrag dar und weigerte sich, seine Stimme abzugeben; solange er durch einen feindlichen Eid gebunden werde, sei er kein Senator. … Er lehnte ab, dass es nützlich sei, die Gefangenen zurückzugeben; jene seien nämlich junge Männer und gute Führer, er aber sei schon vom hohen Alter erschöpft. Da seine Autorität den Ausschlag gab, wurden die Gefangenen zurückbehalten, er selbst kehrte nach Karthago zurück und weder die Liebe zum Vaterland noch zu den Seinen konnte ihn zurückhalten. …

Aufgaben

1. a) Wiederhole am Beispiel *Regulus iuratus missus est …* (S. 12, Z. 1) das Participium coniunctum (→GR 9, S. 217)!
   b) Übersetze folgenden Satz, indem du alle in GR 9 (S. 217) angegebenen Übersetzungsmöglichkeiten anwendest:
   Poeni Regulum consulem fide eius confisi ad senatum miserunt
   (*confidere, confido, confisus sum* vertrauen; PPP mit aktiver Bedeutung)!
2. Informiere dich in GR 12, S. 219 über die besondere Verwendung des Relativpronomens am Satzanfang wie in *Cuius cum … auctoritas* (S. 12, Z. 7)!
3. Stelle fest, um wessen Nutzen es Regulus in seiner Stellungnahme geht!
4. Erläutere, inwiefern Regulus damit dem Ideal des *vir vere Romanus* gerecht wird!
5. Finde heraus, worin der Unterschied zur Eidestreue des Regulus besteht!
6. Gruppenarbeit:
   Bis in die jüngste Geschichte gibt es Beispiele, dass Einzelne bereit sind, ihr Leben aus Verantwortung für die Allgemeinheit einzusetzen.
   Als es 1975 in Deutschland im Verlauf der Terroranschläge der RAF/Rote-Armee-Fraktion zu Geiselnahmen kam, wusste die deutsche Bundesregierung, dass das Leben der Geiseln bedroht war. Dennoch entschied sie sich gegen einen Austausch, um die Geiselnehmer durch den Misserfolg ihrer Aktion von weiteren Anschlägen abzuhalten. Aus dem Tod einiger Geiseln zogen der damalige Bundeskanzler Helmut Schmidt und seine Frau Loki die persönliche Konsequenz. Wie erst 30 Jahre später bekannt wurde, hinterlegten sie, ohne dies öffentlich bekannt zu geben, eine Verfügung, dass sie im Falle einer Entführung nicht ausgetauscht werden sollten.

a) Diskutiert, welche Erwägungen als Grundlage für eine solche Entscheidung denkbar sind!
b) Vergleicht die Situation und das Verhalten der beiden Staatsmänner und stellt Übereinstimmungen und Unterschiede fest!
7. Finde heraus, welche Rolle der auf der Münze abgebildete Gott Mars (S. 10) in der römischen Mythologie spielte!

LW

recūsāre, nē	sich weigern, dass
valēre, valeō, valuī	vermögen; den Ausschlag geben
sententiam dīcere, dīcō, dīxī, dictum	*bei der Abstimmung* seine Stimme abgeben
quōquō modō	auf jede beliebige Weise

EW Erkläre Herkunft und Bedeutung: Zensur!

Zum Weiterlesen und Vertiefen

Römische Wertbegriffe: *virtus*

Ein Kennzeichen des Römertums war die Orientierung an festen Normen, d. h. an Regeln, die für jedermann Gültigkeit besaßen. An zentrale Begriffe wie *labor, industria, ratio, fides, pietas, honos, iustitia, auctoritas* u. a. gebunden, griffen sie ineinander und bildeten einen Verhaltenskanon, der im täglichen Leben und in der geistigen Auseinandersetzung die gemeinsame Grundlage darstellte. Wie aber die Gesellschaft sich weiterentwickelte, so unterlagen auch die Begriffe einem Wandel. Besonders deutlich lässt sich dies bei *virtus* verfolgen.

Ursprünglich beinhaltete *virtus* alle die Fähigkeiten des Mannes, die der Kampf um die tägliche Existenz dem Bauernvolk abverlangte. So entwickelte sich *virtus* in der Bedeutung von „Mannestum, Tatkraft, Tapferkeit, Mut, *Pl.* Heldentaten" zum zentralen Wert des Daseins.

Virtus war an keinen sozialen Rang gebunden. Sie erwies sich vor allem in der Leistung für die Gemeinschaft, im Frieden wie im Krieg. Eng verknüpft war sie mit *honos*, der Anerkennung durch Gesellschaft und Nachwelt. Als die Römer begannen, sich mit der griechischen Philosophie zu befassen, wurde ἀρετή, der höchste griechische Wert, mit *virtus,* dem höchsten römischen Wert, übersetzt, obwohl er einen ganz anderen Ursprung hatte.

In dem Maße, in dem bei den Römern gegen Ende der freien Republik das Wohl der Gemeinschaft als Ziel des eigenen Handelns hinter dem individuellen Macht- und Glücksstreben zurücktrat, veränderte sich auch *virtus,* wurde verinnerlicht. Sie maß sich nun in Anlehnung an die griechische Philosophie am eigenen, idealen Wertmaßstab und wurde „Kern einer freien, unabhängigen, nur dem eigenen Gewissen verpflichteten Persönlichkeit"[1]. Die Bedeutung von *virtus* wurde erweitert durch Werte, die wir am besten mit „Tugend, Tugendhaftigkeit, *Pl.* Vorzüge, Sittlichkeit, Ehrenhaftigkeit, Moral" wiedergeben.

[1] Büchner, Karl, Römertum, Reclam, Stuttgart 1980, S. 84

2. C. IULIUS CAESAR – EROBERER, HERRSCHER, ERNEUERER
2.1 BIOGRAPHIE

2.1.1 Caesar und Rom

Caesar als *dictator perpetuus*, römische Denar-Münze

Alea iacta est![1] – „Der Würfel ist geworfen!" Mit diesem Ausspruch verknüpfte Caesar vor der Überschreitung des Flusses Rubikon im Jahr 49 v. Chr. sein Leben unwiderruflich mit dem Geschick Roms und letztlich mit dem Ende der Republik.

Caesar befand sich auf dem Rückweg aus der Provinz Gallien. Als Konsul (59 v. Chr.) hatte er die Verwaltung dieser Provinz im Anschluss an seine Amtszeit angestrebt, um sich ein eigenes Heer aufbauen zu können und dem erfolgreichen und beliebten Feldherrn Pompeius an Kriegsruhm wenigstens gleichzukommen. *Sibi magnum imperium, exercitum, bellum novum exoptabat, ubi virtus enitescere („glänzen") posset*[2], schreibt dazu der Historiker Sallust (86–35 v. Chr.). Mit starker Hand und Entschlossenheit hatte Caesar weit über den ursprünglichen Auftrag hinaus in den Jahren 58–51 die Gallier unterworfen. Dass die Nachwelt darüber so gut unterrichtet ist, verdankt sie Caesar selbst, der aus seinen Aufzeichnungen während der Kriegsjahre die *Commentarii de bello Gallico* schuf.

Caesars eigenmächtiges Vorgehen in Gallien löste bei seinen politischen Gegnern in der Heimat die größten Befürchtungen aus, er könne auch versuchen, in Rom die Macht an sich zu reißen. Sie setzten im Senat durch, dass er vor seiner Rückkehr nach Rom sein Heer entlassen müsse.

Dazu war Caesar nicht bereit. Der Stolz auf seine Herkunft aus dem alten patrizischen Geschlecht der Julier und das Bewusstsein seiner überragenden persönlichen Fähigkeiten machten ihn sicher, dass er berufen war, gegen jeden Widerstand die Geschicke Roms in die eigene Hand zu nehmen, selbst wenn er damit einen Bürgerkrieg auslöste. Denn wenn er seine Pläne von der Erneuerung der inneren Ordnung des Staates und der Machtverteilung durchsetzen wollte, war der Senat für ihn ein Hindernis; deshalb musste dieser bekämpft und ausgeschaltet werden.

Pompeius, der das Heer des Senats befehligte, musste sich vor Caesars kampferprobten Truppen bis nach Griechenland zurückziehen. Caesar gelang es, eine Flotte zu bauen, ihn zu verfolgen und bei Pharsalos vernichtend zu schlagen. Pompeius konnte zwar noch nach Ägypten fliehen, wurde dort aber bei der Landung ermordet.

Caesar nahm Ägyptens Hauptstadt Alexandria ein. Nach der Liebesbeziehung mit der Königstochter Kleopatra kehrte er Ende 47 wieder auf die politische Bühne in Rom zurück. Unterwegs besiegte er in Kleinasien den König Pharnazes von Pontus so schnell, dass er nach Rom die berühmte Meldung schicken konnte: *Veni, vidi, vici.* – „Ich kam, sah, siegte."

---

[1] Sueton, *De vita Caesarum, Divus Iulius, 32*. Caesar zitierte den weitverbreiteten Vers aus der Komödie „Arrhephoros" des griechischen Dichters Menander auf Griechisch. Vollständig lautet der Vers: „Dedogmenon to pragm(a); anerriphtho kybos!" – „Beschlossen ist die Sache; hochgeworfen sei der Würfel!" Es ist also der Moment höchster Spannung. Der Humanist Erasmus hat den lateinischen Wortlaut später an das griechische Original angeglichen: „Iacta alea esto!" (s. Klaus Bartels, Veni, vidi, vici. Geflügelte Worte aus dem Lateinischen und Griechischen, Zürich und München 1990[8], S. 37 f.)

[2] Sallust, *De coniuratione Catilinae, 54*

Er verfolgte seine Gegner, die Rom verlassen hatten, und schlug sie 46 bei Thapsus in der Provinz Nordafrika. Den letzten militärischen Widerstand unter der Führung der beiden Söhne des Pompeius brach er im Jahr 45 durch den Sieg bei Munda in Spanien.

Er hatte schon während dieser Jahre der Machtergreifung mit rastloser Tatkraft seine Ziele der inneren und äußeren Neuordnung des Staates umgesetzt (vgl. 2.3, S. 46). Anders als Sulla mit den Proskriptionen wütete er nach dem Sieg nicht unter seinen früheren Gegnern, sondern ließ Milde *(clementia)* walten. Er strebte nicht nach der Königswürde, die bei den Römern seit der Vertreibung des letzten Königs Tarquinius Superbus um das Jahr 500 v. Chr. verhasst war. Aber die Ernennung zum Diktator, die Caesar nach dem Sieg in Spanien erst auf zehn Jahre, im Februar 44 auf Lebenszeit durchsetzte, sollte ihm die Macht auf gleiche Weise sichern.

Doch da hatten sich seine Feinde im Senat schon gegen ihn verschworen. Noch hofften sie, die alte Republik unter der politischen Führung des Senats zu retten. Trotz verschiedener Warnungen ging Caesar an den Iden (15.) des März 44 in die Senatssitzung. Auf ein verabredetes Zeichen hin umringten ihn die Verschwörer. Von 23 Dolchstichen zu Tode getroffen, stürzte Caesar zu Boden – zu Füßen der Statue seines Gegners Pompeius. Seine letzten Worte soll er auf Griechisch an den jungen Brutus gerichtet haben, der zu seinen engsten Vertrauten gezählt hatte: „Καὶ σύ, τέκνον;" (Kai sy, teknon? Auch du, mein Sohn?, vgl. 2.5.3, S. 57).

Aber die Verschwörer hatten das Volk nicht hinter sich. Nach der prunkvollen Leichenverbrennung auf dem Forum konnte die Menge nur mit Mühe von Tätlichkeiten gegen jene abgehalten werden.

Unter den potenziellen Nachfolgern setzte sich nach vielen Kämpfen Caesars Neffe und Adoptivsohn C. Iulius Caesar Octavianus, der spätere Kaiser Augustus, durch. Die Zeit war reif für die Machtkonzentration in der Person des Princeps, die Caesar angestrebt hatte. Mit viel Geschick begründete Augustus den Prinzipat, die Staatsform des *Imperium Romanum*, die über Jahrhunderte Bestand haben sollte (Ende des Weströmischen Reichs 476 mit der Absetzung des Kaisers Romulus Augustulus durch den Germanen Odoaker, des Oströmischen Reichs 1453 mit der Eroberung Konstantinopels durch die Türken).

Der Name *Caesar* lebt bis heute in den Herrscherbezeichnungen Kaiser und Zar fort und hält die Erinnerung an einen der bedeutendsten und gleichzeitig umstrittensten Machthaber in der Geschichte Europas wach.

Aufgaben

1. Informiere dich im Internet genauer über die Caesarmünze (mit Rückseite) auf S. 14 und erläutere Caesars Selbstdarstellung!
2. Die Münze rechts, ein römischer *aureus* (43/42 v. Chr.), zeigt auf der einen Seite den Caesarmörder Brutus, auf der anderen die Inschrift EID · MAR (Iden des März). Die Filzkappe zwischen den beiden Dolchen ist ein Symbol für Freilassung aus dem Sklavenstand. Interpretiere die politische Botschaft!

2.1.2 Caesar – Zeittafel

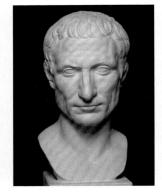

Jahr	persönliche Daten	Ämter und Aktivitäten	politische Ereignisse
100 (102?) v. Chr.	geb. in Rom		
84	Heirat mit Cinnas Tochter Cornelia		
82	Verfolgung durch Sulla, Flucht nach Bithynien		1. Bürgerkrieg: Marius (Popularen) ↔ Sulla (Optimaten) Proskriptionen Sullas
80	Militärdienst in Kilikien		
75	Studium der Redekunst auf Rhodos		
73–71			Sklavenaufstand unter Spartakus
71		Tribunus militum	
69	Heirat mit Pompeia (Enkelin Sullas)	Beginn der Ämterlaufbahn Quästor (Spanien)	
65		Ädil; Veranstaltung aufwendiger Gladiatorenspiele für die Bevölkerung	
63		Pontifex maximus Rede gegen Verhängung der Todesstrafe an den Catilinariern	Aufdeckung der Catilinarischen Verschwörung durch Cicero
62	Scheidung von Pompeia	Prätor	
60		„1. Triumvirat" mit Pompeius und Crassus	
59	Heirat mit Calpurnia	1. Konsulat Caesars	

Jahr		Mitte	Rechts
58		Prokonsul für Gallia Cisalpina, Gallia Narbonensis, Illyricum *Krieg gegen Helvetier* B.G., I	Verbannung Ciceros (1 Jahr) wegen der Hinrichtung der Catilinarier
57		*Kämpfe gegen Belger, Sieg über Nervier* B.G., II	
56		*Sieg über die Veneter/Erneuerung des Triumvirats* B.G., III	
55		Verlängerung des Prokonsulats um fünf Jahre *Kampf gegen Usipeter, Tenkterer; 1. Rheinübergang, 1. Britannienexpedition* B.G., IV	Konsulat Pompeius'/ Crassus'
54		*2. Britannienexpedition; Kämpfe gegen Eburonen (Ambiorix)* B.G., V	
53		*Kämpfe gegen Treverer, Ambiorix; 2. Rheinübergang* B.G., VI	Krieg gegen die Parther, Tod Crassus'
52		*Aufstand ganz Galliens unter Vercingetorix, Sieg Caesars bei Alesia* B.G., VII	Konsulat Pompeius'
51–50		Endgültige Unterwerfung ganz Galliens (Hirtius, B.G., VIII)	
49		Überschreitung des Rubikon 2. Bürgerkrieg: Caesar ↔ Pompeius/Senat (Ausweichen Pompeius' nach Griechenland); Sieg Caesars in Spanien	
48	Beginn der Liebesbeziehung zu Kleopatra	2. Konsulat – Sieg über Pompeius bei Pharsalos/Griechenland	Flucht Pompeius' nach Ägypten, Ermordung
47	Nilreise mit Kleopatra	Sieg über Pharnaces von Pontus *(Veni, vidi, vici.)* – Rückkehr nach Rom	
46		3. Konsulat – Sieg über das Senatsheer bei Thapsus/Nordafrika – Reformprogramm (u. a. Kalenderreform) Diktator auf zehn Jahre	Selbstmord Catos d. J. bei Utica/Nordafrika
45		4. Konsulat – weitere Reformen Sieg über die Söhne des Pompeius bei Munda/Spanien	
44	Ermordung an den Iden des März (15.)	5. Konsulat „Dictator perpetuus" ab Februar	

Werke:

Commentarii de bello Gallico (sieben Bücher, 58–52), *De bello civili* (drei Bücher); nicht erhalten: Leichenreden auf Julia (Tante), Cornelia (Gattin); *De analogia*

Aufgabe

Betrachte die Büste auf S. 16 genau und stelle fest, welcher Eindruck vom Herrscher dem Bürger vermittelt werden sollte!

2.2 COMMENTARII DE BELLO GALLICO

2.2.1 Die *Commentarii* als literarisches Werk

Unter *commentarii* verstand man in der antiken Geschichtsschreibung zunächst skizzenhafte Aufzeichnungen, die in allen möglichen Lebensbereichen als Gedächtnisstützen für spätere Zwecke angefertigt wurden. Erst Caesar gab durch die Bearbeitung seiner Notizen aus den sieben Kriegsjahren in Gallien dieser Gattung literarischen Rang.

Er verfolgte zwei Ziele: Natürlich sollten seine Leistungen gegenüber der Nachwelt dokumentiert werden. Die *Commentarii* sollten aber auch den gallischen Krieg rechtfertigen und die Verlängerung seines Mandats als Statthalter unterstützen. So sind sie eine höchst wichtige historische Quelle, müssen aber wegen der ganz offensichtlichen tendenziösen Absicht auch kritisch genutzt werden.

Caesar berichtet, erzählt, schildert, baut Szenen und (meist indirekte) Redewechsel auf, lässt Landeskundliches einfließen, gibt Auskunft über seine Überlegungen und stellt in größter Ausführlichkeit die Vorbereitung von Kämpfen durch beide gegnerische Parteien und den Verlauf der kriegerischen Auseinandersetzungen dar. Die hier getroffene Auswahl beschränkt sich auf den ersten Sieg über die Helvetier, die Vernichtung der Atuatuker und die entscheidende letzte Schlacht gegen die gallischen Freiheitskämpfer.

Die *Commentarii* sind ein Muster an Selbstdarstellung im Dienst einer großen – selbst gewählten – nationalen Aufgabe. Dabei bietet Caesar in der äußeren Form einer objektiven Darstellung dem römischen Leser auf der Gefühlsebene immer wieder und z. T. ganz unauffällig Identifikationsmöglichkeiten.

Besonders dieses Geschick, andere mit einer gewissen Leichtigkeit für sich zu gewinnen, gehörte sicher zu den Begabungen Caesars, die ihn beim Volk beliebt und nur bei wenigen Skeptikern verdächtig machten.

2.2.2 Caesars Sprache

Hirtius, Caesars Nachfolger als Feldherr im achten Jahr des *bellum Gallicum* und Autor des 8. Buches, schreibt über Caesars Stil *(B. G. VIII, Praefatio, 7)*: *Erat autem in Caesare cum facultas atque elegantia summa scribendi, tum verissima scientia suorum consiliorum explicandorum.*

Die *elegantia* wird immer wieder an Caesars Stil gerühmt, ebenso seine Fähigkeit der klaren Darstellung.

Caesar versteht es meisterhaft, durch den Wechsel von knappen und ausschweifenderen Formulierungen eine Dynamik zu erzeugen, die das Geschehen belebt. Einfache Hauptsätze stehen neben komplizierten Satzgefügen, in denen die äußeren Umstände, Vorbedingungen, Folgen einer Handlung beigeordnet (Participium coniunctum, Ablativus absolutus, AcI) oder untergeordnet (Gliedsätze) werden. (Der Anhang enthält in knapper Form eine Wiederholung der typischen lateinischen Konstruktionen und Hinweise zur Satzanalyse (→GR, S. 205–224).)

Mit größtem Geschick nutzt Caesar den Tempuswechsel, so z. B. das historische Präsens, um die Darstellung zu dramatisieren. Der Wortschatz ist vorwiegend sachlich nüchtern und unterstreicht den Eindruck der Objektivität. Rhetorische Stilmittel verwendet Caesar eher sparsam, aber treffsicher. Besonders wirkungsvoll variiert er die Wortstellung, um die Wichtigkeit eines Wortes hervorzuheben oder Zusammenhänge zu verdeutlichen.

2.2.3 Gallien und seine Bewohner *(B. G. I, 1)*

(Adverb, Gerundium, Gerundivum)

Im ersten Kapitel der *Commentarii de bello Gallico* gibt Caesar einen Überblick über das ferne Gallien, mit dessen Verwaltung er beauftragt ist. Dabei geht er auch auf die angrenzenden Gebiete ein.

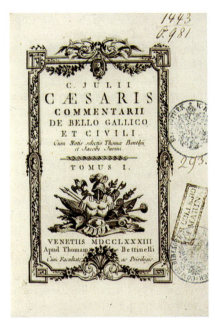

Buchausgabe der
Commentarii de Bello Gallico et Civili,
Venedig 1783

Gallia est omnis divisa in partes tres, quarum unam incolunt Belgae, aliam Aquitani, tertiam, qui ipsorum lingua Celtae, nostra Galli appellantur. Hi
5 omnes lingua, institutis, legibus inter se differunt. Gallos ab Aquitanis Garumna flumen, a Belgis Matrona et Sequana dividit. Horum omnium fortissimi sunt Belgae, propterea quod
10 a cultu atque humanitate provinciae longissime absunt minimeque ad eos mercatores saepe commeant atque ea, quae ad effeminandos animos pertinent, important, proximique sunt Germanis,
15 qui trans Rhenum incolunt, quibuscum continenter bellum gerunt. Qua de causa Helvetii quoque reliquos Gallos virtute praecedunt, quod fere cotidianis proeliis cum Germanis contendunt,
20 cum aut suis finibus eos prohibent aut ipsi in eorum finibus bellum gerunt.

---

1 omnis *hier prädikativ* in seiner Gesamtheit – **2 <u>incolere</u>** bewohnen →LW – **3** *ergänze* ii, **qui** – **5 <u>inter se differre</u>** sich (voneinander) unterscheiden – **9 <u>propterea quod</u>** deswegen weil →LW – **10 cultus atque humanitas** menschliche Kultur, höhere Kulturstufe, verfeinerte Lebensweise und Zivilisation – **provincia, -ae** die unter römischem Einfluss stehende Provinz Gallia Narbonensis *(nach der Stadt Narbo)*, auch Gallia Transalpina, heute Provence in Südfrankreich – **12 mercator, -oris** m Kaufmann – **commeare** ein- und ausgehen, verkehren – **13 effeminare** verweichlichen – **pertinere ad** sich *auf etw.* beziehen, *zu etw.* führen – **14 <u>proximus, -a, -um</u>** der nächste, am nächsten →LW – **16 continenter** ununterbrochen – **<u>bellum gerere</u>** Krieg führen →LW – **<u>qua de causa</u>** relat. Satzanschluss aus diesem Grund, deshalb →LW – **18 <u>virtute praecedere</u>** m. Akk. jmdn. an Tapferkeit übertreffen →LW – **cotidianus, -a, -um** täglich – **19 <u>contendere</u>** sich anstrengen; kämpfen, eilen; behaupten →LW – **20 cum** explicativum m. Ind. indem; wenn; dadurch, dass – **<u>fines, -ium</u>** m Pl. Gebiet →LW – **<u>prohibere</u>** m. Abl. sep. abhalten von →LW

Aufgaben

1. a) Unterscheide anhand der Beispiele *longissime* (Z. 11) und *continenter* (Z. 16), wann das Adverb mit *-e*, wann mit *-ter* gebildet wird (→GR 4, S. 210)!
   b) Bilde das Adverb von *malus, gravis, prudens*!
2. a) Übersetze folgende Beispiele, indem du jeweils eines der beiden Wörter durch ein Adverb ersetzt, das die Bedeutung des anderen verstärkt:
   monere atque hortari – implorare atque orare – odiosus et invisus!
   b) Finde heraus, inwiefern die übliche Übertragung ins Deutsche wie in a) die Wirkungsweise dieser Wortkombination verändert!
3. a) Wiederhole die -nd-Formen mithilfe von GR 11, S. 218!
   b) Benenne die Verwendung der folgenden -nd-Form mit dem grammatikalischen Fachausdruck: *ad effeminandos animos pertinere* (Z. 13)!
   c) Übersetze diese Wortgruppe auf zweierlei Weise!
4. Übersetze folgende Beispielsätze und achte dabei auf die unterschiedliche Bedeutung von *contendere*:
   Caesar in castra/ad Rhenum/auxilium ferre contendit. – Atuatuci (die Atuatuker) *parvis proeliis cum nostris contendebant. – Ariovistus contendit se a Gallis arcessitum esse!*
5. a) Versetze dich in die Lage eines Römers, der keine Landkarte zur Verfügung hatte! Verfolge die geographischen Informationen auf der Karte im hinteren Umschlag und kläre, welche Rolle sie spielen!
   b) Stelle fest, in welcher Reihenfolge Caesar die Darstellung der einzelnen Völker anordnet und unter welchem Gesichtspunkt er sie miteinander verknüpft!
   c) Fasse zusammen, worauf es Caesar bei seiner Einführung ankommt!
6. Kurzreferat: Gib mithilfe eines Geschichtsbuchs oder des Internets einen kurzen Überblick über die Überfälle der germanischen Kimbern und Teutonen im römischen Machtbereich! Ordne die Ereignisse in die damalige Entwicklungsphase des Römischen Reichs zur Weltmacht ein!

LW

fīnis, -is *m*	Grenze, Ende
fīnēs, -ium *m Pl.*	Gebiet
contendere, -tendō, -tendī, -tentum	sich anstrengen *m. ut*; kämpfen, eilen; behaupten *m. AcI*
incolere, -colō, -coluī, -cultum	bewohnen
prohibēre, -hibeō, -hibuī, -hibitum *m. Abl.*	abhalten *von*
proximus, -a, -um	der nächste, am nächsten
propterea quod	deswegen weil
quā dē causā	aus diesem Grund, deshalb
bellum gerere, gerō, gessī, gestum	Krieg führen
virtūte praecēdere, -cēdō, -cessī, -cessum *m. Akk.*	*jmdn.* an Tapferkeit übertreffen

EW Erkläre Herkunft und Bedeutung: Finale – Infinitiv – Prohibition!

2.2.4 Die Helvetier – willkommene Feinde *(B. G. I, 12)*

(AcI, Satzanalyse)

Caesar eröffnet die Unterjochung Galliens – auf Lateinisch heißt dies *pacare* („beruhigen, befrieden, unterjochen", abgeleitet von *pax, pacis* Friede; vgl. *omni Gallia pacata*, B. G. II, 35, S. 29, Z. 8) – mit der Niederwerfung der Helvetier. Deren Absicht, durch das Gebiet der Sequaner und Häduer bis zu den Santonen zu ziehen und sich dort niederzulassen, sieht Caesar als eine schwere Bedrohung für die nahe römische Provinz an. Ohne Wissen des Senats hebt er in Oberitalien schleunigst zwei Legionen aus, führt drei aus dem Winterlager und überquert mit diesen fünf Legionen in Gewaltmärschen die Alpen. Als die Sequaner, deren Gebiet die Helvetier bereits verwüsten, zusammen mit den Häduern Caesar um Hilfe bitten, steht für ihn fest, dass er nicht die Zerstörung des gesamten Besitzes der befreundeten Stämme abwarten darf.

Caesarmünze, Denar, 44 v. Chr.

(12) Flumen est Arar, quod per fines Haeduorum et Sequanorum in Rhodanum influit, incredibili lenitate, ita ut oculis in utram partem fluat iudicari non possit. Id Helvetii ratibus ac lintribus iunctis transibant. Ubi per exploratores Caesar certior factus est tres iam partes copiarum Helvetios id flumen traduxisse, quartam vero partem citra flumen
5 Ararim reliquam esse, de tertia vigilia cum legionibus tribus e castris profectus ad eam partem pervenit, quae nondum flumen transierat. Eos impeditos et inopinantes adgressus magnam partem eorum concidit; reliqui sese fugae mandarunt atque in proximas silvas abdiderunt. Is pagus appellabatur Tigurinus; nam omnis civitas Helvetia in quattuor pagos divisa est. Hic pagus unus, cum domo exisset, patrum nostrorum memoria
10 L. Cassium consulem interfecerat et eius exercitum sub iugum miserat. Ita sive casu sive consilio deorum immortalium quae pars civitatis Helvetiae insignem calamitatem populo Romano intulerat, ea princeps poenam persolvit. Qua in re Caesar non solum publicas, sed etiam privatas iniurias ultus est, quod eius soceri L. Pisonis avum, L. Pisonem legatum, Tigurini eodem proelio, quo Cassium interfecerant.

1 Arar, -ris *(Akk.* **Ararim)** *m heute* Saône – **Rhodanus, -i** *m* Rhône – **2 pars, partis** *f hier* Richtung – **lenitas, -atis** *f hier* schwache Strömung – **3 ratis, -is** *f* Floß – **linter, -tris** *f* Kahn – **ubi** *temporal* – **explorator, -oris** *m* Kundschafter – **certiorem facere** *m. Akk.* jmdn. benachrichtigen →LW – **4 flumen traducere** über den Fluss hinüberführen →LW – **citra** *m. Akk.* diesseits – **5 de tertia vigilia** noch in der dritten Nachtwache – **6 impeditus, -a, -um** *PPP von* impedire gehindert; *hier* nicht kampfbereit →LW – **inopinans, -ntis** nichts ahnend – **7 concidere** niederhauen, niedermachen – **mandarunt** ~ mandaverunt – **8 abdere** verbergen →LW – **pagus, -i** Gau – **9 memoria** *Abl.* zur Zeit – **10 L. Cassius** *Konsul im Jahr 107 v. Chr.* – **sub iugum mittere** (*wörtl. unter das Joch*) in die Knechtschaft schicken; *das geschlagene Heer musste unter einer Lanze durchgehen, die an zwei weiteren senkrecht nebeneinander in den Boden gerammten Lanzen befestigt war* – **11 insignis, -e** *hier* empfindlich – **calamitas, -atis** *f hier* Niederlage – **12 poenam persolvere, -solvo, -solvi** bestraft werden – **13 iniuriae, -arum** *Pl.* Gewalttaten, Übergriffe →LW – **socer, -eri** Schwiegervater

Aufgaben

1. Das lateinische Imperfekt kann die Dauer („gerade"), die Wiederholung („immer wieder/oft") oder den Versuch („versuchte zu tun") einer Handlung in der Vergangenheit ausdrücken. Übersetze *transibant* (Z. 3) auf alle drei Arten und wähle dann die geeignete aus!
2. a) Wiederhole den AcI (→GR 7, S. 212)!
   b) Gib an, welcher Akkusativ in dem folgenden Satz das Subjekt im AcI ist! Begründe dies auch!
   *Caesar certior factus est tres iam part**es** copiarum Helveti**os** id flu**men** traduxisse* (Z. 3/4).
3. a) Bestimme bei *profectus* und *adgressus* (Z. 5/6) die Form und die Funktion der Wörter im Satz (→GR 9, S. 217)!
   b) Wähle bei der Übersetzung unter den fünf Möglichkeiten diejenige aus, die hier am besten einen flüssigen Satzbau ergibt!
4. a) Benenne das Stilmittel *princeps poenam persolvit* (Z. 12) (→STILMITTEL, S. 225 f.)!
   b) Zeige, wie gezielt Caesar das Stilmittel hier einsetzt!
5. Erschließe in dem Satz *Ubi … transierat* (Z. 3–6) den Satzbau mithilfe der Anleitung zur Satzanalyse (→GR 1.1, S. 205 f.)!
6. a) Stelle fest, in welcher Person Caesar von sich spricht, wenn er selbst am Geschehen beteiligt ist!
   b) Erläutere, welche Wirkung er durch diese Darstellung erzielen will!
7. a) Unterteile das Kapitel in zwei Sinnabschnitte!
   b) Fasse den Inhalt des ersten Abschnitts in einer Überschrift zusammen!
   c) Notiere beim 2. Abschnitt alle Prädikate und deren Tempus und begründe die Wahl des jeweiligen Tempus!
   e) Gib den Gedankengang des Abschnitts wieder! Gehe dabei von den Prädikaten aus!
   f) Arbeite heraus, welches Ziel Caesar mit der Einfügung des 2. Sinnabschnitts bei seinen römischen Zeitgenossen verfolgt!
8. Die oben abgebildete Münze (S. 21) ließ Caesar noch im Jahr 44 v. Chr. prägen – als erster Herrscher mit eigenem Porträt zu Lebzeiten. Über den Hinterkopf ist der obere Rand der Toga hochgezogen *(velatio capitis)*, die auch den Lorbeerkranz z. T. verdeckt. Auf der Rückseite ist Venus abgebildet. Sie hält in der Rechten eine Victoria-Statuette, in der Linken ein Zepter. Informiere dich über die Symbolik der Motive und interpretiere die Aussageabsicht Caesars!

LW

iniūriae, -ārum *Pl.*	Gewalttaten, Übergriffe
impedītus, -a, -um	gehindert; nicht kampfbereit
abdere, -dō, -didī, -ditum	verbergen
certiōrem facere, faciō, fēcī *m. Akk.*	jmdn. benachrichtigen
flūmen trādūcere, -dūcō, -dūxī, -ductum	über den Fluss hinüberführen

EW Erkläre Herkunft und Bedeutung: la traduction (frz.)!

2.2.5 Die Germanen – Roms Erzgegner *(B. G. I, 43ff.)*
(indirekte Rede, verschränkter Relativsatz,
Neutrum Plural verschiedener Wortarten als Substantiv)

Nachdem Caesar die Helvetier besiegt hat, sind die nächsten Gegner, die er aus Gallien vertreiben will, die Germanen. Unter der Führung des Suebenfürsten Ariovist, der noch im Jahr 59 auf Caesars Betreiben hin zum *amicus populi Romani* (vgl. II., 2.3, S. 79) ernannt wurde, haben sie sich im Gebiet der Sequaner festgesetzt. Als diese Caesar um Hilfe bitten, entschließt er sich einzugreifen. Denn er sieht die Gefahr, dass die Sueben sich weiter in Gallien ausbreiten und dann wie die Kimbern und Teutonen über die Provincia Narbonensis nach Italien eindringen könnten. Er fordert zunächst Ariovist durch Gesandte zu einer Aussprache auf. Dieser zeigt wenig Bereitschaft und willigt erst ein, als Caesar näher heranrückt. Schließlich kommt es auf freiem Feld zwischen den Lagern zu dem Treffen der beiden Heerführer.

Dass diese Unterredung tatsächlich stattgefunden hat, ist nicht nachzuweisen, aber denkbar.

(43) Planities erat magna et in ea tumulus terrenus satis grandis. Hic locus aequum fere spatium a castris Ariovisti et Caesaris aberat. Eo, ut erat dictum, ad conloquium venerunt. Legionem Caesar, quam equis devexerat, passibus CC ab eo tumulo constituit. Item equites Ariovisti pari intervallo constiterunt. Ariovistus ex equis ut conloquerentur
5 et praeter se denos ad conloquium adducerent postulavit.

---

1 planities, -ei *f* Ebene – **tumulus, -i** Hügel – **terrenus, -a, -um** *Leite die Bedeutung von* terra *ab!* – **grandis, -e** erhaben – **2 conloquium** ~ colloquium, -i Unterredung – **3 devehere, -veho, -vexi, -vectum** *hier* mitführen, mitbringen – **constituere** *hier* aufstellen – **4 consistere** haltmachen, sich aufstellen →LW – **5 deni, -ae, -a** je zehn

---

Caesar eröffnet die Aussprache, indem er Ariovist auf die Bevorzugung hinweist, die er vom Senat und Caesar erfahren habe; er erinnert aber auch an Roms alte Freundschaft mit den Häduern, die schon immer die führende Rolle in Gallien innegehabt hätten. Rom könne nicht zulassen, dass ihnen diese von anderen streitig gemacht werde. Er wiederholt seine Forderungen, die er schon den Gesandten mitgeteilt hatte: Ariovist solle weder die Häduer noch ihre Verbündeten angreifen, die Geiseln zurückgeben und keine Germanen mehr über den Rhein holen.

EXKURS: INDIREKTE REDE *(ORATIO OBLIQUA,* GR 8, S. 213ff.*)*

Caesar gibt – wie hier – Reden und Verhandlungen fast immer in der indirekten Form wieder. Zur Einführung sind bei dem Anfang der Antwort Ariovists das lateinische Original und die deutsche Übersetzung gegenübergestellt:

(44, 1) Ariovistus ad postulata Caesaris pauca respondit, de suis virtutibus multa praedicavit:	Ariovist antwortete auf die Forderungen Caesars nur wenig, seine eigenen Taten rühmte er ausführlich:
transisse Rhenum sese non sua sponte, sed rogatum et arcessitum a Gallis;	Er habe den Rhein nicht aus eigenem Antrieb überschritten, sondern sei von den Galliern gebeten und herbeigerufen worden;
non sine magna spe magnisque praemiis domum propinquosque reliquisse;	nicht ohne große Hoffnung und bedeutende Aussichten habe er Haus und seine Verwandten verlassen;

sedes habere in Gallia ab ipsis concessas, obsides ipsorum voluntate datos;	er habe Wohnsitze in Gallien, die ihm von ihnen selbst zugestanden worden seien, und Geiseln, die mit deren Willen gestellt worden seien;
stipendium capere iure belli, quod victores victis imponere consuerint.	den Tribut nehme er nach dem Kriegsrecht, das die Sieger den Besiegten aufzuerlegen pflegten.
Non sese Gallis, sed Gallos sibi bellum intulisse:	Nicht er habe gegen die Gallier, sondern die Gallier hätten gegen ihn zu den Waffen gegriffen:
omnes Galliae civitates ad se oppugnandum venisse ac contra se castra habuisse;	Alle Stämme Galliens seien angetreten, um ihn zu bekämpfen, und seien gegen ihn ins Feld gezogen;
eas omnes copias a se uno proelio pulsas ac superatas esse.	diese gesamten Truppen seien von ihm in einer einzigen Schlacht geschlagen und überwunden worden.

Vergleiche:

Während im Lateinischen die Aussagesätze – abhängig von dem Verbum dicendi *praedicavit* – im AcI, die Gliedsätze im Konjunktiv stehen, wird im Deutschen durchgehend der Konjunktiv verwendet.

Beachte:

Personal- und Possessivpronomina, die sich auf die redende Person beziehen, sind – den Regeln des AcI entsprechend – im Lateinischen **reflexiv**. *Se (sese)* wird nicht jedesmal wiederholt.

Aufgaben

– Lege eine Tabelle an, in der du links die lateinischen Verbformen einträgst und bestimmst, rechts die deutschen!
– Ordne jeder Verbform aus der Anleitung in GR 8 (S. 213) die passenden Ziffern zu und trage sie ebenfalls in die Tabelle ein!
– Trage in der mittleren Spalte das Zeitverhältnis ein!
– Stelle auch die Pronomina in einer Tabelle gegenüber!
– Informiere dich nun genau über die Besonderheiten der indirekten Rede im Lateinischen und im Deutschen und präge sie dir ein!

Ausgewählte Beispiele für die Tabellen:

1. Verben

		Zeit-V.		
transisse (Inf. Perf)	I.1.b)	VZ	(er) habe überschritten (Konj. Perf.)	II.1.b)

2. Pronomina

sese, se	I.4.a)	er

FORTSETZUNG:

Ariovist fährt fort, er sei zum Kampf bereit, wenn Caesar den Versuch wagen wolle; andernfalls sei es ungerecht, Abgaben zurückzufordern, die sie bis dahin freiwillig geleistet hätten. Die Freundschaft des römischen Volkes müsse für ihn Zierde und Schutz, nicht aber ein Schaden sein, und er habe sie in Hoffnung darauf angestrebt.

(44, 6) Quod multitudinem Germanorum in Galliam traducat, id se sui muniendi, non Galliae oppugnandae causa facere; eius rei testimonium esse, quod nisi rogatus non venerit et quod bellum non intulerit, sed defenderit. Se prius in Galliam venisse quam populum Romanum. Numquam ante hoc tempus exercitum populi Romani Galliae
5 provinciae finibus egressum. Quid sibi vellet? Cur in suas possessiones veniret? Provinciam suam hanc esse Galliam, sicut illam nostram. Ut ipsi concedi non oporteret, si in nostros fines impetum faceret, sic item nos esse iniquos, quod in suo iure se interpellaremus.

> 1 **quod** *fakt.* – **munire** *hier* schützen – 2 **testimonium, -i** Beweis – **quod** *fakt.* – 3 <u>**bellum inferre**</u> *m. Dat. m. jmdm.* Krieg anfangen, einen Angriffskrieg führen →LW – <u>**bellum defendere**</u> einen Verteidigungskrieg führen, sich verteidigen →LW – 5 **egredi, egredior, egressus sum** *m. Abl.* herausgehen – 6 **nostram** *hier* römisch – **ut ... sic** wie ... so – **ipsi** *als Personalpronomen verwendet* – **non oportet** es darf nicht – 7 <u>**impetus, -us**</u> *m* Angriff →LW – <u>**iniquus, -a, -um**</u> ungerecht, ungleich, ungünstig →LW – 8 **interpellare** *hier* stören

Ariovist betont zum Schluss, so gut kenne auch er sich in der Geschichte aus, dass er wisse, dass die Häduer keineswegs die Römer in der Vergangenheit unterstützt hätten. Er müsse vermuten, Caesar täusche diese Freundschaft nur vor, um ihn mit seinem Heer zu überwältigen. Wenn Caesar nicht abziehe, werde er ihn als Feind betrachten. Er wisse durch Boten, dass er vielen führenden Römern einen Gefallen tue, wenn er ihn töte. Ziehe er aber ab und überlasse ihm den freien Besitz Galliens, werde er ihn reichlich belohnen und alle weiteren kriegerischen Auseinandersetzungen in Gallien selbst zu Ende bringen.

(45) Multa a Caesare in eam sententiam dicta sunt, quare negotio desistere non posset:
10 neque suam neque populi Romani consuetudinem pati, ut optime meritos socios desereret, neque se iudicare Galliam potius esse Ariovisti quam populi Romani. Bello superatos esse Arvernos et Rutenos a Q. Fabio Maximo, quibus populus Romanus ignovisset neque in provinciam redegisset neque stipendium posuisset. Quod si antiquissimum quodque tempus spectari oporteret, populi Romani iustissimum esse in
15 Gallia imperium; si iudicium senatus observari oporteret, liberam debere esse Galliam, quam bello victam suis legibus uti voluisset.

> 9 **negotium, -i** *hier* Auftrag, Angelegenheit – 11 <u>**potius**</u> eher →LW – 13 **ignoscere, -nosco, -novi** Nachsicht üben – <u>**in provinciam redigere**</u> zur Provinz machen →LW – <u>**stipendium ponere**</u> Abgaben auferlegen →LW – **quod si** wenn nun – 13/14 <u>**antiquissimum quodque tempus**</u> gerade die älteste Zeit →LW – 14 **iustus, -a, -um** *hier* berechtigt – 16 **bello victam** *konzessive Sinnrichtung* – **quam ... suis legibus uti voluisset** *verschr. Rel.Satz*

Aufgaben

1. a) Informiere dich über den verschränkten Relativsatz in GR 13, S. 219!
   b) Gib hier *voluisset* (S. 25, Z. 16) mit dem entsprechenden Präpositionalausdruck wieder!
2. Leite die folgenden Substantive von dem jeweiligen Verbum ab und übersetze sie (→ GR 5, S. 211):
   postulata (44, 1, S. 23) – *decreta* – *mandata* – *merita* – *imperata*!
3. Arbeite die Hauptargumente heraus, mit denen Caesar den Besitzanspruch Roms und den Ariovists auf Gallien begründet!
4. Beschreibe, wie Caesar Ariovist charakterisiert und welche Wirkung die Schlussworte des Ariovist beim römischen Leser hervorrufen sollen!
5. Gruppenarbeit:
   Klärt mithilfe des Wörterbuchs bei *civitas* (44, 1, S. 24), *gens, natio* und *populus*, von welcher Wurzel die Wörter jeweils abstammen! Notiert die Hauptbedeutungen und haltet fest, in welchem Zusammenhang die Wörter jeweils verwendet werden und welche Bedeutungen gemeinsam sind! Überprüft im weiteren Verlauf der Lektüre, inwieweit Caesar die Wörter synonym verwendet!

LW

impetus, -ūs *m*	Angriff
inīquus, -a, -um	ungerecht, ungleich, ungünstig
cōnsistere, -sistō, -stitī	haltmachen, sich aufstellen
potius	eher
antīquissimum quodque tempus	gerade die älteste Zeit
bellum dēfendere, -fendō, -fendī, -fēnsum	einen Verteidigungskrieg führen, sich verteidigen
bellum īnferre, -ferō, intulī, illātum *m. Dat.*	*m. jmdm.* Krieg anfangen, einen Angriffskrieg führen
in prōvinciam rēdigere, -igō, -ēgī, -āctum	zur Provinz machen
stīpendium pōnere, pōnō, posuī, positum	Abgaben auferlegen

EW Erkläre Herkunft und Bedeutung: Defensive – Stipendium!

Der weitere Verlauf des Geschehens:

Caesar bricht die Aussprache ab, als ihm ein Angriff der Reiter des Ariovist auf seine Leute gemeldet wird. Denn damit hat der Gegner für ihn den Verhandlungsfrieden gebrochen.

Längere Zeit finden zwischen beiden Lagern nur kleinere Reitergefechte statt. Schließlich zwingt Caesar die Germanen zum Kampf. Nach heftiger Gegenwehr entkommen nur wenige über den Rhein, unter ihnen Ariovist.

Caesar führt nach dem für ihn erfolgreichen ersten Kriegsjahr seine Legionen früh in das Winterlager zu den Sequanern; er selbst begibt sich nach Oberitalien, um Gerichtstage zu halten.

2.2.6 Clementia Caesaris – nur ein Mittel zum Zweck? *(B. G. II, 29 ff.)*
(Ablativus absolutus)

Römischer Belagerungsangriff mit Turm, Widder, Katapult, Schleuder (1. Jh. v. Chr.)

Ein Unruheherd sind für Caesar im zweiten Kriegsjahr (57 v. Chr.) die im nördlichen Drittel Galliens siedelnden Belger, die nach Botenberichten eine kriegerische Auseinandersetzung vorbereiten. Noch aus dem Winterquartier in Oberitalien zieht Caesar mit seinem Heer in etwa 15 Tagen bis an die belgische Grenze. Die Remer, ein Nachbarvolk, schlagen sich gleich auf seine Seite, gegen die in Überzahl kämpfenden Truppen der belgischen Stämme bleibt er in der ersten großen Schlacht siegreich. In den folgenden Kampf gegen die als besonders kampfstark geltenden Nervier greift Caesar selbst ein und reißt so Soldaten und Centurionen mit. Name und Stamm der Nervier werden „nahezu ausgelöscht".

Die benachbarten Atuatuker, Nachkommen der gefürchteten Kimbern und Teutonen, ziehen sich daraufhin zurück und suchen Schutz in einer befestigten Stadt (vermutlich in der Gegend des heutigen Namur/Südbelgien). Caesar rückt nach und es kommt zu kleineren Gefechten. Als Caesar in der Nähe der Stadt von den Soldaten einen riesigen Belagerungsturm aufbauen lässt, machen die Bewohner sich zunächst darüber lustig. Die Gallier verspotten nämlich – wie Caesar anmerkt – ganz allgemein die Römer gerne wegen ihrer geringeren Körpergröße. Als der Turm aber heranbewegt wird und sie bemerken, dass die Lage bedrohlich wird, schicken sie Gesandte mit folgender Botschaft zu Caesar:

(31, 2) Non se existimare Romanos sine ope divina bellum gerere, qui tantae altitudinis machinationes tanta celeritate promovere possent; se suaque omnia eorum potestati permittere dixerunt. Unum petere ac deprecari: si forte pro sua clementia ac mansuetudine, quam ipsi ab aliis audirent, statuisset Atuatucos esse conservandos, ne se armis de-
5 spoliaret. Sibi omnes fere finitimos esse inimicos ac suae virtuti invidere; a quibus se defendere traditis armis non possent. Sibi praestare, si in eum casum deducerentur, quamvis fortunam a populo Romano pati quam ab his per cruciatum interfici, inter quos dominari consuessent.

> **1 Non se existimare** *Beginn der Oratio obliqua* – **qui** *kausal* – **2 machinatio, -onis** *f* Maschine – **permittere** *hier* sich ergeben – **3 deprecari** um Gnade bitten – **si forte** wenn vielleicht – **pro** bei, gemäß – **mansuetudo, -inis** *f* Sanftmut – **4 conservare** *hier* begnadigen – **despoliare** entwaffnen – **5 invidere** *m. Dat.* – **a quibus** *relat. Satzanschluss* – **6 traditis armis** *Abl. abs.* – **in eum casum deduci** *hier* in die Lage geraten – **7 quamvis** *f Indefinitpronomen* jede beliebige – **per cruciatum** auf martervolle Art – **8 dominari** herrschen – **consuessent** ~ consuevissent

Caesar erklärt sich bereit, die Atuatuker zu schonen, und zwar mehr aus Gewohnheit, als dass sie es verdient hätten. Er besteht auf der Auslieferung der Waffen, garantiert ihnen aber Schutz vor Übergriffen der Nachbarn.

(32, 3) Re renuntiata ad suos illi se, quae imperarentur, facere dixerunt. Armorum magna multitudine de muro in fossam, quae erat ante oppidum, iacta, sic ut prope summam muri aggerisque altitudinem acervi armorum adaequarent, et tamen circiter parte tertia, ut postea perspectum est, celata atque in oppido retenta, portis patefactis eo die pace
5 sunt usi.

> **1** *ergänze* ea, **quae** – **Armorum magna multitudine ... iacta, ... et ... parte tertia, ..., celata atque ... retenta, portis patefactis eo die pace sunt usi.** *typisches Beispiel für Caesars Vorliebe, mehrere Schritte einer Handlung mithilfe des Abl. abs. in einem einzigen Satz zu komprimieren; gib die Ablativi absoluti durch Beiordnung wieder* – **2 fossa, -ae** Graben – **3 agger, -eris** *m* Damm – **acervus, -i** Haufen – **adaequare** *hier* erreichen – **4 celare** verstecken – **patefacere** öffnen →LW – **pace uti** sich friedlich verhalten

(33) Sub vesperum Caesar portas claudi militesque ex oppido exire iussit,
     ne quam noctu oppidani a militibus iniuriam acciperent.
Illi ante inito, ut intellectum est, consilio,
        quod deditione facta
10   nostros praesidia deducturos
                aut denique indiligentius servaturos crediderant,
partim cum iis, quae retinuerant et celaverant armis,
partim scutis ex cortice factis aut viminibus intextis,
        quae subito, ut temporis exiguitas postulabat,
15   pellibus induxerant,
tertia vigilia, qua minime arduus ad nostras munitiones accensus videbatur,
omnibus copiis repente ex oppido eruptionem fecerunt.

> **6 sub vesperum** gegen Abend – **7 quam** *ordne* **(ali)quam iniuriam ...** – **acciperent** *hier* erleiden – **8 ante** *Adv.* – **consilium inire** *hier* einen Kriegsrat abhalten – **Illi ante ... consilio** *Ziehe* illi *in den Abl. abs. hinein und bilde einen Hauptsatz! Beginne dann neu!* – **intellegere** *hier* erfahren – **9 deditio, -onis** *f* Übergabe – **10 praesidium, -i** Wachposten – **deducturos, servaturos** *ergänze* esse – **deducere, -duco, -duxi, -ductum** wegführen, abziehen – **11 indiligentius** *Adv.; leite die Bedeutung des Wortes von* diligens, -ntis *ab* – **servare** *hier* beschützen – **12 partim** teils →LW – **cum iis, quae ... armis** *Ziehe* armis *vor den Relativsatz!* – **13 scutum, -i** der Schild – **cortex, -icis** *m* Baumrinde – **vimen, -inis** *n* Rute – **intexere, -texo, -texui, -textum** flechten – **14 exiguitas, -atis** *f hier* Kürze – **15 pellis, -is** *f* Fell – **inducere, -duco, -duxi, -ductum** *hier* überziehen – **16 tertia vigilia** während der dritten Nachtwache, *d. h.* zwischen Mitternacht und zwei Uhr – **qua** *ergänze* parte wo – **arduus, -a, -um** steil →LW – **munitio, -onis** *f* Befestigung – **accensus, -us** *m* Anstieg – **17 repente** plötzlich – **eruptio, -onis** *f* Ausbruch

Celeriter, ut ante Caesar imperaverat, ignibus significatione facta, ex proximis castellis eo concursum est, pugnatumque ab hostibus ita acriter est, ut a viris fortibus in extrema spe salutis iniquo loco contra eos, qui ex vallo turribusque tela iacerent, pugnari debuit, cum in una virtute omnis spes consisteret. Occisis ad hominum milibus IV reliqui in
5 oppidum reiecti sunt. Postridie eius diei refractis portis, cum iam defenderet nemo, atque intromissis militibus nostris, sectionem eius oppidi universam Caesar vendidit. Ab iis, qui emerant, capitum numerus ad eum relatus est milium LIII.

> **1 ignis, -is** *m* Feuer →LW – **significatio, -onis** *f* Zeichen – **2 concurrere** zusammenlaufen → LW – **3 iniquus, -a, -um** ungerecht, ungleich, ungünstig →LW – **4 consistere in** *m. Abl.* beruhen *auf*, bestehen *in etw.* – **5 postridie eius diei** am nächsten Tag – **refringere, -fringo, -fregi, -fractum** aufbrechen – **6 intromittere** hineinschicken – **sectio, -onis** *f* Beutemasse; *in dieser Bezeichnung enthalten sind auch die Menschen, die von den mitziehenden Sklavenhändlern später auf einem Sklavenmarkt auf römischem Boden verkauft wurden. Ob die von Caesar angegebene Zahl zutrifft, kann bezweifelt werden.* – **7 referre** berichten, melden →LW

Zur gleichen Zeit erhält Caesar von Publius Crassus, einem Sohn des Triumvirn Marcus Licinius Crassus, die Nachricht, dass unter seinem Kommando die Veneter im Nordwesten am Atlantik und alle Küstenstämme im Süden in Aquitanien in die Gewalt und unter das Weisungsrecht des römischen Volks gebracht wurden.

(35) His rebus gestis omni Gallia pacata tanta huius belli ad barbaros opinio perlata est, uti ab iis natio-
10 nibus, quae trans Rhenum incolerent, legationes ad Caesarem mitterentur, quae se obsides daturas, imperata facturas pollicerentur. Quas legationes Caesar, quod in Italiam Illyricumque properabat, inita proxima aestate ad se reverti iussit. Ipse in Carnutes, Andes,
15 Turonos quaeque civitates propinquae iis locis erant, ubi bellum gesserat, legionibus in hiberna deductis, in Italiam profectus est. Ob easque res ex litteris Caesaris dierum XV supplicatio decreta est, quod ante id tempus accidit nulli.

Römische Legionsadler

> **8 pacare** unterjochen, unterwerfen →LW – **9 barbarus, -a, -um** *(griech. bárbaros)* ausländisch, fremd; ungebildet; wild – **opinio, -onis** *f hier* hohe Meinung – **perferre, -fero, -tuli, -latum** verbreiten, überbringen – **perferri** sich verbreiten – **uti** ~ ut – **10 legatio, -onis** *f* Gesandtschaft – **11 obses, -idis** *m/f* Geisel →LW – **daturas, facturas** *ergänze* esse – **quae ... pollicerentur** *final* – **13 inita ... aestate** *PPP von* inire – **14 in Carnutes** in das Gebiet der Karnuten – **15 quaeque civitates** *löse auf* et eas **civitates, quae** ... – **16 hiberna, -orum** *Pl.* Winterlager – **17 ob** *m. Akk.* wegen – **ex litteris** aufgrund der Berichte – **18 supplicatio, -onis** *f* öffentliches Dankfest; *vom Senat angeordnet, meist Vorstufe des Triumphzugs des siegreichen Feldherrn*

Aufgaben

1. a) Wiederhole den Ablativus absolutus mithilfe GR 9, S. 216!
   b) Übersetze *traditis armis* (S. 27, Z. 6) auf alle drei möglichen Arten! Benenne die Sinnrichtung des Ablativus absolutus!
   c) Übersetze: *vere ineunte – hieme exeunte – nondum hieme confecta* (→ GR 9, S. 216)!
2. a) Suche *quam (2)* und *quamvis* im Abschnitt 31, 2 heraus und kläre jeweils die Form und die Verwendung!
   b) Notiere die weitere Verwendungsmöglichkeit, die es bei *quamvis* gibt!
   c) Übersetze und bestimme auch diese Verwendung des Pronomens: *Quam fortunam Atuatuci timebant?*
   d) Übertrage alle Verwendungsmöglichkeiten in eine übersichtliche Tabelle!
3. Untersuche die sprachliche Gestaltung des Ausschnitts *Sub vesperum ... fecerunt* (S. 28, Z. 6), indem du zunächst in einer Tabelle unter Caesar und unter Atuatuker zum Vergleich die Anzahl der lateinischen Wörter und die Anzahl der Gliedsätze verschiedenen Grades und der Ablativi absoluti gegenüberstellst! Erläutere, inwiefern diese unterschiedliche sprachliche Gestaltung das Bild mitformt, das der Leser sich vom Ablauf des gesamten Geschehens macht!
4. Erschließe aus Caesars Begründung des Gnadenerweises, wie er ihn zu handhaben pflegt (vgl. dazu auch 2.5.1, S. 51 f.)!
5. Kläre außerdem, inwiefern Caesar sein Verhalten grundsätzlich von dem der Atuatuker abgrenzt und welche Folgerung hinsichtlich seiner Kriegsführung der Leser daraus ziehen soll! Gib die verwendeten Textstellen an!
6. Den Legionsadler *(aquila, -ae)*, das Hauptfeldzeichen jeder römischen Legion, im Kampf zu verlieren, galt als höchste Schmach für die römischen Truppen. Informiere dich über die Funktion des Feldzeichens *(signum, -i)*! Stelle fest, welche Bedeutung der Adler ganz allgemein als Symbol hat, und finde weitere Beispiele für diese Verwendung!

LW

īgnis, -is *m*	Feuer
obses, -idis *m/f*	Geisel
arduus, -a, -um	steil
inīquus, -a, -um	ungerecht, ungleich, ungünstig
concurrere, -currō, -currī, -cursum	zusammenlaufen
cōnsistere, -sistō, -stitī *in m. Abl.*	beruhen *auf*, bestehen *in etw.*
pacāre	unterjochen, unterwerfen
patefacere, -faciō, -fēcī, -factum	öffnen
referre, referō, rettulī, relātum	berichten, melden
partim	teils

EW Erkläre Herkunft und Bedeutung: Konkurrenz – partiell!

2.2.7 Caesars Rheinübergang – ein historischer Moment *(B. G. IV, 16 ff.)*

Am Ende des zweiten Buchs stellt Caesar noch voll Genugtuung fest, Gallien sei nun in seiner Gesamtheit unterjocht. Im dritten Kriegsjahr flammt aber an verschiedenen Stellen erneut Widerstand auf; Caesar erstickt ihn möglichst sofort im Keim, damit er sich nicht auf die anderen Teile Galliens ausdehnt.

Im vierten Kriegsjahr überschreitet Caesar zwei Grenzen, die eine Herausforderung darstellen: zuerst den Rhein und später das Meer in Richtung Britannien. Auf der rechten Seite des Rheins haben die Sueben, die Caesar schon im ersten Kriegsjahr unter Ariovist besiegt hatte, die germanischen Usipeter und Tenkterer aus ihrer Heimat gedrängt und diese wiederum suchen nun in Gallien ein neues Siedlungsgebiet. Caesar, der die germanischen Stämme endgültig aus Gallien vertreiben will, reibt sie nach ergebnislosen Verhandlungen auf, ohne selbst bedeutende Verluste zu erleiden. Aber die Gefahr, dass weitere Germanenstämme nach Gallien eindringen, ist damit noch nicht gebannt.

(16, 1) Germanico bello confecto multis de causis Caesar statuit sibi Rhenum esse transeundum; quarum illa fuit iustissima, quod, cum videret Germanos tam facile impelli, ut in Galliam venirent, suis quoque rebus eos timere voluit, cum intellegerent et posse et audere populi Romani exercitum Rhenum transire.

1 Germanico bello confecto *gemeint ist die gerade abgeschlossene Phase des Krieges –* **2 iustus** *hier* triftig – **quod** *fakt.* – **3 timere** *m. Dat.* fürchten *für jmdn./etw.*

Ein anderer Teil der Usipeter und Tenkterer hat sich bereits jenseits des Rheins bei den Sugambrern niedergelassen. Caesars Forderung, sich zu ergeben, weisen sie zurück und bestreiten gleichzeitig sein Recht, den Rhein zu überschreiten.

(16, 5) Ubii autem, qui uni ex Transrhenanis ad Caesarem legatos miserant, amicitiam fecerant, obsides dederant, magnopere orabant, ut sibi auxilium ferret, quod graviter ab Suebis premerentur; vel, si id facere occupationibus rei publicae prohiberetur, exercitum modo Rhenum transportaret: id sibi ad auxilium spemque reliqui temporis satis futurum. Tantum esse nomen atque opinionem eius exercitus Ariovisto pulso et hoc novissimo proelio facto etiam ad ultimas Germanorum nationes, uti opinione et amicitia populi Romani tuti esse possint. Navium magnam copiam ad transportandum exercitum pollicebantur.

(17) Caesar his de causis, quas commemoravi, Rhenum transire decrevit; sed navibus transire neque satis tutum esse arbitrabatur neque suae neque populi Romani dignitatis esse statuebat. Itaque, etsi summa difficultas faciendi pontis proponebatur propter latitudinem, rapiditatem altitudinemque fluminis, tamen id sibi contendendum aut aliter non traducendum exercitum existimabat.

7 occupatio, -onis *f hier* Inanspruchnahme – **9 opinio, -onis** *f hier* hohe Meinung – **13 commemorare** erwähnen →LW – **15 proponere** in Aussicht stellen; *Passiv* in Aussicht stehen →LW – **16 latitudo, -inis** *f Substantiv zu* latus, -a, -um – **rapiditas, -atis** *f* reißende Strömung – **contendere** *hier* unbedingt durchführen

Caesar lässt aus Pfählen, Balken und Reisig eine etwa 500 m lange Brücke bauen, die so konstruiert ist, dass unter dem Druck der Strömung die einzelnen Teile aneinandergedrückt werden. Oberhalb der Brücke werden Pfähle eingerammt, die Treibgut abhalten sollen. Man nimmt an, dass die Brücke in der Nähe von Neuwied errichtet wurde. Der Rhein war hier etwa 400 m breit und bis zu 8 m tief.

(18) Diebus X, quibus materia coepta erat comportari, omni opere effecto exercitus traducitur. Caesar ad utramque partem pontis firmo praesidio relicto in fines Sugambrorum contendit. Interim a compluribus civitatibus ad eum legati veniunt; quibus pacem atque amicitiam petentibus liberaliter respondet obsidesque ad se adduci iubet.
5 At Sugambri ex eo tempore, quo pons institui coeptus est, fuga comparata, hortantibus iis, quos ex Tencteris atque Usipetibus apud se habebant, finibus suis excesserant suaque omnia exportaverant seque in solitudinem ac silvas abdiderant.

1 coepta erat *Gib das Passiv durch das unpersönliche „man" wieder!* – **4 liberalis, -e** großzügig →LW – **5 At Sugambri ... comparata** *Trenne diesen Teil ab und übersetze mit einem Hauptsatz!* – **7 solitudo, -inis** *f* Wildnis

Caesar vernichtet die Dörfer und Vorräte und zieht sich dann zu den Ubiern zurück. Er verspricht ihnen Unterstützung gegen die Sueben, die offensichtlich alles auf eine Karte setzen; etwa in der Mitte ihres Gebietes haben sie alle Stammesangehörigen zusammengezogen, um sich in einer Entscheidungsschlacht gegen die Römer zu stellen.

(19, 4) Quod ubi Caesar comperit, omnibus iis rebus confectis, quarum rerum causa exercitum traducere constituerat, ut Germanis metum iniceret, ut Sugambros ulcisceretur, ut Ubios obsidione liberaret, diebus omnino XVIII trans Rhenum consumptis, satis et ad laudem et ad utilitatem profectum arbitratus se in Galliam recepit pontemque rescidit.

10 obsidio, -onis *f hier* Bedrängnis – **11 proficere** *m. Akk. etw.* ausrichten, gewinnen – **12 rescindere, -scindo, -scidi, -scissum** abreißen, einreißen

Caesar überschreitet mit seinen Truppen den Rhein.
Stelle fest, in welche Himmelsrichtung der Betrachter blickt!

Aufgaben

1. a) Finde in deiner Grammatik den Fachbegriff für den unterstrichenen Genitiv heraus: *populi Romani dignitatis esse* (S. 31, Z. 14 f.)!
   b) Übersetze die Beispiele:
   Consulis est civibus consulere. – Virtutis est periculis obstare.
2. a) Erstelle zu dem Satz *Quod ubi Caesar comperit ... pontemque rescidit* (S. 32, Z. 8 ff.) ein Satzmodell und zeige anhand der Abfolge von Gliedsätzen und Hauptsatz, wie Caesar den Stoff syntaktisch organisiert!
   b) Untersuche, wie Caesar davon ablenkt, dass er dieser Auseinandersetzung mit den Sueben ausgewichen ist!
3. Gruppenarbeit:
   a) Der Brückenbau über den Rhein ist in technischer und organisatorischer Hinsicht eine Meisterleistung. Erstellt mithilfe des Internets dazu eine Dokumentation auf einer Schautafel! Fügt den lateinischen Originaltext und die deutsche Übersetzung bei! Mit einigem Geschick könnt ihr auch ein Modell der Brücke nachbauen.
   b) Klärt, vor welchem geschichtlichen Hintergrund in Deutschland die unten abgebildete Caesarstatue 1898 aufgestellt wurde! Leitet aus der Darstellung ab, welches Bild von Caesar hier vermittelt werden sollte und welche Absicht mit der Aufstellung verbunden war!

LW
līberālis, -e — großzügig
commemorāre — erwähnen
prōpōnere, -pōnō, -posuī, -positum — in Aussicht stellen

EW Erkläre Herkunft und Bedeutung: Liberalität!

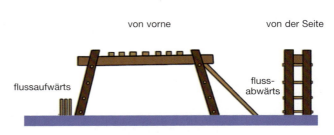

Konstruktionsplan der Rheinbrücke Caesars

Diese Caesar-Statue wurde von dem Bildhauer Gotthold Riegelmann erschaffen und 1898 zur Einweihung der alten Rheinbrücke bei Bonn aufgestellt. Seit der 2000-Jahrfeier Bonns 1989 stand sie am Rheindeich in Schwarzrheindorf, während dessen Sanierung (2010) in einem Privatgarten.

Zum Weiterlesen und Vertiefen

Die Brück' am Tay *(Theodor Fontane)*

Im 19. Jahrhundert war es die „industrielle Revolution", die zu technischen Höchstleistungen herausforderte. Die Errichtung der Tay-Brücke in Schottland, die den Warentransportweg verkürzte, galt als „Triumph der Ingenieurskunst". Doch am 28. Dezember 1879 stürzte die Brücke bei einem schweren Sturm unter der Last des Postzuges aus Edinburgh zusammen und riss alle Passagiere in den Tod.

Theodor Fontane (1819–1898) griff das Thema in der Ballade „Die Brücke am Tay" auf. Sie gehört zu den bekanntesten Gedichten dieser Gattung.

When shall we three meet again
(Shakespeare: Macbeth) [1]

„Wann treffen wir drei wieder zusamm'?"
„Um die siebente Stund', am Brückendamm."
„Am Mittelpfeiler." „Ich lösche die Flamm'."
„Ich mit."
„Ich komme vom Norden her."
„Und ich von Süden."
„Und ich vom Meer."
„Hei, das gibt ein Ringelreihn,
Und die Brücke muß in den Grund hinein."
„Und der Zug, der in die Brücke tritt
Um die siebente Stund'?"
„Ei der muß mit."
„Muß mit."
„Tand, Tand,
Ist das Gebilde von Menschenhand."

Auf der Norderseite, das Brückenhaus –
Alle Fenster sehen nach Süden aus,
Und die Brücknersleut', ohne Rast und Ruh
Und in Bangen sehen nach Süden zu,
Sehen und warten, ob nicht ein Licht
Übers Wasser hin „ich komme" spricht,
„Ich komme, trotz Nacht und Sturmesflug,
Ich, der Edinburger Zug."

Und der Brückner jetzt: „Ich seh einen Schein
Am anderen Ufer. Das muß er sein.
Nun Mutter, weg mit dem bangen Traum,
Unser Johnie kommt und will seinen Baum,
Und was noch am Baume von Lichtern ist,
Zünd' alles an wie zum heiligen Christ,
Der will heuer zweimal mit uns sein, –
Und in elf Minuten ist er herein."

Und es war der Zug. Am Süderturm
Keucht er vorbei jetzt gegen den Sturm,
Und Johnie spricht: „Die Brücke noch!
Aber was tut es, wir zwingen es doch.
Ein fester Kessel, ein doppelter Dampf,
Die bleiben Sieger in solchem Kampf,
Und wie's auch rast und ringt und rennt,
Wir kriegen es unter: das Element."

„Und unser Stolz ist unsre Brück';
Ich lache, denk ich an früher zurück,
An all den Jammer und all die Not
Mit dem elend alten Schifferboot;
Wie manche liebe Christfestnacht
Hab ich im Fährhaus zugebracht,
Und sah unsrer Fenster lichten Schein,
Und zählte, und konnte nicht drüben sein."

Auf der Norderseite, das Brückenhaus –
Alle Fenster sehen nach Süden aus,
Und die Brücknersleut' ohne Rast und Ruh
Und in Bangen sehen nach Süden zu;
Denn wütender wurde der Winde Spiel,
Und jetzt, als ob Feuer vom Himmel fiel',
Erglüht es in niederschießender Pracht
Überm Wasser unten … Und wieder ist Nacht.

„Wann treffen wir drei wieder zusamm'?"
„Um Mitternacht, am Bergeskamm."
„Auf dem hohen Moor, am Erlenstamm."
„Ich komme." „Ich mit."
„Ich nenn euch die Zahl."
„Und ich die Namen."
„Und ich die Qual."
„Hei! Wie Splitter brach das Gebälk entzwei."
„Tand, Tand,
Ist das Gebilde von Menschenhand."

[1] drei Hexen

Aufgabe

Arbeite anhand der Darstellung der Katastrophe heraus, wie Fontane das Verhältnis Mensch – Natur im Rahmen der fortschreitenden Technisierung der Umwelt sah!

2.2.8 Exkurs: Leben und Sitten der Gallier *(B. G. VI, 11–19, Auswahl)*

(NcI)

Caesar hat im vierten und fünften Kriegsjahr u. a. unter schwierigsten Bedingungen zwei Expeditionen nach Britannien durchgeführt. Seine Berichterstattung über die Ereignisse im Jahr 53, dem sechsten Kriegsjahr, unterbricht er nach dem zweiten Rheinübergang vor der entscheidenden Schlacht gegen die Sueben. In einem geographisch-ethnographischen Exkurs über die Gallier und Germanen gibt er einen Einblick in deren Gesellschaft und Bräuche, der nicht nur von seinen Zeitgenossen mit Interesse gelesen wurde. Dennoch muss man sich fragen, warum er es für nicht unangebracht hält, vom Thema abzuschweifen.

(11) … non alienum esse videtur de Galliae Germaniaeque moribus et quo differant hae nationes inter sese proponere.

(13) In omni Gallia eorum hominum, qui aliquo sunt numero atque honore, genera sunt duo. Nam plebes paene servorum habetur loco, quae nihil audet per se, nulli adhibetur
5 consilio.

Sed de his duobus generibus alterum est druidum, alterum equitum. Illi rebus divinis intersunt, sacrificia publica ac privata procurant, religiones interpretantur: ad hos magnus adulescentium numerus disciplinae causa concurrit, magnoque hi sunt apud eos honore. Nam fere de omnibus controversiis publicis privatisque constituunt; si qui
10 aut privatus aut populus eorum decreto non stetit, sacrificiis interdicunt. Haec poena apud eos est gravissima.

(14) Druides a bello abesse consuerunt neque tributa una cum reliquis pendunt; militiae vacationem omniumque rerum habent immunitatem. Tantis excitati praemiis et sua sponte multi in disciplinam conveniunt et a parentibus propinquisque mittuntur.
15 Magnum ibi numerum versuum ediscere dicuntur. Itaque annos nonnulli vicenos in disciplina permanent. Neque fas esse existimant ea litteris mandare, cum in reliquis fere rebus, publicis privatisque rationibus Graecis litteris utantur. Id mihi duabus de causis instituisse videntur, quod neque in vulgum disciplinam efferri velint neque eos, qui discunt, litteris confisos minus memoriae studere. In primis hoc volunt persuadere
20 non interire animas, sed ab aliis post mortem transire ad alios, atque hoc maxime ad virtutem excitari putant metu mortis neglecto.

---

1 alienus, -a, -um *hier* unangebracht – **quo** wodurch – **3 numerus, -i** *hier* Geltung – **genus, -eris** *n hier* Klasse – **4 plebes, -ei** *f Nebenform zu* plebs, -bis *f* – **adhibere** *m. Dat.* hinzuziehen zu – **6 druides, -um** *m* Druiden *Priester der alten Kelten; ihre Lehre kam um 300 v. Chr. von Britannien nach Gallien* – **rebus divinis interesse** den Götterdienst verrichten – **7 sacrificium, -i** Opfer →LW – **procurare** besorgen, verwalten – **religio, -onis** *f hier Pl.* Religionssatzungen – **9 controversia, -ae** Streitigkeit – **constituere** *hier* Entscheidungen treffen – **10 decretum, -i** Entscheidung →LW – **interdicere** *m. Dat.* untersagen, ausschließen *von etw.* – **12 consuerunt** ~ consueverunt – **una cum** zusammen mit →LW – **13 vacatio, -onis** *f* Freistellung – **omniumque rerum habere immunitatem** von allen Leistungen frei sein – **14 disciplina, -ae** Lehre – **15 ediscere** auswendig lernen – **viceni, -ae, -a** je zwanzig – **16 fas** *n indekl.* göttliches Recht →LW – **17 ratio, -onis** *f hier* Geschäft – **19 litteris confisus, -a, -um** im Vertrauen auf schriftliche Aufzeichnungen

(15) Alterum genus est equitum. Hi, cum est usus atque aliquod bellum incidit (quod fere ante Caesaris adventum quotannis accidere solebat, uti aut ipsi iniurias inferrent aut illatas propulsarent), omnes in bello versantur, atque eorum ut quisque est genere copiisque amplissimus, ita plurimos circum se ambactos clientesque habet. Hanc unam gratiam potentiamque noverunt.

(17) Deum maxime Mercurium colunt. Huius sunt plurima simulacra: hunc omnium inventorem artium ferunt, hunc viarum atque itinerum ducem, hunc ad quaestus pecuniae mercaturasque habere vim maximam arbitrantur. Post hunc Apollinem et Martem et Iovem et Minervam. De his eandem fere, quam reliquae gentes, habent opinionem: Apollinem morbos depellere, Minervam operum atque artificiorum initia tradere, Iovem imperium caelestium tenere, Martem bella regere.

(19) Viri, quantas pecunias ab uxoribus dotis nomine acceperunt, tantas ex suis bonis aestimatione facta cum dotibus communicant. Huius omnis pecuniae coniunctim ratio habetur fructusque servantur: uter eorum vita superarit, ad eum pars utriusque cum fructibus superiorum temporum pervenit. Viri in uxores, sicuti in liberos, vitae necisque habent potestatem. Funera sunt pro cultu Gallorum magnifica et sumptuosa; omniaque, quae vivis cordi fuisse arbitrantur, in ignem inferunt, etiam animalia, ac paulo supra hanc memoriam servi et clientes, quos ab eis dilectos esse constabat, iustis funeribus confectis una cremabantur.

---

3 propulsare ~ prohibere – **ut ... ita** m. *Superlativ* je ... desto m. *Komparativ* – **genus copiaeque** Herkunft und Mittel – **4 ambactus, -i** Lehnsmann – **cliens, -ntis** m Gefolgsmann →LW – **5 gratia, -ae** *hier* Ansehen, Geltung – **7 inventor, -oris** m Erfinder – **ferre** m. dopp. Akk. jmdn./etw. bezeichnen *als* – **quaestus pecuniae** Gelderwerb – **8 mercaturae, -arum** *Pl.* Handelsgeschäfte – **11 caelestes, -ium** m die Götter →LW – **12 dos, dotis** f Mitgift – **13 aestimatio, -onis** f Schätzung – **communicare** *hier* zusammenlegen – **coniunctim** gemeinsam – **rationem habere** abrechnen – **14 fructus, -us** m *hier* Zinsen – **superarit** ~ superaverit – **16 funus, -eris** n Begräbnis – **pro** *hier* im Verhältnis zu – **sumptuosus, -a, -um** aufwendig, kostspielig – **17 cordi esse** am Herzen liegen – **quae ... arbitrantur** *verschr. Rel.Satz* – **18 supra hanc memoriam** vor unserer Zeit – **quos ... constabat** *verschr. Rel.Satz* – **iustus, -a, -um** *hier* herkömmlich – **19 una** zusammen *mit ihm*

Aufgaben

1. a) Wiederhole den NcI mithilfe GR 7, S. 212!
   b) Wähle für die Übersetzung des Satzes *Magnum ibi numerum versuum ediscere dicuntur* (S. 35, Z. 15) noch eine andere syntaktische Möglichkeit als deine ursprüngliche!
2. Weise bei *persuadere* den beiden Konstruktionsmöglichkeiten mit AcI und *ut* die jeweils zutreffende Grundbedeutung des Verbums zu! Begründe die Zuordnung grammatikalisch!
3. Übersetze den verschränkten Relativsatz *clientes, quos ... constabat* (S. 36, Z. 18) auf vier verschiedene Arten, wie in GR 13, S. 219 vorgeschlagen!
4. a) Fasse kurz zusammen, welche Stellung die Druiden in der Stammesgemeinschaft einnehmen!
   b) Stelle fest, auf welche Ziele die Unterweisung durch die Druiden ausgerichtet ist und welche Funktion der Lehre damit zugewiesen wird!

5. Über die Rechte von Mann und Frau erfahren wir wenig. Welches Bild von der Gesellschaft vermitteln uns diese Angaben dennoch?
6. Gruppenarbeit:
   a) Erarbeitet eine Übersicht über die Stellung von *equites* (S. 36, Z. 1), *plebes* und *servi* (S. 35, Z. 4) in der römischen Gesellschaft! Ergänzt diese durch das Klientelwesen (*clientes,* S. 36, Z. 4), die Nobilität *(nobiles)* und die Priesterschaft *(collegium sacerdotum)*!
   b) Arbeitet heraus, inwiefern sich die gesellschaftliche Struktur der Gallier von der römischen grundlegend unterscheidet! Zieht zur Beantwortung der Frage den vollständigen Exkurs in einer Übersetzung heran *(B. G. VI, 11–20)*!

LW

caelestēs, -ium *m*	die Götter
cliēns, -ntis *m*	Gefolgsmann
dēcrētum, -ī	Entscheidung
fās *n indekl.*	*göttliches* Recht
sacrificium, -ī	Opfer
interdīcere, -dīcō, -dīxī, -dictum *m. Dat.*	untersagen, ausschließen *von*
unā cum	zusammen mit

EW Erkläre Herkunft und Bedeutung: Dekret – Klient!

Zum Weiterlesen und Vertiefen

Keltische Gottheiten

Caesar setzt hier die gallischen und später die germanischen Gottheiten mit den römischen gleich. Die keltischen Namen lauten Teutates für Merkur, Belenus für Apoll, Esus für Mars und Taranis für Jupiter. Der keltische Name für Minerva ist unbekannt. Insgesamt gibt es nur sehr wenige genauere Quellen zum keltischen Götterdienst, so dass wir uns nur ein ungefähres Bild machen können.

Platte C des Silberkessels von Gundestrup, vermutlich 150 v. Chr. – Christi Geburt, Dänisches Nationalmuseum, Kopenhagen
Der Gott Taranis hält in seiner linken Hand ein Rad als Symbol des Blitzes und der Macht. Links und rechts neben ihm zwei mythische Raubtiere, welche die zerstörerische Gewalt des Himmelfeuers verkörpern.

Erkläre, warum die Römer den keltischen Gott Taranis mit Jupiter gleichsetzten! Nenne den entsprechenden Gott bei den Griechen!

2.2.9 Exkurs: Leben und Sitten der Germanen *(B. G. VI, 21–27, Auswahl)*

Zum Vergleich mit den Galliern trägt Caesar auch über die Germanen zusammen, was er selbst von Kaufleuten oder germanischen Gefangenen erfahren oder anderen Quellen entnommen hat.

(21) Germani multum ab hac consuetudine differunt. Nam neque druides habent, qui rebus divinis praesint, neque sacrificiis student. Deorum numero eos solos ducunt, quos cernunt et quorum aperte opibus iuvantur, Solem et Vulcanum et Lunam, reliquos ne fama quidem acceperunt. Vita omnis in venationibus atque in studiis rei militaris con-
5 sistit: ab parvulis labori ac duritiae student. Qui diutissime impuberes permanserunt, maximam inter suos ferunt laudem: Hoc ali staturam, ali vires nervosque confirmari putant. Intra annum vero vicesimum feminae notitiam habuisse in turpissimis habent rebus; cuius rei nulla est occultatio, quod et promiscue in fluminibus perluuntur et pellibus aut parvis renonum tegimentis utuntur magna corporis parte nuda.

> **1 consuetudine** *ergänze* vitae – **2 deorum numero ducere** zu den Göttern zählen – **4 venatio, -onis** *f* Jagd – <u>**consistere in**</u> *m. Abl.* beruhen *auf*, bestehen *in etw.* →LW – **5 ab parvulis** von klein auf – **duritia, -ae** Abhärtung – **impubes, -eris** ohne sexuelle Kontakte – **6 nervus, -i** Sehne, Muskel – **7 intra** *hier* vor – **notitiam feminae habere** eine Beziehung zu einer Frau haben – **habere in** *m. Abl.* zählen *zu* – **8 occultatio, -onis** *f Substantiv zu* occultus, -a, -um – **promiscuus, -a, -um** gemeinschaftlich – **perlui** *mediopass.* baden *intrans.* – **9 reno, -onis** *m* Tierfell – **tegimentum, -i** Decke, Bedeckung – **nudus, -a, -um** nackt

Sonnenwagen von Trundholm/Dänemark, gefunden 1902, germanische Kultur der mittleren Bronzezeit (um 1400 v. Chr.), Bronze mit Goldauflage, ca. 60 cm (Ausstellung im Landesmuseum Halle, Sachsen-Anhalt, 2004); allgemeine Deutung der Scheibe als Sonnensymbol mit goldener Tag- und dunkler Nachtseite; die Sonne wird von dem Pferdegespann am Tag über den Himmel gezogen, nachts in der Gegenrichtung zurück.

(22) Agriculturae non student, maiorque pars eorum victus in lacte, caseo, carne consistit. Neque quisquam agri modum certum aut fines habet proprios; sed magistratus ac principes in annos singulos gentibus cognationibusque hominum, qui una coierunt, quantum et quo loco visum est agri attribuunt atque anno post alio transire cogunt. Eius rei multas adferunt causas: ne adsidua consuetudine capti studium belli gerendi agricultura commutent; ne latos fines parare studeant, potentioresque humiliores possessionibus expellant; ne accuratius ad frigora atque aestus vitandos aedificent; ne qua oriatur pecuniae cupiditas, qua ex re factiones dissensionesque nascuntur; ut animi aequitate plebem contineant, cum suas quisque opes cum potentissimis aequari videat.

1 **victus, -us** *m* Nahrung, Lebensmittel →LW – **lac, lactis** *n* Milch – 2 **proprius, -a, -um** eigen (-tümlich) →LW – 3 **cognatio, -onis** *f* Sippe – **coire** zusammenkommen – 4 **videtur** es erscheint richtig →LW – **alio** anderswohin – 5 **adsiduus** ~ assiduus, -a, -um beständig; *hier* ununterbrochen – **studium belli gerendi** Kriegshandwerk – 6 **commutare** vertauschen – **humilis, -e** niedrig, tiefer gestellt – **possessio, -onis** *f* Besitz – 7 **expellere** vertreiben – **accuratius** zu sorgfältig – **frigus, -oris** *n* Kälte – **aestus, -us** *m* Hitze – 8 **factio, -onis** *f* Partei, Anhängerschaft →LW – **dissensio, -onis** *f* Spaltung – 9 **aequare** gleichmachen; *Pass.* gleichkommen →LW

(23) Civitatibus maxima laus est quam latissime circum se vastatis finibus solitudines habere. Hoc proprium virtutis existimant, expulsos agris finitimos cedere, neque quemquam prope audere consistere; simul hoc se fore tutiores arbitrantur repentinae incursionis timore sublato. Cum bellum civitas aut illatum defendit aut infert, magistratus, qui ei bello praesint, ut vitae necisque habeant potestatem, deliguntur. In pace nullus est communis magistratus, sed principes regionum atque pagorum inter suos ius dicunt controversiasque minuunt. Latrocinia nullam habent infamiam, quae extra fines cuiusque civitatis fiunt, atque ea iuventutis exercendae ac desidiae minuendae causa fieri praedicant. Hospitem violare fas non putant; qui quacumque de causa ad eos venerunt, ab iniuria prohibent, sanctos habent, hisque omnium domus patent victusque communicatur.

10 **quam** *m. Superlativ* möglichst *m. Positiv* – 11 **proprium, -i** *hier* Merkmal – 12 **prope** *Adv.* – **repentinus, -a, -um** unvermutet, plötzlich – **incursio, -onis** *f* Angriff – 14 **bello praeesse** die Kriegführung übernehmen – 16 **latrocinium, -i** Raubzug – **infamia, -ae** Schande – 17 **desidia, -ae** Müßiggang – 19 **prohibere ab** *m. Abl.* schützen *vor jmdm./etw.* →LW – **sanctus, -a, -um** heilig, unverletzlich →LW

Auf die Germanen greift Caesar immer wieder zurück, wenn es um *virtus* im Sinne von Tapferkeit im Kampf geht. Die Gallier, die früher die Germanen darin übertrafen und sogar ihrerseits den Rhein überschritten, sind nach Caesars Meinung inzwischen durch die Nähe der Provinzen und die Kenntnis von Luxusgütern verdorben. Sie haben sich so daran gewöhnt, besiegt zu werden, dass sie sich nicht einmal selbst mehr mit den Germanen vergleichen.

In den folgenden Kapiteln (25–28) erzählt Caesar vom Hercynischen Wald so viel Phantastisches, dass man versucht ist, an einen Zauberwald zu denken. Es ist anzunehmen, dass diese Kapitel später eingefügt wurden und Caesar sich keinen Bären hat aufbinden lassen.

(25, 5) Multaque in ea genera ferarum nasci constat, quae reliquis in locis visa non sint; ex quibus, quae maxime differant ab ceteris et memoriae prodenda videantur, haec sunt.

Das erste Tier ist ein Rind von Hirschgestalt mit einem Horn in der Stirnmitte, das sich am Ende verzweigt. Eine weitere Gattung bilden die Auerochsen, die mithilfe von Fanggruben gejagt werden. Ihre Hörner gelten als Jagdtrophäe; am Rand mit Silber eingefasst dienen sie bei Gelagen als Trinkpokale. Am erstaunlichsten sind aber die Elche.

(27) Sunt item, quae appellantur alces. Harum est consimilis capris figura et varietas pellium, sed magnitudine paulo antecedunt mutilaeque sunt cornibus et crura sine
5 nodis articulisque habent neque quietis causa procumbunt neque, si quo adflictae casu conciderunt, erigere sese aut sublevare possunt. His sunt arbores pro cubilibus: ad eas se applicant atque ita paulum modo reclinatae quietem capiunt. Quarum ex vestigiis cum est animadversum a venatoribus, quo se recipere consuerint, omnes eo loco aut ab radicibus subruunt aut accidunt arbores, tantum ut summa species earum stantium
10 relinquatur. Huc cum se consuetudine reclinaverunt, infirmas arbores pondere adfligunt atque una ipsae concidunt.

> **1 fera, -ae** wildes Tier – **3 alces, -is** *f* Elch – **consimilis, -e** ganz ähnlich – **caper, capri** (Ziegen-) Bock – **varietas, -atis** *f* Buntheit – **4 pellis, -is** *f* Fell – <u>**antecedere**</u> *m. Dat. jmdn.* übertreffen →LW – **mutilae** *Ziehe dies als Attribut zu* **cornibus** *Abl. lim.!* – **mutilus, -a, -um** abgestumpft – **crus, cruris** *n* Bein – **5 nodus, -i** Knoten; *hier* Knöchel – **quies, -etis** *f* Ruhe – **procumbere** sich niederlegen – **adfligere** ~ affligere niederwerfen, umreißen – **6 concidere, cóncido, cóncidi** hinstürzen – <u>**erigere**</u> aufrichten →LW – **sublevare** *hier* sich erheben – **cubile, -is** *n* Lagerstätte – **7 se applicare** sich anlehnen – **reclinatus, -a, -um** zurückgelehnt – **vestigium, -i** Spur – **8 venator, -oris** *m* Jäger – **consuerint** ~ consueverint – **9 radix, -icis** *f* Wurzel – **subruere** unterwühlen – **accidere** anschneiden – **species, -ei** *f* Anschein – **10 huc** hierher – **pondus, -eris** *n* Gewicht

Abbildung eines Elchs, in der Caesarausgabe von Graevius, 1713

Aufgaben

1. Übersetze folgende Beispiele zu -nd-Formen und dem Ablativus absolutus:
   pacis petendae causa – ad cohortandos (cohortari „ermutigen") milites – facultas sui recipiendi (recipere „zurückziehen"); hostibus perterritis – magno numero hostium capto – firmo ad pontem praesidio relicto – hac parte Galliae pacata!
2. Wiederhole mithilfe von GR 4 (S. 210) die Bildung und Steigerung von Adverbien und übersetze: *quam brevissime – exspectatione* (Abl. comp.) *celerius – fortiter in re, suaviter in modo*!
3. Suche aus dem Text alle Ausdrücke heraus, die zum Wortfeld „zu etwas zählen" gehören!
4. Arbeite heraus, welche Ziele das Zusammenleben der Germanen untereinander und ihren Umgang mit anderen Stämmen bestimmten!
5. Wäge ab, welches der beiden Völker den Römern aufgrund der Beschreibung durch Caesar nähergestanden haben dürfte: Gallier oder Germanen? Wen dürften sie lieber als römische Mitbürger gesehen haben? Begründe deine Einschätzung!
6. Finde heraus, welche Gründe Caesar veranlasst haben könnten, die Meinung der Leser durch seine Darstellung zu beeinflussen und die Exkurse an dieser Stelle einzufügen!
7. Gruppenarbeit: Stellt zum Symbol des Sonnenwagens in der griechischen, römischen und germanischen Mythologie mithilfe des Internets eine kleine Dokumentation auf einer Schautafel zusammen!

LW

factiō, -ōnis *f*	Partei, Anhängerschaft
victus, -ūs *m*	Nahrung, Lebensmittel
proprius, -a, -um	eigen(tümlich)
sānctus, -a, -um	heilig, unverletzlich
aequāre	gleichmachen; *Pass.* gleichkommen
antecēdere, -cēdō, -cessī, -cessum *m. Dat.*	*jmdn.* übertreffen
cōnsistere, -sistō, -stitī in *m. Abl.*	beruhen *auf*, bestehen *in etw.*
ērigere, -rigō, -rēxī, -rēctum	aufrichten
prohibēre ab *m. Abl.*	schützen *vor jmdm./etw.*
vidētur	es erscheint richtig

EW Erkläre Herkunft und Bedeutung: Konsistenz – Viktualienmarkt – adäquat!

Der weitere Verlauf des Geschehens:

Caesar sieht vom Kampf gegen die Sueben ab, als Grund gibt er Proviantmangel an. Stattdessen verwüstet er das Land der aufständischen Eburonen, ohne ihres Führers Ambiorix habhaft zu werden. Er hält Gericht über einen weiteren Aufstand und lässt dessen Anführer Acco zur Abschreckung *more maiorum* hinrichten. Hinter diesem Hinweis verbergen sich zusätzliche Folterungen. Indem Caesar sich auf die Vorfahren beruft, sichert er sein Vorgehen stillschweigend ab, ohne die Begleitumstände erwähnen zu müssen.

Der Jahreszeit entsprechend verteilt er seine zehn Legionen auf drei Winterlager im Gebiet der Remer und anderer verbündeter Stämme und zieht auch nach diesem sechsten Kriegsjahr wieder selbst nach Oberitalien, um auch dort wie üblich Gerichtstage abzuhalten.

Zum Weiterlesen und Vertiefen

Die „edlen Wilden" (Tacitus, *Germania,* Auswahl)

Als Cornelius Tacitus (ca. 55–ca. 120 n. Chr.) gegen Ende des 1. Jahrhunderts n. Chr. sein Buch über die Germanen veröffentlichte, lag ihm daran, die Einstellung der Römer gegenüber den Germanen von dem überkommenen Feindbild zu befreien. Er hielt seinen dekadenten Landsleuten aber auch einen Spiegel vor, indem er die natürliche Einfachheit der Lebensart der Germanen herausstellte.

Am Anfang der allgemeinen Einführung ahmt Tacitus unverkennbar Caesar nach:

(1) Germania omnis a Gallis Raetisque et Pannoniis Rheno et Danuvio fluminibus, a Sarmatis Dacisque mutuo metu aut montibus separatur: cetera Oceanus ambit, latos sinus et insularum inmensa spatia complectens …

> Germanien wird als Ganzes von den Galliern, Rätern und Pannoniern durch die Flüsse Rhein und Donau, von den Sarmaten und Dakern durch gegenseitige Furcht oder durch Gebirge getrennt: Das Übrige umspült das Weltmeer, das weite Buchten und Inseln von unermesslicher Ausdehnung umfasst.

Wie ist es zu erklären, dass die Germanen ihre ursprüngliche Einfachheit und Natürlichkeit bewahren konnten?

(2) Quis porro, praeter periculum horridi et ignoti maris, Asia aut Africa aut Italia
5 relicta Germaniam peteret, informem terris, asperam caelo, tristem cultu adspectuque, nisi si patria sit?

> Wer hätte ferner, ganz abgesehen von der Gefährlichkeit eines wilden und unbekannten Meeres, Asien, Afrika oder Italien verlassen sollen, um nach Germanien zu ziehen, ein unwirtliches Land mit rauem Klima, trostlos für den Anbau und den Anblick, außer es wäre sein Vaterland?

Die Germanen sind offenbar ein freiheitsliebendes Volk. Wem ordnen sie sich dennoch unter? Was macht sie im Kampf so stark?

(7) Reges ex nobilitate, duces ex virtute sumunt. Nec regibus infinita aut libera potestas, et duces exemplo potius quam imperio, si prompti, si conspicui, si ante aciem agant, admiratione praesunt.

> Die Könige wählen sie aus dem Adel, die Heerführer nach ihrer Tapferkeit aus. Die Könige üben keine unbegrenzte oder uneingeschränkte Macht aus und die Heerführer leiten mehr durch ihr gutes Beispiel als durch Befehlsgewalt und, wenn sie entschlossen und weithin sichtbar vor der Kampflinie handeln, durch Bewunderung.

Aufgaben

1. Vergleiche die einleitenden Worte Tacitus' mit denen Caesars (vgl. B. G., I, 1, S. 19)! Notiere Gemeinsamkeiten und Unterschiede!
2. Finde heraus, was die Abgeschiedenheit des Landes für den Volkscharakter der Germanen bedeutet! Beziehe in deine Überlegungen ein, was Caesar in der Einleitung zum Gallischen Krieg über die Belger schreibt!
3. Kläre die Bedeutung des Begriffs *rex* für die Römer! Vergleiche damit die Stellung der Stammeskönige bei den Germanen!

2.2.10 Das Ende des Freiheitskampfes der Gallier *(B. G. VII, 77–90, Auswahl)*

Während sich Caesar im Winter 53/52 in Oberitalien aufhält, um Gerichtstage abzuhalten, sammeln sich in Gallien die unterworfenen Stämme unter dem Oberbefehl des jungen Arverners Vercingetorix zum letzten großen Freiheitskampf. Durch Überzeugungskraft und rücksichtslose Härte ist es ihm gelungen, ein Heer samt Reiterei aufzubauen und gegen Caesar in Stellung zu bringen.

Als Caesar davon erfährt, reist er unter größten Schwierigkeiten zu seinem Heer jenseits der Alpen und versucht durch überraschendes und hartes Eingreifen Furcht unter den Aufständischen zu verbreiten und das Vertrauen in die Schutzmacht Rom bei den Verbündeten zu erhalten.

Nach Niederlagen bei Vellaunodunum, Cenabum und Noviodunum überzeugt Vercingetorix seine Anhänger von der Strategie der verbrannten Erde, um die Römer von der Versorgung mit dem dringend benötigten Proviant abzuschneiden und so ihre Kampfkraft zu brechen. Dies führt aber nicht zum Erfolg, da die Römer die einzige verschonte Stadt Avaricum erobern können.

Es kommt immer wieder zu Kämpfen, deren Vorbereitung und Ablauf Caesar in größter Ausführlichkeit beschreibt. Doch keine Seite kann den entscheidenden Sieg erringen. Zuletzt marschiert Vercingetorix nach Alesia. Caesar verfolgt ihn und umgibt Alesia mit einem doppelten Befestigungsring, um Angriffe von außen und einen Ausbruch der Truppen aus der Stadt heraus abzuwehren.

In der Stadt versucht Critognatus, ein hoch angesehener Arverner, seinen verzweifelten Landsleuten Mut zu machen, bis die längst erwarteten Truppen der eigenen Stämme zur Rettung eintreffen. Caesar zitiert diese Rede als einzige lange direkte Rede eines Galliers in den *Commentarii*.

(77, 2) Non praetereunda oratio Critognati videtur propter eius singularem et nefariam crudelitatem.

(77, 12) „… Quid ergo mei consili est? Facere, quod nostri maiores nequaquam pari bello Cimbrorum Teutonumque fecerunt; qui in oppida compulsi ac simili inopia subacti
5 eorum corporibus, qui aetate ad bellum inutiles videbantur, vitam toleraverunt neque se hostibus tradiderunt. Cuius rei si exemplum non haberemus, tamen libertatis causa institui et posteris prodi pulcherrimum iudicarem. Nam quid illi simile bello fuit? Depopulata Gallia Cimbri magnaque illata calamitate finibus quidem nostris aliquando excesserunt atque alias terras petierunt; iura, leges, agros, libertatem nobis reliquerunt.
10 Romani vero quid petunt aliud aut quid volunt, nisi invidia adducti, quos fama nobiles potentesque bello cognoverunt, horum in agris civitatibusque considere atque his aeternam iniungere servitutem? Neque enim ulla alia condicione bella gesserunt. Quod si ea, quae in longinquis nationibus geruntur, ignoratis, respicite finitimam Galliam, quae in provinciam redacta iure et legibus commutatis securibus subiecta perpetua premitur
15 servitute."

---

1 Critognatus, -i *Arverner; die Arverner lebten in der heutigen Auvergne (Zentralfrankreich), die nach ihnen benannt ist* – **3 nequaquam** *Adv.* keinesfalls, auf keine Weise – **5 tolerare** *hier* fristen – **7 prodi** *Inf. Präs. Pass. zu* prodere – **8 depopulari** verwüsten, plündern – **9 petierunt** ~ petiverunt – **10 quos** *beziehe auf* **horum** – **14 commutare** verändern – **securis, -is** *f* Beil; *hier* römische Oberhoheit *abgeleitet vom Rutenbündel mit Beil, dem Amtssymbol der Liktoren*

Schließlich kommt es zu der Entscheidungsschlacht. Caesar hat seine Truppen vorher genauestens instruiert. Er reitet zu den einzelnen Abteilungen und ermuntert Führer und Soldaten. Wie schon oft beschließt er, selbst in den Kampf einzugreifen und seine Leute mitzureißen. An dem roten Feldherrnmantel ist er für seine Soldaten gut zu erkennen, für die Feinde allerdings auch.

(88) Eius adventu ex colore vestitus cognito, quo insigni in proeliis uti consuerat, turmisque equitum et cohortibus visis, quas se sequi iusserat, ut de locis superioribus haec declivia et devexa cernebantur, hostes proelium committunt. Utrimque clamore sublato excipit rursus ex vallo atque omnibus munitionibus clamor. Nostri omissis pilis gladiis rem gerunt. Repente post tergum equitatus cernitur; cohortes aliae appropinquant. Hostes terga vertunt; fugientibus equites occurrunt. Fit magna caedes. Sedulius, dux et princeps Lemovicum, occiditur; Vercassivellaunus Arvernus vivus in fuga comprehenditur; signa militaria septuaginta quattuor ad Caesarem referuntur: pauci ex tanto numero se incolumes in castra recipiunt. Conspicati ex oppido caedem et fugam suorum desperata salute copias a munitionibus reducunt. Fit protinus hac re audita ex castris Gallorum fuga. Quod nisi crebris subsidiis ac totius diei labore milites essent defessi, omnes hostium copiae deleri potuissent. De media nocte missus equitatus novissimum agmen consequitur: magnus numerus capitur atque interficitur; reliqui ex fuga in civitates discedunt.

1 insigne, -is n Kennzeichen – **insigni** *prädikativ* – **uti** *m. Abl.* – **consuescere** *m. Inf.* sich gewöhnen, *etw. zu tun* →LW – **turma, -ae** Schwadron – **3 declivis, -e** steil, abschüssig – **devexus, -a, -um** gesenkt – **utrimque** von beiden Seiten – **4 excipere** *hier* sich unmittelbar anschließen – **munitio, -onis** f Befestigung – **omittere, -mitto, -misi, -missum** wegwerfen, losschleudern – **pilum, -i** *römischer* Wurfspeer →LW – **5 rem gerere** kämpfen →LW – **repente** ~ subito – **6 Sedulius** *ein Lemoviker (keltischer Stamm aus der Gegend um Limoges)* – **7 Vercassivellaunus Arvernus** *durch die doppelte Namensnennung auffallende Genauigkeit in der Schlussabrechnung mit dem Gegner* – **9 incolumis, -e** unverletzt, unversehrt – **12 novissimum agmen, -inis** n Nachhut →LW

(89) Postero die Vercingetorix concilio convocato id bellum se suscepisse non suarum necessitatum, sed communis libertatis causa demonstrat, et quoniam sit fortunae cedendum, ad utramque rem se illis offerre, seu morte sua Romanis satisfacere seu vivum tradere velint. Mittuntur de his rebus ad Caesarem legati. Iubet arma tradi, principes produci. Ipse in munitione pro castris consedit: eo duces producuntur; Vercingetorix deditur, arma proiciuntur. Reservatis Aeduis atque Arvernis, si per eos civitates recuperare posset, ex reliquis captivis toto exercitui capita singula praedae nomine distribuit.

15 necessitas, -atis f Bedürfnis – **fortunae cedere** sich dem Schicksal fügen – **16 seu ... seu** sei es, dass ... oder sei es, dass →LW – **satisfacere** Genugtuung geben – **19 Aeduis** ~ Haeduis – **20 nomine** als

Caesar verteilt seine Legionen auf die einzelnen Gebiete, um jeden neuen Aufstand auszuschließen; er selbst überwintert in Bibracte. Seinen Teil der *Commentarii* schließt er mit der ebenso schlichten wie stolzen Mitteilung:

(90, 8) Huius anni rebus litteris cognitis Romae dierum viginti supplicatio redditur.

21 litteris *ergänze* Caesaris – **supplicatio, -onis** f öffentliches Dankfest *(vgl. 2.2.6, S. 29)*

Aufgaben

1. Finde heraus, was Caesar damit bezweckt, dass er den Gegner auf diese Weise zu Wort kommen lässt!
2. Zeige, wie Caesar bei der Beschreibung der letzten Schlacht (88) die Variationsmöglichkeiten der lateinischen Sprache nutzt, um das Geschehen dramatisch zu gestalten (→ GR 6, S. 211: historisches Präsens)! Notiere alle Auffälligkeiten (betr. Verwendung von Hauptsatz/Gliedsatz, Abl. abs., Part. coni., Länge der Sätze, Stellung der Satzglieder im Satzgefüge, Wortwahl, Tempus, Aktiv und Passiv)! Stelle fest, welche Rolle die Eigennamen spielen, zu welchem Zeitpunkt Caesar selbst erwähnt wird! Finde heraus, wie Caesar eine Spannungskurve aufbaut, und fasse deine Beobachtungen in einem zusammenhängenden Text zusammen!
3. Beschreibe, welche Haltung er gegenüber seinem gallischen Gegner Vercingetorix zeigt!
4. Zeige anhand der abgebildeten Münze, inwiefern sie nicht nur als Zahlungsmittel diente!

Caesarmünze (Rückseite), Denar, 46/45 v. Chr., zwei gallische Gefangene, die Frau stützt ihren Kopf in die Hände, der Mann hat die Hände auf dem Rücken gefesselt, darüber Siegestrophäen

LW

pīlum, -ī	Wurfspeer
cōnsuēscere, -suēscō, -suēvī, -suētum *m. Inf.*	sich gewöhnen, *etw. zu tun*
seu ... seu	sei es, dass ... oder sei es, dass ...
novissimum agmen, -inis *n*	Nachhut *eines Heereszuges*
rem gerere, gerō, gessī, gestum	kämpfen

Vercingetorix legt seine Waffen Caesar zu Füßen (1899), Lionel Royer (1852–1926), Crozatier Museum, Le Puy-en-Velay

Nach jahrelanger Gefangenschaft in Rom wird Vercingetorix hingerichtet. Die näheren Umstände sind nicht eindeutig geklärt.

2.3 CAESARS REFORMPROGRAMME

In seinen letzten Lebensjahren brachte Caesar einige weitreichende Reformen auf den Weg. Aufgrund seiner inzwischen uneingeschränkten Machtfülle konnte er sie auch gegenüber dem Senat durchsetzen. Dazu gehörten vor allen Dingen Gesetze, die den Soldaten bzw. Veteranen der vielen Feldzüge zugute kamen, aber auch der stadtrömischen *plebs*, die auf eine Versorgung durch den Staat angewiesen war. Einige Ritter erhob er in den Senatorenstand. Dadurch machte er sich den Stand der Ritter gewogen, der bisher geringen politischen Einfluss gehabt hatte, andererseits aber wirtschaftlich eine bedeutende Rolle spielte. Das Problem der Veteranenversorgung löste er, indem er den Betroffenen Land in Italien zuwies.

Wirtschaftsreformen	Die Zahl der Getreideempfänger wurde reduziert, dafür wurden aber 80 000 Menschen aus Rom ins Umland umgesiedelt.
	Alle Veteranen wurden mit Land innerhalb Italiens versorgt.
Innen- und außenpolitische Reformen	Die Organisation der italischen Städte mit ihrem unterschiedlichen Rechtsstatus wurde vereinheitlicht.
	Die Zahl der Senatoren wurde auf 900 erhöht.
	Das römische Bürgerrecht wurde an alle Italiker verliehen.
	30 neue Kolonien wurden in den Provinzen gegründet.
Sonstige Reformen	Caesar plante das Forum Iulium als neues Zentrum der Stadt, das direkt neben dem Forum Romanum angelegt wurde.
	Er schuf mithilfe ägyptischer Fachleute den julianischen Kalender, der das Sonnenjahr auf 365 ¼ Tage festlegte. Dieser Kalender wurde von Papst Gregor durch die Einführung des Schaltjahrs reformiert und stellt damit die Grundlage für den heute allgemein gültigen Kalender dar.

Caesar konnte die Reformen selbst nicht mehr vollenden. Doch Augustus führte das Werk seines Adoptivvaters fort und erneuerte Rom ebenfalls in vielerlei Hinsicht. Das schildern seine *Res gestae (20)*, die überall im Reich auf Tafeln aufgestellt wurden.

… Forum Iulium et basilicam, quae fuit inter aedem Castoris et aedem Saturni, coepta opera a patre meo, perfeci et eandem basilicam consumptam incendio, sub titulo nominis filiorum meorum incohavi, et, si vivus non perfecissem, perfici ab heredibus meis iussi.

1 incipere, incipio, coepi, coeptum anfangen – **2 consumere** *hier* zerstören – **3 heres, -edis** *m* Erbe

Noch lobender äußert sich Sueton *(Divus Augustus 28, 5)*, der in der Biographie des Augustus über dessen Verdienste für die Stadt schreibt:

… Urbem neque pro maiestate imperii ornatam et incendiis obnoxiam excoluit adeo, ut iure sit gloriatus marmoream se relinquere, quam latericiam accepisset.

1 maiestas, -atis *f* Größe, Erhabenheit – **obnoxius, -a, -um** preisgegeben – **excolere** verfeinern – **2 gloriari** sich rühmen – **latericius, -a, -um** aus Ziegeln

2.4 IMPERIUM ROMANUM – BELLUM IUSTUM – PAX ROMANA

2.4.1 Der römische Weg

Das Selbstverständnis der Römer spricht aus der Gegenüberstellung, die Quintilian, der führende Redelehrer in Rom gegen Ende des 1. Jahrhunderts n. Chr., vornimmt: *Quantum enim Graeci praeceptis valent, tantum Romani, quod est maius, exemplis:* „Wie viel nämlich die Griechen aufgrund ihrer Lehrsätze gelten, so viel gelten die Römer, was bedeutender ist, durch Vorbilder" (s. 1. Exempla maiorum, S. 11, Z. 3 f.). Nicht auf der Theorie, sondern auf dem beispielhaften Handeln ruht ihr Überlegenheitsgefühl gegenüber den anderen Völkern.

Die Handlungsorientiertheit der Römer spiegelt sich auch in dem Begriff *imperium* wider. Das zugrunde liegende Verbum *imperare* „anordnen, befehlen, herrschen" ist zusammengesetzt aus der ursprünglichen Vorsilbe *in-*, mit der die Richtung der Handlung auf ein Objekt hin angegeben wird, und *parare* „bereiten, gehörig einrichten, verschaffen". Es schwingt bereits mit, dass es nicht bei Worten bleibt, sondern Taten folgen werden.

Ziel einer jeden Auseinandersetzung, also auch eines Krieges, ist ganz allgemein, die eigene Position zu verbessern – in welcher Beziehung auch immer. Von Dauer kann dieser Gewinn aber nur sein, wenn der Unterlegene nicht ganz leer ausgeht und deshalb nicht so schnell wie möglich auf Vergeltung sinnt. Dies gilt für jeden Einzelnen, aber auch für die Beziehung von Völkern untereinander. Es bedeutet, dass der Verlust an Selbstbestimmung aufgewogen werden muss durch den Zuwachs an Sicherheit. Indem der Sieger sie garantiert, wird er zur Schutzmacht. Die dahinter stehende Idee besagt: Dadurch dass das Reich vergrößert wird und schließlich alle Stämme oder Völker umfasst, ist der Frieden im gesamten Reich garantiert.

Dieses Konzept entsprach ganz der Selbsteinschätzung der Römer als Führungsmacht. Die Vorstellung, dass ein umfassender Friede auch durch gleichberechtigte Staaten gewährleistet werden könnte, wie sie in der Gegenwart die UN-Charta repräsentiert, lag den Römern fern. Weder der Machtverzicht noch die Anerkennung einer Gleichberechtigung unabhängiger Völker wäre für sie denkbar, geschweige denn praktikabel erschienen. *Pax Romana* hieß der Friedenszustand, in dem das Verhältnis der Völker untereinander und gegenüber Rom geregelt war. Die Unterworfenen erhielten das römische Bürgerrecht, mit dem zum Nutzen der Römer die Steuerpflicht verbunden war, die die römische Staatskasse füllte. Die ethnischen und religiösen Sitten blieben weitgehend unangetastet und erlaubten den Besiegten, in diesem Rahmen ihre Identität zu bewahren.

Neues ARA-PACIS-Museum (2006) in Rom

Aufgabe (Gruppenarbeit)

Formuliert auf Deutsch eine Rede als Antwort eines Römers auf die Durchhalteparolen des Critognatus vor der Einnahme Alesias (*B. G. VII, 77*, S. 43)! Zieht dazu den Text der gesamten Critognatus-Rede heran!
Stützt eure Argumentation auf den obigen Text „Der römische Weg" (S. 47) und auf eure Kenntnisse aus der Caesar-Lektüre!

2.4.2 *Bellum iustum:* Was heißt hier *iustum*? *(Cicero, De re publica III, 34 f.)*

In dem Dialog *De re publica* verbindet Cicero griechische und römische Staatslehre. Sein Ziel ist es, eine Staatsordnung zu entwerfen, in der Politik die Verwirklichung der Gerechtigkeit in der Geschichte darstellt. Von den ursprünglich sechs Büchern dieses Dialoges sind nur Teile enthalten.

Nullum bellum suscipi a civitate optima nisi aut pro fide aut pro salute.
Illa iniusta bella sunt, quae sunt sine causa suscepta. Nam extra ulciscendi aut propulsandorum hostium causa aut pro fide in socios aut pro salute imperii bellum iustum geri nullum potest.
5 Nullum bellum iustum habetur nisi denuntiatum, nisi dictum, nisi de repetitis rebus.
Noster autem populus sociis defendendis terrarum iam omnium potitus est.

Kein Krieg werde von einem souveränen Staat begonnen, es sei denn aus Gründen der Treuepflicht oder der Unversehrtheit.
Jene Kriege sind ungerecht, die ohne Grund begonnen worden sind. Denn außer wegen Rache an den Feinden oder wegen ihrer Abwehr oder für die Treuepflicht gegenüber Bundesgenossen oder für das Wohlergehen des Reichs kann kein gerechter Krieg geführt werden.
Kein Krieg wird als gerecht angesehen, außer er ist angekündigt, erklärt oder ein Vergeltungskrieg.
Unser Volk aber hat sich durch die Verteidigung von Bundesgenossen vollends aller Länder bemächtigt.

Aufgaben (Gruppenarbeit)

1. a) Bildet zuerst deutsche Sätze mit folgenden Wörtern aus der Wortfamilie „recht":
    recht – richtig – berechtigt – rechtfertigen – rechtmäßig – gerecht!
   b) Übersetzt nun mithilfe des Wörterbuchs folgende Verbindungen mit *iustus*:
    iudex iustus – iuste facere in socios – causa iustissima (B. G. IV, 16, 1, S. 31, Z. 2)
    – triumphus iustus – imperium iustissimum (B. G. II, 45, S. 25, Z. 14) *– iter iustum
    – plus iusto* (Abl. comp.)!
   c) Diskutiert, welche andere Übersetzung von *bellum iustum* (s. o.) denkbar ist!
2. Stellt fest, wie bei Cicero die Ausbreitung des römischen Machtbereichs über alle Länder gerechtfertigt wird!
3. Weil der Krieg Zerstörung und Leid bedeutet, wurde und wird immer der Versuch gemacht, ihn zu rechtfertigen. Der Philosoph Immanuel Kant (1724–1804) lässt das Recht auf einen Krieg für einen Staat nur gelten, „wenn er sich durch einen anderen lädiert glaubt" (im Kapitel über Völkerrecht seiner „Metaphysik der Sitten"). Findet in der Diskussion heraus, inwieweit die von Cicero angeführten Gründe damit übereinstimmen!

2.4.3 Caesar und die Freiheit der anderen *(B. G. III, 10)*

Zum Freiheitswillen der Menschen äußert sich Caesar ganz beiläufig, als er im dritten Kriegsjahr begründet, warum er sich gezwungen sieht, gegen die Veneter im Norden Galliens selbst vorzugehen. Diese haben sich mit einigen Nachbarstämmen verbündet, um die Römer aus ihrem Gebiet wieder zu vertreiben.

Itaque cum intellegeret omnes fere Gallos novis rebus studere et ad bellum mobiliter celeriterque excitari, omnes autem homines natura libertati studere et condicionem servitutis odisse, prius quam plures civitates conspirarent, partiendum sibi ac latius distribuendum exercitum putavit.

1 novis rebus studere auf Umsturz bedacht sein – **mobiliter** *hier* leicht – **3 conspirare** sich verschwören – **partiri** teilen – **4 distribuere** verteilen

Aufgaben

1. Betrachte die Aussage *omnes homines ... odisse* herausgelöst aus dem Zusammenhang! Wie kann der Freiheitswille ausgehend von *natura* dann definiert werden?
2. Berücksichtige nun den Gesamtzusammenhang! Welchen Stellenwert misst Caesar dem Freiheitswillen der anderen Völker bei?

2.4.4 Vergil: die Bestimmung der Römer *(Aeneis VI, 851 ff.)*

In dem römischen Nationalepos, der *Aeneis*, meißelt der Dichter Vergil etwa 30 Jahre später mit der Bestimmung der Römer sprachlich geradezu das Selbstbild seines Volkes heraus. Nach den Gräueln der Bürgerkriege entwirft er unter dem Schutz des Kaisers Augustus die Vision einer Herrschaft in Frieden.

Vater Anchises verkündet Aeneas, der zu ihm in die Unterwelt herabgestiegen ist, in der „Heldenschau" die Zukunft.

> TU REGERE IMPERIO POPULOS, ROMANE, MEMENTO –
> HAE TIBI ERUNT ARTES – PACIQUE IMPONERE MOREM,
> PARCERE SUBIECTIS ET DEBELLARE SUPERBOS.

Du aber, Römer, gedenke, die Völker mit Herrschermacht zu lenken – diese Fähigkeit wirst du besitzen – und dem Frieden Ordnung zu stiften, die Unterworfenen zu schonen und die Hochmütigen niederzukämpfen!

Aufgaben (Gruppenarbeit)

1. Zeigt an einem Beispiel aus eurer Caesarlektüre, inwiefern Caesar sich im Sinne der Verbindung *parcere subiectis et debellare superbos* als *vir vere Romanus* erwies!
2. Informiert euch über die Rolle des Aeneas im römischen Geschichtsverständnis! Erläutert den erzähltechnischen Kunstgriff, mit dem Vergil in dem Epos über die Entstehung Roms die Gegenwart einbezieht!
3. Arbeitet heraus, welche Verpflichtung den Römern mit der Prophezeihung des Anchises auferlegt wird!
4. Mit der Begründung des Prinzipats durch Augustus beginnt die systematische Verbreitung der offiziell vorgegebenen Kaiserporträts an jedem Ort innerhalb der Reichsgrenzen über die Jahrhunderte hinweg. Durch die Bindung an feste, aber wechselnde Typen veranschaulicht diese Gattung programmatisch die Herrscherideologie des römischen Weltreichs.
Gelegentlich sagen bei Statuen Kopf und Körper Unterschiedliches aus. Auch als Folge der *damnatio memoriae,* bei der das Andenken eines gewaltsam gestürzten Herrschers getilgt werden sollte, war einfach ein neuer Kopf auf den Rumpf gesetzt worden.
Informiert euch im Internet über die beiden unten gezeigten Augustus-Typen und arbeitet an diesen Beispielen heraus, worin die Wandlung des Typus begründet ist!

Octavians-Typus,
Musei Capitolini, Rom

Primaporta-Typus,
Glyptothek, München

Augustus von Primaporta, 20–17 v. Chr., Marmor, 2,04 m hoch, gefunden 1863, in der Villa von Livia (Augustus' Ehefrau) bei Prima Porta (nördl. von Rom), Musei Capitolini, Rom; auf dem Brustpanzer: Symbole für die augusteische Friedenszeit, allen voran die Rückeroberung der römischen Feldzeichen, die Crassus bei seinem früheren Feldzug gegen die Parther eingebüßt hatte

2.5 CAESAR IM URTEIL DER UMWELT UND DER NACHWELT

2.5.1 *Clementia Caesaris* – Tugend oder Kalkül? (Sueton, *Divus Iulius* 75)

Wenn Caesar in den *Commentarii* von sich selbst schreibt, dass er von den belagerten Atuatukern gebeten wurde, seine bekannte *clementia* walten zu lassen (*B. G. II*, 31, 2; s. 2.2.6, S. 27, Z. 3), mag sich der Leser fragen: Wie soll das zusammenpassen? Caesar, der Feldherr, der die Helvetier *impeditos et inopinantes* vom Rücken her angreift und einen großen Teil von ihnen niederhauen lässt, angeblich um eine frühere Niederlage des römischen Volkes

Clementia, Allegorie am Caesar-Tempel, Trophäe aus gallischen Waffen, Denar, geprägt 48 v. Chr.

zu rächen (*B. G. I*, 12; s. 2.2.4, S. 21, Z. 6)? Und nun der Appell an die Milde des Belagerers, die Gegner zu schonen?
Das Machtgefälle zwischen beiden Parteien könnte größer nicht sein. Worum die Atuatuker Caesar anflehen, ist Gnade, die Möglichkeit, die allein der Mächtige hat, bestehende Bedingungen außer Kraft zu setzen und durch Schonung der Bittenden deren Notlage zu beseitigen.
Das Moment der Willkür, der persönlichen Machtausübung, die in dem Gnadenerweis liegt, bestärkt den Mächtigen in seiner Überlegenheit. Damit ist die *clementia* gut in der Persönlichkeit Caesars verankert.
Der Historiker Plinius d.Ä. (23–79 n.Chr.) hebt aber auch die humane Einstellung Caesars hervor: „Zu Caesars innerstem Wesen gehörte die Milde seiner Gnade, mit der er alle übertraf und sie bis zur Reue trieb. Zudem bot er ein Beispiel von unvergleichlicher Seelengröße" *(Naturalis historia VIII, 93).*
Auf einen allgemeinen Nenner bringt der Philosoph L. Annaeus Seneca (4 v.Chr.–65 n.Chr.) die Funktion der *clementia* in der Hand des Herrschers. In der Abhandlung *De clementia (II, 3, 1)*, die an den jungen Nero gerichtet ist, wendet er die stoische Tugendlehre praktisch an: „Gnade ist die Beherrschung seiner selbst in der Macht, sich zu rächen, oder die Sanftmut des Überlegenen gegnüber dem Niederen in der Festsetzung der Strafe." Diese Beschreibung der *clementia* findet sich noch in späteren Jahrhunderten in sog. Fürstenspiegeln, Zusammenstellungen von nachahmenswerten Tugenden für Herrscher, wieder.
Welche Rolle spielte *clementia* in der Biographie Caesars? Schon im *Bellum Gallicum* machte er immer wieder von ihr Gebrauch und merkte dies gebührend, aber auch ohne zu große Übertreibung an. Nach damaligem Kriegsrecht hatte der Sieger alle Gewalt über die Unterlegenen und ihren Besitz. Caesar selbst hatte laut Plutarch im gallischen Krieg drei Millionen Mann besiegt, wovon eine Million auf dem Schlachtfeld starb und eine zweite in Gefangenschaft geriet. Aber mit Caesar war eine neue Situation entstanden: Man konnte die Gnade des Siegers erfahren. So war es besser, gegen Caesar zu verlieren, als gegen ihn zu siegen. Denn zu siegen, hieß die Reaktion Caesars herausfordern und damit meistens die totale Niederlage. Wenn man sich seiner Gnade auslieferte, kam man mit dem Leben davon und hatte die Chance, das römische Bürgerrecht zu bekommen.

Richtig zum Tragen kam *clementia* vor allem im Bürgerkrieg und in den letzten Lebensjahren Caesars. Bei der Einnahme der Stadt Corfinium zu Beginn des Bürgerkriegs praktizierte Caesar geradezu beispielhaft eine neue Art zu siegen. Er strafte seine Gegner nicht, sondern nahm sie in Gnaden auf. In einem Brief an Marcus Tullius Cicero (in: *Cic. ad Att. IX, 7 c*) grenzte Caesar sich ausdrücklich von Sulla ab, der unter seinen im ersten Bürgerkrieg besiegten Gegnern gewütet hatte: *Haec nova sit ratio vincendi, ut misericordia et liberalitate nos muniamus* („Dies sei die neue Siegesstrategie: dass wir uns mit Barmherzigkeit und großzügiger Gesinnung wappnen."). Deutlicher kann man nicht sagen, welches Ziel man mit einer humanen Haltung verfolgt. Nicht übersehen darf man hier, dass das Machtgefälle in Rom ein anderes war als gegenüber den Galliern. Caesar hatte es jetzt mit der führenden Schicht des eigenen Landes zu tun und musste bemüht sein, innenpolitisch die Zahl der Gegner zu verringern. Wie seine Art, *clementia* zu üben, insgesamt einzuordnen ist, dürfte auch in der heutigen pluralistischen Gesellschaft mit ihren unterschiedlichen ethischen Konzepten weiterhin umstritten bleiben.

Auf Caesars *clementia* geht auch der Biograph C. Suetonius Tranquillus (ca. 70–140 n. Chr.) in seiner umfangreichen Lebensbeschreibung ein. Wie in den anderen Biographien *(De viris illustribus)* und den weiteren Kaiserbiographien *(De vita Caesarum)* bietet Sueton eine schematische Aufzählung von Fakten und Daten, die aufgrund der gewissenhaften Sammlertätigkeit und der sorgfältigen Aufbereitung z. T. unersetzbare Geschichtsquellen darstellen. Anders als Sallust (vgl. 2.5.2, S. 55) hält er sich mit seinem Urteil nahezu völlig zurück und überlässt Wertung und Deutung dem Leser (s. 3.2.1, S. 62).

Moderationem vero clementiamque cum in administratione tum in victoria belli civilis admirabilem exhibuit. Denuntiante Pompeio pro hostibus se habiturum, qui rei publicae defuissent, ipse medios et neutrius partis suorum sibi numero futuros pronuntiavit. Quibus autem ex commendatione Pompei ordines dederat, potestatem transeundi ad
5 eum omnibus fecit.
Denique tempore extremo etiam quibus nondum ignoverat, cunctis in Italiam redire permisit magistratusque et imperia capere; sed et statuas Luci Sullae atque Pompei a plebe disiectas reposuit; ac si qua posthac aut cogitarentur gravius adversus se aut dicerentur, inhibere maluit quam vindicare. Itaque et detectas coniurationes conventusque noctur-
10 nos non ultra arguit, quam ut edicto ostenderet esse sibi notas, et acerbe loquentibus satis habuit pro contione denuntiare, ne perseverarent, Aulique Caecinae criminosissimo libro et Pitholai carminibus maledicentissimis laceratam existimationem suam civili animo tulit.

---

1 moderatio, -onis *f* Milde – **2 exhibere** gewähren – **denuntiare** ankündigen – **habiturum** *PFA zu* habere; *hier* halten für – **3 medius, -a, -um** *hier* unparteiisch – **numero suorum esse** zu den Seinen gehören, zählen – **pronuntiare** verkünden – **4 commendatio, -onis** *f* Empfehlung – **ordinem dare** einen Rang zuweisen →LW – **8 disicere, -icio, -ieci, -iectum** umstürzen – **qua ~** aliqua *Nom. Pl. n* – **posthac** *Adv.* später – **9 inhibere** zurückhalten, hindern – **nocturnus, -a, -um** nächtlich, des Nachts →LW – **10 arguere** darlegen, verraten, offenbaren – →LW – **ultra … quam** mehr als – **11 Aulus Caecina** *Senator* – **criminosus, -a, -um** verbrecherisch – **12 Pitholaus** *Dichter* – **maledicentissimus, -a, -um** *Superlativ von* **maledicus, -a, -um** verleumderisch – **lacerare** beleidigen – **existimatio, -onis** *f hier* guter Name, Ruf – **13 civilis, -e** *hier* leutselig

Aufgaben

1. Bestimme die Verwendung der -nd-Form in der Verbindung *potestatem transeundi* (Z. 4) und übersetze auf drei verschiedene Arten!
2. a) Untersucht die Wortwahl Suetons und stellt fest, inwieweit daraus eine persönliche Einstellung zu Caesar abgeleitet werden kann!
   b) Klärt, was unter „Objektivität" einer Darstellung zu verstehen ist und wodurch sie streng genommen von vornherein eingeschränkt ist!
3. a) Beschreibe die beiden allegorischen Figuren *Clementia* und *Iustitia* (s. u.) und stelle fest, woran sie jeweils erkennbar sind!
   b) Interpretiere die kleine Szene, die hier dargestellt ist!
   c) Erläutere, aus welchem Grund solche allegorischen Darstellungen gerade an öffentlichen Gebäuden aufgestellt wurden (Bauzeit der Neuen Hofburg in Wien 1871–1913)!
4. a) Der bekannte Grundsatz „Gnade vor Recht ergehen lassen" zeigt, dass für uns der Gnadenerweis eng mit dem Recht verknüpft ist; er findet im privaten wie im öffentlichen Leben seine Anwendung. Diskutiert anhand von Beispielen aus eurer persönlichen Erfahrung, unter welcher Voraussetzung ihr einer entsprechenden Maßnahme zustimmen würdet!
   b) Informiert euch in den folgenden Textausschnitten (S. 54) über die Regelung des Gnadenrechts im Grundgesetz der Bundesrepublik Deutschland und die dahinterstehende Rechtsauffassung. Entnehmt dem Text, woran sich die Gewährung von Gnade grundsätzlich orientiert und wozu der Gnadenakt dient! Vergleicht damit die *clementia Caesaris* und arbeitet heraus, worin der wesentliche Unterschied liegt und worauf er zurückzuführen ist!

LW

nocturnus, -a, -um	nächtlich, des Nachts
arguere, arguō, arguī, argūtum	darlegen, verraten, offenbaren
ōrdinem dare, dō, dedī, datum	einen Rang zuweisen

EW Erkläre Herkunft und Bedeutung: Nocturne – Argument!

Clementia et Iustitia, allegorische Darstellung im Michaelertrakt der Hofburg in Wien

Zum Weiterlesen und Vertiefen

Gnadenrecht

1. Grundgesetz der Bundesrepublik Deutschland, Artikel 60 (2) (3):

Der Bundespräsident ...
(1) ...
(2) Er übt im Einzelfall für den Bund das Begnadigungsrecht aus.
(3) Er kann diese Befugnisse auf andere Behörden übertragen.

2. Kommentar zum Urteil in einer Verfassungsbeschwerde betr. Gnadenrecht
(Art. 19 Abs. 4 GG)
Aus: **Beschluss**
des Zweiten Senats des Bundesverfassungssgerichts
vom 23. April 1969   – 2 BvR 552/63 –

... Die frühere Vorstellung, dass eine mit einem besonderen Charisma[1] begabte Persönlichkeit nach ihrem Gutdünken einen justizfreien Gnadenakt setzen kann, ist mit der rechtsstaatlichen gewaltenteilenden[2] Verfassung der Bundesrepublik Deutschland, in der alle Staatsgewalt vom Volke ausgeht, unvereinbar.

... In der rechtsstaatlichen verfassungsmäßigen Ordnung enthält der Gnadenakt nicht mehr einen systemwidrigen Eingriff in die Rechtsprechung und die bestehende Rechtsordnung. Die Gerichte müssen die vom Gesetzgeber erlassenen, notwendigerweise abstrakt formulierten Normen im Einzelfall anwenden. Um der Berechenbarkeit und Sicherheit des Rechtes willen muss die gesetzliche Regelung allgemein gehalten sein und typisierend verfahren. Die Gerechtigkeit ist hingegen ihrem Wesen und ihrer inneren Struktur nach immer auf den konkret-individuellen Einzelfall bezogen. In der rechtsstaatlichen Ordnung dient der Gnadenakt dazu, die Auswirkungen gesetzeskonformer Richtersprüche zu modifizieren, wenn diese mit den Postulaten individueller Gerechtigkeit ausnahmsweise in einen Konflikt geraten.

... Eine an der Gerechtigkeit orientierte Gnade steht nicht außerhalb des Rechts. Sie trägt dazu bei, dass der tatbezogene Richterspruch für den Verurteilten und die Gemeinschaft sinnvoll bleibt.

... Gnadengesuche müssen von den zuständigen Stellen entgegengenommen, geprüft und beschieden werden. Gnade ist also zwar nicht völlig verrechtlicht, die Gewährung oder Versagung eines Gnadenerweises aber rechtlich begrenzt.

---

[1] Charisma (griech. „Gnadengabe"): die besondere Ausstrahlung einer Persönlichkeit, um derentwillen sie als übermenschlich, als gottgesendet, als vorbildlich und deshalb als Autorität oder Führer gewertet wird
[2] Gewaltenteilung: Die Gewalt ist rechtlich aufgeteilt unter voneinander unabhängige Institutionen. Die Gesetzgebung (Legislative) liegt beim Volk, d. h. bei dem als seine Vertretung gewählten Parlament, die Rechtsprechung (Judikative) bei den Gerichten und die Durchführung bei den staatlichen Organen (Exekutive).

2.5.2 Zwei ungleiche Charaktere – Caesar und Cato
(Sallust, *De coniuratione Catilinae* 54)

Ein besonders eindrucksvolles Bild von der facettenreichen Persönlichkeit Caesars zeichnet der Geschichtsschreiber C. Sallustius Crispus (86–35 v. Chr.). In *De coniuratione Catilinae,* der Darstellung der Catilinarischen Verschwörung im Jahre 63 v. Chr., zeigt er Caesar als Gegenspieler Catos, eines anderen führenden Politikers dieser Zeit. Anlass ist die Verhandlung über das Schicksal einiger bereits gefangener Mitglieder der Verschwörung. Cicero, einer der beiden Konsuln dieses Jahres, hat die Verschwörung aufgedeckt und eine Senatsversammlung einberufen.

In einer indirekten Charakteristik durch Rede und Gegenrede und einer abschließenden direkten Gegenüberstellung würdigt Sallust Caesar und Cato als Männer von höchsten, aber sehr unterschiedlichen Qualitäten. Beide werfen das ganze Gewicht ihrer Persönlichkeit in die Waagschale, um die Entscheidung der Senatoren zu beeinflussen. Denn es geht um die Todesstrafe wegen Hochverrats. Caesar plädiert für Einziehung des Vermögens, verschärfte Haft und Entfernung aus Rom, Cato für die Todesstrafe *(more maiorum supplicium sumundum).* Catos Antrag findet eine Mehrheit.

Als Sallust die Geschichte der Verschwörung veröffentlichte, waren Caesar und Cato bereits tot. Caesar wurde 44 v. Chr. ermordet, Cato hatte aus Protest gegen die drohende Alleinherrschaft Caesars schon vorher seinem Leben ein Ende gesetzt. Eine Existenz „von Caesars Gnaden" konnte er sich nicht vorstellen. Cicero hatte man erst wegen der Aufdeckung der Verschwörung mit dem Titel *pater patriae* ausgezeichnet und ihn dann wegen der Hinrichtung der Catilinarier aufgrund eines nachträglich erlassenen Gesetzes 58/57 v. Chr. für ein Jahr in die Verbannung geschickt. 43 v. Chr. wurde er als Anhänger der freien Republik im Rahmen des Machtkampfes um die Caesarnachfolge zwischen M. Antonius und Octavianus (Augustus) ebenfalls ermordet.

Catos Tod in Utica, Pierre-Narcisse Guérin (1774–1833),
École des Beaux Arts, Paris

Igitur iis genus, aetas, eloquentia prope aequalia fuere, magnitudo animi par, item gloria, sed alia alii. Caesar beneficiis ac munificentia magnus habebatur, integritate vitae Cato. Ille mansuetudine et misericordia clarus factus, huic severitas dignitatem addiderat. Caesar dando, sublevando, ignoscundo, Cato nihil largiundo gloriam adeptus
5 est. In altero miseris perfugium erat, in altero malis pernicies. Illius facilitas, huius constantia laudabatur. Postremo Caesar in animum induxerat laborare, vigilare; negotiis amicorum intentus sua neglegere, nihil denegare, quod dono dignum esset; sibi magnum imperium, exercitum, bellum novum exoptabat, ubi virtus enitescere posset. At Catoni studium modestiae, decoris, sed maxume severitatis erat; non divitiis cum
10 divite neque factione cum factioso, sed cum strenuo virtute, cum modesto pudore, cum innocente abstinentia certabat; esse quam videri bonus malebat: ita, quo minus petebat gloriam, eo magis illum sequebatur.

---

1 eloquentia, -ae Beredsamkeit, Eloquenz – **fuere** ~ fuerunt – **2 munificentia, -ae** Freigebigkeit – **integritas, -atis** *f* Redlichkeit – **3 mansuetudo, -inis** *f* Güte – **4 sublevare** unterstützen – **nihil** *hier* in keiner Weise – **largiri** schenken, spenden – **adipisci** erlangen, bekommen →LW – **5 perfugium, -i** Zufluchtsort – **facilitas, -atis** *f Subst. zu* facilis, -e – **6 vigilare** wachen →LW – **7 intentus, -a, -um** beschäftigt mit – **denegare** ~ negare – **8 enitescere** sich in vollem Glanz zeigen – **9 modestia, -ae** Mäßigung, Besonnenheit – **decus, -oris** *n* Würde – **maxume** ~ maxime – **10 factio, -onis** *f* Partei, Anhängerschaft – **factiosus, -i** Parteigänger – **strenuus, -a, -um** energisch, eifrig, entschlossen →LW – **11 innocens, -ntis** ~ *e.* innocent – **certare** streiten, wetteifern – **bonus, -a, -um** *hier* sittsam, den Tugenden folgend – **quo ... eo** je ... desto →LW

Aufgaben

1. Bestimme die Form von *dando, sublevando, ignoscundo* (Z. 4)!
2. Bestimme die Funktion des Ablativs: *beneficiis ac munificentia* (Z. 2)!
3. a) Stelle in einer Tabelle unter Caesar und Cato die Eigenschaften und Verhaltensweisen gegenüber, die Sallust aufzählt!
   b) Bestimme in dem Abschnitt *Postremo ... sequebatur* (Z. 6–12) die Wortarten, die Sallust verwendet, um einerseits Caesar, andererseits Cato zu charakterisieren. Untersuche, wie durch die Wahl der Wortart die Wesensart der beiden so unterschiedlichen Männer unterstrichen wird!

LW

factiō, -ōnis *f*	Partei, Anhängerschaft
intentus, -a, -um	beschäftigt mit
strēnuus, -a, -um	energisch, eifrig, entschlossen
adipīscī, -ipīscor, -eptus sum	erlangen, bekommen
certāre	streiten, wetteifern
vigilāre	wachen
quō ... eō	je ... desto

EW Erkläre Herkunft und Bedeutung: Konzert – Intention!

2.5.3 Der Tod des Tyrannen (Sueton, *Divus Iulius 76/82, gekürzt*)

Die Verlockungen der Macht

Offensichtlich gab Caesar mehr und mehr den Verlockungen seiner Machtposition nach. Er missachtete alte Gewohnheiten und Rechte des Senats und verstärkte damit den Neid und den Hass seiner Standesgenossen.

(76) Praegravant tamen cetera facta dictaque eius, ut et abusus dominatione et iure caesus existimetur. Non enim honores modo nimios recepit: continuum consulatum, perpetuam dictaturam praefecturamque morum, insuper praenomen Imperatoris, cognomen Patris patriae, statuam inter reges, suggestum in orchestra; sed et ampliora etiam humano fastigio decerni sibi passus est: sedem auream in curia et pro tribunali, tensam et ferculum circensi pompa, templa, aras, simulacra iuxta deos, pulvinar, flaminem, lupercos, appellationem mensis e suo nomine; ac nullos non honores ad libidinem cepit et dedit. …

---

1 praegravare überwiegen – **eius** ~ Caesaris – **dominatio, -onis** *f* Alleinherrschaft – **abusus, caesus** *ergänze* esse **existimetur** *NcI* – **abuti** *m. Abl.* missbrauchen – **2 caedere, caedo, cecidi, caesum** ~ occidere – **continuus, -a, -um** ununterbrochen – **3 perpetuus, -a, -um** *hier* auf Lebenszeit – **praefectura morum** oberstes Sittenrichteramt – **insuper** noch dazu – **4 suggestum in orchestra** einen erhöhten Platz in der vordersten Reihe im Theater *zwischen Bühnenhaus und Zuschauerraum saßen die Senatoren* – **ampliora humano fastigio** *Abl. comp. hier* Vorrechte, die über die höchste Stufe für einen Menschen hinausgingen – **6 tensa, -ae** Götterwagen – **ferculum, -i** Trage – **pompa, -ae** Festzug – **pulvinar, -is** *n* Polstersitz *wie er den Göttern zukommt* – **flamen, -inis** *m hier* einen eigenen Priester – **7 lupercus, -i** Lupercuspriester; *Lupercus „Wolfsabwehrer" ist der Beiname des italischen Herdengottes Faunus; die Luperkalien sind ein Fest zu seinen Ehren* – **appellatio, -onis** *f* Leite die Bedeutung von appellare *ab!* – **e suo nomine** *der Juli hieß vorher Quinctilis* – **nullos non** *hier* alle

---

Caesars Ermordung

Es kommt so weit, dass auch der junge Brutus, ein enger Vertrauter Caesars, sich von ihm abwendet. Zusammen mit einer Gruppe weiterer Verschwörer umringt er zu Beginn der Senatssitzung an den Iden des März 44 v. Chr. Caesar. Einer packt Caesar an den Schultern.

(82) … Deinde clamantem: ista quidem vis est! alter e Cascis aversum vulnerat paulum infra iugulum. … utque animadvertit undique se strictis pugionibus peti, toga caput obvolvit, simul sinistra manu sinum ad ima crura deduxit. … Ita tribus et viginti plagis confossus est uno modo ad primum ictum gemitu sine voce edito, etsi tradiderunt quidam Marco Bruto irruenti dixisse: *Kai sy, teknon?* …

---

10 infra unterhalb – **iugulum, -i** Kehle – **utque** und sobald – **strictus, -a, -um** gezückt – **pugio, -onis** *m* Dolch – **11 sinus, -us** *m* Bausch *der Toga* – **imus, -a, -um** der unterste – **crus, cruris** *n* Bein – **plaga, -ae** Hieb – **12 confodere** durchbohren – **ictus, -us** *m* Stoß – **gemitus, -us** *m* Stöhnen – **13 irruere** *hier* hinzustürzen – **kai sy, teknon** *griech.* auch du, Kind! *besser bekannt als* auch du, mein Sohn!

2.5.4 Quo tendis, Caesar? (Lukan, *Pharsalia I, 183–192*)

M. Annaeus Lucanus (39 n. Chr. in Cordoba/Spanien–65 n. Chr.), der als junger Dichter von Kaiser Nero gefördert wurde, dann aber in Ungnade fiel, sich an der sog. Pisonischen Verschwörung beteiligte und auf Neros Befehl Selbstmord beging, behandelte in seinem kritischen Epos *Pharsalia* den Bürgerkrieg zwischen Caesar und Pompeius. Geschichte sah er als dämonischen, sinnlosen Prozess. Caesar stellte für ihn den Prototyp des Bösen dar, dessen Gegner Cato stilisierte er im Gegenzug zum moralischen Helden. Das Werk fand wegen der leidenschaftlichen Verteidigung der Freiheit gegenüber der Herrschergewalt bis in die Neuzeit, so z. B. bei den Anhängern der Französischen Revolution immer wieder Bewunderung.

> Iam gelidas Caesar cursu superaverat Alpes
> ingentisque animo motus bellumque futurum
> ceperat. Ut ventum est parvi Rubiconis ad undas,
> ingens visa duci patriae trepidantis imago
> 5 clara per obscuram voltu maestissima noctem
> turrigero canos effundens vertice crines
> caesarie lacera nudisque adstare lacertis
> et gemitu permixta loqui: ‚Quo tenditis ultra?
> Quo fertis mea signa, viri? Si iure venitis,
> 10 si cives, huc usque licet.'

JULIUS CÄSAR
Liebig-Sammelbild (1939)

> Schon hatte Caesar im Eilmarsch die eisigen Alpen überwunden und sich zu ungeheurem Aufruhr und künftigem Krieg entschlossen. Sobald er an das Wasser des schmalen Rubikon kam, erschien dem Heerführer das hell leuchtende Bild der zitternden Heimat, wie es durch die dunkle Nacht mit tieftrauriger Miene vom mit Türmen umkrönten Haupt die weißen Haare herabfallen ließ und mit zerzaustem Haupthaar und nackten Armen dastand und unter Seufzen sprach: „Wohin denn eilt ihr weiter? Wohin tragt ihr meine Feldzeichen, ihr Männer? Wenn ihr zu Recht und als Bürger kommt, ist es bis hierher erlaubt."

Aufgaben

1. Lukan verwendet hier eine Allegorie (vgl. dazu S. 53) für *patria*. Erläutere das Bild, das Lukan von der Lage des Vaterlandes zeichnet!
2. Die Firma Liebig, Hersteller von Fleischextrakt, gehörte gegen Ende des 19. Jahrhunderts zu den Ersten, die ihren Produkten als Werbung Sammelbilder beifügten. Dieses Liebig-Sammelbild aus dem Jahr 1939 zeigt Caesar in dem Augenblick, als er den Rubikon überquert. Vergleiche das Bild mit heutigen Sammelbildern deiner Wahl und finde heraus, welche Botschaft durch die Auswahl der Motive und die Gestaltung jeweils vermittelt werden soll!

2.5.5 Caesar im Spiegel der Geschichtstheorie:

Vir vere Romanus – Fragwürdige Größe

Theodor Mommsen (1817–1903), bedeutender Altertumsforscher, Literaturnobelpreis 1902 für die „Römische Geschichte"

„… Das Geheimnis liegt in dessen Vollendung. Menschlich wie geschichtlich steht Cäsar in dem Gleichungspunkt, in welchem die großen Gegensätze des Daseins sich ineinander aufheben. Von gewaltiger Schöpferkraft und doch zugleich vom durchdringendsten Verstande; nicht mehr Jüngling und noch nicht Greis; vom höchsten Wollen und vom höchsten Vollbringen; erfüllt von republikanischen Idealen und zugleich geboren zum König; ein Römer im tiefsten Kern seines Wesens und wieder berufen, die römische und die hellenische Entwicklung in sich wie nach außen hin zu versöhnen und zu vermählen, ist Cäsar der ganze und vollständige Mann." (Römische Geschichte, 5. Buch, 11. Kapitel, S. 461 ff.)

Bertolt Brecht (1898–1956), Schriftsteller

„Männer wie Cäsar groß zu nennen, sei des 20. Jahrhunderts nicht würdig. Man könne Cäsar groß nennen, wenn man den Begriff Größe an die Elendigkeit und Barbarei des Systems Römisches Imperium binde: So kann man von großen Kurpfuschern reden, von großen Alchimisten, von großen Großinquisitoren …" (Die Geschäfte des Herrn Julius Caesar, Romanfragment, in: Werke, Große kommentierte Berliner und Frankfurter Ausgabe, hrsg. v. Werner Hecht u. a., Frankfurt/Main. 1988–1997, Bd. 27, S. 352 f.)

„Der junge Alexander eroberte Indien. Er allein? Cäsar schlug die Gallier. Hatte er nicht wenigstens einen Koch bei sich?" (in: Fragen eines lesenden Arbeiters; Kalendergeschichten, rororo-Taschenbuchausgabe, Hamburg 1956, S. 91)

Aufgaben

1. Untersuche, womit Theodor Mommsen die Größe Caesars begründet!
2. Kläre, inwiefern Bertolt Brecht Caesar die Größe abspricht!
3. Arbeite heraus, welche Rolle der Einzelne a) für Theodor Mommsen, b) für Bertolt Brecht im geschichtlichen Prozess spielt!

2.5.6 Caesars Weiterleben *(kleine Auswahl)*

Caesars ungewöhnliche Persönlichkeit faszinierte Künstler auch noch viele Jahrhunderte nach ihm. William Shakespeares Drama über Julius Caesar (entst. ca. 1599) handelt vom Tyrannenmord. In der berühmten Grabrede klagt Marcus Antonius, nach Caesars Tod Triumvir neben Octavius Caesar und Aemilius Lepidus, Brutus an:

ANTONY	ANTONIUS	(Dritter Akt, zweite Szene)

ANTONY

Friends, Romans, Countrymen, lend me your ears!
I come to bury Caesar, not to praise him.
The evill that men do lives after them,
The good is oft enterred with their bones,
So let it be with Caesar. The Noble Brutus,
Hath told you Caesar was Ambitious;
If it were so, it was a greevous Fault,
And greevously hath Caesar answer'd it.
Heere, under leave of Brutus, and the rest
(For Brutus is an Honourable man,
So are they all; all Honourable men)
Come I to speake in Caesars Funerall.
He was my Friend, faithfull, and iust to me;
But Brutus sayes, he was Ambitious,
And Brutus is an Honourable man.
He hath brought many Captives home to Rome,
Whose Ransomes, did the generall Coffers fill.
Did this in Caesar seeme Ambitious?

ANTONIUS

Mitbürger! Freunde! Römer! Hört mich an!
Begraben will ich Cäsarn, nicht ihn preisen.
Was Menschen Übles tun, das überlebt sie,
Das Gute wird mit ihnen oft begraben.
So sei es auch mit Cäsarn! Der edle Brutus
Hat euch gesagt, daß er voll Herrschsucht war;
Und war er das, so war's ein schwer Vergehen,
Und schwer hat Cäsar auch dafür gebüßt.
Hier, mit des Brutus Willen und der andern
(Denn Brutus ist ein ehrenwerter Mann, –
Das sind sie all, alle ehrenwert!)
Komm' ich, bei Cäsars Leichenzug zu reden.
Er war mein Freund, war mir gerecht und treu:
Doch Brutus sagt, daß er voll Herrschsucht war,
Und Brutus ist ein ehrenwerter Mann.
Er brachte viel Gefangne heim nach Rom,
Wofür das Lösegeld den Schatz gefüllt.
Sah das der Herrschsucht wohl am Cäsar gleich?

(Übersetzung: August Wilhelm von Schlegel)

G. F. Händel komponierte „Julius Caesar in Ägypten" (1724), eine Opera seria, die im 20. Jahrhundert mit großem Erfolg wieder aufgeführt wurde.

Auch im Film lebt Caesar fort: als Privatmann, Politiker, Feldherr und als tragischer Held. Insbesondere seine Liebesbeziehung zu Kleopatra reizte immer wieder zur Neuauflage:

Cleopatra, Regie: Cecil B. DeMille, 1934 – Caesar und Cleopatra, Regie: Gabriel Pascal, 1945 – Julius Caesar, Regie: Joseph L. Mankiewicz, 1953 – Cleopatra, Regie: Joseph L. Mankiewicz, 1963 – Cleopatra, Regie: Franc Roddam, 1999 – Julius Caesar, Regie: Uli Edel, 2002 – Rom, Fernsehserie, 2005

Thornton Wilder zeichnet in seinem fesselnden Roman „Die Iden des März" (1948) ein vielfältiges Bild nicht nur Caesars, sondern auch seiner Umwelt (vgl. III., 2.2.3, S. 156, 2.2.6, S. 163).

Den vielleicht berühmtesten Auftritt hat Caesar in unserer Zeit wohl in den Comics von René Goscinny und Albert Uderzo, die den großen Feldherrn als Kontrahenten von Asterix und Obelix liebevoll zum Gespött machen.

Caesar, Szenenfoto aus dem Film „Julius Caesar" (2002)

3. KARL DER GROSSE – EIN EUROPÄISCHER HERRSCHER *DEI GRATIA*
3.1 KARL DER GROSSE UND EUROPA

Karl der Große gilt als einer der bedeutendsten Herrscher in der Geschichte Europas. Das von ihm zu seiner größten Ausdehnung geführte Frankenreich vereinte für kurze Zeit nahezu alle Völker und Stämme Europas und bildete die Grundlage für das „Heilige Römische Reich deutscher Nation" (962–1806).

Welches Erbe trat Karl selbst an, als er im Alter von etwa 30 Jahren nach dem Tod seines Vaters Pippin und seines Bruders Karlmann 771 Alleinherrscher des Frankenreichs wurde? Was waren seine Ziele?

Die Ursprünge des Frankenreichs reichen in die Zeit der germanischen Völkerwanderung zurück. Vor den Turkvölkern fliehend drangen germanische Stämme seit Ende des 4. Jahrhunderts in das römische Imperium ein und lösten eine Umwandlung der politischen Verhältnisse in ganz Europa aus. Der letzte weströmische Kaiser Romulus Augustulus musste 476 abdanken. Nicht nur Hunnen und Vandalen, Ostgoten und Westgoten stritten um die Vorherrschaft. Die Franken eroberten Gallien und dehnten von da aus ihre Herrschaft über ganz Europa aus. Als der Frankenkönig Chlodwig aus dem Geschlecht der Merowinger (482–511) im Jahre 496 zum christlichen Glauben übertrat, stärkte dies die Position des Christentums auch in den anderen Teilen Europas.

In den folgenden drei Jahrhunderten bauten die Franken ihren Herrschaftsbereich aus, der aber immer wieder in Teile zerfiel. Karls Vater Pippin aus dem Geschlecht der Karolinger setzte sich 751 als König durch und versuchte bis zu seinem Tod 768 die Teile wieder zu vereinigen.

In seiner Nachfolge kämpfte Karl der Große an allen Fronten. Sein Biograph Einhard listet in der *Vita Caroli Magni* die einzelnen Kriege auf: gegen die „heidnischen" Sachsen im heutigen Norddeutschland, in Oberitalien gegen die Langobarden, in Spanien gegen die nach Norden drängenden Mauren und im Osten gegen die eindringenden Awaren. In den meisten Schlachten besiegte Karl seine Gegner; er festigte die Machtposition des Frankenreichs und christianisierte die Besiegten. Karl sah es aber auch als seine Aufgabe an, die innere Ordnung des Staates neu zu organisieren, eine Führungsschicht aufzubauen, die Kultur zu fördern und das kirchliche Leben zu erneuern.

Am Weihnachtstag des Jahres 800 wurde Karl vom Papst in Rom zum Kaiser gekrönt. Damit wurde der germanische König zum von Gott beauftragten Herrscher *dei gratia* des befriedeten, geeinten christlichen Reichs. Karl sah sich auch in der Nachfolge der römischen Kaiser und als Erneuerer. Insbesondere der Friedenskaiser und Reformer Augustus war wegweisend für ihn.

Aufgrund der Erbfolge wurde das Reich aber schon 843 unter den drei Enkeln Karls aufgeteilt. Dadurch wurde die Trennung von germanischem und romanischem Sprachgebiet eingeleitet und Karl der Große gehört als Charlemagne auch zur Geschichte Frankreichs.

Mit dem allmählichen Zusammenschluss gleichberechtigter europäischer Staaten, der 1957 in Rom mit der Gründung der Europäischen Wirtschaftsgemeinschaft in die Wege geleitet wurde, findet die Idee vom vereinigten Europa in der EU ihre Verwirklichung.

3.2 DIE BIOGRAPHIE ALS LITERARISCHE GATTUNG

3.2.1 Nepos, Tacitus, Sueton

Biographien – „Lebensbeschreibungen" – haben eines gemeinsam: Ihr Gegenstand ist das Leben eines Menschen, der auf irgendeine Weise bedeutend und für andere von Interesse ist.

Für die Antike war es gar nicht anders denkbar, als dass die dargestellten Menschen in Politik und Gesellschaft einen anerkannten, hohen Rang einnahmen. Die Biographie konnte das unterstützen, was uns als Wunsch bei den Römern immer wieder begegnet: *memoria posteritatis* – das Weiterleben in der Erinnerung der Nachwelt.

Nur ein Bruchteil der Biographien und Lobreden jeglicher Art ist erhalten geblieben. Bekannte römische Biographen sind vor allem Cornelius Nepos, Sueton, außerdem der Historiker Tacitus (Verfasser des Buchs über Germanien[1]) mit der Biographie seines Schwiegervaters *Agricola*.

Cornelius Nepos (ca. 100–24 v. Chr.), ein Vielschreiber, der sich von der Politik offensichtlich völlig fernhielt, beschrieb in den mindestens sechzehn Bänden des Werkes *De viris illustribus* nach Berufen geordnet paarweise Römer und Nichtrömer.

Anders als Nepos wollte Cornelius Tacitus (ca. 55–ca. 120 n. Chr.) mit seinen Geschichtswerken über die unmittelbare Vergangenheit, den *Historiae* und den *Annales*, weniger unterhalten als vielmehr zeigen, wie die durch keinen äußeren Konkurrenten gebremste Machtgier als die Triebfeder römischer Politik dazu führte, dass sein Jahrhundert zu dem *saeculum corruptissimum (Historiae 2, 37, 2)* der römischen Geschichte geworden war. Mit der Biographie seines Schwiegervaters Agricola, der unter Domitian Britannien eroberte und befriedete, rechnete er mit der Gewaltherrschaft des Kaisers ab.

C. Suetonius Tranquillus (ca. 70–140 n. Chr.) schenkte der Nachwelt mit den acht Büchern *De vita Caesarum* einen reichen Fundus an Fakten, Daten und Anekdoten, die er sammelte und in den einzelnen Werken nach griechischem Vorbild in der gleichen Reihenfolge vorwiegend einfach aneinanderreihte: Name, Herkunft, Erziehung, Laufbahn und Leistungen, private Lebensschicksale; Tod, Testament, Denkmäler usw.

3.2.2 Einhard

Viele Jahrhunderte später knüpfte Einhard (um 770–840) an diese Form an. Er war als junger Mann an den Hof Kaiser Karls gekommen, hatte sich allseitig hervorragend weitergebildet, wurde Leiter der Hofschule und ein enger Berater Karls. Vermutlich schrieb Einhard die Biographie *Vita Karoli Magni* um 830, als er sich nach Karls Tod (814) bereits vom Hof zurückgezogen hatte. Aus Dankbarkeit für die Förderung durch Karl und die lebenslange Freundschaft mit seiner Familie fühlte er sich verpflichtet, *regis excellentissimi et omnium sua aetate maximi clarissimam vitam memoriae posterorum tradere* (Vorwort). Dass Einhard zahlreiche faktische Irrtümer unterlaufen sind – immerhin lagen die berichteten Geschehnisse über zwanzig Jahre zurück – mindert den Wert des Werkes nur gering. Die *Vita Karoli Magni* ist auch für die Geschichte der deutschen Sprache und Literatur von Interesse. Sie zeigt, dass Karl den Anstoß gab, die Landessprache für rechtliche und kirchliche Zwecke zu verwenden, eine Grammatik zu entwickeln und Lieder zu sammeln. Leider blieb diese Sammlung nicht erhalten.

---

[1] Cornelius Tacitus, *De origine et situ Germanorum liber*; vgl. 2.2.9, S. 42

3.3 EINHARD, *VITA KAROLI MAGNI*

3.3.1 Christianisierung im Dienste der Politik *(Vita 7, gekürzt)*

Die Krönung Karls des Großen in Rom am 25.12.800 durch Papst Leo III., französische Buchmalerei

Karl begann als König der Franken, seine Macht und seinen Herrschaftsbereich nach und nach auszudehnen. Mithilfe von Klöstern und Abteien konnte er die Verwaltung in den unwegsamen Gebieten Nordwestdeutschlands sicherstellen. Der rigoros geführte Krieg gegen die Sachsen von 772–802 n. Chr. hatte ihre völlige Unterwerfung und Christianisierung zur Folge. Das Ziel Karls des Großen war es, einen Reichsfrieden nach Vorbild der *pax Augusta* (Frieden im Römischen Reich während der Regierungszeit von Augustus) herzustellen.

(7) Post cuius finem Saxonicum, quod quasi intermissum videbatur, repetitum est. Quo nullum … atrocius Francorumque populo laboriosius susceptum est, quia Saxones, sicut omnes fere Germaniam incolentes nationes, natura feroces et cultui daemonum dediti nostraeque religioni contrarii neque divina neque humana iura vel polluere vel
5 transgredi inhonestum arbitrabantur.
Suberant et causae, quae cotidie pacem conturbare poterant; termini videlicet nostri et illorum poene ubique in plano contigui, praeter pauca loca, in quibus … caedes et rapinae et incendia vicissim fieri non cessabant.
Quibus adeo Franci sunt irritati, ut … apertum contra eos bellum suscipere dignum
10 iudicarent. Susceptum est igitur adversus eos bellum, quod … maiore Saxonum quam Francorum damno per continuos triginta tres annos gerebatur. Poterat siquidem citius finiri, si Saxonum hoc perfidia pateretur.

---

1 *ergänze* **post cuius *belli* finem** *gemeint Krieg gegen die Langobarden* – *ergänze* **Saxonicum bellum** – **Saxonicus, -a, -um** sächsisch; *hier* gegen die Sachsen *(772–804)* – **intermittere, -mitto, -misi, -missum** unterbrechen – **quo** *Abl. comp., verschr. Rel.Satz* – **2 Franci, -orum** Franken – **laboriosus, -a, -um** mühsam, beschwerlich – **bellum suscipere** einen Krieg führen →LW – **Saxones, -um** Sachsen *Volk aus dem Gebiet etwa von Köln nördlich bis zur Nordsee, nach Osten bis zur Elbe* – **3 ferox, -ocis** kriegerisch – **daemon, -onis** *m* (*griech.* δαίμων „göttliches Wesen") Geist, böser Geist; *hier* Götze – **4 deditus, -a, -um** *m. Dat. einer Sache* ergeben – **contrarius, -a, -um** feindlich gesinnt – **neque … neque** *Ziehe die Verneinung zu* arbitrabantur! – **polluere** besudeln, entweihen – **5 transgredi** hinübergehen – **inhonestus, -a, -um** unmoralisch – **6 subesse** vorhanden sein – **conturbare** stören – **termini** ~ fines, -ium *m* – **videlicet** *hier* nämlich – **7 poene** ~ paene – **in plano** in der Ebene – **contiguus, -a, -um** benachbart – **8 rapina, -ae** Raubzug – **vicissim** wechselseitig, gegenseitig – **cessare** zögern; *hier* aufhören – **9 quibus** durch diese *gemeint sind die Sachsen* – **irritare** reizen, erregen – **11 damno** zum Schaden; *ergänze* maiore – **poterat** *Realis; verwende Konj. Plqupf.* – **siquidem** allerdings, insofern – **citius** *Komparativ von* cito – **12 perfidia, -ae** *f* Treulosigkeit – **pateretur** *Verwende Plqupf.!*

Difficile dictu est, quoties superati ac supplices regi se dediderunt, imperata facturos polliciti sunt, obsides ... dederunt, ..., aliquoties ita domiti et emolliti, ut etiam cultum daemonum dimittere et Christianae religioni se subdere velle promitterent. Sed sicut ad haec facienda aliquoties proni, sic ad eadem pervertenda semper fuere praecipites. ...
5 Sed magnanimitas regis ac perpetua ... mentis constantia nulla eorum mutabilitate vel vinci poterat vel ab his, quae agere coeperat, defatigari. Nam numquam eos huiuscemodi aliquid perpetrantes inpune ferre passus est, quin aut ipse per se ducto aut per comites suos misso exercitu perfidiam ulcisceretur et dignam ab eis poenam exigeret. ...
Eaque conditione a rege proposita et ab illis suscepta tractum per tot annos bellum con-
10 stat esse finitum, ut, abiecto daemonum cultu et relictis patriis caerimoniis, Christianae fidei atque religionis sacramenta susciperent et Francis adunati unus cum eis populus efficerentur.

---

1 dictu *Supin II; verwende Infinitiv* – **quoties** *wie oft* – **supplex, -icis** *demütig bittend, flehend* →LW – **2 aliquoties** *mehrmals* – **domare** *zähmen, bändigen* – **emollire** *mildern* – **3 cum ... tum** *sowohl ... als auch besonders* →LW – **4 pronus, -a, -um** *geneigt* – **pervertere** *hier umstoßen* – **fuere** *~ fuerunt* – **praeceps, -itis** *geneigt, (leicht) hingerissen* – **5 magnanimitas, -atis** *f Leite die Bedeutung von* magnus + animus *ab!* – **mutabilitas, -atis** *f Wankelmütigkeit* – **6 defatigare** *erschöpfen* – **huiuscemodi** *derartig* – **7 inpune ferre** *ungestraft durchkommen* – **quin** *ohne dass* – **comes, -itis** *m/f hier Graf* – **8 poenam exigere** *~ punire Als Herzog Widukind 782 einen Aufstand wagte, ließ Karl in Verden an der Aller an einem Tag mehrere Tausend Sachsen köpfen.* – **10 caerimonia, -ae** *Zeremonie, religiöser Brauch* – **11 fides, -ei** *f hier Glaube* – **adunare** *vereinigen*

Aufgaben

1. Bestimme die unterschiedliche Funktion der beiden Ablativkonstruktionen in dem Satz *Eaque conditione ... efficerentur* (Z. 9–12):
   a) *ea conditione a rege proposita;*
   b) *abiecto daemonum cultu et relictis patriis caerimoniis*!
2. Arbeite heraus, welche Eigenschaften und Verhaltensweisen der Germanen Einhard als typisch hinstellt und wie er sie in den Zusammenhang seiner Darstellung einordnet!
3. Erläutere, mit welcher Strategie Karl gegen die Sachsen vorgeht und sie in das Reich eingliedert!
4. Nenne die herausragenden Eigenschaften Karls d. Gr., die Einhard hier aufzeigt!

LW

supplex, -icis	demütig bittend, flehend
cum ... tum	sowohl ... als auch besonders
bellum suscipere, -cipiō, -cēpī, ceptum	einen Krieg führen

3.3.2 Die Hunnen – die Gefahr aus dem Osten *(Vita 13)*

Nach Einhard war der acht Jahre dauernde Krieg gegen die Awaren (Hunnen) – ausgenommen der Sachsenkrieg – wohl mit Abstand der größte, den Karl jemals führte. Er selbst leitete nur den Feldzug nach Pannonien, alles Übrige überließ er seinem Sohn Pippin und den Statthaltern der Provinzen, manchmal auch Grafen und Offizieren der Armee.

(13) Quot proelia in eo gesta, quantum sanguinis effusum sit, testatur vacua omni habitatore Pannonia et locus, in quo regia Kagani erat, ita desertus, ut ne vestigium quidem in eo humanae habitationis appareat. Tota in hoc bello Hunorum nobilitas periit. Tota gloria decidit. Omnis pecunia et congesti ex longo tempore thesauri direpti sunt. Neque
5 ullum bellum contra Francos exortum humana potest memoria recordari, quo illi magis ditati et opibus aucti sint. Quippe cum usque in id temporis poene pauperes viderentur, tantum auri et argenti in regia repertum, tot spolia pretiosa in proeliis sublata, ut merito credi possit hoc Francos Hunis iuste eripuisse, quod Huni prius aliis gentibus iniuste eripuerunt.

---

1 in eo *ergänze* bello – **sanguinis** *Gen. part.* – **effundere, -fundo, -fudi, -fusum** vergießen – **testari** bezeugen – **vacuus, -a, -um** leer →LW – **habitator, -oris** *m* ~ e. inhabitant – **2 Pannonia, -ae** Pannonien *Landschaft in der ungarischen Tiefebene* – **regia, -ae** Königssitz, Königshof – **Kaganus, -i** *alter König von Pannonien* – **desertus** *PPP zu* deserere – **3 habitatio, -onis** *f* Wohnsitz – **Huni, -orum** Hunnen *als Hunnen wurden damals auch die slawischen bzw. magyarischen Stämme in der ungarischen Tiefebene bezeichnet* – **perire** zugrunde gehen, umkommen – **4 decidere** schwinden – **congerere** *Verbum compositum zu* gerere – **thesaurus, -i** Schatz →LW – **diripere, -ripio, -ripui, -reptum** rauben – **5 exoriri** entstehen, beginnen →LW – **humana memoria** *hier* die Erinnerung der Menschen – **recordari** sich erinnern – **6 ditari** *mediopass.* sich bereichern – **opes, -um** *f* Macht, Mittel, Reichtum, Streitkräfte →LW – **augeri** *m. Abl. hier* sich *m. etw.* überhäufen – **quippe cum** *m. Konj.* weil ja – **temporis** *Gen. part.* – **poene** ~ paene – **7 auri et argenti** *Gen. part.* – **spolium, -i** die dem Feind abgenommene Rüstung – **sublatus, -a, -um** *PPP von* tollere – **merito** *Adv.* zu Recht, verdientermaßen – **8 credi** *Inf. Präs. Pass. von* credere

---

Aufgaben

1. a) Gib an, aus welchen Bestandteilen *recordari* (Z. 5) zusammengesetzt ist!
   b) Kläre, was dies über die römische Vorstellung vom Erinnerungsprozess aussagt!
2. a) Stelle fest, in welchem Zusammenhang Einhard die drei Begriffe *nobilitas – gloria – pecunia* (Z. 3/4) aufzählt!
   b) Erläutere, welche Bedeutung *gloria* damit zugemessen wird!
   c) Suche Beispiele aus Gegenwart und Vergangenheit in verschiedenen Bereichen des menschlichen Lebens, an denen sich die Bedeutung des Ruhms für das Selbstverständnis eines Volkes zeigt!
3. a) Gib an, wie Einhard den reichen Kriegsgewinn der Franken und die völlige Vernichtung des Hunnenvolks einordnet!
   b) Kläre, welche Einstellung zu Karls Eroberungspolitik daran erkennbar ist!

LW

ops, -is *f*;	Hilfe, Kraft;
Pl. opēs, opum	Macht, Mittel, Reichtum, Streitkräfte
thēsaurus, -ī	Schatz
vacuus, -a, -um	leer
exorīrī, -orior, -ortus sum	entstehen, aufgehen, losbrechen

EW Erkläre Herkunft und Bedeutung: Vakuum – il tesoro (it.)!

Der Sieg Karls des Großen über die Hunnen (791 n. Chr.),
Albrecht Altdorfer (1480–1538)

Der Maler und Kupferstecher Albrecht Altdorfer stellt die Schlacht der Franken gegen die Hunnen zeitgenössisch dar. Dabei sind auf dem Gemälde auch Waffen und Rüstungen zu sehen, die in der Zeit Karls des Großen nicht existierten. Das Kreuz am Himmel über der Schlacht zeigt, wie wichtig die Auseinandersetzung zwischen Christentum und Heidentum auch am Ende des Mittelalters noch war.

3.3.3 Mit Diplomatie zum Ziel *(Vita 16, gekürzt)*

Karl d. Gr. war immer bemüht, über die Grenzen seines Reichs hinaus mit anderen Herrschern guten Kontakt zu pflegen. Als König und später als Kaiser über fast ganz Mitteleuropa besaß er eine große Machtfülle und wurde vom oströmischen Kaiser deswegen argwöhnisch beobachtet. Durch diplomatisches Geschick konnte Karl seine potenziell gefährlichsten Gegner in Abhängigkeit von sich bringen und dadurch die Erhaltung des Reichsfriedens sichern.

(16) Auxit etiam gloriam regni sui quibusdam regibus ac gentibus per amicitiam sibi conciliatis. Adeo namque … Scottorum quoque reges sic habuit ad suam voluntatem per munificentiam inclinatos, ut eum numquam aliter nisi dominum seque subditos et servos eius pronuntiarent. … Cum Aaron rege Persarum, qui excepta India totum poene
5 tenebat orientem, talem habuit in amicitia concordiam, ut is gratiam eius omnium, qui in toto orbe terrarum erant, regum ac principum amicitiae praeponeret. …. Cum legati eius … ad eum venissent et ei domini sui voluntatem indicassent, non solum, quae petebantur fieri permisit, sed etiam sacrum illum et salutarem locum, ut illius potestati adscriberetur, concessit; et revertentibus legatis suos adiungens inter vestes et aromata
10 et ceteras orientalium terrarum opes ingentia illi dona direxit, cum ei ante paucos annos eum, quem tunc solum habebat, roganti mitteret elefantum.

Imperatores etiam Constantinopolitani, Niciforus, Michael et Leo, ultro amicitiam et societatem eius expetentes complures ad eum misere legatos. Cum quibus tamen propter susceptum a se imperatoris nomen et ob hoc eis, quasi qui imperium eis eripere
15 vellet, valde suspectum foedus firmissimum statuit, ut nulla inter partes cuiuslibet scandali remaneret occasio. Erat enim semper Romanis et Grecis Francorum suspecta potentia. Unde et illud Grecum extat proverbium: ΤΟΝ ΦΡΑΝΚΟΝ ΦΙΛΟΝ ΕΧΙΣ, ΓΙΤΟΝΑ ΟΥΚ ΕΧΙΣ (TON FRANCON PHILON ECHIS, GITONA OUK ECHIS).

---

2 conciliare gewinnen, sich geneigt machen →LW – **Scotti, -orum** Schotten – **habuit … inclinatos** *Die Verbindung von* habere *mit dem PPP hebt den dauernden Zustand nachdrücklich hervor.* – 3 **munificentia, -ae** Freigebigkeit – **inclinatus, -a, -um** geneigt, zugetan – **subditus, -i** Untergebener, Untertan – 4 **pronuntiare** bezeichnen – **Aaron** *vermutlich Harun al Rashid (Kalif 786–809)* – **poene** ~ paene – 7 **indicassent** ~ indicavissent – 9 **revertentibus legatis** *Abl. abs.* – **aroma, -atis** *n* Gewürz – 10 **direxit** *hier* er schickte mit – **cum** *Achtung: Subjektswechsel in diesem Kausalsatz!* – 12 **Constantinopolitanus, -a, -um** von Konstantinopel; *die drei Kaiser Nikeforus I. (802–811), Michael I. (811–813), Leo V. (813–820)* – **ultro** von sich aus – 13 **expetere** heftig verlangen, fordern, wünschen →LW – **misere** ~ miserunt – 14 **suscipere, -cipio, -cepi, -ceptum** annehmen – **quasi qui** als ob er – 15 **foedus, -eris** *n* Vertrag →LW – **partes, -ium** *f Pl. hier* Parteien – **quilibet, quaelibet, quodlibet** *Adj.* jeder, jede, jedes beliebige →LW – **scandalum, -i** Anstoß, Ärgernis – 16 **occasio, -onis** *f* Gelegenheit – **Grecis** ~ Graecis – **suspectus, -a, -um** verdächtig – 17 **potentia, -ae** *hier* Machtstellung – **Grecum** ~ Graecum – **extat** ~ exstat – **proverbium, -i** Sprichwort – TON FRANCON PHILON ECHIS, GITONA OUK ECHIS: Du sollst den Franken als Freund, nicht als Nachbarn haben.

Aufgaben

1. Schreibe alle Verbformen im Konjunktiv heraus und begründe, warum sie in diesem Modus stehen müssen!
2. *eum ... elefantum* (Z. 10/11)*:* Untersuche, wie Einhard die Bedeutung dieses Geschenks sprachlich unterstreicht!
3. Arbeite heraus, welche Stellung Karl unter den Herrschern seiner Zeit hatte! Erläutere, was in diesem Zusammenhang unter *amicitia* zu verstehen ist!
4. Beschreibe die Bestandteile des Bildes, gehe auf die Raumaufteilung und die Größenverhältnisse ein und erläutere die Bildaussage! Kläre das Aussehen des Elefanten!

LW

foedus, -eris *n*	Vertrag
conciliāre	gewinnen, sich geneigt machen
expetere, -petō, -petīvī, -petītum	heftig verlangen, fordern, wünschen
quīlibet, quaelibet, quodlibet *Adj.*	jeder, jede, jedes beliebige

EW Erkläre Herkunft und Bedeutung: föderal – konziliant – Quodlibet!

Eleazar unter dem Elefanten,
Fresko, 15. Jh., Szene aus dem Alten Testament,
neben Passionsszenen im Kreuzgang (III. Arkade)
des Doms in Brixen/Südtirol

3.3.4 Karl der Große – eine Persönlichkeit von hohem Rang *(Vita 24–26, Auswahl)*

Einhard beschreibt Karl den Großen als einen stattlichen Mann von wohlproportioniertem Körperbau, dessen eindrucksvolle Gesamterscheinung von kleineren körperlichen Mängeln nicht beeinträchtigt wurde. Sein selbstbewusster Gang, die lebhaften Gesichtszüge und seine klare Stimme strahlten Würde aus. Bei aller Großzügigkeit gegenüber anderen trieb er für sich selbst keinen unnötigen Aufwand; er lebte gesund und war wie alle Franken ein ausgezeichneter Reiter.

Nicht nur mit seiner persönlichen Zeit, sondern auch mit der seiner Umwelt ging Karl d. Gr. sehr rigoros um.

(24) Noctibus sic dormiebat, ut somnum quater aut quinquies non solum expergescendo, sed etiam desurgendo interrumperet. ... non tantum amicos admittebat, verum etiam, si comes palatii litem aliquam esse diceret, quae sine eius iussu definiri non posset, statim litigantes introducere iussit et, velut pro tribunali sederet, lite cognita
5 sententiam dixit. ...

(25) Erat eloquentia copiosus ... poteratque quicquid vellet apertissime exprimere. Nec patrio tantum sermone contentus, etiam peregrinis linguis ediscendis operam impendit. In quibus Latinam ita didicit, ut aeque illa ac patria lingua orare sit solitus, Grecam vero melius intellegere quam pronuntiare poterat. ...

10 Artes liberales studiosissime coluit, earumque doctores plurimum veneratus magnis adficiebat honoribus. ... et rethoricae et dialecticae, praecipue tamen astronomiae ediscendae plurimum et temporis et laboris inpertivit. Discebat artem conputandi et ... siderum cursum curiosissime rimabatur. Temptabat et scribere tabulasque et codicellos ad hoc in lecto sub cervicalibus circumferre solebat, ut, cum vacuum tempus esset,
15 manum litteris effigiendis adsuesceret, sed parum successit labor ... sero inchoatus.

(26) Religionem Christianam, qua ab infantia fuerat inbutus, sanctissime et cum summa pietate coluit, ... Ecclesiam et mane et vespere, item nocturnis horis et sacrificii tempore, quoad eum valitudo permiserat, inpigre frequentabat. ... Legendi atque psallendi disciplinam diligentissime emendavit. Erat enim utriusque admodum eruditus, quamquam
20 ipse nec publice legeret nec nisi submissim et in commune cantaret.

---

1 quater viermal – **quinquies** fünfmal – **expergesci** aufwachen – **2 desurgere** aufstehen – **interrumpere** unterbrechen, stören →LW – **3 comes palatii** Pfalzgraf – **lis, litis** *f* Streit – **4 litigare** *Leite die Bedeutung von* lis, litis *ab!* – **pro tribunali** auf dem Richterstuhl – **5 sententia, -ae** *hier* Urteil – **6 copiosus, -a, -um** *hier* reich begabt – **8 Latinam ... Grecam** *ergänze* linguam – **aeque ... ac** gleich ... wie – **9 pronuntiare** ~ *e.* to pronounce – **11 adficiebat** ~ afficiebat – **praecipue** besonders – **12 ediscere** auswendig lernen – **conputare** rechnen, berechnen – **13 sidus, -eris** *n* Stern, Gestirn →LW – **curiosus, -a, -um** wissbegierig – **rimari** genau erforschen – **codicellus, -i** Schreibtafel, Notizbuch – **14 cervical, -alis** *n* Kopfkissen – **15 effigere litteras** schreiben – **adsuescere** *m. Dat. an etw.* gewöhnen – **sero inchoatus** zu spät angefangen – **16 inbutus, -a, -um** vertraut – **17 sacrificium, -i** Messopfer – **18 quoad** soweit – **valitudo** ~ valetudo, -inis *f* – **inpigre** *Adv.* unermüdlich – **psallere** singen *insbesondere die Psalmen Davids* – **19 emendare** vervollkommnen – **20 submissim** leise – **in commune** gemeinschaftlich

Aufgaben

1. Suche alle Wörter heraus, die
   a) zum Wortfeld „Sprache",
   b) zum Wortfeld „Lernen",
   c) zum Wortfeld „Religion" gehören!
2. Vergleiche *sermo patrius* und „Muttersprache" und erläutere die unterschiedliche Begriffsbildung!
3. Begründe, warum Einhard in der Personenbeschreibung Karls des Großen seine Religiosität herausstellt!

LW

sīdus, -eris *n* — Stern, Gestirn
interrumpere, -rumpō, -rūpī, -ruptum — unterbrechen, stören

EW Erkläre Herkunft und Bedeutung: Interruption!

Zum Weiterlesen und Vertiefen

Artes liberales

Die sog. sieben freien Künste (gemeint sind Wissenschaften) stellten seit dem ausgehenden Altertum eine Art Bildungskanon dar. Magnus Aurelius Cassiodorus (ca. 490–583), Minister unter Theoderich und später in der Ruhe eines Klosters ganz den Wissenschaften ergeben, hatte die bestehenden „Schulwissenschaften" in ein für das ganze Mittelalter gültiges System eingeteilt (vgl. auch II., 4., S. 118). Es umfasste zunächst als Grundlage das *Trivium*: Grammatik, Rhetorik und Dialektik. Dazu kam das *Quadrivium* (für Fortgeschrittene): Arithmetik, Geometrie, Astronomie und Musik.

Die Inhalte der sieben Wissenschaften beschreiben mittelalterliche Verse so:

Grammmatica – loquitur — spricht
Rhetorica – verba colorat — färbt die Worte (lehrt schön darstellen)
Dialectica – vera docet — (Philosophie) lehrt das Wahre

Arithmetica – numerat — zählt
Geometrica – ponderat — wägt ab
Astronomia – colit astra — pflegt die Stern(kund)e
Musica – canit — singt

(in: Wörterbuch der Antike, Kröner, Stuttgart 1966[7])

3.3.5 Die karolingische Reform *(Vita 29, gekürzt)*

Die Reformmaßnahmen, die auch unter dem Namen „karolingische Renaissance" zusammengefasst werden, waren zum großen Teil schon vor Karls Regierungszeit in die Wege geleitet worden. Karl nahm, als er 768 an die Macht kam, die Bemühungen wieder auf und stellte sie in den größeren Zusammenhang der Reichsidee, der *Renovatio Romani imperii*, wie in einer Bulle (einer kaiserlichen schriftlichen Verfügung) zu lesen ist.

Karl organisierte das Verwaltungswesen im gesamten Reich neu und kontrollierte es ständig; durch die Gründung von Schulen sollte die Bildung breiterer Bevölkerungsschichten verbessert werden. An seinen Hof holte er bedeutende Gelehrte seiner Zeit, unter anderem den Angelsachsen Alkuin als Leiter der Hofschule und auch Einhard, seinen Biographen. Unter Karls Mitwirkung entstand ein Bildungskonzept, das machtpolitisch, aber auch auf kirchliche oder ökonomische Zwecke ausgerichtet war. Doch die Basis bildete die Unterweisung in den *septem artes liberales*; auf sie griff man zurück, weil man die Entwicklung einer selbstständigen, umfassend gebildeten, verantwortungsbereiten Persönlichkeit als Ziel ansah.

Kaiser Karl der Große (1512); Albrecht Dürer (1471–1528), Germanisches Nationalmuseum, Nürnberg

Einer dringenden Reform bedurfte auch die Kirche. Die Amtsführung der Bischöfe und Äbte, der Lebenswandel und die Ausbildung des Klerus und der einfachen Klosterbrüder ließen vielerorts sehr zu wünschen übrig. Bei der Durchführung dieser Reformen konnte Karl sich auf den angelsächsischen Missionar Bonifacius stützen, der schon vor seiner Regierungszeit die treibende Kraft war. Bonifacius setzte z. B. das jährliche Abhalten von Tagungen (Synoden) der kirchlichen Würdenträger im Frankenreich durch. Das heidnische Brauchtum wurde rigoros zurückgedrängt, damit der christliche Glaube ungehindert verbreitet werden konnte.

Die Klöster waren nicht nur Zentren des kirchlichen Lebens, sondern auch Ausgangspunkte für die Missionierung des Frankenreichs und wurden Pflegestätten der europäischen Kultur auf dem Durchgang vom Altertum in die Neuzeit. Ohne die Mönche, die antike Schriften und Zeugnisse sammelten, sichteten und abschrieben, wären die Zeugnisse der antiken Kultur, auf die wir heute so selbstverständlich zurückgreifen können, zum größten Teil verschollen oder zerstört.

In zunehmendem Maße kümmerten sich ausgehend von Karls Auftrag die Mönche auch um die Sicherung des germanischen Kulturguts in Form von Sagen, Liedern und Gesetzen. Da es sich um nichtschriftliche Sprachen handelte, bedurfte es einer einheitlichen germanischen Grammatik, damit sie richtig niedergeschrieben werden konnten. Somit wurden durch die karolingische Reform einerseits die lateinische Sprache und die römische Verwaltung wieder erneuert, andererseits wurde auch in erheblichem Maße der Ausformung und Verbreitung der Nationalsprachen Raum gegeben (vgl. auch II., 1., S. 74f./4., S. 118).

(29) Post susceptum imperiale nomen, cum adverteret multa legibus populi sui deesse – … – cogitavit, quae deerant, addere et discrepantia unire, prava quoque … corrigere; sed de his nihil aliud ab eo factum est, nisi quod pauca capitula, et ea inperfecta, legibus addidit. Omnium tamen nationum, quae sub eius dominatu erant, iura, quae scripta non erant, describere ac litteris mandari fecit. Item barbara et antiquissima carmina, quibus veterum regum actus et bella canebantur, scripsit memoriaeque mandavit. Inchoavit et grammaticam patrii sermonis.

Mensibus etiam iuxta propriam linguam vocabula inposuit, cum ante id temporis apud Francos partim Latinis, partim barbaris nominibus pronuntiarentur. De mensibus quidem Ianuarium uuintarmanoth, Februarium hornung, Martium lenzinmanoth, Aprilem ostarmanoth, Maium uuinnemanoth, Iunium brachmanoth, Iulium heuuimanoth, Augustum aranmanoth, Septembrem uuitumanoth, Octobrem uuindumemanoth, Novembrem herbistmanoth, Decembrem heilagmanoth appellavit.

1 suscipere, -cipio, -cepi, -ceptum annehmen – **imperialis, -e** Kaiser-, kaiserlich – **advertere** *hier* erkennen – **2 quae** *ergänze* ea, **quae** – **discrepare** nicht übereinstimmen, im Widerspruch stehen – **unire** *Leite die Bedeutung von* unus *ab!* – **pravus, -a, -um** falsch – **3 nihil … nisi quod** nichts … außer dass – **et ea** und zwar – **4 dominatus, -us** *m Leite die Bedeutung von* dominus *ab!* – **5 facere** *hier* lassen – **6 actus, -us** *m hier* Tat – **canere, cano** ~ cantare – **scripsit, mandavit** *Stelle in deiner Übersetzung klar, dass er es nicht selbst gemacht hat!* – **inchoare** anfangen – **8 iuxta** *Präp. m. Akk.* neben – **proprius, -a, -um** eigen

Aufgaben

1. Caesar hätte statt *post susceptum imperiale nomen* (Z. 1) einen Ablativus absolutus verwendet. Forme entsprechend um!
2. Die Neutrum-Plural-Formen *multa* (Z. 1), *discrepantia* (Z. 2) und *prava* (Z. 2) müssen im Deutschen verändert werden (→ GR 5, S. 211). Gib jeweils beide Möglichkeiten an!
3. Gruppenarbeit: Monatsnamen[1)]
    a) Stellt für jeden Monat die Bedeutung der deutschen Bezeichnung fest!
    b) Sucht Beispiele, wann auch in späterer Zeit Versuche unternommen wurden, die Monatsnamen oder Wochentage umzubenennen! Welche Absicht steckte dahinter?
4. Nach Karl d. Gr. wurde der Internationale Karlspreis zu Aachen benannt, der 1950 zum ersten Mal verliehen wurde. Dies ist der älteste und bekannteste Preis, mit dem Persönlichkeiten oder Institutionen ausgezeichnet werden, die sich um Europa und die europäische Einigung verdient gemacht haben.
    a) Fertige mithilfe des Internets eine kleine Dokumentation zum Karlspreis an! Gehe dabei auf die politische Lage in Europa zur Zeit der Preisstiftung ein und arbeite heraus, worin die Bedeutung des Preises zu diesem Zeitpunkt lag bzw. worin sie heute liegt!
    b) Stelle aus den Informationen dieses Kapitels eine Würdigung der Persönlichkeit Karls zusammen, die die Namensgebung des Preises unterstützt!

[1)] Herkunft der lateinischen Namen, s. II., 6., S. 134

II. ROM UND EUROPA

Diana-Tempel (2./3. Jh. n. Chr.)
in Evora, Portugal

1. ROMS ERBE – DIE LATEINISCHE SPRACHE UND IHR FORTWIRKEN

Lebensgroße Bronzefigur der Kapitolinischen Wölfin, die die Zwillinge Romulus und Remus säugt. Das Original befindet sich in den Kapitolinischen Museen in Rom. Über die Datierung der Statue der Wölfin herrscht Uneinigkeit, es soll sich um eine etruskische Figur aus dem 6. Jahrhundert v. Chr. handeln. Die Zwillinge jedoch wurden erst viel später in der Renaissance (15. Jh.) hinzugefügt.

Zunächst war die lateinische Sprache nur ein Dialekt des Stammes der Latiner in der Gegend von Latium, dessen Zentrum Rom war. Nachdem die Römer nach schweren und langwierigen Kämpfen über die italischen Stämme die Herrschaft errungen hatten, verschwanden deren verschiedene Dialekte. Der Dialekt der Römer – *lingua Latina* – blieb übrig, der sich in dem Maße ausbreitete, in dem das römische Volk sein *imperium* vergrößerte, und der schließlich zur offiziellen Sprache des Römischen Reiches wurde.

Zur Zeit von Cicero und Caesar hatte die lateinische Sprache ihren klassischen Höhepunkt erreicht, eine Sprachepoche, die man als goldene Latinität bezeichnet und die den Maßstab für die kommenden Jahrhunderte setzte.

Unter Kaiser Augustus war Latein die Amtssprache im Römischen Reich und diente als Bindeglied zwischen den zahlreichen verschiedenen Völkern des römischen Imperiums. Es scheint, dass die Römer den ihnen unterworfenen Völkern die lateinische Sprache nicht aufzwangen. Es sieht eher so aus, als habe die Kenntnis und der Gebrauch der lateinischen Sprache als Geschäftssprache Vorteile mit sich gebracht. Bei Livius bitten die Bewohner des griechischsprachigen *Cumae*[1] im 2. Jahrhundert v. Chr. Rom *„ut publice Latine loquerentur"*[2].

[1] Ursprünglich war Cumae eine griechische Kolonie. Seit 338 v. Chr. hatte es römisches Bürgerrecht.
[2] *Cumanis eo anno petentibus permissum, ut publice Latine loquerentur.* (Livius, *Ab urbe condita XL, 42*)

Im Laufe der Jahrhunderte verlor Rom zunehmend an Bedeutung. Es kam im Jahr 395 n. Chr. zur offiziellen Teilung des Römischen Reiches. Konstantinopel, das heutige Istanbul, war 330 n. Chr. von Kaiser Konstantin zur Hauptstadt des Oströmischen Reiches erhoben worden. Hier konnte sich die lateinische Sprache nicht behaupten, das Griechische übernahm die führende Rolle. Die oströmischen Kaiser konnten ihr Reich lange Zeit gegen Perser, Araber und Bulgaren verteidigen. Die Eroberung durch die Türken im Jahr 1453 beendete die politische und kulturelle Bedeutung der Stadt.

Im Weströmischen Reich, dessen Hauptstadt Rom war, dominierte lange Zeit die lateinische Sprache. Die Literatur blühte, auch außerhalb Italiens bildeten sich literarische Zentren. Aber das Weströmische Reich war ab dem 2. Jahrhundert n. Chr. zunehmend dem Ansturm von germanischen Stämmen ausgesetzt. Unter dem Ostgoten Odoaker, der 476 den letzten weströmischen Kaiser Romulus Augustulus absetzte, endete die Herrschaft Westroms. Trotz des Zusammenbruchs des Weströmischen Reiches haben die Römer die nachfolgenden Kulturen und Zivilisationen nachhaltig geprägt. Neben dem Latein als Sprache der Gebildeten und der Literatur hatte sich das sogenannte Vulgärlatein – die Sprache der Legionäre und der einfachen Leute auf der Straße – entwickelt. Daraus entstanden die romanischen Sprachen Italienisch, Französisch, Spanisch, Portugiesisch und Rumänisch. Das „gebildete Latein" existierte aber noch sehr lange als Sprache der Literatur und Wissenschaft.

Die folgenden Zeilen des Gedichtes von Rutilius Namatianus, einem spätantiken Dichter des 5. Jahrhunderts n. Chr., mögen zeigen, dass die Römer schon zur Zeit der Auflösung des Römischen Reiches sich ihrer geschichtlichen Bedeutung für die Nachwelt bewusst waren.

>Exaudi, regina tui pulcherrima mundi,
> inter sidereos, Roma, recepta polos;
>exaudi, genetrix hominum genetrixque deorum:
> Non procul a caelo per tua templa sumus.
>5 Te canimus semperque, sinent dum fata, canemus:
> Sospes nemo potest immemor esse tui.
>Obruerint citius scelerata oblivia solem
> quam tuus e nostro corde recedat honos.

>Höre mich an, herrlichste Königin der Welt, die dein eigen ist, in den gestirnten Himmel aufgenommene Roma; höre mich an, Stammmutter der Menschen und Stammmutter der Götter, sind wir doch durch deine Tempel dem Himmel nicht fern; dich besinge ich und werde ich allzeit besingen, solange das Geschick es zulässt: wer heil und unversehrt ist, muss stets dein gedenken. Eher soll frevelhaftes Vergessen die Sonne verfinstern, als dass dein Glanz aus meinem Herzen schwände.

(Übersetzung: Ernst Doblhofer)

2. ROMS AUFSTIEG ZUR WELTMACHT
2.1 DIE RÖMISCHEN PROVINZEN UND IHRE VERWALTUNG

Provincia bezeichnete ursprünglich den Wirkungsbereich eines römischen Beamten. Als Rom begann, seinen Einflussbereich über das italische Staatsgebiet hinaus auszuweiten, bezeichnete man mit dem Begriff alle eroberten, unter römischer Herrschaft stehenden Gebiete außerhalb des heutigen Italiens. Zu republikanischer Zeit wurden die Provinzen von Statthaltern, den sogenannten Prokonsuln oder Proprätoren verwaltet. Unerheblich war, ob es sich dabei wirklich um einen ehemaligen Konsul oder Prätor, die beiden höchsten Ränge im *cursus honorum,* handelte. Der Statthalter einer Provinz kam aber immer aus dem Senatoren- oder Ritterstand und er war jeweils für ein Jahr im Amt. Mit Beginn der Kaiserzeit war der Kaiser offiziell der Prokonsul einer Provinz. Dieser ernannte einen Statthalter, meist einen Feldherrn mit langjähriger Verwaltungserfahrung, der den offiziellen Titel *legatus augusti pro praetore* trug. Ursprünglich oblag dem Statthalter die gesamte Provinzialverwaltung und er stand an der Spitze der in der Provinz abgestellten Truppen. In späterer Zeit übernahm das Militär einen Teil der Aufgaben, weil die Grenzsicherung immer wichtiger wurde. Der Statthalter kümmerte sich nur mehr um die Zivilverwaltung. Die Präsenz und Stärke des Militärs hing immer davon ab, wie stark die Provinz von Feinden bedroht war.

Die Finanzen überwachte ein vom Kaiser entsandter Quästor mit dem Titel *procurator*. Er kontrollierte Steuereinnahmen und Ausgaben einer Provinz. Manchmal wurde die gesamte Provinz nur von diesem *procurator* verwaltet. Dies ist für die Provinz Noricum belegt. Die Provinzen selbst waren in *civitates* eingeteilt, die von Provinzbewohnern verwaltet wurden. Diese kamen aus einflussreichen, vermögenden Familien, da sie keine Bezahlung für ihre Tätigkeit erhielten und öffentliche Projekte sogar oft selbst bezahlen mussten.

Das römische Bürgerrecht[1] wurde sehr großzügig an die Bevölkerung verliehen. Dadurch banden die Römer die einheimische Bevölkerung an sich. Die ärmere, freie Bevölkerung konnte es sich durch Ableisten des Militärdienstes verdienen. Auch Sklaven, deren Anteil ungefähr 30% der Gesamtbevölkerung ausmachte, konnten das römische Bürgerrecht erlangen. In Anerkennung besonderer Dienste[2] wurden sie manchmal von ihren Herren freigelassen. Sie trugen fortan den Namen ihrer Herren und bekamen das eingeschränkte römische Bürgerrecht[3]. Als Gegenleistung verlangten die Römer von den Provinzialbewohnern Heerfolge und den Verzicht auf eigenständige Außenpolitik. Unterworfene Völker unterstützten und respektierten sie in dem Maße, wie ihre Herrschaftsansprüche nicht gefährdet waren. Historiker späterer Zeiten haben dieses Prinzip mit dem Ausdruck *divide et impera* charakterisiert.

---

[1] Das römische Bürgerrecht, das alle Bürger Roms besaßen oder das verliehen wurde, erlaubte das Tragen der Toga und beinhaltete verschiedene Rechte (Teilnahme am politischen Geschehen, Befreiung von gewissen Steuern) und Pflichten (z. B. Ableisten des Kriegsdienstes). Mit Stolz beriefen sich römische Bürger in vielen Situationen auf den Satz: Civis Romanus sum.
[2] Gebildete Sklaven waren als Hauslehrer beschäftigt oder als Sekretäre der Herren. Besondere Wertschätzung seitens der Herren konnte ein Grund für die Freilassung eines Sklaven sein.
[3] Wer das eingeschränkte römische Bürgerrecht besaß, durfte keine öffentlichen Ämter bekleiden, musste aber auch keinen Militärdienst ableisten und konnte Eigentum erwerben.

2.2 ENTWICKLUNG UND BEDEUTUNG DER PROVINZEN
(Cicero, *In Verrem act. II, II, 2–9*)

Der folgende Text stammt aus Ciceros Rede gegen Verres, der als Statthalter von Sizilien die Provinz maßlos ausgebeutet und geplündert hat. Im Jahr 70 v. Chr. wurde ihm in Rom der Prozess gemacht. Ankläger im Auftrag der Sikuler war Cicero, der spätere Konsul des Jahres 63 v. Chr. Er selbst hatte durch seine uneigennützige Amtsführung als Quästor im Jahre 75 v. Chr. das Vertrauen der Einwohner von Sizilien gewonnen.

… pauca mihi videntur esse de provinciae (Siciliae) dignitate, vetustate, utilitate dicenda. Nam cum omnium sociorum provinciarumque rationem diligenter habere debetis, tum praecipue Siciliae, iudices …, quod omnium nationum exterarum princeps Sicilia se ad amicitiam fidemque populi Romani applicavit.
5 Prima omnium, id quod ornamentum imperi est, provincia est appellata; prima docuit maiores nostros, quam praeclarum esset exteris gentibus imperare.
Sola fuit ea fide benevolentiaque erga populum Romanum, ut civitates eius insulae, quae semel in amicitiam nostram venissent, numquam postea deficerent.
Itaque maioribus nostris in Africam ex hac provincia gradus imperi factus est; neque
10 enim tam facile opes Carthaginis tantae concidissent, nisi illud et rei frumentariae subsidium et receptaculum classibus nostris pateret.

Wenig, so scheint es mir, muss über die Würde, das Alter und den Nutzen der Provinz gesagt werden. Denn wenn ihr alle Bundesgenossen und Provinzen sorgfältig berücksichtigen müsst, dann sollt ihr euer Augenmerk besonders auf Sizilien richten, ihr Richter …, weil Sizilien sich als erste von allen fremden Nationen der Freundschaft und dem Schutz des römischen Volkes angeschlossen hat.
Sizilien ist zuallererst „Provinz" genannt worden – dies ist nämlich eine Auszeichnung des Reichs; als Erste lehrte sie unsere Vorfahren, wie herrlich es war, über fremde Völker zu herrschen.
Als Einzige war sie von solcher Verbundenheit und solchem Wohlwollen dem römischen Volk gegenüber, dass die Einwohner dieser Insel, sofern sie sich einmal in unsere Freundschaft begeben hatten, davon nie mehr abließen.
Deshalb machten unsere Vorfahren von dieser Provinz aus den Schritt zur Ausdehnung ihrer Herrschaft nach Afrika; denn niemals wäre die so große Macht Karthagos so leicht zusammengebrochen, wenn Sizilien uns nicht in der Getreideversorgung unterstützte und als Zufluchtsort für unsere Flotte offen stünde.

Aufgaben

1. Benenne die Konjunktive *concidissent* (Z. 10) und *pateret* (Z. 11) mit ihrem Fachausdruck!
2. Das Prädikat *pateret* (Z. 11) passt sinngemäß eigentlich nur zu *receptaculum*, bezieht sich aber auch auf *subsidium*. Diese Stilfigur nennt man Zeugma (→ STILMITTEL, S. 225 f.).
   a) Finde im Text Beispiele für folgende Stilmittel: Anapher – Hendiadyoin – Trikolon!
   b) Erläutere, welche Wirkung Cicero durch deren Verwendung erzielen will!

3. Cicero gebraucht den Ausdruck *opes Carthaginis* (Z. 10).
   a) Suche aus dem Wörterbuch die Hauptbedeutungen von *ops* heraus!
   b) Überlege, in welchem Kontext Cicero das Wort verwendet!
4. Das Wort „Macht" wird im Lateinischen vielfältig ausgedrückt.
   a) Übersetze: *vis venti – vis conscientiae – potestas tribunicia – potestas vitae necisque – potentia nobilitatis et populi*!
   b) Erläutere in eigenen Worten, in welchem Kontext das jeweilige Wort verwendet wird!
5. Kläre ausgehend vom Text die besondere Stellung Siziliens innerhalb des römischen Imperiums und die Bedeutung dieser Provinz für Roms Machtinteressen!
6. Mit den Formulierungen *se ad amicitiam fidemque applicavit* (Z. 4) und *in amicitiam nostram venissent* (Z. 8) spricht Cicero die tatsächlichen Machtverhältnisse nicht direkt an. Überlege dir mögliche Gründe hierfür!
7. Die Abbildung unten zeigt den Tempel der Hera in Selinunt, der im dorischen Stil erbaut ist.
   a) Nenne die anderen Säulenstile der griechischen Architektur und stelle fest, in welchem Zeitraum diese jeweils bestimmend waren!
   b) Versuche selbst, (unter Umständen nach Vorlagen) Zeichnungen davon anzufertigen!

LW

ūtilitās, -ātis *f*	Nutzen
opēs, opum *f*	*politische* Macht
dēficere, -ficiō, -fēcī, -fectum	abfallen, fehlen
ergā *Präp. m. Akk.*	gegenüber
ratiōnem habēre *m. Gen.*	*etw.* berücksichtigen, Rücksicht nehmen *auf*

EW Erkläre Herkunft und Bedeutung: Defekt – rationalisieren!

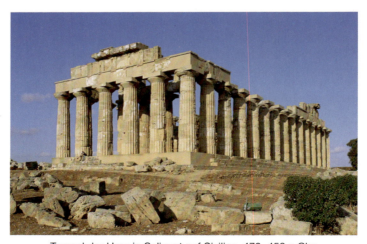

Tempel der Hera in Selinunt auf Sizilien, 470–450 v. Chr.

2.3 DIE GERMANIENPOLITIK DER RÖMER

Der Germanenbegriff

In der Vorstellung der Bewohner rechts des Rheins existierten die Begriffe „Germanien" und „Germanen" nicht. Man fühlte sich als Angehöriger eines bestimmten Stammes, jeder Stamm hatte seine eigene Geschichte und gesellschaftliche Ordnung und handelte selbstständig. Das Bewusstsein einer gemeinsamen germanischen Identität gab es nicht. Man sprach jedoch eine gemeinsame Sprache und verwendete Bronze zur Herstellung von Waffen, Schmuck und Gefäßen.

Alle schriftlichen Zeugnisse über dieses Volk, das nach seiner Hauptwaffe auch „Streitaxtleute" genannt wurde, stammen von Griechen und Römern.

Die Herkunft des Wortes Germanen ist nicht sicher geklärt, möglicherweise ist es vom lateinischen Wort *germanus* („leiblich, echt") abgeleitet. Maßgeblich für die Verbreitung dieser Bezeichnung war Caesar in seinem Germanienexkurs in den *Commentarii de bello Gallico* (vgl. I., 2.2.9, S. 38 ff.).

Die Eroberung Germaniens

Im Jahr 59 v. Chr. wurde dem Suebenfürst Ariovist auf Betreiben Caesars der Ehrentitel *rex et amicus populi Romani* (vgl. auch I., 2.2.5, S. 23) verliehen. Obwohl die genauen Motive dafür nicht bekannt sind, kann man annehmen, dass Rom, dessen Einflussbereich bis dahin nicht über das südliche Gallien – *Gallia Narbonensis* – und Oberitalien – *Gallia Cisalpina* – hinausging, die Germanen als zukünftigen Machtfaktor und damit als Bedrohung für das römische Imperium ansah. Im Laufe des gallischen Krieges trugen die Germanen durch ihre Einflussnahme nicht unerheblich zur Destabilisierung der Region bei. Nach der Eroberung Galliens waren sie auf das rechte Rheinufer zurückgedrängt. Die Eroberung Germaniens begann mit einer Niederlage unter dem Kommando des Statthalters Lollius im Jahre 16 v. Chr. und dem Verlust der gesamten fünften Legion. Germanenstämme, die den Rhein überschritten hatten, wollten alte Machtansprüche in Gallien geltend machen. Besonders erniedrigend war die Tatsache, dass die Germanen im Verlauf der Schlacht sogar den Legionsadler erbeuteten, eine besondere Demütigung für das gesamte römische Volk.

Die Römer in Germanien

Ein Feldzug (ab 12 v. Chr.) unter dem Befehl von Tiberius und Drusus, der ursprünglich die Germanen vor weiteren Übergriffen auf römisches Gebiet abschrecken sollte, war so erfolgreich, dass die Römer ihre Ziele neu formulierten. Die Gründung einer neuen Provinz *Germania Magna* schien in Aussicht. Diese sollte sich weit über den Rhein bis an die Elbe erstrecken. Als Hauptstadt der Provinz war *Colonia Agrippina* (Köln) vorgesehen. Ausgrabungen zeigen, dass die Römer zahlreiche rechtsrheinische Militäranlagen besaßen und in weit stärkerem Maße dort präsent waren, als man es bisher angenommen hatte.

Die Niederlage des Varus im Jahre 9 n. Chr. setzte den römischen Machtbestrebungen ein Ende. Eine Koalition aus freien germanischen Stämmen und Hilfstruppen, die in der römischen Armee kämpften, lockte unter der Führung des Cheruskerfürsten Arminius das römische Heer mit seinem Anführer Varus in einen Hinterhalt. Der Geschichtsschreiber Tacitus spricht von einem Ort, der zwischen Ems und Lippe in der Nähe des *saltus Teutoburgiensis* lag. Neuere Untersuchungen und archäologische Funde zeigen, dass die Schlacht vom Teutoburger Wald wahrscheinlich im Gebiet von Kalkriese im Osnabrücker Land stattgefunden hat. Dort wurden an die 20 000 römische Soldaten getötet. Spätere Versuche des römischen Heeres, Land in Germanien zurückzugewinnen, blieben erfolglos. Im Jahr 17 n. Chr. beendete Kaiser Tiberius den Germanenkrieg. Rhein und Donau blieben bis zum Zusammenbruch der römischen Herrschaft die Westgrenze des Imperiums. Das römische Gebiet in Germanien bestand aus den Provinzen *Germania superior* mit der Hauptstadt *Mogontiacum* (Mainz) und *Germania inferior* mit der Hauptstadt *Colonia Agrippina* (Köln). Weiterhin gab es die Provinzen *Raetia* und *Noricum*[1].

Der obergermanisch-rätische Limes diente der Grenzsicherung in Germanien. Es handelte sich hierbei um einen etwa 550 Kilometer langen, offenen Grenzwall, der unterschiedlich ausgebaut war. An manchen Stellen bestand der Limes aus einem durch einfache Palisadenzäune befestigten Weg durch die Wälder, wo vereinzelt Lager angelegt wurden. An anderen Orten wurden Kastelle, Wachtürme und Steinmauern errichtet. Aus ehemaligen Militärlagern und Kastellen entwickelten sich später oft Städte. Mancherorts reichte ein Fluss als natürliche Grenze, wie die Donau in *Castra Regina* (Regensburg).

Im Jahr 2005 wurde der Limes zum Weltkulturerbe der UNESCO erklärt.

Eine Sonderbriefmarke der Deutschen Post aus dem Jahr 2007 zeigt die Saalburg (rekonstruiertes Limeskastell nördlich von Frankfurt). Die unterlegte „Landkarte" bildet den Verlauf des Limes ab.

---

[1] *Raetia* wurde 15 v. Chr. römische Provinz und umfasste das Gebiet zwischen Alpen, Lech und Donau. Die Hauptstadt war *Augusta Vindelicorum* (Augsburg). Die Provinz *Noricum* grenzte im Süden an Italien, im Osten an die Provinz Pannonien und im Westen an Rätien. *Noricum* wurde unter Kaiser Claudius (41–54 n. Chr.) römische Provinz. Die Hauptstadt der Provinz hieß *Virunum* (Kärnten).

2.3.1 Das Leben in den Provinzen

Wichtige Zeugnisse römischen Lebens in den Provinzen sind die Inschriften.

Die römische Epigraphik

Es war römischer Brauch, eine in Stein gemeißelte Inschrift zu verschiedenen Anlässen zu setzen, deshalb unterscheiden wir:

Weihinschriften – Grabinschriften – Ehreninschriften – Bauinschriften – Kleininschriften.

Die Wissenschaft, die sich mit der Erforschung der Inschriften befasst, heißt Epigraphik. Es wurde auf wertvolle und teure Materialien wie Stein, Marmor gemeißelt oder in Bronze graviert. Deshalb verwendete man dabei oft Abkürzungen und bestimmte charakteristische sprachliche Wendungen, um Platz zu sparen. Diese knappe Ausdrucksweise nennt man auch heute noch lapidar (*lapis* „der Stein").

Inschriften weisen einige typische Merkmale auf:

– Sie sind fortlaufend, ohne Satzzeichen und nur in Großbuchstaben geschrieben.
– Aus Platzgründen wurden manchmal zwei Buchstaben mit gemeinsamen Elementen zu einem verbunden (sog. Ligaturen), leicht erschließbare Buchstaben oder Verben ließ man oft weg.
– Wortenden wurden manchmal durch Worttrenner auf mittlerer Buchstabenhöhe verdeutlicht, es finden sich hier kleine Dreiecke, Efeublätter oder Punkte.
– U meißelte man stets wie V.
– Anfang und Ende von Inschriften bestanden aus formelhaften Wendungen.

Einige Beispiele für Abkürzungen:

A	Aulus
C	Gaius
FEC / F	fecit / fecerunt
M	monumentum
TRIB POT	tribunicia potestas
CO(S)	consul(es), consularis
D M	dis Manibus
IMP	imperator
PONT MAX	pontifex maximus
P P	pater patriae

Weihealtar für Jupiter, Juno und den Genius Loci[1]
(2. Jh. n. Chr., Römermuseum Obernburg am Main)

---

[1] römischer Schutzgeist religiöser und nicht-religiöser Orte

Aufgaben

1. Informiere dich über die Bedeutung der *di manes* in der römischen Götterwelt!
2. Bei Ehreninschriften findet sich oft die Abkürzung P P, *pater patriae*.
   Cicero und Kaiser Augustus durften diesen Titel führen. Nenne die Umstände, die dazu führten, dass ihnen dieser Titel vom Senat verliehen wurde!
3. Der Satz *hoc monumentum heredem non sequetur* („dieser Grabstein wird nicht vererbt werden") steht häufig am Ende einer Inschrift! Überlege dir, aus welchem Grund dies ein Stifter auf einen Grabstein schreiben könnte! Zur Verdeutlichung soll folgende Grabinschrift, die sich an der Kirche S. Maria in Trastevere in Rom befindet, dienen.
   Beim Übersetzen von Inschriften ist es hilfreich, wenn man diese in gegliederte Sätze aufteilt und Satzzeichen setzt.

D · M · A · LARCIVS
ADIVTOR · FECIT
MONVMENTVM
SIBI · ET · SVIS · LIBE
5   RTIS · LIBERTABVS
QVE · POSTERISQVE
EORVM · HOC · M(onumentum)[2]
VETO · VENIRI · VETO
DONARI

2 adiutor, -oris *m* Förderer, Unterstützer – **4/5 libertus, -i** Freigelassener → LW – **liberta, -ae** Freigelassene; *die Form* **libertabus** *ist Dat. Pl.* – **6 posteri, -orum** *Pl.* Nachkommen, Nachfahren → LW – **8 veniri** verkauft werden – **9 donare** verschenken

4. Unser Zeichen „&" ist aus einer Ligatur der Buchstaben „e" und „t" des lateinischen Wortes *et* entstanden.
   a) Gib mögliche Erklärungen für die Zeichen % und @!
   b) Überlege dir weitere Buchstabengruppen, die sich für eine Ligatur eignen könnten!
   c) Auch die deutsche Sprache kennt Ligaturen. Finde sie heraus!

[2] Beim Ausschreiben der Abkürzungen stehen die ergänzten Teile immer in Klammern.

2.3.2 Ausgewählte Inschriften

Bau einer Wasserleitung

Diese Inschrift steht auf einem Altarstein, dessen oberer Teil weggebrochen und verloren gegangen ist. Er wurde in Obernburg gefunden und stammt aus der Mitte des 2. Jahrhunderts n. Chr. Das Kohortenkastell Obernburg lag am obergermanischen Limes. An diesem Ort konnte eine Benefiziarierstation lokalisiert werden, die um das Jahr 140 n. Chr. gegründet wurde.

Der *beneficiarius consularis* war ein vom Statthalter abkommandierter Offizier, der sich hauptsächlich um die Reichsstraßen und den Warenverkehr kümmerte.

Rekonstruktion der Kleidung eines Benefiziariers,
Deutsches Zollmuseum, Hamburg

C(aius) · ANTENIV(s)
MERCA(t)OR
B(ene)F(iciarius) · CO(n)S(ularis) · (aqu)AM
PERDVX(it) · SIBI · ET · COL(legiis) · SVIS

1/2 Gaius Antenius Mercator *männlicher Eigenname* – **4 perducere** bringen, führen, leiten → LW – **collegium, -i** Amtsgemeinschaft; *hier* Amtsgenosse

---

Aufgaben

1. a) Bestimme die Kasusfunktion von *sibi et collegiis* (Z. 4)!
   b) Bestimme Stifter und Adressaten der Inschrift!
2. Ordne die Inschrift einer der im Einführungstext genannten Kategorien zu! Begründe deine Entscheidung!
3. Überlege dir die Gründe, die den Stifter veranlasst haben könnten, diesen Stein setzen zu lassen!
4. Bereite ein Referat über die Geschichte des Kastells Obernburg vor!

Inschrift eines Zenturios

Die folgende Inschrift aus dem 2. Jahrhundert n. Chr. wurde in Stockstadt am Main gefunden:

IN · H(onorem) · D(omus) · D(ivinae)
I(ovi) · O(ptimo) · M(aximo)
ATTIVS · TERTI-
(u)S · (centurio) · COH(hortis) · II · HIS-
5 (pa)NORVM · P
(ro) · SALVTE · SVA
(et) · CISSONIS
CONIVGIS · SV-
AE · ET · FILIOR-
10 UVM · SVORV-
M · V(otum) · S(usceptum) · P(osuit)
L(ibens) · L(aetus) · M(erito)

> **1 domus, -us** *f hier* Kaiserhaus – **3 Attius Tertius** *männlicher Eigenname* – **4/5 Hispani, -orum** die Spanier – **7 Cisso, -onis** *weiblicher (gallischer) Eigenname* – **11 votum susceptum posuit** er setzte den Stein nach einem freiwillig abgelegten Gelübde – **12 libens, -ntis** willig, gern, mit Vergnügen → LW – **merito** mit Recht, verdientermaßen → LW

Aufgaben

1. Um welche Adverbbildung handelt es sich bei *merito* (Z. 12; → GR 4, S. 210)?
2. Das *conubium*[1] hatten nur römische Bürger. Attius Tertius, Soldat in der spanischen 2. Kohorte, war wohl kein Römer. Für römische Legionäre jedoch galt ein allgemeines Heirats- und Eheverbot.
   Beschreibe anhand des Vorgehens von Attius Tertius und Cisso, wie man in der Realität mit den gültigen Rechtsvorschriften umging!
3. Finde eine Überschrift, die die Absicht des Stifters Attius Tertius treffend zum Ausdruck bringt!

Darstellung einer römischen Eheschließung auf einer Urne,
Museo delle Terme di Diocleziano, Rom

---

[1] *conubium* war nach römischem Recht die Fähigkeit bestimmter Personen, miteinander eine gültige Ehe einzugehen.

Inschrift für einen Sklaven

Die *legio VIII Augusta* des Zenturionen Marcus Ulpius Vannius war in Strasbourg *(Argentoratum)* stationiert. Der Zenturio stammte wahrscheinlich aus Obernburg und hatte das römische Bürgerrecht inne. So war ihm der Eintritt in die römische Legion möglich gewesen.

D(is) · M(anibus)
DIADVMENO
ALVMNO · VER-
NAE · DELICATO
5 SVO · ANN(orum) XVI
FELICIONIS · LIB(erti)
SVI · FILIO
M(arcus) · VLPIVS · VAN-
NIVS (centurio) · LEG(ionis) · VIII
10 AVG(ustae) · PATRONVS · FEC(it)
H(oc) · M(onumentum) · H(eredem) · N(on) · S(equetur)

3 alumnus, -i Zögling – **3/4 verna, -ae** im Haus geborener Sklave – **4 delicatus, -a, -um** reizend – **6 Felicio** männlicher Eigenname – **libertus, -i** Freigelassener → LW

Aufgaben

1. Erkläre, um welche Art von Inschrift es sich hier handelt!
2. Übersetze in den Ausdrücken *annorum XVI* (Z. 5) und *legionis VIII* (Z. 9) die Zahlen ins Lateinische! Bestimme jeweils den Genitiv!
3. Setze das Verbum *sequetur* (Z. 11) in die entsprechende Form des Perfektstammes!
4. Es ist ein ungewöhnlicher Vorgang, dass ein Herr einem Sklaven ein Grabmal errichten ließ. Stelle Vermutungen über die Art der Beziehung zwischen dem Patron Marcus Ulpius Vannius und seinem Sklaven an!
5. Beantworte folgende Fragen mithilfe eines Geschichtsbuches oder des Internets:
   a) Wie war die rechtliche Stellung der Sklaven und deren Kinder in der römischen Gesellschaft?
   b) Informiere dich darüber, ob sie eine rechtsgültige Ehe schließen oder Vermögen erwerben konnten!
   c) Erläutere, unter welchen Umständen ein Sklave zum *libertus* werden konnte und inwieweit sich dadurch seine rechtliche Stellung änderte!

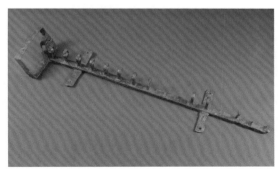

Eiserne Fußfessel für Sklaven aus einer Landvilla in Boscoreale bei Pompeji (aus der frühen Kaiserzeit). Bei dieser Fußfessel mussten die wohl sitzenden Sklaven ihre Füße zwischen die senkrechten Stäbe der auf dem Boden verankerten Vorrichtung legen. Ein langer, durch die Ösen geschobener Stab schloss die Füße ein. (Archäologische Staatssammlung, München)

Inschrift für einen jung verstorbenen Sohn

Mit diesem Grabstein aus Obernburg hat Flavius Florentinus seinem jung verstorbenem Sohn Honoratianus ein Denkmal gesetzt.

D(is) · M(anibus)
HONORATIA-
NO · FILIO · HIC · IACET · EXA-
NIMIS · FATIS · PRO-
5   PERANTIBVS · I(n)FANS
BIS · QVINIS · TANTVM
QVI · VIXIT MENSIB(us)
IDEM · CON(g)ESTA
TEGITVR · NVNC · HIC
10   TELLVRE · SEPVLTVS
HVIC · PATER · AETERN-
VM · TITV(lo) · CONSCRIpS(it)
HONORE(m) · FL(avius) · FLORENT-
TINVS PATER · F(aciendum) · C(uravit)

3/4 exanimis, -e entseelt, tot – **4 fata, -orum** *Pl.* Schicksal – **5 infans, -ntis** *m/f* Kind →LW – **6 bis** zweimal – **quini, -ae, -a** je fünf – **8 congestus, -a, -um** aufgehäuft – **10 tellus, -uris** *f* Erde →LW – **sepelire** bestattet, begraben →LW – **12 titulus, -i** Inschrift, Titel, Ehrenname →LW – **conscribere** aufschreiben, verfassen, anwerben →LW

Aufgaben

1. Bedenke, dass keine Satzzeichen gesetzt und Satzgrenzen nicht eingehalten wurden. Forme die Inschrift so um, dass gegliederte Sätze entstehen!
2. Bestimme die Kasus und deren Funktion bei folgenden Ausdrücken:
   fatis properantibus (Z. 4/5) – *tellure* (Z. 10)!
3. Füge bei *Florentinus faciendum curavit* (Z. 14) ein passendes lateinisches Substantiv ein, damit diese Wendung korrekt zu übersetzen ist!
4. Flavius Florentinus hat diesen Stein für seinen jung verstorbenen Sohn anfertigen lassen.
   a) Es war ungewöhnlich, dass für ein Kleinkind eine derartige Inschrift gesetzt wurde. Überlege dir Gründe, die Flavius Florentinus dazu veranlasst haben könnten!
   b) Stelle im Rahmen eines Referates oder einer Präsentation in diesem Zusammenhang Informationen über die Säuglingssterblichkeit und die medizinische Versorgung in der römischen Antike zusammen!

LW *(Inschriften)*

īnfāns, -ntis *m/f*	Kind
lībertus, -ī	Freigelassener
posterī, -ōrum *Pl.*	Nachkommen, Nachfahren
tellūs, -ūris *f*	Erde
titulus, -ī	Inschrift, Titel, Ehrenname
libēns, -ntis	willig, gern, mit Vergnügen
cōnscrībere, -scrībō, -scrīpsī, -scrīptum	aufschreiben, verfassen, anwerben
perdūcere, -dūcō, -dūxī, -ductum	bringen, führen, leiten
sepelīre, sepeliō, sepelīvī, sepultum	bestatten, begraben
meritō	mit Recht, verdientermaßen

EW Erkläre Herkunft und Bedeutung: Titel – infantil!

Zum Weiterlesen und Vertiefen

Die Inschrift auf dem Augsburger Siegesaltar

Der Altar wurde 1992 in Augsburg bei Bauarbeiten entdeckt. Er befindet sich im Römischen Museum Augsburg. Seine Inschrift spiegelt die politischen Verhältnisse zur Zeit des Kaisers Postumus (gest. 269 n. Chr.) in Raetien wider.

DEAE SANCTAE VICTORIAE
OB BARBAROS GENTIS SEMNONVM
SIVE IOVTHVNGORVM DIE
VIII ET VII KAL(endarum) MAIAR(rum) CAESOS
5 FVGATOSQVE A MILITIBVS PROV(inciae)
RAETIAE SED ET GERMANICIANIS
ITEMQVE POPVLARIBVS EXCVSSIS
MVLTIS MILIBVS ITALORVM CAPTIVOR(um)
COMPOS VOTORVM SVORVM
10 (marcus simplicinius genialis vir perfectissumus agens vices
praesidis cum eodem exercitu)
LIBENS MERITO POSVIT
DEDICATA III IDVS SEPTEMB(res) IMP(eratore) D(omino) N(ostro)
(postumo au)G(usto) ET (honoratiano consulibus)

Für die geheiligte Göttin Victoria, weil die Barbaren vom Stamme der Semnonen oder auch dem der Juthungen am 8. und 7. Tag vor den Kalenden des Mai geschlagen und vertrieben wurden von den Soldaten der Provinz Raetien, aber auch von in Germanien stationierten (Soldaten) sowie Landsleuten, wobei ihnen viele Tausende gefangene Bewohner Italiens entrissen worden sind, hat – mitbeteiligt an den Gelübden seiner Landleute – M. Simplicinius Genialis, ein sehr tüchtiger Mann, handelnd in Stellvertretung des Statthalters, mit demselben Heer gerne und nach Verdienst der Göttin (diesen Altar) aufgestellt. Geweiht am 3. Tag vor den Iden des September, als unser Herr, der Kaiser Postumus Augustus, und Honoratianus Konsuln waren.

2.3.3 Das Leben in der Provinz Noricum in der Spätantike

Der heilige Severin

Als sich im 5. nachchristlichen Jahrhundert der langsame Auflösungsprozess der römischen Herrschaft in Germanien vollzog, kam der heilige Severin in den Donauraum. Sein Geburtsjahr ist unbekannt. Er lebte zwischen 455 und 482 in der Donauprovinz Noricum. Er ist wohl als Mönch aus dem Osten gekommen – wahrscheinlich aus Ägypten, wo er nach seiner Bekehrung zum christlichen Glauben die asketische Lebensweise der Mönche kennengelernt hatte. Aufgrund seiner Bildung und seiner sprachlichen Ausdrucksfähigkeit könnte er aus einer vornehmen römischen Familie gestammt haben.

Als er nach Noricum kam, war die Provinz schutzlos dem Ansturm der Germanen ausgeliefert. Die vormals blühende Provinz verfiel zusehends, Wirtschaft und Handel kamen nach und nach zum Erliegen, die staatlichen Strukturen brachen zusammen und die einheimische Bevölkerung verarmte.

Severin stand der Bevölkerung mit Rat und Tat zur Seite. Er war ein ausgezeichneter Diplomat und es gelang ihm oft durch Verhandlungen mit den Germanen, Unheil von der einheimischen Bevölkerung abzuwenden. Zudem erneuerte er das christliche Leben. Seine vorbildliche Lebensweise verschaffte ihm hohe Autorität bei den Römern wie auch bei den Germanen. Er wurde später heiliggesprochen

Die wichtigste Quelle für sein Leben ist Eugippius, der zweite Abt des von Severin gegründeten Klosters. Seine 511 verfasste Lebensbeschreibung des heiligen Severin gibt uns einen Einblick in Zeit und Lebensumstände in Noricum, als die römische Herrschaft zu Ende ging. Eugipp selbst aber verstand sein Werk nicht als historische Berichterstattung. Die Darstellung des Lebens von Severin ist uns als *Vita Sancti Severini* bekannt.

Das Kastell Boiotro, die Severinskirche und das Severinstor in Passau erinnern an den Aufenthalt Severins in der Stadt. Die italienische Stadt San Severo (Apulien) bildet ihn im Stadtwappen ab.

Severin ist der Patron von Bayern und des Bistums Linz, Patron der Gefangenen, Winzer und Leinweber. Sein Gedenktag ist der 8. Januar.

Eine Bauernregel besagt: Wenn es dem Severin gefällt, dann bringt er mit die große Kält'.

Stadtwappen von San Severo

Severins Wirken in der Provinz Noricum *(Vita Sancti Severini I, IV, XI, Auszüge)*

Severin gründet ein Kloster und wird zum Wohltäter der bedrängten Bevölkerung.

(I) Tempore, quo Attila, rex Hunnorum, defunctus est, utraque Pannonia ceteraque confinia Danuvii rebus turbabantur ambiguis. ...

Tunc itaque sanctissimus Dei famulus Severinus de partibus Orientis adveniens in vicinia Norici Ripensis et Pannoniorum parvo oppido, quod Asturis dicitur, morabatur.
5 Vivens iuxta evangelicam apostolicamque doctrinam, omni pietate et castitate praeditus, in confessione catholicae fidei venerabile propositum sanctis operibus adimplebat. ...

(IV) ... Deinde beatus Severinus in locum remotiorem secedens, qui ad Vineas vocabatur, cellula parva contentus, ... divina revelatione compellitur, ita ut, quamvis eum quies
10 cellulae delectaret, Dei tamen iussis obtemperans monasterium haud procul a civitate construeret, ubi plurimos sancto coepit informare proposito, factis magis quam verbis instituens animas auditorum. Ipse vero ad secretum habitaculum, quod Burgum appellabatur ab accolis, uno a Favianis distans miliario, saepius secedebat, ut hominum declinata frequentia, quae ad eum venire consueverat, oratione continua Deo propius
15 inhaereret, sed quanto solitudinem incolere cupiebat, tanto crebris revelationibus monebatur, ne praesentiam suam populis denegaret afflictis. Proficiebat itaque per singulos dies eius meritum crescebatque fama virtutum ...

(XI) Dum adhuc Norici Ripensis oppida superiora constarent, sed paene nullum castellum barbarorum vitaret incursus, tam celeberrima sancti Severini flagrabat opinio, ut
20 certatim eum ad se castella singula pro munitionibus suis invitarent, credentes, quod eius praesentia nihil eis eveniret adversi. ...

---

1 tempore, quo *im Jahre 453* – **defungi, -fungor, -functus sum** sterben – **Pannonia, -ae** *das heutige südwestliche Ungarn, bestehend aus* Pannonia inferior *und* Pannonia superior, *daher* **utraque Pannonia**, *das die Donaugrenze des Römischen Reiches sicherte* – **2 <u>confinium, -i</u>** Grenzgebiet, Grenze →LW – **Danuvius, -i** Donau – **ambiguus, -a, -um** ungewiss, veränderlich – **3 famulus, -i** Diener – **4 vicinia, -ae** *hier* Grenzgebiet – **Noricum Ripense** Ufernoricum – **Asturis, -is** *Stadt nördlich von Wien, noch zu Pannonien gehörig* – **5 iuxta** *Präp. m. Akk.* gemäß – **<u>doctrina, -ae</u>** Lehre, Unterricht →LW – **castitas, -atis** *f* Keuschheit, Sittenreinheit – **praeditus, -a, -um** *m. Abl.* begabt, versehen *mit* →LW – **6 confessio, -onis** *f* Bekenntnis – **<u>fides, -ei</u>** *f* Treue, Vertrauen, Glaube →LW – **<u>propositum, -i</u>** Absicht, Vorhaben, Plan; *hier* Gelübde →LW – **adimplere, -impleo** erfüllen – **8 remotus, -a, -um** entfernt – **<u>secedere</u>** weggehen, sich zurückziehen →LW – **ad Vineas** bei den Weinbergen – **9 cellula, -ae** kleine Kammer, Zelle →LW – **divina revelatio (-onis)** *f* göttliche Eingebung – **<u>quies, -etis</u>** *f* Ruhe →LW – **10 monasterium, -i** Kloster – **12 habitaculum, -i** Ort – **Burgum** *Hier handelt es sich offenbar um ein verlassenes Römerkastell.* – **13 accola, -ae** Bewohner – **Favianis** *indekl. Stadt in Pannonien, nahe bei Wien, das heutige* Mautern an der Donau – **uno miliario distans** eine Meile entfernt – **hominum frequentia declinata** um dem Gedränge der Menschenmenge zu entgehen – **14 propius inhaerere** *m. Dat.* enger verbunden sein *mit etw.* – **15 <u>incolere</u>** wohnen, bewohnen →LW – **16 denegare** verweigern, versagen – **proficere, -ficio** wachsen – **19 incursus, -us** *m* Ansturm – **<u>opinio, -onis</u>** *f* Meinung, Ruf, Gerücht; *hier* Ruf →LW – **20 certatim** um die Wette – **munitio, -onis** *f* Schutz

Severin trifft den Alemannenkönig *(Vita Sancti Severini XIX, Auszüge)*

Batavis appellatur oppidum inter utraque flumina, Aenum videlicet atque Danuvium, constitutum, ubi beatus Severinus cellulam paucis monachis solito more fundaverat, eo quod ipse illuc saepius rogatus a civibus adveniret, maxime propter Alamannorum incursus assiduos, quorum rex Gibuldus summa eum reverentia diligebat. Qui etiam
5 quodam tempore ad eum videndum desideranter occurrit. Cui sanctus obviam, ne adventu suo eandem civitatem praegravaret, egressus est tantaque constantia regem est allocutus, ut tremere coram eo vehementius coeperit secedensque suis exercitibus indicavit numquam se nec in re billica nec aliqua formidine tanto fuisse tremore concussum. Cumque Dei famulo daret optionem imperandi, quae vellet, rogavit doctor
10 piissimus, ut gentem suam a Romana vastatione cohiberet et captivos, quos sui tenuerant, gratanter absolveret. Tunc rex constituit, ut ex suis aliquem dirigeret ad id opus maturius exsequendum …

---

1 Batavis *indekl.* Passau – **Aenus, -i** Inn – **videlicet** nämlich – **2 monachus, -i** Mönch – **fundare** anlegen, gründen – **4 assiduus, -a, -um** ununterbrochen, unablässig →LW – **reverentia, -ae** Ehrerbietung – **5 desideranter** voller Sehnsucht – **5/6 obviam egredi** entgegengehen – **6 praegravare** belästigen – **constantia, -ae** ~ patientia, -ae – **7 alloqui, -loquor, -locutus sum** ansprechen – **tremere** zittern – **coram** *Präp. m. Abl.* im Angesicht *von*, vor *jmdm.* – **8 in re billica** im Krieg – **formido, -inis** *f* Schrecken; *hier* schreckliche Lage – **tremor, -oris** *m* Zittern, Beben – **9 concutere** erschüttern, beunruhigen, schütteln →LW – **9 optionem dare** *m. Dat. jmdm.* die Wahl überlassen – **10 vastatio, -onis** *f* Verwüstung – **cohibere** *m. Abl.* abhalten von →LW – **11 gratanter** ohne Gegenleistung – **absolvere** losmachen, freisprechen, vollenden; *hier* freilassen →LW – **dirigere, -rigo** beauftragen – **12 opus exsequi** eine Aufgabe ausführen – **maturius** möglichst rasch

---

Aufgaben

1. a) Übersetze die folgenden Partizipialkonstruktionen jeweils mit einem Gliedsatz und mit einem Hauptsatz (→ GR 9, S. 216 f.):
   in locum remotiorem secedens (S. 89, Z. 8) – *factis magis quam verbis instituens animas auditorum* (S. 89, Z. 11 f.) – *ipse … saepius rogatus a civibus* (S. 90, Z. 3)!
   b) Finde weitere der Übersetzungsmöglichkeiten außer den oben genannten!
2. Bestimme den Kasus und die Funktion folgender Ausdrücke:
   castitate praeditus (S. 89, Z. 5) – *summa reverentia* (S. 90, Z. 4) – *a Romana vastatione* (S. 90, Z. 10)!
3. Nenne Genitiv und Dativ von *uterque* und von *aliquis* (→ GR 17, S. 223 f.)!
4. a) Gib die deutsche Bedeutung folgender Verben an und trenne die lateinischen Präfixe vom Grundwort ab:
   secedere (S. 89, Z. 8) – *occurrere* (S. 90, Z. 5) – *alloqui* (S. 90, Z. 7)!
   b) Bilde andere Verba composita zu den in a) ermittelten Grundwörtern und übersetze die Verben ins Deutsche!
   c) Überlege dir den Grund, warum manche Präfixe eine Lautveränderung erfahren haben (→ GR 2, S. 207 f.)!

5. a) Benenne die verschiedenen Aspekte des Lebens von Severin, die Eugipp in den beiden Texten beschreibt!
   b) Das Treffen mit Gibuld verläuft anders, als man es unter den gegebenen Umständen erwarten würde. Analysiere das Auftreten Severins und das Verhalten von Gibuld!
6. a) Finde Eigenschaften, die Severin von Eugipp zugeschrieben werden! Beschreibe die Wirkung auf den Leser!
   b) Betrachte die Statue des heiligen Severin! Lässt diese Darstellung auf den Charakter Severins schließen? Begründe deine Antwort!

Darstellung des heiligen Severin, ca. 1470, Passau

Der heilige Severin hat eine schreckliche Vision *(Vita Sancti Severini XX)*

Vielfältig sind die Probleme in der Zeit des Untergangs des römischen Imperiums. Die Lebensmittelversorgung wird immer schwieriger. Man muss sich sogar bei Germanenstämmen mit Lebensmitteln versorgen. Der militärische Schutz der Provinz kann nur notdürftig gewährleistet werden. Doch mit dem Jahr 476 n. Chr., dem Ende des römischen Imperiums, werden die Probleme besonders dringend.

Per idem tempus, quo Romanum constabat imperium, multorum milites oppidorum pro custodia limitis publicis stipendiis alebantur; qua consuetudine desinente simul militares turmae sunt deletae cum limite, Batavino utcumque numero perdurante: ex quo perrexerant quidam ad Italiam extremum stipendium commilitonibus allaturi, quos
5 in itinere peremptos a barbaris nullus agnoverat.

Quadam ergo die, dum in sua cellula sanctus legeret Severinus, subito clauso codice cum magno coepit lacrimare suspirio. Astantes iubet ad fluvium properanter excurrere, quem in illa hora humano firmabat cruore respergi, statimque nuntiatum est corpora praefatorum militum fluminis impetu ad terram fuisse delata.

1 per idem tempus ~ eodem tempore – **2 limes, -itis** m *befestigter* Wall; *da die Donau hauptsächlich im Winter keinen dauerhaften Schutz vor den Germanen bieten konnte, war das andere Ufer zusätzlich durch einen* limes *gesichert. Es handelt sich hier nicht um den rätischen Limes, denn dieser endete schon bei Kelheim.* – **stipendium, -i** Sold *der Soldaten*, Steuer, Abgabe; *hier Pl.* öffentliche Geldmittel →LW – **3 militaris turma** militärische Einheit *der Reiterei bestehend aus 30–33 Reitern* – **Batavinus numerus** die Truppenabteilung in Passau – **utcumque** so gut es ging – **perdurare** fortdauern – **4 commilito, -onis** m Kriegsgefährte, Kamerad – **5 peremptos** ~ necatos – **nullus** ~ nemo – **agnoverat** ~ intellexerat – **6 cellula, -ae** Mönchszelle – **codex, -icis** m Buch – **7 suspirium, -i** Seufzer – **astantes** ~ qui aderant – **properanter** ~ celeriter – **8 humano cruore respergi** vor menschlichem Blut gerötet werden – **9 praefatus -a, -um** oben genannt – **impetus, -us** m Andrang, Ansturm, Schwung; *hier* Strömung →LW

Aufgaben

1. Der Autor verwendet in diesem Text AcI, Participium coniunctum und Ablativus absolutus. Schreibe sie heraus und bestimme das jeweilige Zeitverhältnis!
2. Bei *quem in illa hora humano cruore respergi contendebat* (Z. 8) liegt ein verschränkter Relativsatz vor (→ GR 13, S. 219).
   a) Bestimme die Konstruktion, die hier mit dem Relativsatz verschränkt wurde!
   b) Überlege dir mögliche Übersetzungen!
   c) Finde im Text ein weiteres Beispiel für diese Konstruktion!
3. Bei der Verbform *coepit* (Z. 7) ist der Präsensstamm nicht gebräuchlich.
   Nenne andere Verben und deren Bedeutung, die auch nur im Perfektstamm verwendet werden!
4. Erarbeite anhand des Textes die damalige Situation des Militärs in den Grenzstädten der Provinz und finde eine Erklärung für den Tod der Soldaten!

Die Not der Bevölkerung *(Vita Sancti Severini XXVIII, Auszüge)*

Nach dem Abzug oder der Auflösung der militärischen Schutztruppen geraten die Bewohner der Provinzstädte an der Donau in immer größere Bedrängnis. Als mehrere Donaustädte untergegangen sind, siedeln die Bewohner in die Stadt Lauriacum über. Dieses Anwachsen der Bevölkerung führt zu Versorgungsproblemen, denen der heilige Severin auf ganz besondere Art und Weise begegnet.

Igitur post excidium oppidorum in superiore parte Danuvii omnem populum in Lauriacum oppidum transmigrantem, qui sancti Severini monitis paruerat, assiduis hortatibus praestruebat, ne in sua virtute confiderent, sed orationibus et ieiuniis atque elemosynis insistentes armis potius spiritalibus munirentur.

5 Praeterea quadam die vir Dei cunctos pauperes in una basilica statuit congregari oleum … largiturus: … Igitur … maior … turba confluxit: pretiosius … alimentum auxit turbam numerumque poscentium. …

Tunc vir beatus oratione completa signoque crucis expresso … cunctis audientibus … ait: „Sit nomen Domini benedictum."

10 Tunc coepit oleum propria manu ministris implere portantibus, imitatus fidelis servus Dominum suum, qui non ministrari venerat, sed potius ministrare, sequensque vestigia Salvatoris gaudebat augeri materiem … Completis quippe vasculis pauperum nihil minuebatur in manibus ministrantum.

Tantum igitur Dei beneficium dum circumstantes tacite mirarentur, unus eorum, cui 15 nomen erat Pientissimus, nimio stupore perterritus exclamavit: „Domine mi, crescit hic cacabus olei et in modum fontis exundat."

Sic liquor ille gratissimus prodita virtute subtractus est.

Statim Christi famulus exclamans ait: „Quid fecisti, frater? Obstruxisti commoda plurimorum: ignoscat tibi Dominus Iesus Christus!" …

---

1 excidium, -i Zerstörung – **2 Lauriacum, -i** Lauriacum *(heute Enns/Lorch, Stadt in Oberösterreich)* – **transmigrare** übersiedeln – **monitum, -i** Ermahnung – **3 praestruere** ermahnen – **confidere in** *m. Abl. auf etw.* vertrauen, sich *auf etw.* verlassen →LW – **ieiunium, -i** Fasten – **4 elemosyna, -ae** Almosen – **arma spiritalia** geistliche Waffen – **5 congregare** versammeln – **6 largiri, largior, largitus sum** spenden – **confluere** zusammenfließen, -strömen →LW – **pretiosus, -a, -um** wertvoll, kostbar →LW – **alimentum, -i** Nahrungsmittel – **11 ministrare** dienen – **12 Salvator, -oris** *m* Erlöser – **augere** vergrößern, vermehren, erweitern, fördern →LW – **materiem** ~ materiam – **vasculum, -i** Gefäß – **13 ministrantum** ~ ministrantium – **15 stupor, -oris** *m* Staunen – **16 cacabus, -i** Krug – **in modum fontis** *übersetze* wie bei einer Quelle – **exundare** überströmen – **17 liquor, -oris** *m* Flüssigkeit →LW – **prodita virtute** *übersetze* da die Wunderkraft verraten (ausgesprochen) war – **subtrahi, -trahor, -tractus sum** versiegen – **19 ignoscere** verzeihen

Aufgaben

1. Erkläre die folgenden Konjunktive: *confiderent* (Z. 3) – *sit* (Z. 9) – *ignoscat* (Z. 19)!
2. Bestimme das Zeitverhältnis folgender Partizipien:
   oleum largiturus (Z. 5/6) – *imitatus dominum suum* (Z. 10/11) – *sequens vestigia* (Z. 11)!
   Nenne die Besonderheit bei *imitatus*!
3. In diesem Text vollbringt Severin ein „Wunder".
   a) Beschreibe das Wunder, das er vollbracht hat!
   b) Versuche zu erklären, warum das Öl zur Neige geht, als Pientissimus sein Staunen zum Ausdruck gebracht hat!
   c) Finde die Bibelstelle, auf die diese Episode zurückgehen könnte!
   d) Überlege dir die Gründe, aus denen heraus Eugipp dem heiligen Severin Wunderkraft zuschreibt!

LW

cellula, -ae	kleine Kammer, Zelle
cōnfīnium, -ī	Grenzgebiet, Grenze
doctrīna, -ae	Lehre, Unterricht
fidēs, -eī f	Treue, Vertrauen, Glaube
impetus, -ūs m	Andrang, Ansturm, Schwung; Strömung
liquor, -ōris m	Flüssigkeit
opīniō, -ōnis f	Meinung, Ruf, Gerücht
prōpositum, -ī	Absicht, Vorhaben, Plan
quiēs, -ētis f	Ruhe
stīpendium, -ī	Sold *der Soldaten*, Steuer, Abgabe; Pl. öffentliche Geldmittel
assiduus, -a, -um	ununterbrochen, unablässig
praeditus, -a, -um *m. Abl.*	begabt, versehen *mit etw.*
pretiōsus, -a, -um	wertvoll, kostbar
absolvere, -solvō, -solvī, -solūtum	losmachen, freisprechen, vollenden; freilassen
augēre, augeō, auxī, auctum	vergrößern, vermehren, erweitern, fördern
cohibēre, -hibeō, -hibuī, -hibitum; *m. Abl.*	zurückhalten, hemmen, zügeln; abhalten *von*
concutere, -cutiō, -cussī, -cussum	erschüttern, beunruhigen, schütteln
cōnfīdere, -fīdō, -fīsus sum in *m. Abl.*	*auf etw.* vertrauen, sich *auf etw.* verlassen
cōnfluere, -fluō, -flūxī	zusammenfließen, -strömen
incolere, -colō, -coluī, -cultum	wohnen, bewohnen
sēcēdere, -cēdō, -cessī, -cessum	weggehen, sich zurückziehen

EW Erkläre Herkunft und Bedeutung: absolut – Sezession – Doktrin – Likör!

Zum Weiterlesen und Vertiefen

Severins Weissagung vor seinem Tod *(Vita Sancti Severini XL, Auszüge)*

Severin stirbt am 8. Januar 482 n. Chr.
Vor seinem Tod versammelt er die Seinen und spricht folgende Worte zu ihnen:

… „Ihr müsst wissen, Brüder, dass, so wie bekanntlich die Söhne Israels dem Land Ägypten entrissen wurden, alle Völker dieses Landes von der ungerechten Herrschaft der Barbaren befreit werden sollen. Alle Bewohner nämlich, die mit ihrem Besitz aus diesen Städte abwandern, werden in die römische Provinz gelangen, ohne irgendeinen Verlust ihres Hab und Gutes. … Denn diese jetzt dicht besiedelten Gebiete werden zu so einer Einöde werden, dass die Feinde sogar die Gräber der Toten aufgraben werden, weil sie meinen, ein wenig Gold finden zu können."

Die Weissagung hat sich als wahr erwiesen, was die gegenwärtige Lage bestätigte. Der frömmste Vater aber ordnete in frommer Fürsorge an, seinen Leichnam mitzunehmen …

Die Mönche seines Klosters zogen 488 n. Chr. nach Castrum Lucullanum[1], wo sie Severin zur letzten Ruhe betteten. 902 wurden seine sterblichen Überreste nach Neapel überführt. Seit 1807 ruhen die Reliquien des Heiligen in Frattamaggiore nördlich von Neapel.

Ein Teil der römischen und romanisierten Provinzialbewohner Noricums zog nach Süden, wie es Severin an seinem Sterbebett prophezeit hatte. Viele jedoch blieben in der Donauprovinz. Aus dieser Bevölkerungsschicht entwickelten sich die Einwohner des späteren Bayerns.

Der Auszug der Mönche aus Noricum mit dem Sarg des heiligen Severin (1878), Federlithographie, Vinzenz Katzler

---

[1] Castrum Lucullanum, das sich in der Nähe von Neapel befindet, ist auch der Verbannungsort des letzten römischen Kaisers Romulus Augustulus.

3. DIE RÖMER UND DAS CHRISTENTUM
3.1 DIE RELIGION DER RÖMER

Die Römer verehrten eine Vielzahl von Göttern, die ihnen in allen Bereichen des Alltags bei der Lebensführung zur Seite stehen sollten.

Die Wurzeln der römischen Religion sind im religiösen Denken der bäuerlichen italischen Ureinwohner zu finden. Vielfach kam es zur Annäherung und Übernahme fremder Gottheiten, denn den Göttern und religiösen Kulten anderer Völker gegenüber waren die Römer sehr aufgeschlossen. So übernahmen sie ab dem 4. Jahrhundert v. Chr. die griechischen Gottheiten, wie man sie aus der Odyssee des Homer kennt. Diese Aufgeschlossenheit gegenüber fremden Göttern und Kulten trug auch dazu bei, dass die römische Herrschaft bei den Provinzialbewohnern toleriert wurde (s. dazu auch 2.1, S. 76).

Der Götterkult wurde von Priesterkollegien geleitet, die die rituellen Handlungen und Opfer sehr genau vollzogen, wobei man hoffte, die erwünschte Gegenleistung von der Gottheit zu erhalten. Von größter Bedeutung war der Kaiserkult, der seit Augustus bestand und zur Staatsreligion erhoben wurde. Für alle Römer war es Pflicht, vor der Statue des Herrschers zu beten und zu opfern. Allen, die sich weigerten, dies zu tun, drohte schwerste Bestrafung. Mit der zunehmenden Ausbreitung des Christentums führte dies zur Verfolgung der Christen, die sich der Kaiserverehrung verweigerten, da sie nur einen Gott anerkannten.

3.2 DIE ANFÄNGE DES CHRISTENTUMS

Anfangs betrachteten die Römer das aufkommende Christentum nur als jüdische Sekte. Die Christen wurden von der Öffentlichkeit wenig beachtet und nur vereinzelt verfolgt. Das änderte sich nach dem Brand von Rom im Jahre 64 n. Chr. Nero, der wahrscheinlich selbst der Brandstifter gewesen war, lenkte den Verdacht auf die Christen und rückte diese damit in ein schlechtes Licht. Dennoch konnte sich die christliche Lehre relativ unbehelligt im Römischen Reich verbreiten.

Der Brand Roms, Robert Hubert (1733–1808), Musée André Malraux, Le Havre

3.2.1 Der Brand von Rom

Der römische Historiker Tacitus (ca. 55–ca. 120 n. Chr.) schildert in den *Annales*, der Geschichte des julisch-claudischen Kaiserhauses vom Tod des Augustus bis zum Tod Neros (d. h. 14–68 n. Chr.), den schrecklichen Brand von Rom im Jahre 64 n. Chr.

War es Brandstiftung? *(Annales XV, 38/44)*

(38) Es folgte nun ein Unglück, bei dem es ungewiss ist, ob es auf Zufall oder auf die Heimtücke des Princeps zurückzuführen war; beides haben die Schriftsteller überliefert. Aber es war schwerer und schrecklicher als alles, was diese Stadt jemals durch Feuersmacht erlebt hat. …

(44) … Aber nicht durch menschliche Hilfe, nicht durch freigebige Spenden des Princeps oder Besänftigungsmittel für die Götter konnte das üble Gerücht aus der Welt geschafft werden, dass der Brand auf Befehl gelegt worden sei. Und so schob Nero, um dieses Gerücht zu ersticken, die Schuld auf andere und verhängte über die, die durch ihre schändlichen Taten verhasst waren und gemeinhin Christen genannt wurden, die ausgesuchtesten Strafen. Dieser Name leitet sich von Christus ab, der unter der Regierung des Tiberius durch den Prokurator Pontius Pilatus hingerichtet worden war. Nachdem der verhängnisvolle Aberglaube für den Augenblick unterdrückt worden war, brach er von Neuem hervor, nicht nur in Judäa, wo dieses Übel entstanden war, sondern auch in Rom, wo alle Scheußlichkeiten und Abscheulichkeiten aus der ganzen Welt zusammenströmen und freudigen Anklang finden. Also wurden zuerst die Personen verhaftet, die sich (als Christen) bekannten, dann aufgrund von deren Aussagen ein weiterer großer Personenkreis, und sie wurden nicht nur des Verbrechens der Brandstiftung, sondern auch des Hasses gegen das Menschengeschlecht für schuldig befunden. Und mit den Todgeweihten trieb man noch seinen Spott: Man hüllte sie in Tierhäute und ließ sie von Hunden zerfleischen oder sie wurden, ans Kreuz geschlagen und dazu bestimmt den Flammentod zu sterben, nach Ende des Tages als Beleuchtung für die Nacht verbrannt. Für dieses Schauspiel hatte Nero seine Gärten zur Verfügung gestellt. Zugleich veranstaltete er ein Circusspiel, wobei er als Wagenlenker verkleidet sich unter das Volk mischte oder sich auch wirklich auf einen Wagen stellte. Dies führte dazu, dass man Mitleid mit ihnen bekam, wenn auch gegenüber Schuldigen, die die schwersten Strafen verdient hatten. Man nahm an, dass sie nicht dem allgemeinen Wohl, sondern der Raserei eines Einzelnen zum Opfer fielen.

Aufgaben

1. a) Fasse alle Informationen über die Christen zusammen, die du in diesem Text findest!
   b) Erstelle eine Tabelle, in der du die Vergehen, die den Christen zur Last gelegt werden, den Strafen, die der Kaiser verhängt hat, gegenüberstellst!
   Überlege dir Gründe, warum den Christen solche Verbrechen zur Last gelegt wurden!
2. Nero unterstellt den Christen Hass auf das Menschengeschlecht. Stelle Vermutungen an über die Gründe, die den Kaiser zu dieser Aussage gebracht haben könnten!
3. Stelle fest, welche politischen und sozialen Voraussetzungen dazu führten, dass die Römer an die Schuld der Christen am Brand Roms glauben konnten!

3.2.2 Die Bekehrung des Paulus – von Saulus zu Paulus *(Acta Apostolorum 9)*

Der Apostel Paulus, eine der bedeutendsten Gestalten und neben Petrus der wichtigste Missionar des frühen Christentums, gehörte zu den Opfern Kaiser Neros und starb nach Verhaftung durch die Römer in Jerusalem um das Jahr 64 n. Chr. den Märtyrertod. Paulus wurde in Tarsus, einem Ort in der heutigen Türkei, geboren. Seine Eltern, strenggläubige Juden mit dem römischen Bürgerrecht, gaben ihm den Namen Saulus. Ursprünglich war der jüdische Gelehrte ein Gegner und besonders harter Verfolger der neuen christlichen Bewegung, erlebte aber vor Damaskus seine Bekehrung zum christlichen Glauben.

Der Apostel Lukas erzählt in den *Acta Apostolorum* hauptsächlich von der Tätigkeit der Apostel Petrus und Johannes und vom missionarischen Wirken des Paulus.

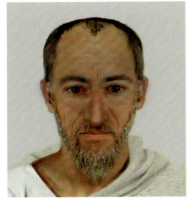

Bild des Apostels Paulus (Rekonstruktion des Landeskriminalamtes NRW nach historischer Quellenlage)

Saulus autem, adhuc spirans minarum et caedis in discipulos Domini, accessit ad principem sacerdotum et petiit ab eo epistulas in Damascum ad synagogas, ut, si quos invenisset huius viae viros ac mulieres, vinctos perduceret in Ierusalem. Et cum iter faceret, contigit, ut appropinquaret Damasco; et subito circumfulsit eum lux de caelo et
5 cadens in terram audivit vocem dicentem sibi: „Saule, Saule, quid me persequeris?"

Qui dixit: „Quis es, Domine?" Et ille: „Ego sum Jesus, quem tu persequeris …" Et tremens ac stupens dixit: „Domine, quid me vis facere?" Et Dominus ad eum: „Surge et ingredere civitatem, et ibi dicetur tibi, quid te oporteat facere." Viri autem illi, qui comitabantur cum eo, stabant stupefacti, audientes quidem vocem neminem autem
10 videntes. Surrexit autem Saulus de terra; apertisque oculis nihil videbat; ad manus autem illum trahentes introduxerunt Damascum. Et erat tribus diebus non videns et non manducavit neque bibit. Erat autem quidam discipulus Damasci nomine Ananias et dixit ad illum in visu Dominus: „Anania!" At ille ait: „Ecce ego Domine" et Dominus ad illum: „Surge et vade in vicum, qui vocatur Rectus, et quaere in domo Iudae Saulum
15 nomine Tarsensem! Ecce enim orat et vidit Ananiam nomine introeuntem et imponentem sibi manus, ut visum recipiat."

---

1 spirare *m. Gen.* erfüllt sein *von etw.* – **minae, -arum** *Pl.* Drohung →LW – **3 huius viae** dieses (neuen) Weges, dieses neuen Glaubens – **vincire** fesseln →LW – **4 contingit, -tigit** es ereignet sich – **circumfulgere, -fulgeo, -fulsi** umstrahlen – **5 persequi, -sequor** verfolgen – **7 tremere, tremo** zittern – **stupere, stupeo** staunen – **surgere** sich erheben, aufstehen →LW – **9 comitari cum** *m. Abl. jmdn.* begleiten – **stupefactus, -a, -um** erstaunt – **11 introducere, -duco, -duxi** hineinführen – **12 manducare** kauen, essen – **13 visus, -us** *m* Erscheinung, Vision – **15 introire** ~ intrare – **16 visus, -us** *m hier* Augenlicht

Respondit autem Ananias: „Domine, audivi a multis de viro hoc, quanta mala sanctis tuis fecerit in Ierusalem; et hic habet potestatem a principibus sacerdotum alligandi omnes, qui invocant nomen tuum." Dixit autem ad eum Dominus: „Vade, quoniam vas electionis est mihi iste, ut portet nomen meum coram gentibus et regibus et filiis Israel;
5 ego enim ostendam illi, quanta oporteat eum pro nomine meo pati." Et abiit Ananias; et introivit in domum et inponens ei manus dixit: „Saule frater, Dominus misit me, Iesus, qui apparuit tibi in via, qua veniebas, ut videas et implearis Spiritu Sancto." Et confestim ceciderunt ab oculis eius tamquam squamae et visum recepit. Et surgens baptizatus est et, cum accepisset cibum, confortatus est. Fuit autem cum discipulis, qui
10 erant Damasci per dies aliquot; et continuo in synagogis praedicabat Iesum, quoniam hic est Filius Dei.

2 alligare festhalten, verhaften – **3 vas electionis** auserwähltes Werkzeug – **4 coram** *Präp. m. Abl.* in Gegenwart *von jmdm./etw.*, vor *jmdm./etw.* →LW – **8 confestim** unverzüglich, sofort →LW – **squama, -ae** Schuppe – **9 baptizare** taufen – **confortare** stärken – **10 continuo** *Adv.* ohne Unterbrechung – **praedicare** verkünden →LW

Die Bekehrung des Saulus,
Michelangelo (1542–1545),
Fresko, Cappella Paolina, Vatikan, Rom

Aufgaben

1. Übersetze die Verbform *persequeris* (S. 98, Z. 5), nenne das Verbum simplex und finde weitere Komposita!
2. Übersetze folgende verneinte Imperative (Prohibitive):
Ne surrexeris! – Ne ingressus sis! – Ne quaesiveritis! – Ne introduxeritis!

3. a) Kläre die Wortart von *quos* (S. 98, Z. 2)!
   b) Nenne das vollständige Wort und gib dessen Verwendung an!
   c) Finde ein Synonym und dessen Verwendung im Satz!
4. Benenne Kasus und Funktion von *mihi* (S. 99, Z. 4)!
5. Erkläre das anfängliche Zögern des Ananias, die Bitte des Herrn zu erfüllen!
6. Der Brief an die Galater ist eine bedeutende autobiographische Quelle, da Paulus über die wichtigsten Stationen auf seinem Weg als Christ berichtet. Zu seiner Berufung zum Apostel schreibt er Folgendes *(Epistula beati Pauli apostoli ad Galatas 1, 15–16)*:

   … placuit ei, qui me segregavit de utero matris meae et vocavit per gratiam suam, ut revelaret Filium suum in me, ut evangelizarem illum in gentibus …

   1 segregare trennen, absondern – **uterus, -i** *(Mutter-)*Leib – **2 revelare** offenbaren

   Vergleiche seine Aussage mit der des Textes aus der Apostelgeschichte!
7. Informiere dich in einem etymologischen Wörterbuch über den Ursprung und die Bedeutung des lateinischen Wortes *evangelizare* und finde eine treffende deutsche Übersetzung!

Eine der ersten sicher datierbaren Kreuzigungsdarstellungen aus der Zeit um 430 n. Chr. befindet sich im Eingangsportal der Kirche S. Sabina in Rom. In der Mitte kann man vor dem Hintergrund der Stadt Jerusalem den gekreuzigten Christus erkennen, der durch seine Größe hervorgehoben ist.

LW

minae, -ārum *Pl.*	Drohung
praedicāre	verkünden
surgere, surgō, surrēxī, surrēctum	sich erheben, aufstehen
vincīre, vinciō, vīnxī, vīnctum	fesseln
cōnfēstim	unverzüglich, sofort
cōram *Präp. m. Abl.*	in Gegenwart *von jmdm./etw.*, vor *jmdm./etw.*

EW Erkläre Herkunft und Bedeutung: Prädikat!

3.3 DIE ENTWICKLUNG DES CHRISTENTUMS

Trotz zunehmender Gefährdung und Verfolgung ihrer Anhänger wurde die christliche Lehre im ganzen Römischen Reich verbreitet. Die Missionierung erfolgte durch umherziehende Gläubige. Nach dem Vorbild der antiken Philosophen wurden Schulen gegründet, an denen die christliche Lehre unterrichtet wurde.

Es kam zur Bildung christlicher Gemeinden, an deren Spitze der Bischof stand. Man feierte gemeinsam Gottesdienst und betete an einem „Ort des Übernatürlichen" (Hippolyt von Rom[1]). Bis zur Mitte des 2. Jahrhunderts hatte sich eine christliche Großkirche entwickelt, die kontinuierlich wuchs und von größeren Verfolgungen verschont blieb.

Die Wende kam um das Jahr 250 n. Chr. unter Kaiser Decius. Außen- und innenpolitisch unter Druck glaubte er, die Krise nur meistern zu können, wenn er die Götter milde stimmte und die Bevölkerung sich ihnen wieder zuwandte. Kurz nach Regierungsantritt erließ er deshalb für alle Einwohner des Römischen Reichs ein allgemeines Opfergebot. Es sollte den römischen Göttern und dem Standbild des Kaisers geopfert werden. Wer dies tat, bekam eine Bescheinigung, den *libellus*[2]. Wer sich dem allgemeinen Opfergebot entzog, musste mit Folter und Hinrichtung rechnen.

Im 4. Jahrhundert, als die Bedrohung von außen beendet war (vgl. 3.3.3, S. 112 f.), musste die Lehre auf eine für alle gültige und verständliche Grundlage gestellt werden. Deshalb war es nötig, die Bibel, die ursprünglich in Griechisch und Hebräisch verfasst war, ins Lateinische zu übersetzen. Dies war die Sprache, die sehr viele Menschen in dieser Zeit verstehen konnten.

Hieronymus[3] verfasste einen Standardtext der Bibel in lateinischer Sprache und vereinheitlichte damit die vielen unterschiedlichen Übersetzungen. Im Jahr 383 n. Chr. war die Arbeit an der *Vulgata* abgeschlossen, deren Sprache ein Abbild des gesprochenen Lateins des 4. Jahrhunderts n. Chr. ist. Latein war damit das verbindende Element der christianisierten Völker und ist bis heute weltweit in der katholischen Kirche in Gebrauch.

Der heilige Hieronymus in der Einöde, Albrecht Dürer (1495), National Gallery, London

---

[1] Märtyrer, der ca. 170–236 n. Chr. auf Sardinien lebte
[2] Der *libellus* (offizielle Bescheinigung einer eigens eingerichteten Opferkommission) bestätigte, dass die geforderten Opfer ordnungsgemäß durchgeführt wurden.
[3] gelehrter Kirchenlehrer aus Dalmatien, der von 347–420 n. Chr. lebte

3.3.1 Die Verfolgung von Christen – die Märtyrerakten
(Passio Sanctarum Perpetuae et Felicitatis VI, 1–6)

Es war für die meisten Christen unmöglich, den Kaiserkult zu vollziehen, da sie nur an einen Gott glaubten. Aus diesem Grund zogen sie die Aufmerksamkeit auf sich. Es kam zu den ersten großen Christenverfolgungen. Viele Christen, die ihrem Glauben nicht absagen wollten, opferten ihr Leben. Die Märtyrerakten berichten über die Leidensgeschichten dieser christlichen Märtyrer und sind die offiziellen Aufzeichnungen der Gerichtsverfahren. Die *Passio Sanctorum Scillitanorum* ist das erste christliche Dokument in lateinischer Sprache. Hier wird der Märtyrertod von sieben Männern und fünf Frauen aus dem nordafrikanischen Ort Scilli beschrieben.

Der folgende Text beschreibt die Gerichtsverhandlung der jungen Mutter Perpetua aus Nordafrika, die zusammen mit ihrer Sklavin Felicitas verhaftet worden ist.

Alio die cum pranderemus, subito rapti sumus, ut audiremur. Et pervenimus ad forum. Rumor statim per vicinas fori partes cucurrit et factus est populus inmensus. Ascendimus in catastam. Interrogati ceteri confessi sunt. Ventum est et ad me. Et apparuit pater ilico cum filio meo et extraxit me de gradu dicens: „Supplica! Miserere
5 infanti!" Et Hilarianus procurator, qui tunc loco proconsulis Minuci Timiniani defuncti ius gladii acceperat, „Parce", inquit, „canis patris tui, parce infantiae pueri! Fac sacrum pro salute imperatorum!" Et ego respondi: „Non facio." Hilarianus: „Christiana es?", inquit. Et ego respondi: „Christiana sum." Et cum staret pater ad me deiciendam, iussus est ab Hilariano deici et virga percussus est. Et doluit mihi casus patris mei quasi
10 ego fuissem percussa; sic dolui pro senecta eius misera. Tunc nos universos pronuntiat et damnat ad bestias; et hilares descendimus ad carcerem.

---

1 prandere, prandeo frühstücken – **2 rumor, -oris** *m* Gerücht *von der Verhaftung* – **vicinus, -a, -um** benachbart – **immensus populus** ein sehr großer Menschenauflauf – **3 catasta, -ae** Podium – **confiteri, -fiteor, -fessus sum** gestehen, *dass man Christ war* – **4 ilico** sogleich, auf der Stelle →LW – **gradus, -us** *m* Schritt, Stufe, Grad; *hier* Treppe →LW – **supplicare** *die Götter* anflehen, *zu den Göttern* beten →LW – **misereri** Mitleid haben, sich erbarmen – **5 Hilarianus** *Nach dem Tod des Prokonsuls Minucius Timinianus übernimmt der christenfeindliche Prokurator Hilarianus die Provinz.* – **loco** anstelle von – **defunctus, -a, -um** verstorben – **6 ius gladii** Entscheidungsgewalt über Leben und Tod – **canus, -a, -um** grau; *ergänze* capillis – **infantia, -ae** Kindheit; *hier* Säuglingsalter →LW – **sacrum, -i** Opfer – **7 imperatorum** *Es sind die Kaiser Septimius Severus und seine Söhne Geta und Caracalla gemeint.* – **8 deicere, -icio** herunterstoßen – **9 virga, -ae** Rute – **percutere** schlagen, durchstoßen, erschüttern →LW – **10 pro** *Präp. m. Abl.* angesichts – **senecta, -ae** ~ senectus, -utis *f* – **pronuntiare** namentlich aufrufen; *ein Urteilsspruch beinhaltete immer die Namensnennung der Verurteilten und die Verkündigung des Strafmaßes* – **11 ad bestias damnare** zum Tierkampf verurteilen – **hilaris, -e** heiter, fröhlich

Aufgaben

1. a) Stelle den Verlauf des Prozesses, die Vorgehensweise des Prokurators und die Reaktion von Perpetua dar!
   b) Welche Personen versuchen Perpetua und ihr Verhalten zu beeinflussen und welche Argumente führen sie an?
2. Nenne die Bedingung, unter der Perpetua der Todesstrafe hätte entgehen können!
3. Beurteile das Verhalten des Volkes, indem du dich auf die Textzeile *rumor statim per vicinas fori partes cucurrit et factus est populus inmensus* (Z. 2) beziehst!

Sancta Perpetua, Mosaik (um 1280),
unbekannter venezianischer Künstler,
Euphrasius-Basilika, Poreč, Kroatien

Die Legende besagt, dass Perpetua zusammen mit ihrer Sklavin Felicitas im Zirkus den wilden Tieren vorgeworfen wurde. Schwer verletzt soll sie daraufhin ihre Haare geordnet haben, weil sie nicht mit unordentlichem Haar ihrem Schöpfer gegenübertreten wollte. Danach soll sie dem unerfahrenen Henker geholfen haben, sich die Kehle durchzuschneiden. Sie starb um das Jahr 203 n. Chr. in Karthago, dem heutigen Tunis.

Schon bald nach ihrem Tod wurde über dem Grab von Perpetua und Felicitas eine Kirche gebaut.

Ein Christ steht vor Gericht *(Passio Beati Maximi Episcopi, Auszüge)*

Die *Akten des Maximus* berichten vom Prozess gegen Maximus, einen Kleinbürger aus Ephesus, der sich als Reaktion auf das von Decius geforderte Opfergebot als Christ bekannt hatte.

Decius imperator volens opprimere vel superare legem Christianorum, decreta constituit per universum orbem, ut omnes Christiani recedentes a deo vivo et vero daemoniis sacrificarent, qui vero noluissent, suppliciis subiacerent. Eo tempore famulus dei Maximus, vir sanctus, ultro se palam ostendit: erat plebeius, negotii sui curam
5 gerens. Comprehensus igitur oblatus est Optimo Proconsuli apud Asiam. Proconsul dixit ad eum: „Quis vocaris?" Respondit: „Maximus dicor." Proconsul dixit: „Cuius condicionis es?" Maximus dixit: „Ingenuus natus, servus vero Christi sum." Proconsul dixit: „Quod officium geris?" Maximus respondit: „Homo sum plebeius, meo negotio vivens." Proconsul dixit: „Christianus es?" Maximus respondit: „Etsi peccator, Christianus
10 tamen sum." Proconsul dixit: „Non cognovisti decreta invictissimorum principum, quae nuper advenerunt?" Beatus Maximus respondit: „Quae?" Proconsul dixit: „Ut omnes Christiani relicta superflua superstitione cognoscant rerum principem, cui omnia subiacent, et eius deos adorent." Maximus respondit: „Iniquam regis huius saeculi prolatam sententiam cognovi et ideo me palam ostendi." Proconsul dixit: „Sacrifica ergo diis!"
15 Maximus respondit: „Ego non sacrifico nisi soli deo, cui me ab ineunte aetate sacrificasse congratulor." Proconsul dixit: „Sacrifica, ut salveris; quodsi nolueris, variis faciam te deficere tormentis." Maximus respondit: „Hoc est, quod semper optavi ..."

Tunc proconsul iussit eum fustibus caedi. Cumque caederetur, dicebat ei: „Sacrifica, Maxime, ut ab his liberaris tormentis." Maximus respondit: „Haec non sunt tormenta,
20 quae pro nomine domini nostri Iesu Christi inferuntur, sed sunt unctiones. ...

Animam meam lucrabor, si non sacrificavero; quodsi sacrificavero, perdo animam meam. Mihi enim nec fustes nec ungulae nec ignis sentiendi dant dolorem; quia in me manet gratia Christi. ..."

---

1 lex Christianorum die christliche Satzung, das Christentum – **decreta, -orum** *Pl.* rechtliche Erlasse – **2 daimonius, -i** der heidnische *(römische)* Gott – **3 supplicio subiacere** mit der Todesstrafe belegt werden – **famulus, -i** Diener →LW – **4 sanctus, -a, -um** heilig – **ultro** freiwillig – **palam** öffentlich, vor allen Leuten – **se ostendere** *übersetze hier* se Christianum esse ultro palam confessus est – **5 offerre, -fero, obtuli, oblatum** vorführen – **apud Asiam** im Bereich der Provinz Asia – **7 ingenuus, -a, -um** frei geboren – **9 peccator, -oris** *m* Sünder →LW – **10 invictus** Beiname des Princeps – **principum** Decius hatte seine beiden Söhne zu Mitregenten erhoben. – **12 superfluus, -a, -um** überflüssig – **superstitio, -onis** *f* Aberglaube; *hier* der falsche Glaube →LW – **13 adorare** anbeten – **prolatus, -a, -um** bekannt gemacht – **16 congratulari** stolz sein – **salvari** gerettet werden – **17 te deficere** *übersetze* dass du vom Glauben abfällst – **tormentum, -i** Folter, Marter →LW – **18 fustis, -is** *m* Knüppel, Stock – **20 unctio, -onis** *f* Salbung – **21 lucrari** gewinnen – **22 ungula, -ae** Huf – **23 gratia, -ae** Anmut, Liebe, Gunst, Nachsicht; *hier* Gnade →LW

Aufgaben

1. Bei *etsi peccator (sum), Christianus tamen sum* (Z. 9/10) liegt ein konzessives Satzgefüge vor. Nenne weitere Subjunktionen, die einen Konzessivsatz einleiten!
2. a) In Zeile 15/16 *cui me ab ineunte aetate sacrificasse congratulor* sind zwei Konstruktionen miteinander verschränkt. Finde sie heraus!
   b) Bestimme die Form *sacrificasse* (Z. 16) genau!
3. Formuliere mit deinen Worten den Inhalt des von Kaiser Decius erlassenen Dekrets!
4. Erstelle ein kurzes Porträt von Maximus, indem du dich auf die Angaben im Text beziehst! Erläutere, ob sein Verhalten während des Prozesses der Charakterisierung im Text entspricht!
5. Maximus weigert sich, dem Prokonsul zu gehorchen. Fasse die Argumente, mit denen er seine Weigerung begründet, zusammen!
6. Der Prozess läuft sehr sachlich ab. Belege dies anhand von Inhalt und Sprache des Textes!
7. Gruppenarbeit:
   Informiert euch über die Entstehung des Märtyrertums und versucht zu erklären, was es für einen Christen bedeutete, selbst unter Folterung seinen Glauben nicht abzuleugnen und für ihn zu sterben!

Zum Weiterlesen und Vertiefen

Die heilige Fides

Vielfältig waren die Vorwürfe, die man den Christen machte. Das frühe Christentum war dem Vorwurf des Kannibalismus ausgesetzt, da das Abendmahl mit dem Blut und Leib Jesu in seiner Symbolik von den Nichtchristen falsch interpretiert wurde. Tacitus bezeichnete sie als *genus hominum invisum deis* (Historiae V, 3) und wirft ihnen *odium humani generis* (Annales XV, 44) vor. In allen Provinzen des Römischen Reiches fanden Verfolgungen und Hinrichtungen von Christen statt. Die Phantasie der Ankläger kannte bei den Folterungen keine Grenze.

Die heilige Fides, die der Legende nach schon als kleines Mädchen Wunder vollbracht hatte, stammte aus dem heutigen südfranzösischen Agen, einem Ort in der Provinz Gallia Narbonensis. Um 300 wurde sie getauft. Sie erhielt den Namen Foy (altfranzösische Übersetzung von *fides*). Mit dem Regierungsantritt von Diokletian brach eine neue Welle der Christenverfolgung herein, der auch die noch ganz junge Fides zum Opfer fiel. Selbst nach Geißelung und Androhung der Verbrennung durch den Prokurator Dacius ließ sie sich nicht dazu bewegen, dem christlichen Glauben abzuschwören und den römischen Göttern Diana und Jupiter zu opfern. Schließlich wurde Fides auf einem glühenden Rost gemartet und anschließend zusammen mit anderen bekennenden Christen im Dianatempel der Stadt Agen geköpft. Sie starb am 6. Oktober 303 im Alter von nur zwölf Jahren den Märtyrertod (es kam im römischen Gallien selten vor, dass Christen den Märtyrertod starben). Ihre Gebeine ruhen in der Klosterkirche der südfranzösischen Stadt Conques.

3.3.2 Verteidiger des Christentums – die Apologeten

Es gab Schriftsteller, die das Christentum gegen die Vorwürfe der Nichtchristen verteidigen wollten. Sie wurden Apologeten genannt (griech. ἀπολογεῖν „verteidigen").

Der Brief an Diognetus

Zu den frühesten Zeugnissen christlicher Apologetik gehört der *Brief an Diognetus*, der wahrscheinlich im späten zweiten Jahrhundert geschrieben ist und den christlichen Glauben für interessierte Heiden erklärt. Der Autor des Briefes ist unbekannt.

Charakteristik der Christen

Denn die Christen sind weder durch Heimat noch durch Sprache und Sitten von den übrigen Menschen verschieden. Sie bewohnen nirgendwo eigene Städte, bedienen sich keiner abweichenden Sprache und führen auch kein absonderliches Leben. Keineswegs durch einen Einfall oder durch den Scharfsinn vorwitziger Menschen ist diese ihre Lehre aufgebracht worden und sie vertreten auch keine menschliche Schulweisheit wie andere. Sie bewohnen Städte von Griechen und Nichtgriechen, wie es einem jeden das Schicksal beschieden hat, und fügen sich der Landessitte in Kleidung, Nahrung und in der sonstigen Lebensart, legen aber dabei einen wunderbaren und anerkanntermaßen überraschenden Wandel in ihrem bürgerlichen Leben an den Tag. Sie bewohnen jeder sein Vaterland, aber nur wie Beisassen; sie beteiligen sich an allem wie Bürger und lassen sich alles gefallen wie Fremde; jede Fremde ist ihnen Vaterland und jedes Vaterland eine Fremde. Sie heiraten wie alle andern und zeugen Kinder, setzen aber die geborenen nicht aus. … Sie gehorchen den bestehenden Gesetzen und überbieten in ihrem Lebenswandel die Gesetze. Sie lieben alle und werden von allen verfolgt. Man kennt sie nicht und verurteilt sie doch, man tötet sie und bringt sie dadurch zum Leben. Sie sind arm und machen viele reich; sie leiden Mangel an allem und haben doch auch wieder an allem Überfluss. … Sie werden gekränkt und segnen, werden verspottet und erweisen Ehre. Sie tun Gutes und werden wie Übeltäter gestraft; mit dem Tode bestraft, freuen sie sich, als würden sie zum Leben erweckt. Von den Juden werden sie angefeindet wie Fremde, und von den Griechen werden sie verfolgt; aber einen Grund für ihre Feindschaft vermögen die Hasser nicht anzugeben.

(Übersetzung: Gerhard Rauschen)

Darstellung einer Hinrichtung *ad bestias*,
römisches Mosaik, 3. Jh. n. Chr.
(Nachbildung eines Mosaiks aus Tunesien)

Tertullian – Fürsprecher der Christen *(Apologeticum XLII, 1–7)*

Im Schriftsteller Tertullian hatte das Christentum einen energischen Verteidiger. Er wurde zwischen 150 und 170 in Karthago geboren und studierte die Redekunst und die Rechte. Nach seiner Bekehrung zum christlichen Glauben setzte er sich für die Christen ein. Er war der erste Kirchenlehrer, der auf Lateinisch schrieb, und gilt als Begründer einer christlichen Literatursprache. Zahlreiche neue Vokabeln wurden von ihm eingeführt. In seiner Schrift *Apologeticum* verteidigt er die christliche Lebensweise.

… Infructuosi in negotiis dicimur. Quo pacto homines vobiscum degentes, eiusdem victus, habitus, instructus, eiusdem ad vitam necessitatis? Neque enim sumus silvicolae et exules vitae. Meminimus gratiam debere nos deo domino creatori; nullum fructum operum eius repudiamus, plane temperamus, ne ultra modum aut perperam utamur.
5 Itaque non sine foro, non sine macello, non sine balneis, tabernis, officinis, stabulis, nundinis vestris ceterisque commerciis cohabitamus in hoc saeculo. Navigamus et nos vobiscum et militamus et rusticamur et mercatus proinde miscemus, artes, opera nostra publicamus usui vestro. Quomodo infructuosi videmur negotiis vestris, cum quibus et de quibus vivimus, non scio. Sed si caeremonias tuas non frequento, attamen et illa die
10 homo sum. Non lavor diluculo Saturnalibus, ne et noctem et diem perdam; attamen lavor honesta hora et salubri, quae mihi et calorem et sanguinem servet; rigere et pallere post lavacrum mortuus possum. Non in publico Liberalibus discumbo, quod bestiariis supremam cenantibus mos est. … Spectaculis non convenimus. …

1 infructuosus, -a, -um unnütz – **quo pacto** wie, auf welche Weise →LW – **degere** ~ *vitam agere* – **victus, -us** *m* Nahrung – **2 habitus, -us** *m* Kleidung – **instructus, -us** *m* Einrichtung, Wohnung – **necessitas, -atis** *f* notwendige Auslage, Bedürfnis – **silvicola, -ae** Waldbewohner – **3 exul (-ulis** *m***) vitae** aus dem Leben ausgeschieden – **4 plane** deutlich, klar →LW – **temperare** Maß halten, sich zügeln – **perperam** *Adv.* unrichtig, verkehrt – **5 macellum, -i** Fleischmarkt – **balnea, -orum** *Pl.* Bad – **taberna, -ae** Laden – **officina, -ae** Werkstatt – **stabulum, -i** Stall – **6 nundinae, -arum** *Pl.* der an jedem 9. Tag abgehaltene Wochenmarkt; *abgeleitet von novem dies* – **commercium, -i** Handel, Verkehr →LW – **cohabitare** zusammenleben – **7 rusticari** auf dem Land leben – **mercatus miscere** zusammen Handel treiben – **8 publicare** zur Verfügung stellen – **9 caeremonia, -ae** heilige Handlung, Verehrung →LW – **frequentare** besuchen – **10 diluculum, -i** Morgengrauen – **Saturnalia, -ium** *n* Saturnalien; *altrömisches Fest um den 17. Dezember zu Ehren des Gottes Saturn, unserem Fasching nicht unähnlich* – **11 salubris, -e** der Gesundheit zuträglich – **calor, -oris** *m* Wärme, Hitze →LW – **rigere** starr sein – **12 pallere** blass sein – **lavacrum, -i** *hier* Leichenwäsche – **Liberalia, -ium** *n* Fest des Bacchus *(wurde mit Liber, dem altlateinischen Gott der Befruchtung, gleichgesetzt); es wurde am 17. März gefeiert* – **discumbere** sich zum Essen hinlegen – **13 bestiarius, -i** Tierkämpfer – **supremam** *ergänze* cenam die Henkersmahlzeit einnehmen

Aufgaben

1. Bilde von den nachklassischen Formen *videmur* (Z. 8) und *illa* (Z. 9) die klassischen!
2. a) Trenne bei *infructuosus* (Z. 1) Präfix und Grundwort und finde ein mit dem Grundwort verwandtes Wort!
   b) Finde die Bestandteile bei *cohabitamus* (Z. 6) und benenne das Lautgesetz, das hier Anwendung findet (→ GR 2, S. 207)!
3. Tertullian spricht verschiedene Lebensbereiche an, in denen ein Zusammenleben von Christen und Nichtchristen möglich ist und wo es nicht möglich ist. Stelle sie jeweils zusammen und beurteile, inwieweit sich das Leben von Christen vom Leben der Nichtchristen unterscheidet!
4. Erarbeite die sprachlichen Mittel Tertullians, mit denen er erreicht, dass der Text auch von heidnischen Lesern gelesen wird!
5. Vergleiche das Christenbild, das Tertullian zeichnet, mit dem des Christen im Brief an Diognetus (S. 106)!
6. Gruppenarbeit:
   Im Text ist von den römischen religiösen Festen *Liberalia* und *Saturnalia* die Rede. Informiert euch über die folgenden römischen Feiertage:
   lupercalia – feriae latinae – bona dea!
7. Betrachte die Abbildung einer Ritzzeichnung, die am Palatin in Rom, im sogenannten *Paedagogium* gefunden wurde. Das war eine Schule, in der ein *paedagogus* Bedienstete für die vornehmen Haushalte ausbildete. Die Inschrift (in fehlerhaftem Griechisch) bedeutet: „Alexamenos verehrt seinen Gott."
   Man erkennt einen nackten Gekreuzigten mit Eselskopf, daneben steht eine andere Person, die ihm eine Kusshand zuwirft. Dies war ein in der Antike gebräuchlicher ehrerbietiger Gruß für Götter und den Kaiser.
   Stelle Vermutungen über den Anlass und den Adressaten dieser Abbildung an!

Ritzzeichnung, die am Palatin in Rom entdeckt wurde
und sich heute im Museo Kircheriano (Rom) befindet
(wahrscheinlich aus dem 3. Jh. n. Chr.)

3.3.3 Die antiken Götter

Welche Gestalt haben Götter? (Cicero, *De natura deorum I, 46–48*, gekürzt)

In seinem Dialog *De natura deorum* stellt Cicero die unterschiedlichen Ansichten der Philosophen zu diesem Thema dar. Im ersten Buch spricht der römische Senator Gaius Velleius über die Götterlehre der Epikureer.

Ac de forma quidem partim natura nos admonet, partim ratio docet. Nam a natura habemus omnes omnium gentium speciem nullam aliam nisi humanam deorum. Quae enim forma alia occurrit umquam aut vigilanti cuiquam aut dormienti? … Nam cum praestantissimam naturam, vel quia beata est vel quia sempiterna, convenire videatur
5 eandem esse pulcherrimam, quae conpositio membrorum, quae conformatio liniamentorum, quae figura, quae species humana potest esse pulchrior? Vos quidem … soletis …, cum artificium effingitis fabricamque divinam, quam sint omnia in hominis figura non modo ad usum, verum etiam ad venustatem apta, describere. Quodsi omnium animantium formam vincit hominis figura, deus autem animans est, ea figura profecto
10 est, quae pulcherrima est omnium. Quoniamque deos beatissimos esse constat, beatus autem esse sine virtute nemo potest nec virtus sine ratione constare nec ratio usquam inesse nisi in hominis figura, hominis esse specie deos confitendum est.

Über die Gestalt (der Götter) belehrt uns freilich teilweise die Natur, teilweise unterrichtet uns die Vernunft darüber. Denn wir alle aus allen Völkern haben von den Göttern keine andere Vorstellung als eine menschliche. Denn welch andere Gestalt begegnet jemals irgendeinem, sei er wach oder schlafend? … Denn da es passend scheint, dass das vortrefflichste Wesen zugleich auch das schönste ist – weil es entweder glücklich oder ewig ist –, stellt sich die Frage, welche Anordnung der Körperglieder, welche Gestaltung der Konturen, welches Aussehen, welche Erscheinung schöner sein kann als die menschliche.

Indem ihr euch aber ein göttliches Kunstwerk vorstellt, beschreibt ihr gewöhnlich, wie passend alles in der menschlichen Gestalt nicht nur für den Gebrauch, sondern auch für die Anmut ist. Wenn also die menschliche Gestalt die aller Lebewesen übertrifft, der Gott aber ein Lebewesen ist, ist diese Gestalt in der Tat die schönste von allen. Und weil bekanntlich die Götter die glücklichsten Wesen sind, niemand aber ohne Tugend glücklich sein und Tugend nicht ohne Vernunft existieren und Vernunft nirgends enthalten sein kann außer in der Gestalt des Menschen, so muss man zugeben, dass die Götter von menschlichem Aussehen sind.

Aufgaben
1. Wiederhole ausgehend vom Text die verschiedenen Sinnrichtungen, die der *cum*-Satz haben kann!
2. a) Beschreibe die Gestalt der epikureischen Götter!
   b) Wie begründet Velleius diese Vorstellung von den Göttern?
3. Stelle fest, worin die menschliche Gestalt der Gestalt der übrigen Lebewesen überlegen ist!

Aus der Sicht der Christen – die heidnische Götterwelt
(Minucius Felix, *Octavius*, XXIII, 5–7; XXIV, 1)

Minucius Felix, ein lateinischsprachiger Schriftsteller des ausgehenden 2. Jahrhunderts, der wahrscheinlich aus Afrika stammte, zählt zu den Apologeten, den Verteidigern des Christentums. Sein Dialog *Octavius* gibt ein Gespräch wieder, das sich auf einem Spaziergang am Strand von Ostia zwischen dem Christen Octavius Ianuarius und dem Heiden Caecilius Natalis ergibt. Octavius nimmt Anstoß an den heidnischen Vorstellungen vom Äußeren und dem Auftreten der Götter.

(XXIII) Quid? Formae ipsae et habitus nonne arguunt ludibria et dedecora deorum vestrorum? Vulcanus claudus deus et debilis, Apollo tot aetatibus levis, Aesculapius bene barbatus, etsi semper adulescentis Apollinis filius, Neptunus glaucis oculis, Minerva caesiis, bubulis Iuno, pedibus Mercurius alatis, Pan ungulatis, Saturnus com-
5 peditis. Ianus vero frontes duas gestat, quasi et aversus incedat; Diana interim est alte succincta venatrix, et Ephesia mammis multis et uberibus exstructa, et Trivia trinis capitibus et multis manibus horrifica. Quid? Ipse Iuppiter vester modo inberbis statuitur, modo barbatus locatur; et cum Hammon dicitur, habet cornua, et cum Capitolinus, tunc gerit fulmina, et cum Latiaris, cruore perfunditur, et cum Feretrius corona induitur. Et
10 ne longius multos Ioves obeam, tot sunt Iovis monstra quot nomina. Erigone suspensa de laqueo est, ut Virgo inter astra ignita sit, Castores alternis moriuntur ut vivant, Aesculapius ut in deum surgat, fulminatur, Hercules ut hominem exuat, Oetaeis ignibus concrematur.

(XXIV) Has fabulas et errores et ab inperitis parentibus discimus, et quod est gravius,
15 ipsis studiis et disciplinis elaboramus, carminibus praecipue poetarum, qui plurimum quantum veritati ipsi sua auctoritate nocuerunt.

---

1 habitus, -us *m* Aussehen, Gestalt – **arguere, arguo** *hier* zeigen, offenbaren – **ludibrium, -i** Unsinn – **2 claudus, -a, -um** lahm – **debilis, -e** verkrüppelt – **levis (-e) aetatibus** jugendlich – **barbatus, -a, -um** bärtig – **3 glaucus, -a, -um** blaugrün – **caesius, -a, -um** blaugrau – **4 bubulus, -a, -um** kuhäugig – **alatus, -a, -um** geflügelt – **ungulatus, -a, -um** mit Hufen – **compeditus, -a, -um** gefesselt – **5 gestare** tragen – **aversus incedere** *hier* rückwärts gehen – **alte succincta** mit kurzem Gewand – **6 Ephesia** *Diana von Ephesos* – **mamma, -ae** Brust – **uber, -eris** *n* Euter – **exstructus, -a, -um** ausgestattet – **Trivia** *Diana als Mondgöttin* – **trinus, -a, -um** dreifach – **7 horrificus, -a, -um** schrecklich, furchterregend – **inberbis, -e** bartlos – **8 locare** darstellen – **Hammon** *Beiname Jupiters* – **Capitolinus** *Beiname Jupiters* – **9 Latiaris** *Beiname Jupiters* – **cruor, -oris** *m* Blut – **Feretrius** *Beiname Jupiters* – **corona, -ae** Kranz – **10 Erigone** *Tochter des Ikarios von Athen, als Gestirn Virgo am Himmel* – **suspensus, -a, -um** herabhängend – **11 laqueus, -i** Schlinge, Strick – **ignitus, -a, -um** glühend – **Castores** *die Brüder Castor und Pollux* – **alternus, -a, -um** *hier Abl. Adv.* abwechselnd → LW – **12 in deum surgere** sich zu einem Gott erheben – **fulminari** vom Blitz getroffen werden – **hominem exuere** die Menschengestalt ablegen – **Oetaeus ignis** Feuer auf dem Oeta; *Gebirge in Griechenland* – **13 concremare** verbrennen – **15 elaborare** sorgfältig betreiben – **15/16 qui plurimum quantum ... nocuerunt** die am allermeisten Schaden anrichteten

Der Gott Aeskulap, Sohn des Apollon und der Nymphe Coronis, gefunden bei Ausgrabungen im südfranzösischen Chiragan, 3. Jh., Musée Saint-Raymond, Musée des Antiques, Toulouse

Aufgaben

1. Stelle die verschiedenen Möglichkeiten, im Lateinischen eine Frage auszudrücken, jeweils anhand eines einfachen lateinischen Beispiels dar! Im Text findest du ein Beispiel dafür!
2. a) Im Text werden Adjektive verwendet, die von Substantiven abgeleitet wurden. Nenne von folgenden Adjektiven die Substantive:
   barbatus – bubulus – alatus – ungulatus!
   b) Finde nun von folgenden Substantiven die dazugehörigen Verben:
   habitus – ludibrium – venatrix!
3. Erstelle eine Tabelle der im Text genannten heidnischen Gottheiten! Trage deren Attribute ein und gib an, für welche Lebensbereiche sie jeweils zuständig sind!
4. Informiere dich über die Verehrung des Gottes Jupiter!
   a) Unter welchen Beinamen wurde er verehrt?
   b) Welchen Göttern wurde er bei anderen Völkern gleichgesetzt?
5. a) Beurteile Octavius' Sicht der römischen Götterwelt!
   b) Beschreibe die sprachlichen und inhaltlichen Mittel, mit denen Minucius Felix die Götterwelt ins Lächerliche zieht! Überlege, ob der Text auch für Nichtchristen interessant sein könnte, und begründe deine Meinung!
   c) Schreibe auf Deutsch eine mögliche Antwort des Nichtchristen Caecilius Natalis!

3.3.4 Das Ende der Christenverfolgungen

Unter den Kaisern Valerian und Diokletian wurde die Christenverfolgung grausam fortgesetzt. Deren Ziel war es, die christliche Kirche zu zerschlagen. Kaiser Diokletian führte angesichts großer Probleme in der Reichsorganisation die *Tetrarchie,* die geteilte Regierungsverantwortung, ein. Es herrschte ein Hauptkaiser, wobei Teile der Regierungsverantwortung an einen Mitkaiser und zwei Nebenkaiser übertragen wurden. Die vier Kaiser residierten nicht mehr in Rom, sondern in zur Verteidigung des Reiches wichtigen Städten.

Noch zu Lebzeiten Diokletians wurde offensichtlich, dass die Tetrarchie an ihr Ende gekommen war. Zu unterschiedlich waren die Interessen der einzelnen Herrscher. Nach dem Tode Diokletians (gegen 311 n. Chr.) herrschten Konstantin und Maxentius im Westen des Reiches, Licinius und Maximinus Daia im Osten. Jeder von ihnen verfolgte seine eigenen Ziele. Der erste, der den Machtkämpfen zum Opfer fiel, war Maxentius.

Im Sommer des Jahres 312 zog Konstantin gegen Rom, wo Maxentius herrschte. Im Oktober kam es zu einer der bedeutendsten Schlachten in der römischen Geschichte. Konstantin behauptete, den Sieg gegen Maxentius mit der Hilfe von Christus errungen zu haben.

Es gibt zwei Schriftsteller, die uns vom Leben des Kaisers Konstantin und seiner Vision berichten. Der eine ist Laktanz (s. S. 113), der andere der Kirchenvater Eusebius von Caesarea. Bei ihm heißt es in seinem Buch *Über das Leben des Kaisers Konstantin,* dass ihm Konstantin selbst berichtet habe, er habe am Tag vor der Schlacht gegen Mittag ein leuchtendes Kreuzzeichen mit der Inschrift *Hoc signo victor eris* am Himmel erblickt. In der darauffolgenden Nacht sei ihm Christus höchstpersönlich erschienen und habe ihm aufgetragen, dieses Zeichen auf den Schilden der Soldaten anzubringen.

Eine Darstellung der vier Kaiser der Tetrarchie aus rotem Porphyrgestein.
Diese Skulptur kam 1204 aus der Beute des vierten Kreuzzuges aus Konstantinopel nach Venedig und ist heute an der Fassade von S. Marco in Venedig angebracht.

Der Sieg im Zeichen des Kreuzes (Laktanz, *De mortibus persecutorum 44*)

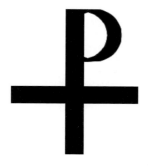

Der christliche Schriftsteller Laktanz stammte aus der Provinz *Africa*, in der sich schon früh eine eigene christliche Originalliteratur in lateinischer Sprache entwickelt hatte. In seiner Schrift *De mortibus persecutorum* gibt er einen Überblick über die römischen Kaiser, die die Christen am grausamsten verfolgt haben, und beschreibt ihren Tod.

Der folgende Text beschreibt den Kampf Konstantins gegen seinen Mitkaiser Maxentius an der Milvischen Brücke.

Iam mota inter eos fuerant arma civilia. Et quamvis se Maxentius Romae contineret, quod responsum acceperat se periturum esse, si extra portas urbis exisset, tamen bellum per idoneos duces gerebatur. Plus virium Maxentio erat, quod et patris sui exercitum receperat a Severo et suum proprium de Mauris atque Gaetulis nuper extra-
5 xerat. Dimicatum est et Maxentiani milites praevalebant, donec postea confirmato animo Constantinus et ad utrumque paratus copias omnes ad urbem propius admovit et e regione pontis Mulvii consedit. Imminebat dies, quo Maxentius imperium ceperat, qui est a. d. sextum Kalendas Novembres, et quinquennalia terminabantur. Commonitus est in quiete Constantinus, ut caeleste signum dei notaret in scutis atque ita proelium
10 committeret. Facit, ut iussus est, et transversa X littera, summo capite circumflexo, Christum in scutis notat.

---

1 arma civilia Bürgerkrieg – **se continere** sich eingeschlossen halten – **3 idoneus, -a, -um** *hier* fähig – **plus virium** *Die Streitmacht des Maxentius war an die 80 000 Mann stark, Konstantin soll mit weniger als der Hälfte ausgerückt sein.* – **patris sui** *Maximianus, gest. 310* – **4 Severus** *Nebenkaiser, ab 306 Hauptkaiser; er zieht 307 mit einem maurischen Heer, dessen größter Teil aus Soldaten bestand, die vorher jahrelang unter Maximianus gedient hatten, gegen Maxentius. In der Folge laufen seine Soldaten zu diesem über. Diese maurische Armee wird danach von den Gaetulern verstärkt.* – **Mauri, -orum, Gaetuli, -orum** Mauren, Gaetuler *nordafrikanische Völker* – **5 dimicare** kämpfen, ringen → LW – **Maxentianus, -a, -um** des Maxentius – **praevalere** mehr vermögen, stärker im Kampf sein – **6 ad utrumque paratus** zu beidem *(Sieg oder Niederlage)* bereit – **7 e regione** gegenüber – **pons Mulvius** die Milvische Brücke *Tiberbrücke nördlich von Rom* – **8 a. d. sextum Kalendas Novembres** am 27. Oktober – **quinquennalia, -ium** *n* Feier des fünfjährigen Thronjubiläums – **terminare** beenden; *übersetze das Imperfekt als vergangene, noch nicht abgeschlossene Handlung* – **9 in quiete** ~ *in somno* – **caeleste signum dei** das göttliche Zeichen – **notare** kennzeichnen, anbringen lassen – **scutum, -i** der (Lang-)Schild → LW – **10 transversa X littera summo capite circumflexo** *übersetze als Abl. abs.* indem der Buchstabe X quergestellt wurde, wobei die Spitze umgebogen war; *dies war ein bekanntes Christuszeichen, entstanden aus der Abkürzung für das griechische Wort für Kreuz* σταυρός, *einer Ligatur aus dem um 45° gedrehten griechischen Buchstaben X (chi) und dem Buchstaben P (rho)*

Quo signo armatus exercitus capit ferrum. Procedit hostis obviam sine imperatore pontemque transgreditur. Acies pari fronte concurrunt, summa vi utrimque pugnatur. Fit in urbe seditio et dux increpitatur velut desertor salutis publicae, cumque conspiceretur, repente populus – circenses enim natali suo edebat – una voce subclamat Constantinum
5 vinci non posse. Qua voce consternatus proripit se ac vocatis quibusdam senatoribus libros Sibyllinos inspici iubet; in quibus repertum est illo die hostem Romanorum esse periturum. Quo responso in spem victoriae inductus procedit, in aciem venit. Pons a tergo eius scinditur. Eo viso pugna crudescit et manus Dei supererat aciei. Maxentianus proterretur, ipse in fugam versus properat ad pontem, qui interruptus erat, ac multi-
10 tudine fugientium pressus in Tiberim deturbatur.

1 ferrum ~ arma – **2 pari fronte** frontal, von vorne – **utrimque** auf beiden Seiten – **3 dux** *Maxentius war in Rom anlässlich der Feierlichkeiten, daher auch* sine imperatore (1). – **increpitare** schelten – **desertor, -oris** *m* Fahnenflüchtiger – **4 circenses, -ium** *m* Zirkusspiele – **natalis, -is** *m* Jubiläum – **subclamare** zurufen – **5 consternare** erschrecken – **se proripere** fortlaufen – **6 libri Sibyllini** die sibyllinischen Bücher *Sammlung von Orakelsprüchen, die in Krisenzeiten auf Anweisung des Senates zu Rate gezogen wurden* – **8 <u>scindere</u>** abreißen, zerreißen, spalten → LW – **crudescere** blutig werden – **supererat** ~ erat super – **Maxentianus** die Anhänger von Maxentius *kollektiver Singular* – **9 proterreri** in Angst und Schrecken geraten – **10 deturbari** hinabgerissen werden

Aufgaben

1. a) Bestimme bei *plus virium* (S. 113, Z. 3) Kasus und Funktion!
   b) Nenne weitere Beispiele für diese Kasusfunktion!
   c) Nenne Nominativ, Akkusativ und Ablativ Sg. von *virium*!
2. Im Text findest du mehrere Möglichkeiten, den Ort und die Richtung auszudrücken.
   a) Erstelle eine kurze Übersicht der Orts- und Richtungsangaben im Lateinischen!
   b) Übersetze folgende Ausdrücke:
      Romae versari – Carthaginem navigare – in scutis – obviam ire – in mare praecipitare – ad pontem properare – in Sicilia!
3. Zeige anhand von Details des Textes, warum der Ausgang des Kampfes keine Überraschung darstellt!
4. Laktanz ist ein christlicher Schriftsteller. Zeige, inwiefern sich dies auf die Darstellung der Kontrahenten auswirkt! Warum siegt Konstantin und wie kann das Ende von Maxentius im christlichen Zusammenhang verstanden werden?
5. Beschreibe und kommentiere das Verhalten des Volkes!

LW *(Märtyrerakten, Tertullian, Cicero, Minucius Felix, Laktanz)*

caeremōnia, -ae	heilige Handlung, Verehrung
calor, -ōris *m*	Wärme, Hitze
commercium, -ī	Handel, Verkehr
famulus, -ī	Diener
gradus, -ūs *m*	Schritt, Stufe, Grad; Treppe
grātia, -ae	Anmut, Liebe, Gunst, Nachsicht; Gnade
īnfantia, -ae	Kindheit; Säuglingsalter
peccātor, -ōris *m*	Sünder
scūtum, -ī	der (Lang-)Schild
superstitiō, -ōnis *f*	Aberglaube; falscher Glaube
tormentum, -ī	Folter, Marter
alternus, -a, -um	abwechselnd
praestāns, -ntis	vorzüglich, ausgezeichnet
dimicāre	kämpfen, ringen
effingere, -fingō, -fīnxī, -fictum	darstellen, veranschaulichen
percutere, -cutiō, -cussī, -cussum	schlagen, durchstoßen, erschüttern
scindere, scindō, scidī, scissum	abreißen, zerreißen, spalten
supplicāre	*die Götter* anflehen, *zu den Göttern* beten
vincere, vincō, vīcī, victum	besiegen, übertreffen
īlicō	sogleich, auf der Stelle
plānē	deutlich, klar
partim ... partim	teils ... teils
quō pactō?	wie, auf welche Weise?

EW Erkläre Herkunft und Bedeutung: Kalorie – Kommerz – alternativ – Zeremonie – enfant terrible (frz.)!

Ponte Milvio heute

Zum Weiterlesen und Vertiefen

Ein Sieg für die Ewigkeit – die Inschrift am Konstantinsbogen

Der Konstantinsbogen in Rom erinnert an Konstantins Sieg bei der Milvischen Brücke. Er wurde im Auftrag des Senats errichtet und im Jahr 315 n. Chr. zum zehnjährigen Thronjubiläum von Konstantin geweiht. Ein umlaufendes Relief erzählt von Konstantins Sieg und Feldzug und von seiner Machtübernahme in Rom. Auffallend ist, dass etliche Bauteile älterer Denkmäler verwendet worden sind.

Folgende Inschrift ist dort zu lesen:

IMP CAES FL CONSTANTINO MAXIMO
P F AVGVSTO S P Q R
QVOD INSTINCTV DIVINITATIS MENTIS
MAGNITVDINE CVM EXERCITV SVO
5 TAM DE TYRANNO QVAM DE OMNI EIVS
FACTIONE VNO TEMPORE IVSTIS REM PVBLICAM VLTVS EST ARMIS
ARCVM TRIVMPHIS INSIGNEM DICAVIT

2 P F pio felici – **3 instinctus (-us** *m***) divinitatis** göttliche Eingebung – **5 tam ... quam** sowohl ... als auch – **6 factio, -onis** *f* Anhängerschaft – **ulcisci, ulciscor, ultus sum** rächen – **7 arcus (-us** *m***) triumphis insignis** *hier* Triumphbogen – **dicare** widmen

Konstantin war nach dem Tod von Maxentius der unangefochtene Alleinherrscher im Westen. Im Jahr 313 n. Chr. traf Konstantin Licinius, der nach dem Tod von Maximinus Daia allein im Osten herrschte. Konstantin und Licinius verständigten sich bei diesem Treffen auf eine gemeinsame Religionspolitik. In dieser Mailänder Vereinbarung wurde allen Bürgern des Römischen Reiches freie Religionsausübung erlaubt. Nach Zerwürfnissen zwischen Konstantin und Licinius kam es zu weiteren Schlachten, in denen Licinius unterlegen war. Nach dem Tod von Licinius (325 n. Chr.) war Konstantin Alleinherrscher. Auf ihn als Fürsprecher des Christentums geht wahrscheinlich das Verbot der Ehescheidung und die Einführung des arbeitsfreien *dies solis*, unseres Sonntags, als Tag des Erlösers zurück. Er setzte sich als *pontifex maximus* an die Spitze des Christentums. Dieser Titel wurde unter Kaiser Gratian (375–383 n. Chr.) aufgegeben.

Das Christentum wird zur Staatsreligion – das Dreikaiseredikt

Im Jahr 337 n. Chr., schon am Ende seines Lebens, ließ sich Konstantin taufen. Es waren aber bei Weitem noch nicht alle Bewohner des Römischen Reiches bekehrt. Auch innerhalb der christlichen Gemeinschaft war man gespalten, es herrschten verschiedene Lehrmeinungen. Erst Jahrzehnte später wurde das Christentum in dem berühmten Dreikaiseredikt *Cunctos populos* vom 28. Februar 380 zur Staatsreligion erhoben:

Cunctos populos, quos clementiae nostrae regit temperamentum in tali volumus religione versari, quam divinum petrum apostolum tradidisse romanis religio usque ad nunc ab ipso insinuata declarat quamque pontificem damasum sequi claret et petrum alexandriae episcopum virum apostolicae sanctitatis; hoc est, ut secundum apostolicam
5 disciplinam evangelicamque doctrinam patris et filii et spiritus sancti unam deitatem sub parili maiestate et sub pia trinitate credamus. Hanc legem sequentes christianorum catholicorum nomen iubemus amplecti, reliquos vero dementes vesanosque iudicantes haeretici dogmatis infamiam sustinere, nec conciliabula eorum ecclesiarum nomen accipere, divina primum vindicta, post etiam motus nostri, quem ex caelesti arbitrio
10 sumpserimus, ultione plectendos.

Wir wollen, dass alle Völker, über die wir milde und maßvoll herrschen, die Religion ausüben, die der göttliche Apostel Petrus den Römern überliefert hat, ein Glaube, der von ihm selbst vertreten wurde und so bis heute verkündet wird, ein Glaube, zu dem sich der Pontifex Damasus und auch Bischof Petrus von Alexandrien, ein Mann von apostolischer Heiligkeit, deutlich bekennen; dies bedeutet, dass wir gemäß der apostolischen und evangelischen Lehre an eine Gottheit des Vaters, des Sohnes und des Heiligen Geistes in gleicher Erhabenheit und heiliger Dreifaltigkeit glauben. Katholische Christen, so befehlen wir es, dürfen nur die genannt werden, die diesem Gesetz folgen, die übrigen aber, die wir für töricht und wahnsinnig halten, sollen die Schande einer ketzerischen Lehre ertragen und es ist nicht erlaubt, ihre Versammlungsorte Kirchen zu nennen. Zudem soll sie die göttliche, dann aber auch unsere irdische Strafe treffen, die wir durch himmlisches Urteil erhalten haben.

Im Kolosseum wurden sehr viele Christen hingerichtet. Papst Benedikt XIV. weihte es im Jahr 1750 dem Andenken der christlichen Märtyrer. Seit dem Jahr 1999 ist das Kolosseum ein Monument gegen die Todesstrafe. Immer wenn irgendwo in der Welt die Todesstrafe abgeschafft oder eine Todesstrafe ausgesetzt wird, erstrahlt es im Scheinwerferlicht.

Kolosseum, 80 n. Chr. von Kaiser Titus eingeweiht

4. DIE ÜBERLIEFERUNG DES ANTIKEN GEDANKENGUTES

Es ist ein Verdienst der Kirche und der Mönche in den Klöstern, dass die lateinische Literatur bis in die heutige Zeit überliefert ist. Hier sei besonders Cassiodor erwähnt, der unter dem Ostgotenkönig Theoderich hohe politische Ämter innehatte. Nach seinem Rückzug aus der Politik gründete er ein Kloster und widmete sich fortan dem Studium der Literatur und der Geisteswissenschaften. Er sammelte antike *codices* und leitete die Mönche seines Klosters an, diese handschriftlich zu vervielfältigen.

Darstellung des Cassiodor in der mittelalterlichen Bibliothek des von ihm gegründeten Vivariums
(Codex Amiatinus, die älteste Handschrift der Vulgata, 6. Jh. n. Chr.)

Im Zuge der Entwicklung der romanischen Volkssprachen verfiel zunehmend der Sprach- und Grammatikunterricht der lateinischen Sprache und somit nahmen auch die Lateinkenntnisse der gebildeten Bevölkerung und der Geistlichen ab. Es bestand die Gefahr, dass die lateinische Sprache sich immer weiter von der ursprünglichen klassischen Sprache entfernte und unterging.

Karl der Große, den der Bildungsmangel seiner Untertanen bedrückte, beauftragte 781 n. Chr. den überaus gebildeten Alcuinus von York mit einer Bildungsreform. Daraufhin wurden in den Klöstern Schulen eingerichtet, in denen Latein gelehrt wurde. So wurde ein Mindestmaß an lateinischer Bildung, vor allem für die Geistlichen, sichergestellt.

Die lateinische Sprache, gereinigt von vulgärlateinischen Eigenarten, orientierte sich nun wieder an der antiken Norm. Sie war eine Hochsprache, die sich nicht mehr weiterentwickelte, da es ja niemanden mehr gab, der Latein als „Muttersprache" erlernt hatte. Es war eine Art Zweitsprache, die neben den Volkssprachen Romanisch und Deutsch existierte.

Vom 11. bis zum 14. Jahrhundert n. Chr., der letzten Phase des mittelalterlichen Lateins, wurde die Sprache durch die scholastische Wissenschaft geprägt. Ihr bedeutendster Vertreter war Thomas von Aquin. Im Bestreben, komplizierte philosophische Sachverhalte klar darzulegen, wurde die lateinische Sprache vereinheitlicht und präzisiert.

4.1 DIE LATEINISCHE LITERATUR IM MITTELALTER

Die *Carmina Burana*

Die *Carmina Burana* sind eine Sammlung von Lied- und Dramentexten, deren Verfasser unbekannt ist und die im 11. und 12. Jahrhundert entstanden sind. Sie sind überwiegend in Latein verfasst, es gibt aber auch mittelhochdeutsche und gemischtsprachige Texte (altfranzösisch und provenzalisch). Sie stellen eine der wichtigsten Sammlungen der Vagantendichtung dar.

Vaganten waren in ganz Europa umherziehende Dichter des Mittelalters, meist angehende, manchmal auch dem Klosterleben entflohene Studenten, die gegen Bezahlung ihre Kunst darboten. Deren Lieder und Gedichte zeugen von guter Kenntnis der antiken Literatur und Theologie, aber auch von großer weltlicher Lebens- und Genussfreude. Meist sind die Namen der Vaganten unbekannt, doch es gibt auch einige herausragende bekannte Dichterpersönlichkeiten, wie den sogenannten Archipoeta, Hugo von Orléans und Walter von Châtillon.

Der *Codex Buranus* (die Niederschrift der *Carmina Burana*) wurde zwischen 1230 und 1250 vielleicht vom Bischof von Seckau in der Steiermark in Auftrag gegeben und geriet dann in Vergessenheit. Im Jahr 1803 wurde der Codex im Kloster von Benediktbeuern wiederentdeckt. Wie er dorthin gelangt war, ist nicht bekannt. Der Anfang der Handschrift ist nicht erhalten. Heute wird die Sammlung in der Bayerischen Staatsbibliothek in München aufbewahrt.

Carl Orff, der 1935 auf eine Ausgabe der *Carmina Burana* stieß, vertonte eine Auswahl der Gedichte zu einem Chorwerk. Auch in der jüngsten Zeit sind die *Carmina Burana* nicht aus der Mode gekommen. Einige Musikgruppen, die auch lateinisch singen, verwenden Texte der *Carmina Burana*.

Kloster Benediktbeuern, das 739 vom heiligen Bonifatius als Benediktinerabtei geweiht wurde

Die *Carmina Burana* behandeln verschiedene Themen. So findet man Spottgesänge, Liebes- und Trinklieder, die uns einen lebendigen Eindruck der Lebensfreude der Menschen des 12. und 13. Jahrhunderts vermitteln, sowie geistliche Dramen. Dies war eine Zeit des geistigen Wandels, in der weltliche Universitäten entstanden und die kirchliche Vorherrschaft in Bildung und Wissenschaft zu Ende ging.

Omnia sol temperat *(C. 136)*

1. Omnia sol temperat
   purus et subtilis,
   nova mundo reserat
   facies Aprilis;
   5 ad amorem properat
   animus herilis,
   et iocundis imperat
   deus puerilis.

2. Rerum tanta novitas
   10 in sollemni vere
   et veris auctoritas
   iubet nos gaudere.
   Vices prebet solitas;
   et in tuo vere
   15 fides est et probitas
   tuum retinere.

3. Ama me fideliter!
   Fidem meam nota:
   de corde totaliter
   20 et ex mente tota
   sum presentialiter
   absens in remota.
   Quisquis amat taliter,
   volvitur in rota.

---

1 temperare *hier* wärmen – **2 subtilis, -e** fein, feinfühlig →LW – **3 reserare** offenbaren – **4 facies, -ei** *f* Gesicht →LW – **6 herilis, -e** männlich – **7 iocundum, -i** Freude – **8 deus puerilis** kindlicher Gott Amor – **10 sollemnis, -e** alljährlich wiederkehrend – **11 ver, veris** *n* Frühling – **13 vices, -um** *f* Wechsel des Schicksals – **prebet** ~ praebet – **21 pr(a)esentialiter** gegenwärtig, da – **22 remotum, -i** die Ferne – **24 volvere** *hier* drehen →LW – **rota, -ae** Schicksalsrad; *es herrschte die Vorstellung, dass die Glücksgöttin Fortuna das Rad des Schicksals dreht und so die Geschicke der Menschen bestimmt*

Aufgaben

1. a) Lies das Gedicht laut vor und erarbeite anschließend seinen formalen Aufbau! Beachte den rhythmischen Aufbau der Strophen und den Reim!
2. a) Stelle verschiedene Wortfelder zu den Bereichen „Frühling" und „Liebe" zusammen!
   b) Finde die sprachlich-stilistischen Mittel (→STILMITTEL, S. 225 f.) und untersuche deren Verwendung!
3. a) Gib den Inhalt des Gedichts mit eigenen Worten wieder!
   b) In welcher persönlichen Situation mag sich der Verfasser des Gedichts befunden haben?
   c) Charakterisiere die Person, an die es gerichtet sein könnte!
   d) Formuliere nun eine treffende deutsche Überschrift!
   e) Beschreibe das Bild des Schicksalsrades auf S. 121! Erkläre die Zeilen 23 und 24 des Gedichts!
4. Dieses Gedicht wurde sowohl von Carl Orff als auch von der Gruppe *In Extremo* vertont. Höre dir beide Fassungen an! Begründe, in welcher der beiden Interpretationen die Aussage des Urhebers besser zum Ausdruck kommt!

The Wheel of Fortune (1863),
Edward Coley Burne-Jones,
Musée d'Orsay, Paris

In taberna *(C. 196, gekürzt)*

1. In taberna quando sumus.
   non curamus, quid sit humus,
   sed ad ludum properamus,
   cui semper insudamus.
5. Quid agatur in taberna,
   ubi nummus est pincerna,
   hoc est opus, ut quaeratur;
   si quid loquar, audiatur.

   (…)

2. Quidam ludunt, quidam bibunt
10. quidam indiscrete vivunt;
    sed in ludo qui morantur,
    ex his quidam denudantur;
    quidam ibi vestiuntur
    quidam saccis induuntur
15. ibi nullus timet mortem,
    sed pro Baccho mittunt sortem.

    (…)

5. Bibit hera, bibit herus
   bibit miles, bibit clerus
   bibit ille, bibit illa
20. bibit servus cum ancilla
    bibit velox, bibit piger
    bibit albus, bibit niger
    bibit constans, bibit vagus
    bibit rudis, bibit magus.

25. 6. Bibit pauper et aegrotus
    bibit exsul et ignotus
    bibit puer, bibit canus
    bibit praesul et decanus
    bibit soror, bibit frater
30. bibit anus, bibit mater
    bibit iste, bibit ille
    bibunt centum, bibunt mille.

7. Parum durant sex nummatae
   ubi sic immoderate
35. bibunt omnes sine meta
   Quamvis bibant mente laeta,
   sic nos rodunt omnes gentes
   et sic erimus egentes.
   Qui nos rodunt, confundantur
40. et cum iustis non scribantur.

---

1 taberna, -ae Gastwirtschaft → LW – **2 humus, -i** *f* Erde; *hier* letzte Ruhestätte – **4 insudare** *m. Dat.* sich *bei etw.* erhitzen – **6 nummus, -i** Münze → LW – **pincerna, -ae** Mundschenk, Kellner – **7 opus est** es ist nötig – **10 indiscretus, -a, -um** unanständig, liederlich – **12 denudare** dem Verlierer beim Spiel das letzte Hemd ausziehen – **13 vestire** anziehen – **14 saccus, -i** Sack – **induere** anziehen, anlegen, bedecken → LW – **16 sortem mittere** *hier* den Würfel werfen *man spielt darum, wer den Wein bezahlen soll* – **17 hera, -ae** Herrin – **herus, -i** Herr – **18 clerus, -i** Geistlicher → LW – **20 ancilla, -ae** Magd → LW – **21 piger, -gra, -grum** faul – **23 constans, -ntis** sesshafter Bürger – **vagus, -i** Vagant – **24 rudis, -e** Ungebildeter – **magus, -i** Gelehrter – **25 aegrotus, -a, -um** krank – **27 canus, -a, -um** alt, grau – **28 praesul, -is** *m* Bischof – **decanus, -i** Probst, Diakon – **33 durare** Bestand haben – **nummata, -ae** Münze – **35 meta, -ae** Grenze – **37 rodere, rodo** ausnehmen, schimpfen über – **39 confundere** *hier* vernichten – **40 scribere** ins Buch des Lebens schreiben *beim Jüngsten Gericht*

Aufgaben

1. a) Übersetze folgende Formen ins Deutsche und bestimme die Formen genau:
   bibat – bibet – biberit!
   b) Übersetze folgende Sätze und finde geeignete Möglichkeiten, das lateinische Futur II im Deutschen wiederzugeben:
   Nullus mortem timebit, si biberit. – Cum imperator locutus erit, omnes cives tacebunt!
2. Erkläre den Gebrauch der folgenden Konjunktive:
   quid sit humus (Z. 2) – *si quid loquar, audiatur* (Z. 8) – *quamvis bibant* (Z. 36) – *confundantur* (Z. 39)!
3. Umschreibe mit deinen eigenen Worten, was in Zeile 6 *(ubi nummus est pincerna)* gemeint ist! Inwiefern ist dies als Hinweis auf den Inhalt des Gedichtes zu verstehen?
4. Beschreibe die polaren Entsprechungen in den Strophen 5 und 6 und interpretiere sie!
5. Erarbeite die stilistischen Mittel dieses Gedichtes und deren Funktion!
   Erläutere in diesem Zusammenhang die Absicht des Verfassers, die hinter der Verwendung steckt!

Das Innere einer Schenke
Das Fresko befindet sich an einem Torbogen des Castello d'Issogne
aus dem 15. Jahrhundert im Val d'Aosta.

Die Vagantenbeichte

Die Vagantenbeichte des Archipoeta, die in der Sammlung der *Carmina Burana* als *Carmen 191* überliefert ist, wurde in Teilen von Carl Orff vertont. Archipoeta – so bezeichnet sich der Dichter, dessen wirklicher Name uns nicht bekannt ist – war einer der bedeutendsten lateinischsprachigen Dichter und Vertreter der Vagantendichtung des 12. Jahrhunderts.

Das Gedicht ist an seinen Mäzen Rainald von Dassel gerichtet. Dieser war Erzkanzler *(archicancellarius)* und Erzbischof *(archiepiscopus)* von Köln *(Colonia)* unter Friedrich I. Barbarossa.

> Aestuans intrinsecus ira vehementi
> in amaritudine loquar meae menti:
> factus de materia levis elementi
> folio sum similis, de quo ludunt venti.
>
> …
>
> 5   Feror ego veluti sine nauta navis,
> ut per vias aeris vaga fertur avis;
> non me tenent vincula, non me tenet clavis,
> quaero mei similes et adiungor pravis.
>
> Mihi cordis gravitas res videtur gravis,
> 10   iocus est amabilis dulciorque favis;
> quidquid Venus imperat, labor est suavis,
> quae numquam in cordibus habitat ignavis.
>
> Via lata gradior more iuventutis,
> implico me vitiis immemor virtutis,
> 15   voluptatis avidus magis quam salutis,
> mortuus in anima curam gero cutis.
>
> Praesul discretissime, veniam te precor:
> morte bona morior, dulci nece necor,
> meum pectus sauciat puellarum decor,
> 20   et quas tactu nequeo, saltem corde moechor.

---

1 aestuans, -ntis lodernd, glühend – **intrinsecus** im Innern, innen – **2 amaritudo, -inis** *f* Bitterkeit – **4 folium, -i** Blatt → LW – **5 veluti** ~ velut – **6 aer, aeris** *m* Luft – **vagus, -a, -um** unstet, umherschweifend – **avis, -is** *f* Vogel → LW – **7 clavis -is** *f* Schlüssel – **8 adiungere** anschließen, hinzufügen → LW – **pravus, -a, -um** schlecht, böse → LW – **9 cor, cordis** *n* Herz – **gravitas, -atis** *f* Ernst, Würde, Schwere → LW – **10 iocus, -i** Scherz → LW – **favus, -i** Honig – **12 ignavus, -a, -um** feige → LW – **13 gradi** gehen, schreiten → LW – **14 se implicare** sich verstricken – **16 curam cutis gerere** seine Haut pflegen – **17 praesul (-ulis** *m*) Weihbischof *gemeint ist Rainald von Dassel* – **discretus, -a, -um** hochwürdig – **18 nex, necis** *f* Tod – **19 pectus, -oris** *n* Brust – **sauciare** verwunden – **decor, -oris** *m* hier Schönheit – **20 tactus, -us** *m* Berührung – **nequire** nicht können – **saltem** mindestens – **moechari** Ehebruch begehen

Res est arduissima vincere naturam,
in aspectu virginis mentem esse puram;
iuvenes non possumus legem sequi duram
leviumque corporum non habere curam.

...

25 Tertio capitulo memoro tabernam,
illam nullo tempore sprevi neque spernam,
donec sanctos angelos venientes cernam
cantantes pro mortuis „requiem eternam".

Meum est propositum in taberna mori,
30   ut sint vina proxima morientis ori.
Tunc cantabunt laetius angelorum chori:
„Sit deus propitius huic potatori."

...

Electe Coloniae, parce penitenti,
fac misericordiam veniam petenti
35 et da penitentiam culpam confitenti;
feram quidquid iusseris, animo libenti.

Parcit enim subditis leo rex ferarum
et est erga subditos immemor irarum,
et vos idem facite, principes terrarum;
40 quod caret dulcedine, nimis est amarum.

---

21 arduus, -a, -um steil, mühevoll, beschwerlich; *hier* schwierig → LW – **22 purus, -a, -um** rein – **24 levis, -e** *hier* beweglich, geschmeidig – **non habere curam** unbeachtet lassen – **25 capitulum, -i** Kapitel – **26 spernere** verschmähen → LW – **27 angelus, -i** Engel – **cernere** sehen – **28 requies, -etis** *f* Ruhe – **29 propositum, -i** Absicht, Vorhaben, Plan → LW – **32 propitius, -a, -um** geneigt – **potator, -oris** *m* Trinker – **33 electe Coloniae** *gemeint ist der Erzbischof Rainald von Dassel* – **p(a)enitens, -tis** *m* der Bereuende – **35 p(a)enitentia, -ae** Buße – **confiteri** gestehen → LW – **36 libens, -ntis** willig, gern, mit Vergnügen → LW – **37 subditus, -i** Untertan – **40 carere** *m. Abl. etw.* entbehren, nicht haben → LW – **dulcedo, -inis** *f* Milde – **amarus, -a, -um** bitter

Aufgaben

1. Bezeichne Kasus und Funktion folgender Ausdrücke:
   ira vehementi (Z. 1) – *levis elementi* (Z. 3) – *mei similis* (Z. 8) – *dulcior favis* (Z. 10) – *more iuventutis* (Z. 13) – *morte bona morior* (Z. 18) – *dulci nece necor* (Z. 18) – *caret dulcedine* (Z. 40)!
2. a) In welchem Fall steht *praesul discretissime* (S. 124, Z. 17)?
   b) Setze *discretissime* in den Positiv und in den Komparativ!
3. Erarbeite sprachliche Besonderheiten des mittelalterlichen Lateins im Vergleich zum klassischen Latein Caesars!
4. Dieses Gedicht wird als Vagantenbeichte betitelt. Nenne die „Vergehen", die der Verfasser zu beichten hat!
5. a) Arbeite inhaltlich und sprachlich die Elemente heraus, die diese Beichte als Parodie kennzeichnen!
   b) Welche Stilmittel verwendet der Archipoeta hauptsächlich? Erläutere, inwiefern sie die Aussage des Gedichtes unterstützen!

LW

ancilla, -ae	Magd
avis, -is *f*	Vogel
clērus, -ī	Geistlicher
faciēs, -ēī *f*	Gesicht
folium -ī	Blatt
gravitās, -ātis *f*	Ernst, Würde, Schwere
iocus, -ī	Scherz
nummus, -ī	Münze
prōpositum, -ī	Absicht, Vorhaben, Plan
taberna, -ae	Gastwirtschaft
arduus, -a, -um	steil, mühevoll, beschwerlich; schwierig
īgnāvus, -a, -um	feige
libēns, -ntis	willig, gern, mit Vergnügen
prāvus, -a, -um	schlecht, böse
subtilis, -e	fein, feinfühlig
adiungere, -iungō, -iūnxī, -iūnctum	anschließen, hinzufügen
carēre, careō, caruī *m. Abl.*	*etw.* entbehren, nicht haben
cōnfitērī, -fiteor, -fessus sum	gestehen
gradī, gradior, gressus sum	gehen, schreiten
induere, induō, induī, indūtum	anziehen, anlegen, bedecken
spernere, spernō, sprēvī, sprētum	verschmähen
volvere, volvō, volvī, volūtum	drehen, wälzen, rollen; überlegen

EW Erkläre Herkunft und Bedeutung: Folie – Taverne – Konfession – subtil – grave (frz.)!

Zum Weiterlesen und Vertiefen

Trinkfreudige Zeitgenossen

Zechgesänge in lateinischer Sprache und vor allem auch Klagen über Trinker, die aus allen Gesellschaftsschichten und Berufen kommen, sind seit jeher sehr verbreitet.
Schon der Dichter Martial (vgl. III., 3.1, S. 187 ff.) äußerte sich über die Trinkgewohnheiten mancher Zeitgenossen.

Ep. I, 28

> Hesterno fetere mero qui credit Acerram
> fallitur: In lucem semper Acerra bibit.

1 hesternus, -a, -um gestrig – **fetere** ~ foetere, foeteo eine Fahne *(vom Trinken)* haben – **merum, -i** reiner Wein – **Acerra** *Männername*

Ep. XII, 12

> Omnia promittis, cum tota nocte bibisti;
> mane nihil praestas. Pollio, mane bibe!

2 mane am Morgen – **praestare** *hier ein Versprechen* einhalten – **Pollio** *Männername*

Auch Benedikt von Nursia (um 480–547), Begründer des christlichen Mönchtums und des Klosters Monte Cassino bei Rom, sah sich mit dem oft hemmungslosen Weingenuss der Mönche und Geistlichen konfrontiert. In seiner *Regula Sancti Benedicti (40)* äußert er sich dazu:

„… Doch mit Rücksicht auf die Bedürfnisse der Schwachen meinen wir, dass für jeden täglich eine Hemina[1] Wein genügt. Wem aber Gott die Kraft zur Enthaltsamkeit gibt, der wisse, dass er einen besonderen Lohn empfangen wird. Ob ungünstige Ortsverhältnisse, Arbeit oder Sommerhitze mehr erfordern, steht im Ermessen des Oberen. Doch achte er darauf, dass sich nicht Übersättigung oder Trunkenheit einschleichen. Zwar lesen wir, Wein passe überhaupt nicht für Mönche. Aber weil sich die Mönche heutzutage davon nicht überzeugen lassen, sollten wir uns wenigstens darauf einigen, nicht bis zum Übermaß zu trinken, sondern weniger. Denn der Wein bringt sogar die Weisen zu Fall. …"

(Übersetzung: Salzburger Äbtekonferenz, 1992)

Mittelalterliche Darstellung von Wurfzabelspielern aus dem Codex Buranus (13. Jh.), Wurfzabel war ein mittelalterliches Würfelbrettspiel.

[1] Hemina: ein Becher zu 0,273 Liter

4.2 DIE HUMANISTEN

Vor allem die italienischen Humanisten wie Petrarca und Boccaccio entdeckten das klassische Latein, besonders das Latein Ciceros wieder. Sie wollten „zurück zu den Anfängen", *ad fontes*, und die lateinische Sprache von allen Einflüssen befreien, die sie in der Zeit nach dem Fall des Römischen Reiches und im Mittelalter „verunreinigt" hatten. Beispielsweise schrieb man „ae" oder „e" (*penitens* neben *paenitens*, siehe Vagantenbeichte). Cicero wurde in der Prosa und Vergil in der Poesie das Vorbild. Deren Sprache wurde von den Humanisten zur allgemein gültigen Sprachnorm erhoben.

4.2.1 Francesco Petrarca

Petrarca gehört zusammen mit Dante und Boccaccio zu den wichtigsten italienischen Dichtern seiner Zeit. In Arezzo als Sohn eines aus Florenz verbannten Notars 1304 geboren, wuchs Petrarca teils in Italien, teils im französischen Avignon auf. Nach einem Jurastudium erhielt er im Jahr 1326 die Priesterweihe. Von 1330–1347 stand er im Dienst von Kardinal Giovanni Colonna. Die Bewunderung für die antike Literatur Roms und Griechenlands veranlasste ihn, die klassischen Autoren gründlich zu studieren. Er machte es sich zur Aufgabe, die lateinischen Texte, in die sich durch mehrfaches Abschreiben oft Fehler geschlichen hatten, von diesen Fehlern zu bereinigen. Er verfasste zahlreiche Werke in lateinischer und italienischer Sprache.

In seinem auf Italienisch verfassten Gedicht *Canzoniere* besingt er die Liebe zu Laura und erweist sich als Meister der Liebeslyrik. Die Gedichte an Laura üben auf die europäische Dichtung so großen Einfluss aus, dass diese Stilform ein Vorbild für die Renaissancelyrik wird. Man bezeichnet die formale als auch inhaltliche Nachahmung von Francesco Petrarca später als Petrarkismus. Seine umfangreichen, oft in Hexametern verfassten Kunstbriefe sind auf Lateinisch geschrieben und richten sich an Tote wie an Lebende.

Francesco Petrarca (um 1450), Fresko,
Andrea di Bargilla (ca. 1418–1457),
Galleria degli Uffizi, Florenz

4.2.2 Romreisen

Der folgende Text ist ein Brief, den Petrarca an den Kurienkardinal Giovanni Colonna geschrieben hat, in dessen Auftrag er 1333 bzw. 1337 zahlreiche diplomatische Reisen unternahm.

Epistolae ad familiares II, 14, gekürzt

Ad eundem Iohannem de Columna cardinalem ab urbe Roma.

Ab urbe Roma quid exspectet, qui tam multa de montibus acceperit? Putabas me grande aliquid scripturum, cum Romam pervenissem. Ingens mihi forsan in posterum scribendi materia oblata est; in praesens nihil est quod incohare ausim, miraculo rerum tantarum et stuporis mole obrutus. Unum hoc tacitum noluerim: contra ac tu
5 suspicabaris, accidit. Solebas enim, memini, me a veniendo dehortari, hoc maxime praetextu ne, ruinosae urbis aspectu famae non respondente atque opinioni meae ex libris conceptae, ardor meus ille lentesceret. … Vere maior fuit Roma, maioresque sunt reliquiae quam rebar. Iam non orbem ab hac urbe domitum, sed tam sero domitum miror. Vale.   Romae, Idibus Martiis, in Capitolio

---

1 quid exspectet *ergänze* is – **qui tam multa de montibus acceperit** *Mit diesen Worten spielt Petrarca auf die Besteigung des Mont Ventoux in der Provence im Jahre 1336 an.* – **2 grandis, -e** groß, bedeutend, erhaben →LW – **forsan** ~ fortasse – **in posterum** für später – **3 materia, -ae** Stoff, Material zum Schreiben – **in praesens** im Moment, jetzt – **nihil est, quod** es gibt nichts, was – **incohare** beginnen, anfangen – **ausim** *Optativ von* audere – **miraculum, -i** Wunder, Wunderwerk – **4 stupor, -oris** *m* Staunen →LW – **moles, -is** *f* Last – **obrutus, -a, -um** überwältigt – **tacitum nolle** nicht mit Schweigen übergehen – **suspicari** vermuten – **4/5 contra ac tu suspicabaris** das Gegenteil dessen, was du vermutetest – **5 accidit** es ereignet sich – **dehortari** *m. Abl. von etw.* abraten – **maxime** besonders – **6 praetextus, -us** *m* Grund, Vorwand →LW – **ruinosus, -a, -um** baufällig, eingestürzt – **respondere** *m. Dat. einer Sache* entsprechen – **aspectu non respondente** *Abl. abs.* wenn der Anblick nicht entspräche; *ordne* aspectu urbis ruinosae famae atque opinioni meae ex libris conceptae non respondente – **opinio, -onis** *f* Vermutung, Erwartung – **7 lentescere** erlahmen, sich abschwächen – **8 reri** meinen, glauben →LW – **orbis, -is** *m* Erdkreis – **domare, domo, domui, domitum** unterwerfen – **sero** spät

Das Forum Romanum heute, Saturntempel

Conrad Celtis (1459–1508), der berühmteste Vertreter des Humanismus in Deutschland und Entdecker der *Tabula Peutingeriana*[1], machte 1486 eine Romreise. Doch Wehmut ergreift ihn, als er, der große Bewunderer des augusteischen Roms, die verfallende Stadt sieht. In einem seiner Epigramme ruft er Folgendes aus:

Ep. II, 6

> Quid superest, o Roma, tuae nisi fama ruinae
> de tot consulibus Caesaribusque simul?
> Tempus edax sic cuncta vorat nilque exstat in orbe
> perpetuum. Virtus scriptaque sola manent.

1 **ruina, -ae** Zusammenbruch → LW – **2** **simul** *Adv.* zugleich, gleichzeitig → LW – **3 edax, -acis** gefräßig – **vorare** verschlingen – **nil** ~ nihil – **exstare** Bestand haben

Aufgaben

1. Benenne Modus und Zeitstufe von *exspectet* (S. 129, Z. 1) und *noluerim* (S. 129, Z. 4)!
2. Bestimme die Formen *scribendi* (S. 129, Z. 2) und *a veniendo* (S. 129, Z. 5)!
3. Fasse die Vorbehalte Petrarcas gegen seine Romreise zusammen und stelle anschließend dar, inwiefern seine Erwartungen erfüllt werden!
4. Beschreibe die Gefühle, die in Conrad Celtis beim Anblick der Stadt Rom geweckt werden!
5. Vergleiche die Aussagen von Petrarca und von Conrad Celtis bezüglich der Größe und des Fortlebens Roms und seiner Kultur!

LW

praetextus, -ūs *m*	Grund, Vorwand
ruīna, -ae	Zusammenbruch
stupor, -ōris *m*	Staunen
grandis, -e	groß, bedeutend, erhaben
rērī, reor, ratus sum	meinen, glauben
simul *Adv.*	zugleich, gleichzeitig

EW Erkläre Herkunft und Bedeutung: Ruin – stupido (it.) – grand (frz.)!

---

[1] Römische Straßenkarte aus dem 4. Jh. n. Chr, die nach dem Augsburger Humanisten Konrad Peutinger benannt wurde. Sie gelangte im Jahr 1507 in seinen Besitz.

5. BAROCKES LATEIN AUF DER MARIENSÄULE IN MÜNCHEN

Die Mariensäule befindet sich auf dem Marienplatz vor dem Neuen Rathaus. Es handelt sich um eine 11 Meter hohe Marmorsäule, deren Spitze von der vergoldeten Marienfigur gekrönt wird. Marienverehrung wurde gerade zur Zeit des 30-jährigen Krieges ein besonderes Kennzeichen des katholischen Glaubens. Der Weihetext, der sich auf der West- und Ostseite der Säule befindet, lautet folgendermaßen:

DEO OPT. MAX.
VIRGINI DEIPARAE BOICAE
DOMINAE BENIGNISSIMAE
PROTECTRICI POTENTISSIMAE
5 OB PATRIAM VRBES
EXERCITVS
SEIPSVM DOMVM ET SPES SVAS
SERVATAS
HOC PERENNE
10 AD POSTEROS MONVMENTVM
MAXIMILIANVS
COM. PAL. RHENI VTR. BAV. DVX
S.R. IMP. ARCHIDAP. ET ELECTOR
CLIENTVM INFIMVS
15 GRATVS SVPPLEXQVE P(osuit)
MDCXXXIIX VII IDVS NOVEMB.

2 deipara, -ae Gottesmutter – **boicus, -a, -um** bayerisch – **3 benignus, -a, -um** gütig, freundlich, gnädig, wohltätig → LW – **4 protectrix, -tricis** *f* Beschützerin – **potens, -ntis** mächtig, einflussreich → LW – **5 ob ... servatas** wegen der Errettung von ... – **9 perennis, -e** dauernd, beständig, bleibend – **10 posteri, -orum** *Pl.* Nachkommen, Nachfahren → LW – **11 Maximilianus** *Kurfürst Maximilian I.; 1597 Herzog von Bayern und ab 1623 Kurfürst des Heiligen Römischen Reiches* – **12 Com Pal** *comes Palatinus* Pfalzgraf – **utr bav dux** *utriusque Bavariae Dux* Herzog zu beider Bayern; *diese Bezeichnung bezieht sich auf die damalige Teilung des Herzogtums in Ober- und Niederbayern* – **13 S R Imp Archidap** *sacri Romani imperii Archidapifer* des Heiligen Römischen Reiches Erztruchsess – **elector, -oris** *m* Kurfürst – **14 cliens, -ntis** *m* hier Schutzflehender → LW – **15 supplex, -icis** demütig bittend, flehend → LW

Marienplatz von München mit der Mariensäule, errichtet 1638 von Kurfürst Maximilian I.

Aufgaben

1. Bilde die männliche Form von *protectrix* (Z. 4) (→GR 2, S. 208)!
   Mit welchem Verbum ist das Nomen verwandt?
2. Gruppenarbeit:
   Informiert euch in einem Geschichtsbuch oder im Internet über den bayerischen Herzog Maximilian I. zu Beginn und während des 30-jährigen Krieges!
   a) Welche Rolle spielte er?
   b) Benennt seine politischen Gegner und deren Absicht!
   c) Welches politische Ziel verfolgte Maximilian?
   d) Beschreibt die Situation Münchens im 30-jährigen Krieg und ganz besonders im Jahr 1632!
3. a) Erstelle eine kurze Übersicht, wie im Lateinischen das Datum ausgedrückt wurde!
   b) Erkläre die Datierung innerhalb des römischen Monats nach Kalenden, Iden und Nonen!
   c) Drücke das heutige Datum auf Lateinisch aus!

LW

cliēns, -ntis *m* — Schutzflehender; Klient
posterī, -ōrum *Pl.* — Nachkommen, Nachfahren
benīgnus, -a, -um — gütig, freundlich, gnädig, wohltätig
potēns, -ntis — mächtig, einflussreich
supplex, -icis — demütig bittend, flehend

EW Erkläre Bedeutung und Herkunft: Potenz – supplier (frz.)!

Zum Weiterlesen und Vertiefen

Inschriften in München

Die Inschrift auf den Schilden der vier barocken Putti am Sockel der Mariensäule (s. Abbildung), die 1641 platziert wurden, lautet folgendermaßen:

SVPER ASPIDEM ET BASILISCVM AMBVLABIS ET LEONEM ET DRACONEM CONCALCABIS.

Über die Schlange und den Basilisken wirst du schreiten und den Löwen und den Drachen wirst du zertreten.[1]

---

[1] Schlange, Basilisk, Löwe und Drache stehen hier für Ketzerei, Pest, Krieg und Hunger. Es wird Mariens Sieg darüber versinnbildlicht (vgl. Psalm 91, V. 13).

Die Mariensäule wurde am 7. November 1638 durch den Freisinger Bischof Veit Adam von Gepeckh eingeweiht. Kurfürst Maximilian soll zu diesem Anlass das oft zitierte zeitgenössische neulateinische Fürbittgebet des Jesuitendichters Jakob Balde (1604–1668) gesprochen haben:

Rem regem regimen regionem religionem conserva Bavaris, Virgo Patrona, tuis!

Erhalte, Jungfrau Maria, die Sache, den Herrn, die Ordnung, das Land und die Religion deinen Bayern!

Bronzestatue der Patrona Bavariae,
Fassade der Münchner Residenz

Auch an der Ludwig-Maximilians-Universität findet man lateinische Inschriften:

NE QVID FALSI AVDEAT
NE QVID VERI NON AVDEAT
DICERE SCIENTIA

Die Wissenschaft solle es nicht wagen, etwas Falsches zu sagen oder etwas Wahres nicht zu sagen.

VIS CONSILI
EXPERS MOLE
RUIT SUA

Kraft ohne Einsicht fällt durch die eigene Wucht zusammen.

6. BLICK AUF DIE GEGENWART

Seit dem 17. Jahrhundert wurde die lateinische Sprache einhergehend mit dem Erstarken der Nationalsprachen immer weiter zurückgedrängt. Im Jahr 1681 erschienen beispielsweise mehr Bücher in deutscher als in lateinischer Sprache. Aber sie blieb bis ins 19. Jahrhundert die internationale Sprache der Wissenschaft. Im ausgehenden 18. Jahrhundert entwickelte sich die Stilrichtung des Klassizismus, dessen Vorbild die römische und griechische Antike war. Überall entstanden klassizistische Bauwerke. Hier seien vor allem Napoleon I. und König Ludwig I. von Bayern erwähnt, beide Verehrer des antiken Griechenlands, die zahlreiche Gebäude im klassizistischen Stil errichten ließen, z. B. den Arc de Triomphe in Paris oder den Königsplatz in München.

Auch an den Gymnasien spielte das Erlernen der alten Sprachen noch im 19. Jahrhundert eine maßgebliche Rolle. Aufsätze in lateinischer Sprache mussten zum Abitur verfasst werden. Im Jahr 1835 sollte Karl Marx die Frage *„An principatus Augusti merito inter feliciores rei publicae Romanae aetates numeretur"* beantworten. 1882 sollten die Schüler des Friedrichs-Gymnasiums in Herford zu folgender Aussage Stellung nehmen: *„Romani iustitiam etiam erga hostes servaverunt."* Erst unter Wilhelm II. wurde der verpflichtende Abituraufsatz in lateinischer Sprache abgeschafft.[1]

Auch in unserer Zeit lebt die lateinische Sprache weiter. In vielen Bereichen des Lebens finden wir lateinische Spuren, sei es in Fremd- oder Lehnwörtern aus dem Lateinischen oder im Alltagsleben.

Als Beispiel soll unser Kalender dienen. Da wir unseren Kalender von den Römern übernommen haben, sind auch unsere Monatsnamen lateinischen Ursprungs. Julius Caesar fügte den ursprünglich zehn Monaten des altrömischen Kalenders zwei neue hinzu, die den alten Monaten vorangestellt wurden. Diese beiden Monate waren Januar und Februar, benannt nach dem Gott *Janus* und dem Fest *Februa* zur Reinigung der Lebenden und Sühnung der Verstorbenen (*februare* „reinigen"). Die folgenden Monate verschoben sich nun. März, Mai und Juni wurden ebenfalls nach römischen Göttern benannt, nämlich Mars, Maia (römische Göttin des Wachstums) und Juno. Der Monat April leitet seinen Namen vom römischen Wort *aperire* („öffnen, aufblühen") ab. Juli und August tragen ihre Namen nach Julius Caesar und Augustus. Der im altrömischen Jahr 7. Monat September (*septem*) behielt seine alte Bezeichnung, obwohl er nun der 9. Monat des Jahres war. Beim Oktober (*octo*), November (*novem*) und Dezember (*decem*) wurde ebenso verfahren.

Römischer Steckkalender,
Römisch-Germanisches Zentralmuseum, Mainz

---

[1] Bölling, R., Lateinische Abiturarbeiten am altsprachlichen Gymnasium von 1840–1990, in: Pegasus-Online IX/2, 2009

Promotionsurkunden werden auf Wunsch noch heute in lateinischer Sprache verfasst. Eine hervorragende Arbeit wird mit *summa cum laude* beurteilt.

Es gibt auch regelmäßig Nachrichten in lateinischer Sprache. Zum Beispiel sendet der finnische Hörfunk seit 1989 wöchentlich, Radio Bremen seit 2001 monatlich lateinische Nachrichten, die sogenannten *nuntii Latini*.

6.1 DIE BEDEUTUNG DER LATEINISCHEN SPRACHE

Der folgende, gekürzte Text stammt von Papst Johannes XXIII (1958–1963). In einer *Constitutio Apostolica* aus dem Jahr 1962 – einem Erlass des Papstes, in dem ein bestimmter Sachverhalt des Kirchenrechts geregelt wird – tritt dieser für die Pflege der lateinischen Sprache ein.

In varietate linguarum ea profecto eminet, quae primum in Latii finibus exorta, deinde postea mirum quantum ad christianum nomen in occidentis regiones disseminandum profecit. Lingua Latina ad provehendum apud populos quoslibet omnem humanitatis cultum est peraccommodata: cum invidiam non commoveat, singulis gentibus se aequa-
5 bilem praestet, nullius partibus faveat, omnibus postremo sit grata et amica. Neque hoc neglegatur oportet, in sermone Latino nobilem inesse conformationem et proprietatem; siquidem loquendi genus pressum, locuples, numerosum, maiestatis plenum et dignitatis habet, quod unice et perspicuitati conducit et gravitati.
His de causis Apostolica Sedes nullo non tempore linguam Latinam studiose asser-
10 vandam curavit eamque dignam existimavit, qua tamquam magnifica caelestis doctrinae sanctissimarumque legum veste uteretur ipsa in sui exercitatione magisterii, eademque uterentur sacrorum administri.

Bei der Vielfalt von Sprachen ragt in der Tat die hervor, die zuerst im Gebiet von Latium entstanden ist und dann später auf erstaunliche Weise besonders zur Verbreitung des Namens von Christus im Westen beigetragen hat. ... Die lateinische Sprache ist sehr geeignet, bei jedem beliebigen Volk Bildung und Menschlichkeit zu fördern: Denn sie erzeugt keinen Neid, erweist sich jedem einzelnen Volk gegenüber als unparteiisch, gibt keinem den Vorzug, ist schließlich allen willkommen und gefällig. Und man darf nicht vergessen, dass der lateinischen Sprache eine vornehme Gestaltung und Eigenart innewohnt; sie hat nämlich eine knappe, reiche, rhythmische Ausdrucksweise und ist voller Größe und Würde, dies nützt in außerordentlicher Weise der Klarheit und der Bedeutsamkeit.

Aus diesen Gründen bemühte sich der Heilige Stuhl zu jeder Zeit darum, die lateinische Sprache eifrig zu bewahren, und erachtete sie für würdig, dass sie die Diener der Religion bei der Ausübung des Lehramts verwenden gleichsam als das prächtige Gewand der himmlischen Lehre und der heiligsten Gesetze.

Aufgaben

1. a) Benenne die Konstruktion *ad christianum nomen ... disseminandum* (Z. 2)!
   b) Übersetze nun folgende Wendungen:
   operam dare linguae Latinae – libri ad discendam linguam Latinam apti – multum temporis in libris legendis consumere!
2. Benenne die Stilfigur *nullo non tempore* (Z. 14) und untersuche, wie dieses Stilmittel die Aussage eines Textes betont!
3. Das Erlernen und die Pflege der lateinischen Sprache sind auch heute noch sinnvoll! Fasse die Gründe, die er darlegt, zusammen!
4. Finde eigene Argumente, um eine andere Person davon zu überzeugen, dass man die lateinische Sprache auch heute erlernen soll!

Bild des Petersplatzes, der von zwei Seiten von Säulengängen umschlossen ist
(Gian Lorenzo Bernini, zwischen 1656 und 1667)

LW

gravitās, -ātis *f*	Ernst, Würde, Schwere
occidēns, -ntis *m*	Westen, Abendland
aequābilis, -e	gleichmäßig, unparteiisch
asservāre	bewahren
condūcit *m. Dat.*	es nützt *jmdm.*
ēminēre, ēmineō, ēminuī	herausragen, hervortreten
exorīrī, -orior, -ortus sum	sich erheben, entstehen

EW Erkläre Herkunft und Bedeutung: Okzident – Asservatenkammer – eminent!

6.2 DIE EUROPAHYMNE

Bei einem Wettbewerb, einen Text zur Europahymne zu verfassen, der im Jahr 2004 vom Vizepräsidenten des Europäischen Parlaments ausgeschrieben worden war, gingen rund 200 Vorschläge ein.

Hymnus Latinus Europae

Est Europa nunc unita
et unita maneat;
una in diversitate
pacem mundi augeat.
5 Semper regant in Europa
fides et iustitia
et libertas populorum
in maiore patria.
Cives, floreat Europa,
10 opus magnum vocat vos.
Stellae signa sunt in caelo
aureae, quae iungant nos.

1 unitus, -a, -um vereint – **3 diversitas, -atis** *f* Verschiedenheit – **9 florere** blühen – **12 aureus, -a, -um** *zu* aurum – **iungere** verbinden

Aufgaben

1. Suche alle Verben im Konjunktiv und bestimme jeweils dessen Funktion!
2. *stellae* und *caelo* (Z. 11) sind im übertragenen Sinn zu verstehen.
   Erkläre deren Bedeutung im Kontext der Hymne!
3. Informiere dich über die Entstehung der Europahymne!
   Nach welcher Melodie wird sie gespielt?
4. Sind Nationalhymnen noch zeitgemäß?
   Diskutiert über die Bedeutung einer Hymne im Allgemeinen und überlegt, welchen Sinn eine Europahymne mit lateinischem Text haben könnte!

Zum Weiterlesen und Vertiefen

Zum Abschluss noch einige lateinische Nachrichten, die in einer Wiener Tageszeitung erschienen sind. Viele neulateinische Wortbildungen kannst du selbst erschließen.

De vehiculis amphibiis *(Nuntii Latini Nr. 478 vom 24. 08. 2003)*

Aqua iter cuiusdam autoraedarii finitum est, qui in oppido Hiemeregum navem traiectoriam Rhenanam assequi voluit. Qui vir 63 annos natus ultimo momento suum vehiculum in navem proficiscentem vehere conatus erat, sed cum ostio posteriore, quod iam sursum trahebatur, colliserat et in flumen deciderat. Cum viro tandem contingeret, 5 ut per vadum ad ripam perveniret, eius vehiculum amphibium factum a siphonariis conditum est.

> **1 autoraedarius, -i** Autofahrer – **Hiemeregum** *die Stadt* Königswinter – **navis traiectoria** Autofähre – **2 Rhenanus, -a, -um** *Adj. zu* Rhenus – **3 vehere** fahren – **conari, conor, conatus sum** versuchen – **ostium posterius** Heckklappe – **4 sursum** aufwärts – **decidere, decido, decidi** herunterfallen – **5 vadum, -i** seichte Stelle – **siphonarii, -orum** *Pl.* Feuerwehr – **6 condere, condo, condidi, conditum** bergen

Magnus autoraediorum numerus in Indico capite Novo Delhi aqua mergitur. Postquam imbres vento Monsunio effecti orti sunt, astuti possessores variarum officinarum reparatoriarum iterum atque iterum defluvia viarum obstruunt, ut multa vehicula in viis 10 sistantur. „Officinae eo modo magna lucra faciunt", quidam magistratus dixit. Nunc 230 custodes defluviorum prospiciant, ut viae urbanae (neque non autoraedae) siccae maneant.

> **7 Indicus, -a, -um** *Adj. zu* India – **caput, -itis** *n* Hauptstadt – **aqua mergi** überflutet werden – **8 imber, -bris** *m* Regenfall – **efficere** bewirken – **oriri, orior, ortus sum** entstehen – **astutus, -a, -um** listig – **officina reparatoria** Autowerkstatt – **9 iterum atque iterum** immer wieder – **defluvium, -i** Abfluss – **obstruere, -struo** verstopfen – **10 sisti** *hier* liegen bleiben – **lucrum, -i** Gewinn – **11 prospicere** *m. Dat.* sorgen *für* – **siccus, -a, -um** trocken

Semper infans *(Nuntii Latini Nr. 436 vom 07. 08. 2002)*

Josephus Dickinson, Anglicus pensionarius 103 annos natus, a quodam valetudinario ad explorationem medicam invitatus est – una cum suis parentibus. Hoc autem facere non potuit: Mater iam 40, pater iam 60 annis ante mortuus erat. Administratores valetudinarii se apud senem de errore excusaverunt. „Putamus aliquem officialem eius annum 5 natalem 1899 anno 1999 commutavisse" quidam locutor instituti clinici universitatis urbis Hartlepool dixit. Ita illum persuasum habuisse Iosephum solum tres annos natum esse et non nisi a parentibus comitatum venire posse. ...

> **1 valetudinarium, -i** Krankenhaus – **2 exploratio, -onis** *f* Untersuchung – **una cum** zusammen mit – **3 administratores valetudinarii** Leitung des Krankenhauses – **4 officialis, -is** *m* Sachbearbeiter – **annus natalis** Geburtsjahr – **5 commutare** verwechseln – **locutor, -oris** *m Subst. zu* loqui – **7 comitari** begleiten

III. LIEBE – LASTER – LEIDENSCHAFT

„Difficilis, facilis, iucundus, acerbus es idem:
Nec tecum possum vivere nec sine te."

(Martial, *Epigrammata XII, 46*)

1. EINFÜHRUNG

Die Römer sahen in Venus ihre Ahnherrin. Sie war in der römischen Mythologie die Tochter Jupiters und die Göttin der Schönheit, der Liebe und der Fruchtbarkeit. Venus verkörpert Glück und Wohlstand. Betrachtet man antike Frauenstatuen, so ist Venus sofort erkennbar am dezenten Faltenwurf ihres Gewandes, der die formvollendete Schönheit ihrer Gestalt zum Ausdruck bringt. Venus ist aber auch in der Astrologie der Planet, der für Liebe, Leidenschaft, Harmonie und Freundschaft steht. Venus gilt als der hellste Planet, weil ihre Wolken das Sonnenlicht zusätzlich reflektieren. Man sieht sie nur einige Monate im Jahr, abends und morgens vor der Dämmerung.

Venus von Capua (4. Jh. n. Chr.), Museo Archeologico Nazionale, Neapel

Venus ist Aeneas' Mutter, jenes trojanischen Helden, der Anchises, seinen greisen Vater, auf den Schultern trug, seinen kleinen Sohn Ascanius (Iulus) an der Hand führte, eine Schar von tapferen Männern und Frauen aus dem brennenden Troja rettete.

Er folgte nach seinem Auszug aus Troja dem Willen der Götter, im Besonderen dem Willen seiner Mutter Venus, und gelangte nach langen und gefährlichen Irrfahrten an die Küste Latiums, wo er die Stadt Lavinium gründete. Somit wurde Aeneas zum Ahnherrn der Römer und Stammvater des julischen Herrscherhauses. Denn Romulus, der spätere Gründer Roms, und Remus waren seine Nachkommen: die Söhne der vestalischen Priesterin Rhea Silvia, einer Tochter des Königshauses, und des Kriegsgottes Mars. Damit waren Romulus und Remus mütterlicher- und väterlicherseits göttlicher Herkunft. Die Zwillinge wurden ausgesetzt, unklar bleibt, weswegen und durch wen: wegen des Verstoßes gegen das Keuschheitsgelübde der vestalischen Priesterin oder aus Gründen der Erbfolge.

Allerdings war nur einer von beiden zur Herrschaft über das künftige Rom bestimmt. So beginnt die Geschichte der Römer ebenso wie die Geschichte der Menschheit in der Bibel mit einem Brudermord: Kain tötet Abel, Romulus tötet Remus.

Rom wuchs und gedieh, Könige, Konsuln, Diktatoren herrschten, es folgte eine Zeit erbitterter Bürgerkriege und der Korruption. Das verarmte Volk ersehnte Frieden und Wohlstand, selbst unter Preisgabe der *res publica*, des Staates als Sache des Volkes. Der Prinzipat, die Herrschaft eines *princeps inter pares*, löste die *res publica* ab. Hatte bereits C. Iulius Caesar immer wieder seine Abstammung aus der *gens Iulia*, zurückgehend auf Aeneas' Sohn Iulus, betont und begonnen, die hohen Ämter im Staat auf seine Person zu vereinen, so hatte er dies noch mit seinem Leben bezahlt. Nach der Schlacht bei Actium im Jahr 31 v. Chr. war die Zeit reif für einen einzigen Mann, der den Staat lenkte. Nach blutigen Kämpfen erlangte Octavian, der Großneffe Caesars und spätere Kaiser Augustus, diese Position. Seine Legitimation durch die Abstammung von der Göttin Venus war in der augusteischen Herrschaftspropaganda überall und ständig präsent. Rom stand vor einer Ära des Friedens und Gedeihens.

Betrachten wir die Zeitzeugnisse, so erkennen wir die Bedeutung des Themas „Liebe, Laster und Leidenschaft" für die Autoren der Zeit, sei es die Zuneigung und Liebe innerhalb der Familie, in der Freundschaft oder in der erotischen Liebe. Dass die Römer Lastern nicht abgeneigt waren, spiegelt sich in lästernden Epigrammen über lasterhafte Leidenschaften von Zeitgenossen wider.

In der Zeit des Umbruchs von Republik zu Prinzipat beschäftigten diese Themen die geistvollen Dichter Roms. Sie lösten sich von staatstragender Epik und Geschichtsschreibung und rückten weit mehr das Individuum und seine Bedürfnisse, aber auch das literarische Spiel in den Vordergrund, als dies zu Zeiten der Republik denkbar gewesen wäre.

Der Themenbereich ist in zwei Teile gegliedert: Der erste Teil beschäftigt sich mit Gedichten über „Freundschaft – Liebe – Leidenschaft". In den *Carmina* Catulls finden wir Zeugnisse innigster Liebe und Freundschaft, Verbundenheit im gemeinsamen Tun, Hoffnung und Verzweiflung, Trauer und Hass neben bösen Schmähschriften. In der *Ars amatoria* erteilt Ovid praktische Ratschläge, wie sich lieben Wollende oder bereits Liebende zu rüsten haben. Im zweiten Teil „Laster – Lästern – Leidenschaft" begegnet uns in Epigrammen Martials die Freude am Lästern über Laster und Leidenschaften. Den Abschluss dieses Themenbereichs bilden ausgewählte Spottgedichte Catulls, die einen Bogen zum ersten Teil des dritten Themenbereichs sowie zu Caesar als Schwerpunktautor des ersten Themenbereichs „Macht und Politik" spannen.

Jeder der drei Hauptzeugen zum Thema, Catull, Ovid, Martial, hat einen anderen Lebenshintergrund, folgt anderen Vorbildern und steckt sich eigene Ziele. Wir sehen eine Zeit, die dem Wandel unterliegt, und lernen die Römer von einer ganz anderen Seite kennen: Die Männer sind nicht nur Politiker und Heerführer, ihre Frauen nicht nur Matronen, die ihr Leben ausschließlich an Herd und Webstuhl verbringen, sondern feingeistige, dem Leben zugetane Menschen mit Stärken und Schwächen, Freud und Leid, mit Gefühlen und Ambitionen.

Neben diesen Hauptvertretern zum Thema „Liebe – Laster – Leidenschaft" begegnen uns die griechische Dichterin Sappho und die römische Elegikerin Sulpicia. Wir vernehmen Ciceros Aussagen zu Clodia. Wir erfahren, dass Schoßhündchen keine Marotte der Gegenwart sind, sondern bereits in der Antike sehr beliebt waren. Begleittexte von Thomas Campion und Thornton Wilder spannen den Bogen zur Neuzeit.

Anmerkung: Die Versangaben hier beziehen sich auf den Originaltext. Aufgrund der notwendigen Kürzungen erscheinen die Versangaben in den Texten dennoch laufend. Auslassungen werden nicht gesondert verzeichnet.

Bildtitel zur Startseite: Acme and Septimius (1868), Frederic Leighton (1830–1896), Ashmolean Museum, University of Oxford

2. FREUNDSCHAFT – LIEBE – LEIDENSCHAFT

Die Dichterin Sappho

Sappho war eine griechische Dichterin. Sie lebte von ca. 630–570 v. Chr. auf der Insel Lesbos, die in dieser Zeit als kulturelles Zentrum galt, und unterhielt dort eine Schule der musischen Bildung für Mädchen.

Sappho gilt als die bedeutendste Lyrikerin der Antike und die erste der Weltliteratur. In der Bibliothek von Alexandria wurde sie in den Kanon der neun Lyriker aufgenommen. Bereits im Altertum wurde ihre klare und ausdrucksstarke Sprache gerühmt. Sie wurde zu einem Vorbild des römischen Dichters Horaz. Catull beeindruckten Sapphos Gedichte so sehr, dass er sie in einigen Gedichten nahezu zitierte (vgl. z. B. C. 51, S. 150). Von Sappho sind uns verschiedene Gedichte, darunter Liebes- und Hochzeitsgedichte, überliefert, manche leider nur bruchstückhaft.

Zwei Jahrhunderte nach Sapphos Tod begeisterten ihre Gedichte sogar den staatsphilosophischen Denker Platon so, dass er Sappho als „zehnte Muse" bezeichnete.

Nach ihr wird die vierzeilige „sapphische Strophe" benannt, die sowohl später in der römischen, so bei Catull und Horaz, als auch noch in der modernen Dichtung wegen ihrer besonderen Melodik zu finden ist. Lyrik wurde in der Antike gesungen und ist damit Teilbereich der Musik, der eigentlichen Musenkunst.

Sappho mit der Lyra, J. F. Cazenave (um 1770), Privatsammlung, Frankreich

Bereits Sappho beschäftigte sich mit der Frage, was dem Menschen wohl am meisten am Herzen liege. Ihre Antwort erhalten wir in folgendem Fragment:

Das Schönste

Dieser sagt von Reitern und der vom Fußvolk,
mancher auch von Schiffen: auf schwarzer Erde
seien sie das Schönste; doch ich nenn so, wonach
einer sich sehnt.

(Übersetzung: Joachim Schickel)

Hatte Alkaios, ein Zeit- und Dichtergenosse Sapphos auf der Insel Lesbos, in seinem sogenannten „Waffensaalgedicht" die Wirkung von strahlenden Schwertern und Rüstungen beschrieben, die dem Ruhm des Kriegsgottes Ares dienten, so setzte Sappho diese Ideale um in ihre Welt der Frauen, zu Ehren der Göttin Aphrodite.

Sappho dichtete einen Hymnus auf Aphrodite, die Göttin der Liebe und Schönheit. Das Gedicht wurde erst 1937 auf einem Óstrakon, einer Tonscherbe, in Ägypten entdeckt. Sappho zeichnet ein anschauliches Bild der Göttin, wie sie auf ihrem Wagen über den Äther zu den Liebenden eilt. Nicht Pferde, sondern Spatzen ziehen diesen. In der Antike galten Spatzen ebenso wie Tauben als die Vögel der Aphrodite, weil sie als besonders liebesaktive Tiere eingestuft wurden.

Hymnus auf Aphrodite *(gekürzt)*

Bunten Thrones ewige Aphrodite,
Kind des Zeus, das Fallen stellt, ich beschwör dich,
nicht mit Herzweh, nicht mit Verzweiflung brich mir,
Herrin, die Seele.

Nein, komm hierher, so du auch früher jemals
meinen Ruf vernommen und ganz von ferne
hörtest drauf und ließest des Vaters Haus, das
goldne, und kamst, den

Wagen im Geschirre. Dich zogen schöne
schnelle Spatzen über der schwarzen Erde,
Flügel schwirrend, nieder vom Himmel durch die
Mitte des Äthers,

gleich am Ziele. Du aber, Selig-Große,
lächeltest mit ewigem Antlitz ...
(Übersetzung: Joachim Schickel)

Die Neoteriker – Wertschätzung der Subjektivität

Dichtung wurde zum Ausdruck der eigenen Persönlichkeit. Sie wurde Selbstzweck und damit zu gebildeter Dichtung, zu Dichtkunst. Form und Inhalt veränderten sich; die Neoteriker lehnten ein gewaltiges Epos ab und bevorzugten das Epyllion (Kleinepos), sie wollten nicht mehr die tapferen Taten der Helden vorstellen, sondern Themen, die das Individuum beschäftigen, wie Liebe und Freundschaft, Leid und Leidenschaft, Klatsch und Spott. Die Gedichte wurden künstlerisch ausgefeilt, das epische Versmaß des Hexameters zurückgedrängt durch eine Fülle von Versmaßen, die griechischen Vorbildern entstammten. Diese Metren eigneten sich weit mehr für Inhalt und Form der sich neu etablierenden Gattungen des Epyllions, des Epigramms und der Gelegenheitsdichtung.

In Rom fand sich ein eingeschworener Freundeskreis junger Dichter, der sogenannten Neoteriker (griech. *neoteroi*, die Neueren). Lyrische Dichtung war ihr Ziel und ihre Leidenschaft: ein Spiel mit ausgefeilter Sprache und Form. Viele Römer beobachteten diese Entwicklung mit Argwohn. Sie nannten deren Vertreter bisweilen abschätzig *poetae novi*. So zitiert Seneca *(Ep. mor. V, 49, 5)* Cicero, einen Römer, der *gravitas* und *auctoritas* im herkömmlichen Sinne verkörperte: „*Negat Cicero, si duplicetur sibi aetas, habiturum se tempus, quo legat lyricos.*" Dagegen bezeichneten sich die Neoteriker selbstbewusst als *poetae docti*, Dichter mit einem hohen Maß an Bildung und Kunstfertigkeit. Zu ihrem Kreis zählten u. a. Licinius Calvus und Helvius Cinna, von deren Dichtung uns nur Fragmente überliefert sind. Der wichtigste und bekannteste Vertreter war C. Valerius Catullus, der uns eine kleine, aber sehr feine Sammlung von 116 *Carmina* hinterließ.

2.1 C. VALERIUS CATULLUS – STURM UND DRANG IN ROM

2.1.1 Catull: Leben und Werk

Über Catulls Leben wissen wir sehr wenig, das meiste aus seinen eigenen Gedichten, einiges aus teilweise widersprüchlichen Kommentaren. Catull starb wohl sehr früh, etwa im Alter von 30 Jahren. Ein späterer Chronist schreibt zum Jahr 87 v. Chr.:

> *C. Valerius Catullus scriptor lyricus Veronae nascitur.*

und zum Jahr 57 v. Chr.:

> *Catullus XXX aetatis anno Romae moritur.*

Statue des Dichters Catull in Sirmione

Das würde zusammenpassen, würde nicht Catull selbst noch in seinen Gedichten Bezug auf verschiedene Ereignisse bis hin zum Jahr 54 v. Chr. nehmen. So erwähnte er Pompeius' zweites Konsulat im Jahre 55 v. Chr. sowie die Britannienexpedition Caesars. Diese ist für Herbst 55 bis Frühjahr 54 v. Chr. historisch ausreichend belegt.

Hier erwacht nun das Interesse der altphilologischen Forschung: Könnte sich bei der Altersangabe ein Fehler eingeschlichen haben? Könnte bei der Angabe „*XXX aetatis anno … moritur*" im Laufe der Jahrhunderte die zusätzliche *III* (zum 33. Lebensjahr) verloren gegangen sein oder stimmt schlichtweg das Geburtsdatum nicht? Wir können hier zu keinem eindeutigen Ergebnis gelangen. Sei er nun 87 oder erst 84 v. Chr. geboren, wir werden es wohl nicht mehr erfahren.

Was jedoch als sicher gilt, ist, dass Verona seine Geburtsstadt ist. Sie besitzt ein bis heute sehr gut erhaltenes Amphitheater. Catull vergaß seine Wurzeln nie, er kehrte immer wieder gerne in seine Heimat zurück. In *C. 67 (V. 33/34)* spricht Catull von Brixia (dem heutigen Brescia, zwischen dem Lago d' Iseo und dem Lago di Garda) und seiner Stadt Verona:

> *Brixia, Veronae mater amata meae.*

Die Stadt Sirmio (heute Sirmione, auf einer Halbinsel am Südufer des Gardasees gelegen), wo Catull wohl ein kleines Landgut besaß, nannte er in *C. 31 (V. 1)* zärtlich seinen *ocellus* („Liebstes, Augäpfelchen"):

> *Paene insularum, Sirmio, insularumque ocelle!*

paene insula Halbinsel

Catull entstammte einer angesehenen Veroneser Familie, die dem Ritterstand angehörte. Hierzu berichtet uns Sueton *(Div. Iul. 73)*, dass Caesar auf seinen Reisen nach Gallien häufig in Verona die Gastfreundschaft von Catulls Vater genossen hat:

> *Hospitio … patris eius (= Catulli), sicut consuerat, uti perseveravit.*

hospitium, -i Gastfreundschaft – **consuerat** ~ consueverat

Der Vater sandte Catull nach Anlegen der *Toga virilis*, im Alter von etwa 16 Jahren, mit Empfehlungen nach Rom, wohl in der Hoffnung, dass der Sohn die Laufbahn eines angesehenen Staatsmanns einschlagen würde – aber die Dinge kamen auch in der Antike oft anders, als es sich wohlmeinende Eltern vorstellten.

Catull widmete sich dem schöngeistigen Leben in der Hauptstadt, er verkehrte in der feinen Gesellschaft der Zeit. In dieser Welt lernte er wohl auch die Frau kennen, die unter dem Pseudonym „Lesbia" im Zentrum seines dichterischen Schaffens stand. Er hatte Zugang zu den Häusern der großen Politiker und Redner Cicero und Hortensius, Umgang mit Caesar und dessen Günstlingen, was ihn aber auch nicht daran hinderte, unverblümt über diese mächtigen Herren zu lästern.

Catull fand nicht nur mehr und mehr Freude an der Dichtkunst, sondern hierin auch Verbündete. Er schloss sich dem Kreis der Neoteriker an, lernte seine Dichterkollegen Licinius Calvus und Helvius Cinna schätzen und stand mit ihnen im regen gedanklichen Austausch. Ferner verband Catull eine innige Freundschaft mit dem Geschichtsschreiber und Biographen Cornelius Nepos, dem er sein Werk im Eingangsgedicht *Carmen 1* widmet.

Im Frühjahr 57 v. Chr. schlossen sich die Freunde Catull und Helvius Cinna dem Stab des Proprätors Caius Memmius an und begleiteten diesen in die Provinz Bithynien, östlich des Bosporus am Schwarzen Meer in der heutigen Türkei. Auf seiner Rückreise nach Rom trennte sich Catull von den Gefährten und besuchte das Grab seines geliebten Bruders in der Troas in der nordwestlichen Türkei. Nach seiner Rückkehr nach Rom widmete er sich fortan bis zu seinem frühen Tod seinen Gedichten.

Aus dem Werk Catulls sind uns 116 Gedichte *(Carmina)* erhalten, die sich vorrangig aus der subjektiven Sicht des Dichters mit seinem eigenen Erleben beschäftigen. Die Mischung aus derbster und feinster Sprache gestaltet für uns die Lektüre überaus abwechslungsreich und reizvoll. Catull beherzigte mit seinem überschaubaren Werk die Aussage des griechischen Dichters Kallimachos, der neben der Dichterin Sappho eines seiner großen Vorbilder ist: Ein großes Buch sei ein großes Übel.

Die Gedichtsammlung wird üblicherweise in drei große Einheiten gegliedert:
– die *nugae* („Wölkchen, Kleinigkeiten"), polymetrische Gedichte *(C. 1–60)*;
– die größeren Gedichte vorwiegend mythologischen Inhalts *(C. 61–68)*;
– die Epigramme in Distichen *(C. 69–116)*.

Ob Catull diese Anordnung selbst getroffen hatte oder ob sie im Freundeskreis nach dem frühen Tod des Dichters er- oder überarbeitet worden ist, bleibt ungewiss. In der Antike wurden Catulls *Carmina* wohl auf Schreibtäfelchen oder Papyrus im Kreis der Freunde weitergegeben. Aus der Antike gelangten nur zwei Handschriften über das Mittelalter in die Neuzeit. Grund für diesen schmalen Überlieferungsstrang ist, dass Catull im prüden Mittelalter als Schulautor nicht gelesen und sein Werk deshalb in den Klöstern nicht zur Abschrift herangezogen wurde.

Wurde Catull in der Antike noch von verschiedenen Autoren wie Nepos, Ovid oder dem Elegiker Gallus hoch gerühmt, von Martial teilweise nachgeahmt, so beschäftigten sich erst Autoren des 15. Jahrhunderts, wie z. B. Francesco Petrarca, wieder ausführlicher mit seinem Werk. Im 20. Jahrhundert erfuhr Catulls Dichtung eine Renaissance in Carl Orffs *Catulli Carmina*. Heute vertonen Bands die Gedichte. Thornton Wilder beschäftigte sich mit Catull in „Die Iden des März". Vor allem im 19. und 20. Jahrhundert widmeten sich verschiedene Maler wie z. B. Sir Lawrence Alma-Tadema, John William Godward oder Edward John Poynter den Themen aus den Lesbia-Zyklen.

2.1.2 Widmungsgedicht an den Freund Cornelius Nepos *(C. 1)*

Catull eröffnet sein Werk mit der Frage, wem er es schenken solle. Es entsteht der Eindruck, als handle es sich um das erste Exemplar seines Büchleins, das er selbst gerade erst vom Verleger in Empfang genommen habe. Die Antwort erhalten wir sogleich:

Sein Freund Cornelius Nepos (um 100–27 v. Chr.) sollte der Empfänger sein. Er stammte wie Catull aus einer oberitalienischen Familie des Ritterstandes. Sein Geburtsort ist die Munizipalstadt Ticinum, das heutige Pavia, nördlich des Flusses Po. Auch Nepos siedelte nach Rom um und verkehrte in der höheren Gesellschaft um Marcus Tullius Cicero und dessen Freund und Verleger Titus Pomponius Atticus. Hier lernte er auch Catull kennen und schätzen. Ein Freundschaftsverhältnis unter Literaten entwickelte sich, das auf gegenseitiger Wertschätzung beruhte.

Von Nepos' zahlreichen Werken, vornehmlich Geschichtsdarstellungen, sind uns im *Liber de excellentibus ducibus exterarum gentium* Biographien von nicht römischen Feldherren erhalten, wie z. B. Themistokles, Miltiades, Hamilcar oder Hannibal sowie die Biographien von Atticus und Cato dem Älteren.

Das Werk, auf das sich Catull im folgenden Gedicht bezog, waren wohl die *Chronica*. Hierbei handelte es sich um einen chronologischen Abriss der Weltgeschichte in drei Bänden, der uns leider nicht mehr erhalten ist.

Cui dono lepidum novum libellum
arida modo pumice expolitum?
Corneli, tibi: namque tu solebas
meas esse aliquid putare nugas,
5 iam tum, cum ausus es unus Italorum
omne aevum tribus explicare chartis
doctis, Iuppiter, et laboriosis.
Quare habe tibi quidquid hoc libelli
qualecumque; quod, o patrona virgo,
10 plus uno maneat perenne saeclo!

Cornelius Nepos in seiner Bibliothek,
Benoît de Sainte-Maure (12. Jh.),
Bibliothèque Nationale, Paris

1 lepidus, -a, -um zierlich, niedlich, anmutig, geistreich – **novus, -a, -um** neu, neuartig – **libellus, -i** *Diminutiv zu* liber, libri Büchlein – **2 aridus, -a, -um** trocken – **pumex, -icis** *m/f* Bimsstein – **expolire** glätten, verfeinern; *Papyrusrollen wurden mit Bimsstein geglättet* – **4 esse aliquid** etwas wert sein – **nugae, -arum** Tändeleien, Nichtigkeiten → LW – **5 unus Italorum** als einziger der Italer; *damit hebt Catull die Bedeutung von Nepos' Werk besonders hervor* – **6 aevum, -i** *hier* Weltgeschichte – **charta, -ae** Papyrusblatt, Buch – **7 laboriosus, -a, -um** beschwerlich, arbeitsaufwendig → LW – **Iuppiter** *hier Ausruf zur Bekräftigung der Aussage* – **8 habe tibi!** nimm es für dich! – **quidquid hoc libelli qualecumque** *m. Gen. part.*; *übersetze* das gesamte Büchlein und so wie es ist – **9 o patrona virgo!** o Muse! *Anrufung der Schutzpatronin der Dichter* – **10 plus** *m. Abl. comp.* mehr als – **perennis, -e** über die Jahre hindurch, immerwährend → LW – **saec(u)lum, -i** Menschenalter, Generation → LW

Aufgaben

1. In V. 6 erscheint die Kardinalzahl *tribus*.
   Notiere die Deklinationen der Zahlen 1–3!
2. Bestimme den Konjunktiv im Hauptsatz *maneat* (V. 10)! Setze die angegebene Form in folgende Modi im Hauptsatz, beachte dabei eventuell notwendige Veränderungen bezüglich Person und Numerus und übersetze (→ GR 14, S. 220):
   a) Optativ, Hortativ; Deliberativ; Irrealis der Gegenwart und der Vergangenheit;
   b) Imperativ und Prohibitiv!
3. Bilde die Stammformen zu den Semideponentia *solebas* und *ausus es*!
   Notiere weitere Semideponentia und deren Stammformen!
4. Du entdeckst in C. 1 verschiedene Pronomina.
   a) Erstelle eine Tabelle für Personal-, Interrogativ-, Relativ- und Indefinitpronomina (jeweils sechs Spalten: Singular und Plural aller drei Genera)!
   b) Ordne die Pronomina in die entsprechende Tabelle ein!
   c) Vervollständige die Tabellen in allen Kasus-, Numerus- und Genusformen!
5. Gliedere den Inhalt von C. 1 nach Sinnabschnitten und finde dazu Überschriften!
6. Der Begriff *nugae* in V. 4 (etwa: Tändeleien, Kleinigkeiten, Nichtigkeiten, Spielereien, Wölkchen) steht für die polymetrischen Gedichte in Catulls Werk.
   Dankbar erinnert Catull daran, dass Nepos seine dichterischen Versuche schon immer geschätzt habe: *tu solebas meas esse aliquid putare nugas*.
   Diskutiert, weshalb für Catull gerade das Urteil des Freundes und Literaten Nepos so außergewöhnlich und wertvoll zu sein scheint!
7. Catull stellt in den beiden einleitenden Versen von C. 1 ein Kurzprogramm der Ansprüche neoterischer Dichtung vor (vgl. S. 146).
   a) Finde die Leitbegriffe und erkläre diese!
   b) Laut Kallimachos ist ein großes Buch ein großes Übel. Nenne die Aussage, die Catull zu dem Thema trifft!
8. Übersetze C. 68a (S. 148)! Beachte dabei die Gegenüberstellung *illa, illa, illic* zu *huc*!
9. Gruppenarbeit:
   Findet weitere Informationen zu den neun Musen (vgl. S. 148)!
   a) Recherchiert nach den Beinamen und Zuständigkeitsbereichen der Musen!
   b) Findet Abbildungen zu den neun Musen und ihren Attributen!
   c) Stellt euere Ergebnisse in Kurzreferaten vor bzw. illustriert sie mithilfe von Plakaten!
10. Folgende Abbildungen zeigen antikes Schreibmaterial. Weise den Abbildungen der Gegenstände mögliche Bezeichnungen zu!

    codex – tabula cerata – capsula – diptychon – membrana (Pergament) *– stilus – libellus – papyrus (charta) – atramentum* (vgl. *ater, atra, atrum*) *– volumen – pumex – calamus – scalpellum*(!)

LW *(C. 1)*

nūgae, -ārum	Tändeleien, Nichtigkeiten
saec(u)lum, -ī	Menschenalter, Generation
labōriōsus, -a, -um	beschwerlich, arbeitsaufwendig
perennis, -e	über die Jahre hindurch, immerwährend

EW Erkläre Herkunft und Bedeutung: Labor – laborieren – la nuvola (it.) – le siècle (frz.)!

Zum Weiterlesen und Vertiefen

Catulls Anspruch an seine Dichtung *(C. 68a, V. 33–36)*

Das Attribut *doctus* erscheint sowohl in der Wertschätzung Catulls für Nepos' Werk als auch in der Selbsteinschätzung der Neoteriker als *poetae docti*.

Der *poeta doctus* arbeitet forschend in einer Bibliothek, in der die vorbildhaften Schriften der großen *scriptores docti* auf Papyrusrollen in *capsulae* aufbewahrt werden. Dieses geht aus der Antwort des Dichters an einen Freund hervor, der ihn offensichtlich gebeten hat, ihm aus der Ferne, wohl aus Verona, ein kunstvolles Gedicht zu senden. Catull verweigert dem Freund den Dienst mit der folgenden Begründung:

> Nam, quod scriptorum non magna est copia apud me,
>   hoc fit, quod Romae vivimus: illa domus,
> illa mihi sedes, illic mea carpitur aetas;
>   huc una ex multis capsula me sequitur.

3 mea aetas carpitur *übersetze* ich bringe mein Leben zu – **4 capsula** Kästchen; *hier* Bücherbehälter

Die Musen – Schutzgöttinnen der Kunst

In *Carmen 1* bittet Catull die *patrona virgo*, die Schutzpatronin der Dichter, um ewiges Geleit für sein Büchlein. Die Musen (griech. Μοῦσα, *Mousa*) sind in der griechischen Mythologie die Schutzgöttinnen der Künste und Künstler. Sie sind die Töchter von Zeus und Mnemosyne, der Göttin der Erinnerung. Die neun Musen sind Erato, Euterpe, Kalliope, Klio, Melpomene, Polyhymnia, Terpsichore, Thalia und Urania. Sie gehören dem Gefolge Apollons an und verweilen auf den Bergen Helikon bzw. Parnass, aus deren Quellen die Künstler Inspiration und Talent schöpfen. In Rom wurden diese Schutzgöttinnen auch *Camenae* genannt. Die Verehrung der Musen erfolgte in ihrem Heiligtum, dem *Museion*, das dem Wort Museum zugrunde liegt. Auch ist die Musik als Musenkunst in unseren Wortschatz übergegangen.

In der Antike wurden die Musen häufig im Proömium (Vorwort) zu einem literarischen Werk um Beistand und Geleit angefleht. Künstlerische Inspiration nennt man auch den „Kuss der Muse".

Zu den Musen ein kleiner Merkvers:

> Eu – er – Ur – po – kal – Klio – Me – ter – thal

2.2 LESBIA – EINE VERBOTENE LIEBE IN ROM?

Aus Catulls Gedichten kann ein inniges Liebesverhältnis zu einer Dame des stadtrömischen Adels gelesen werden. Vielleicht zieht Catull in der gebildeten Lesbia auch eine Parallele zu Sappho. Da wir über Catull selbst sowie über die wirklichen Gegebenheiten dieser Beziehung so wenig wissen, reihen sich hier in diesem Lesebuch die Gedichte, die Lesbia umspielen, in eine für uns nachvollziehbare Entwicklung einer Liebesbeziehung, ohne die Ergebnisse oder Vermutungen der gegenwärtigen Forschung weiter abzuwägen.

Der Name „Lesbia" ist eindeutig ein Pseudonym. Dass dieses stellvertretend für „Clodia" steht, ist wohl wahrscheinlich, kann aber nicht endgültig bewiesen werden. Nehmen wir „Clodia" an, eine kluge wie sehr gebildete Dame mit ausschweifendem Lebenswandel in der damaligen Gesellschaft, dann sprechen wir von der Tochter des Appius Claudius Pulcher, des Konsuls des Jahres 79 v. Chr., und der Schwester von Publius Clodius Pulcher, der als Volkstribun die Verbannung Ciceros im Jahr 59 v. Chr. vehement vorantrieb.

Doch wiederum stellen sich Fragen zur Identität Lesbias. Wenn sie überhaupt Clodia war, war sie dann die älteste von Clodius Pulchers drei Schwestern oder die mittlere? Diese war verheiratet mit Qu. Caecilius Metellus Celer, dem Konsul des Jahres 60 v. Chr., und hatte, wenn überhaupt, die Affäre mit Catull, während ihr Mann noch am Leben war. Als Metellus im Jahr 59 v. Chr. starb, ging das Gerücht in Rom um, Clodia habe ihn vergiftet.

Römisches Mädchen,
Guglielmo Zocchi (geb. 1874),
Privatsammlung

Übelste Reden über ihre Person können wir auch in Ciceros Verteidigungsrede für M. Caelius Rufus aus dem Jahr 56 vernehmen (vgl. Begleittext, S. 164). Nach Ciceros Version war Caelius erheblich jünger als Clodia und offensichtlich nach dem Tod ihres Gatten ihr Geliebter. Die Beziehung geht in die Brüche. Clodia wird zur Hauptzeugin in dem Prozess gegen Caelius wegen Verbrechen gegen die öffentliche Ordnung. Cicero will ihre Glaubwürdigkeit unterminieren und bezeichnet Clodia als Dirne, die in ihrem Haus hemmungslose Orgien feiere, und bezichtigt sie des Inzests mit ihrem Bruder.

Ziehen wir Ciceros persönliche Rachegedanken ab wegen seiner Verbannung, die durch den Clodia sehr nahe stehenden Bruder vorangetrieben wurde, sowie den Einsatz aller erdenklichen Mittel im Sinne der erfolgreichen Verteidigung seines Mandanten, so bleibt uns das Bild von Clodia als einer sehr freimütig denkenden und handelnden Frau in einer Gesellschaft, in der zwar Männer immer noch das Sagen hatten, den Frauen jedoch stärkere Präsenz in der Öffentlichkeit zugestanden wurde.

2.2.1 Das Erwachen der Liebe

Das Gedicht, in dem der Sprecher eine Liebesbeziehung zu Lesbia begehrt und den Liebhaber an ihrer Seite beneidet, ist in den ersten drei Strophen die Übertragung eines Gedichts Sapphos durch Catull in die lateinische Sprache. Sappho hatte die Ode ihrer Schülerin Agallis zur Hochzeit gedichtet. Catull behält die sapphische Strophe aus dem griechischen Original bei. Leider fehlt in der Überlieferung von Catulls Fassung die Verszeile 8.

Catull bezieht sich selbst als Ich-Erzähler der prekären Situation ein. In V. 7 spricht er seine Liebe „Lesbia" direkt an, obwohl im Ursprungsgedicht kein Name erwähnt wird. Die Verse 13–16, in denen er sich selbst mit tragenden Argumenten zur Vernunft zu rufen sucht, sind sein eigener dichterischer Zusatz zu dem zu seiner Zeit bereits etwa 500 Jahre alten Sappho-Gedicht.

C. 51	Sappho, *frgm.*
Ille mi par esse deo videtur, ille, si fas est, superare divos, qui sedens adversus identidem te spectat et audit	Scheinen will mir, er komme gleich den Göttern, jener Mann, der dir gegenüber niedersitzen darf und nahe den süßen Stimmenzauber vernehmen
5 dulce ridentem, misero quod omnis eripit sensus mihi: nam simul te, Lesbia, aspexi, nihil est super mi	und des Lachens lockeren Reiz. Das lässt mein Herz im Innern mutlos zusammenkauern. Blick ich dich ganz flüchtig nur an, die Stimme stirbt, eh sie laut ward,
lingua sed torpet, tenuis sub artus 10 flamma demanat, sonitu suopte tintinant aures, gemina teguntur lumina nocte.	ja, die Zunge liegt wie gelähmt, auf einmal läuft mir Fieber unter der Haut entlang, und meine Augen weigern die Sicht, es überrauscht meine Ohren. ...
Otium, Catulle, tibi molestum est: Otio exsultas nimiumque gestis: 15 Otium et reges prius et beatas perdidit urbes.	(Übersetzung: Joachim Schickel)

1 par, paris *m. Dat. jmdm.* gleich, ebenbürtig → LW – **2 fas** *indekl.* göttliches Recht → LW – **divi, -orum** die Götter – **3 adversus** *Präp. m. Akk.* gegen, wider; gegenüber → LW – **identidem te** genau dir gegenüber – **5 dulce** *hier Adv. zu* ridentem – **quod** *Relativpron. bezogen auf den gesamten Satzinhalt* – **omnis** ~ omnes (vgl. Besonderheiten der Dichtersprache, S. 227) – **6 eripere** *m. Dat.* **mihi** *und Akk.* **omnis sensus** entreißen, rauben – **simul** *Adv.* zusammen, gleichzeitig → LW – **7 aspicere** hinsehen, *kurz* anblicken → LW – **nihil est super mi** nichts ist übrig außer mir – **9 torpere, torpeo** erstarren – **tenuis, -e** dünn, fein, zart → LW – **artus, -us** *m* Gelenk, Glied → LW – **10 demanare** hinabfließen – **sonitus, -us** *m* Klang, Ton – **suopte** *verstärkt* suo – **11 tintinare** *Klangwort* klingeln, dröhnen – **geminus, -a, -um** zweifach, doppelt; *Subst.* Zwilling; *hier* beide → LW – **12 lumen, -inis** *n Pl.* Augen → LW – **14 nimius, -a, -um** außerordentlich, übermäßig → LW – **gestire** heftig verlangen – **16 perdere, perdo, perdidi** *hier* zugrunde richten

Aufgaben

1. Bestimme in *C. 51* (V. 1/2) grammatikalisch genau die Bestandteile des NcI!
   a) Worin unterscheiden sich die Infinitive? Kläre das Zeitverhältnis!
   b) Wandle die NcI-Formen um in die weiteren möglichen Zeitverhältnisse!
2. In V. 3 findest du das Participium coniunctum *sedens adversus identidem te*.
   a) Bestimme die möglichen Sinnrichtungen dieses Adverbiales!
   b) Ersetze das Participium coniunctum durch mindestens drei lateinische Adverbialsätze, die diese Sinnrichtung wiedergeben! Verwende dabei unterschiedliche Subjunktionen und beachte deren Modusbindung!
3. Suche die Verben der Wahrnehmung sowie der Gefühls- und Meinungsäußerung im Text! Welche inhaltliche Entwicklung zeichnen sie im Textverlauf?
4. Gliedere *C. 51* nach Sinnabschnitten und finde geeignete Überschriften dafür!
5. Finde die Stilmittel Anapher und Alliteration (→ STILMITTEL, S. 225 f.)! Beschreibe deren Wirkung in ihrem Kontext auf den Leser!
6. Vergleiche die Strophen 1–3 Catulls mit der deutschen Übersetzung des Sappho-Gedichts! Welche Veränderungen durch Catull entdeckst du? Welche Details verstärkt er oder fügt er hinzu, welche lässt er weg?
7. Informiere dich im Internet über die Amoretten, ihre Funktion sowie über das gesamte Galatea-Fresko Raffaels. Stelle deine Ergebnisse deiner Klasse im Rahmen eines Kurzreferats vor (vgl. auch Abb. S. 153)!

Amoretten aus dem Galatea-Fresko, Raffaello Santi da Urbino (1483–1520), Museo Etrusco di Villa Giulia, Rom

LW *(C. 51)*

artus, -ūs *m (meist Pl.* artūs, -uum*)*	Gelenk, Glied
fās *n indekl.* (⟷ nefās *n indekl.*)	göttliches Recht (⟷ Unrecht)
lūmen, -inis *n*	Licht, Augenlicht; *Pl.* Augen
geminus, -a, -um	zweifach, doppelt; *Subst.* Zwilling
nimius, -a, -um	außerordentlich, übermäßig
pār, paris *m. Dat.*	*jmdm.* gleich, ebenbürtig
tenuis, -e	dünn, fein, zart
aspicere, -spiciō, -spexī, -spectum	hinsehen, *kurz* anblicken
adversus *Präp. m. Akk.*	gegen, wider; gegenüber
simul *Adv.*	zusammen, gleichzeitig

EW Erkläre Herkunft und Bedeutung: Aspekt – Artikel – fatal – Identität – simultan!

2.2.2 Der Liebesbeweis? *(C. 83)*

Der Verliebte schildert das Verhalten der Geliebten in Gesellschaft ihres Gatten. Erfreut und schadenfroh deutet er ihre Schmähreden zunehmend als Beweis, dass er selbst ihr nicht gleichgültig sein kann.

> Lesbia mi praesente viro male plurima dicit:
> > haec illi fatuo maxima laetitia est.
> Mule, nihil sentis? Si nostri oblita taceret,
> > sana esset: Nunc quod gannit et obloquitur,
> 5 non solum meminit, sed, quae multo acrior est res,
> > irata est. Hoc est, uritur et loquitur.

1 mi ~ mihi – **praesente viro** *Abl. abs.* – **male plurima dicere** *m. Dat. auf jmdn.* heftigst schimpfen – **2 fatuus, -i** Narr, Trottel – **3 mulus, -i** Maultier, Dummkopf – **nostri** *dicht. Pl.* ~ mei – <u>oblivisci</u> *m. Gen. obi. jmdn./etw.* vergessen → LW – **oblita** *Part. coni. m. Gen. obi.* **nostri** – **4 sanus, -a, -um** *hier von der Liebe* geheilt, vernünftig – <u>gannire</u> kläffen, maulen – <u>obloqui</u> widersprechen; schimpfen, lästern → LW – **5 <u>meminisse</u>** *m. Gen. obi.* an jmdn./etw. denken, sich erinnern → LW – **acer, acris, acre** *hier* heftig, leidenschaftlich – **multo** *Abl. mens. zum Komparativ* **acrior** – **6 <u>urere</u>** verbrennen, entflammen; *Pass.* leidenschaftlich entflammt sein → LW

Amor als Sieger (1602),
Michelangelo Merisi da Caravaggio
(1571–1610), Gemäldegalerie,
Staatliche Museen zu Berlin

Wahrhaft ein Bund fürs Leben? *(C. 109)*

Der Dichter erinnert die Geliebte an ihr Versprechen der ewig währenden Liebe. Doch offensichtlich fürchtet er ihren Wankelmut und wendet sich an die Götter um Beistand.

> Iucundum, mea vita, mihi proponis amorem
> > hunc nostrum inter nos perpetuumque fore.
> Di magni, facite, ut vere promittere possit
> > atque id sincere dicat et ex animo,
> 5 ut liceat nobis tota perducere vita
> > aeternum hoc sanctae foedus amicitiae.

1 mea vita *hier Kosename* – **2 <u>perpetuus, -a, -um</u>** immerwährend, ewig → LW – **fore** ~ futurum esse – **3 di** ~ dei – **vere** *Adv.* wahrhaft – **4 <u>sincerus, -a, -um</u>** ehrlich, aufrichtig → LW – **5 <u>perducere</u>** weiterführen, fortfahren → LW – **tota vita** *bezeichnet hier die Zeitdauer* – **6 <u>aeternus, -a, -um</u>** ewig während → LW – <u>sanctus, -a, -um</u> heilig, unverletzbar, geweiht → LW – <u>foedus, -eris</u> *n* Bund, Bündnis → LW

Aufgaben

C. 83

1. In *C. 83* steht in V. 3 und 4 der Konjunktiv.
   a) Erkläre diesen Aussagemodus im *si*- und im Hauptsatz! Wie lautet der Fachbegriff?
   b) Wandle die Verben dieses Satzgefüges so um, dass eine reale Aussage und eine als Wunsch formulierte Aussage entstehen!
2. In V. 1 begegnet dir der Ablativus absolutus *praesente viro*.
   a) Bilde den Infinitiv zum Partizip!
   b) Finde fünf weitere Komposita zum Verbum simplex und übersetze diese!
3. Erkläre die Verben, durch die Catull die Geneigtheit Lesbias ihm gegenüber steigert: *non solum meminit, sed …* (Z. 5)!

C. 109

4. In *C. 109* (V. 1/2) liegt ein AcI vor, abhängig von *proponis mihi*.
   a) Finde die Bestandteile des AcI und bringe sie in die gewohnte Wortstellung!
   b) Unterscheide Attribute und Prädikatsnomina!
5. a) Erstelle für die Verse 1/2 eine metrische Analyse (→ METRIK, S. 228 f.)!
   b) Interpretiere in V. 2 die Bedeutung der Mittelzäsur! Welche Worte werden dadurch besonders hervorgehoben?
6. Suche alle Wörter der Felder „aufrichtig", „ewig" und „Liebe"!
7. a) Gliedere die Verse des *C. 109* in Sinnabschnitte!
   b) Weise jeder Einheit eine geeignete Überschrift zu!
8. Beschreibe die Abbildung von Caravaggios Amor als Sieger (S. 152)! Finde die Attribute, die Amor kennzeichnen! Deute seine Gefühlshaltung! Was ist er im Begriff zu tun? Beschreibe und erläutere die Gegenstände im Bildhintergrund!

Spielende Amoretten (um 62 n. Chr.), Fresko, Herculaneum, Museo Archeologico Nazionale, Neapel

LW *(C. 83 und C. 109)*

foedus, -eris *n*	Bund, Bündnis
aeternus, -a, -um	ewig während
perpetuus, -a, -um	immerwährend, ewig
sānctus, -a, -um	heilig, unverletzbar, geweiht
sincērus, -a, -um	ehrlich, aufrichtig
meminisse, meminī *m. Gen. obi.*	an jmdn./etw. denken, sich erinnern
oblīvīscī, oblīvīscor, oblītus sum *m. Gen. obi.*	jmdn./etw. vergessen
obloquī, -loquor, -locūtus sum	widersprechen; schimpfen, lästern
perdūcere, -dūcō, -dūxī, -ductum	weiterführen, fortfahren
ūrere, ūrō, ūssī, ūstum	verbrennen, entflammen; *Pass.* leidenschaftlich entflammt sein

EW Erkläre Herkunft und Bedeutung: eloquent – Colloquium – memorieren – sincero (it.)!

2.2.3 Endlich am Ziel! (C. 5)

Wer hätte es geglaubt: Endlich findet sich der Liebende am Ziel seiner Sehnsucht! Trunken vor Glück will der Verliebte nichts wissen von Tugendwächtern und Vergänglichkeit, er will der Geliebten so nahe wie möglich sein. Unendlich soll die Zahl der Küsse sein, die er mit der Geliebten tauschen will, und absolut niemand, weder das Liebespaar selbst noch irgendein Neider, soll der Küsse Anzahl je erahnen können!

Vivamus, mea Lesbia, atque amemus,
rumoresque senum severiorum
omnes unius aestimemus assis.
Soles occidere et redire possunt:
5 nobis, cum semel occidit brevis lux,
nox est perpetua una dormienda.
Da mi basia mille, deinde centum,
dein mille altera, dein secunda centum,
deinde usque altera mille, deinde centum.
10 Dein, cum milia multa fecerimus,
conturbabimus illa, ne sciamus,
aut nequis malus invidere possit,
cum tantum sciat esse basiorum.

Der Kuss (1899)
Auguste Rodin (1840–1917),
Musée Rodin, Paris

1 mea Lesbia Catull verbindet den Namen Lesbia zum ersten Mal mit dem Possessivpronomen. – **2 rumor, -oris** *m* Murren, Gerede – **senex, senis** *m* Greis, alter Mann → LW – **severus, -a, -um** streng, ernst → LW – **3 omnes** *beziehe auf* **rumores** – **as, assis** *m* As; *Kupfermünze geringen Wertes* → LW – **aestimare** *mit Gen. pretii* **unius assis** *übersetze* gering schätzen – **4 soles** *Pl. zu* sol, -is *m* – **5 semel** einmal → LW – **brevis lux** das kurze Leben(slicht) *im Gegensatz zu* **6 una nox** *hier* Tod – **6 perpetuus, -a, -um** immerwährend, ewig → LW – **dormire** *hier trans.* durchschlafen – **7 basium, -i** Kuss → LW – **8 dein** ~ deinde – **alteri, -ae, -a** *hier* weitere – **11 conturbare** völlig durcheinanderbringen *hier kommt der antike Aberglaube zum Tragen, dass nur genaue Zahlen bösen Zauber bewirken können* – **12 nequis** ~ ne quis *damit nicht* irgendein – **malus, -i** *hier* ein Böswilliger – **invidere, -video** beneiden; *hier* Schaden anrichten – **13 cum** *hier* wenn – **sciat** Potentialis – **tantum** Subjektsakk. *im AcI m. Gen. part.* **basiorum**

Aufgaben

1. a) Gliedere *C. 5* nach Sinnabschnitten!
   b) Teile ihnen Überschriften zu!
   c) Bestimme Tempus und Modus der Prädikate und erläutere deren Gebrauch im Ablauf des Gedichts!
   d) Welche Abschnitte entsprechen einander?
2. a) Bestimme das Tempus der Verben in den *cum*-Sätzen in V. 5 und 10 sowie in den nachgestellten Hauptsätzen!
   b) Nenne die bestehenden Zeitverhältnisse!
   c) Erstelle jeweils eine Tabelle zur *Consecutio temporum* (= Zeitenfolge) im indikativischen und im konjunktivischen Gliedsatz in Verbindung mit dem Hauptsatz! Unterscheide dabei nach Haupttempus (Präsens und Futur I) und Nebentempus (Vergangenheit) des Hauptsatzprädikats (→GR 15, S. 221)!
3. Finde alle Kardinalzahlen im Text! Notiere sie! Bestimme die definitive Summe der Küsse, die der Dichter wünscht!
4. Weise die Stilmittel Anapher, Asyndeton und Hyperbaton ihren Textstellen zu!
5. Die Geliebte steht in V. 1 als Adressatin im Mittelpunkt, umrahmt von den Verben *vivamus* und *amemus*. Formuliere daraus eine Überschrift für das Gedicht!
6. Der Dichter grenzt durch *vivamus ... atque amemus* seine Ambitionen deutlich von denen der *senes severiores* (V. 2) ab.
   a) Erläutere den Komparativ!
   b) Welche Personengruppe im republikanischen Rom spricht Catull hier wohl an?
   c) Wie werden diese Herren das Gedicht aufgenommen haben?
7. Thomas Campion (1567–1620), ein englischer Dichter der Renaissance, wählt *C. 5* als Vorlage für seinen Hymnus „My Sweetest Lesbia" (s. S. 156).
   a) Finde die Motive, die Campion direkt nach Catulls Gedicht übernimmt!
   b) Bestimme das Reimschema! Nenne die Reimwörter, die Leitmotive des Hymnus darstellen! Welche lateinischen Begriffe übertragen diese?
   c) Erläutere die Verbindung zwischen Liebe, Leben(slicht) und Tod, die Campion in seinem Hymnus herstellt!
8. Thornton Wilder (1897–1975) betont im Vorwort zu „Die Iden des März" (s. S. 156), dass sein Werk keine „historische Rekonstruktion", sondern „vielleicht eine Phantasie über gewisse Ereignisse und Personen aus den letzten Tagen der Römischen Republik" sei. Wilder behandelt die Jahre 45 und 44 bis zu den Iden des März, dem Sterbetag Caesars, in Form von fiktiven Briefen, Entwürfen und Dokumenten, die von der Geheimpolizei Caesars abgefangen und als Geheimdokumente archiviert worden sind.
   a) Woran erkennst du sogleich, dass der Brief Catulls an Clodia (S. 156) nicht historisch, sondern frei erfunden ist?
   b) Finde die Themen aus *C. 5* und aus *C. 83* (S. 152), die Wilder in dem fiktiven Brief Catulls an Clodia aufgreift!
   c) Vergleiche die letzten beiden Zeilen des Briefes (S. 156) mit *C. 5, V. 7–9*! Beschreibe die Thematik sowie die Stilmittel und deren Wirkung!
   d) Wilder lässt Catull neben seiner Leidenschaft für Clodia und die Liebe Klage führen über eine weitere Leidenschaft. Finde diese! Erläutere den Begriff „Leidenschaft", indem du Catulls Worte (S. 156, Z. 4–10) zu Rate ziehst!

Zum Weiterlesen und Vertiefen

My Sweetest Lesbia *(Thomas Campion, in: A Booke of Ayres I, 1601)*

My sweetest Lesbia, let us live and love,
And though the sager sort our deeds reprove,
Let us not weigh them. Heaven's great lamps do dive
Into their west, and straight again revive,
But soon as once set is our little light,
Then must we sleep one ever-during night.

If all would lead their lives in love like me,
Then bloody swords and armour should not be;
No drum nor trumpet peaceful sleeps should move,
Unless alarm came from the camp of love.
But fools do live, and waste their little light,
And seek with pain their ever-during night.

When timely death my life and fortune ends,
Let not my hearse be vexed with mourning friends,
But let all lovers, rich in triumph, come
And with sweet pastimes grace my happy tomb;
And Lesbia, close up thou my little light,
And crown with love my ever-during night.

sager sort die Leute, die sich für weiser halten – **deed** *hier* unser Tun – **to reprove** tadeln, rügen

west Westen *metaphor. für* Tod
to revive *hier* unmittelbar wiederauferstehen

armour Rüstung

unless außer wenn

hearse Leichenwagen – **to vex** quälen – **mourning** trauernd

tomb Grab
thou ~ you

Catullus an Clodia *(Thornton Wilder, in: Die Iden des März, 1948)*

Geheimdokument XV, 20. September 45 v. Chr. (Auszug)

Meine Seele, Seele meiner Seele, Leben meines Lebens, ich habe den ganzen Tag geschlafen. Oh, schlafen zu können! … Es ist eine Qual, wach zu sein und nicht bei Dir; es ist zum Verschmachten, zu schlafen und nicht bei Dir.

Jetzt ist's Mitternacht. Ich habe geschrieben und geschrieben und zerrissen, was ich geschrieben habe. Oh, die süße Tollheit der Liebe, welche Sprache vermöchte von ihr zu künden? Warum muss ich es versuchen? Warum ward ich geboren, damit Dämonen mich hetzen, von ihr zu künden?

Vergiss, oh, vergiss alles Verletzende, was wir einander je sagten. Die Leidenschaft ist unsre wonnigste Freundin, ist auch unsre grimmigste Feindin. Es ist die Rache der Götter, dass wir nicht auf ewig eins und völlig eins sein können. Die Seele bringt es zur Verzweiflung, dass es einen Leib gibt, und den Leib, dass es eine Seele gibt. Aber uns muss gelingen, was so wenigen gelang. Wir wollen die beiden zu eins verschmelzen und, o Claudililla, wir wollen alles tilgen, was in der Vergangenheit war. …

Ich küsse dich, um meine Augen vor Dir zu verbergen. Ich halte und küsse Dich. Ich küsse Dich. Ich küsse Dich.

(Übersetzung aus dem amerikanischen Englisch: Herberth E. Herlitschka)

2.2.4 Der Liebsten Allerliebstes! (C. 2)

Neben dem Dichter hat Lesbia einen weiteren kleinen Freund: ihren Spatz, mit dem sie innigst spielt. Der Ich-Erzähler bringt sich in die Situation ein, indem er den Wunsch äußert, ebenfalls durch das Spiel mit dem kleinen Tier Zerstreuung zu finden.

Passer, deliciae meae puellae,
quicum ludere, quem in sinu tenere,
cui primum digitum dare appetenti
et acris solet incitare morsus,
5 cum desiderio meo nitenti
carum nescio quid lubet iocari
et solaciolum sui doloris,
credo, ut tum gravis acquiescat ardor:
tecum ludere sicut ipsa possem
10 et tristis animi levare curas!

Lesbia mit ihrem Sperling, Edward John Poynter (1836–1919), Privatsammlung

---

1 passer, -eris *m* Sperling, Spatz – **deliciae, -arum** *Pl.* Vergnügen, Wonne – **2 quicum** ~ quocum – **sinus, -us** *m* Busen; Bausch → LW – **3 digitus, -i** Finger → LW – **primus digitus** Fingerspitze – **4 acris** ~ acres – **morsus, -us** *m* Biss – **5 desiderium, -i** *hier das Ziel des Verlangens* die Geliebte – **nitens, -ntis** strahlend schön – **6 nescio quid** *beziehe auf* **carum** – **lubet** ~ libet es gefällt – **iocari** scherzen, spielen – **7 solaciolum, -i** *Diminutiv zu* solacium, -i kleiner Trost – **8 acquiescere** zur Ruhe kommen – **ardor, -oris** *m* Feuer; Leidenschaft → LW – **10 tristis** ~ tristes

---

Aufgaben

1. In V. 1–3 begegnen dir drei Relativpronomina. Wiederhole die Deklination, indem du Tabellen für Singular und Plural aller drei Genera anlegst!
2. Liegt bei *puellae* (V. 1), *doloris* (V. 7) und *animi* (V. 10) ein Genitivus subiectivus oder obiectivus vor? Begründe deine Zuordnung!
3. In V. 1 bestimmt *deliciae meae puellae* als Apposition das Nomen *passer* näher.
   a) Weise der Apposition ein Satzglied zu!
   b) Wiederhole die Kongruenzregeln zur Apposition!
   c) Inwiefern liegt hier ein Sonderfall vor?

LW *(C. 5 und C. 2)*

ārdor, -ōris *m*	Feuer; Leidenschaft
as, assis *m; Gen. Pl.* assium	As *(Kupfermünze geringen Wertes)*
bāsium, -ī	Kuss
digitus, -ī	Finger
senex, senis *m*	Greis, alter Mann
sinus, -ūs *m*	Busen; Bausch
perpetuus, -a, -um	immerwährend, ewig
sevērus, -a, -um	streng, ernst
semel	einmal

EW Erkläre Herkunft und Bedeutung: senil – eterno (it.) – il bacio (it.) – il dito (it.)!

2.2.5 Furcht vor der Flüchtigkeit der Liebe *(C. 70)*

Die große Euphorie schwindet, der Hoffnung folgen zunächst noch leise Zweifel an den Worten der Geliebten. Ob es hier bereits klare Ursachen für den aufkeimenden Argwohn gibt oder Catull sich rein auf Erfahrungswerte bezieht, wissen wir nicht.

> Nulli se dicit mulier mea nubere malle
>   quam mihi, non si se Iuppiter ipse petat.
> Dicit: Sed mulier cupido quod dicit amanti,
>   in vento et rapida scribere oportet aqua.

Amor *legt seine Waffen ab* (1881), Max Klinger (1857–1920), Museum der Bildenden Künste, Leipzig

1 nubere *m. Dat.* **einen Mann** heiraten → LW – **malle** lieber wollen → LW – **2 non si** selbst nicht, wenn – **petere** *m. Akk. hier* um jmdn. werben – **3 cupidus, -a, -um** *hier* begehrend – **4 ventus, -i** Wind → LW – **rapidus, -a, -um** reißend → LW – **scribere in** *m. Abl.* in etw. *hinein*schreiben – **oportet** *hier* man sollte

Der Verlust des Vertrauens *(C. 72)*

Offenbar war die Geliebte untreu. Wir wissen nicht, was den Dichter zu seiner Aussage veranlasst, dass er die Geliebte jetzt kennengelernt hat, ja kennt. Er kämpft mit seinen Gefühlen, schwankend zwischen Leidenschaft und Eifersucht, aufrichtiger Zuneigung und Angst vor Verlust. Völlig aufgewühlt und verzweifelt wendet er sich direkt an die Geliebte in der Hoffnung, dass sie ihm Gewissheit gewähre.

> Dicebas quondam solum te nosse Catullum,
>   Lesbia, nec prae me velle tenere Iovem.
> Dilexi tum te non tantum ut vulgus amicam,
>   sed pater ut natos diligit et generos.
> 5 Nunc te cognovi: quare etsi impensius uror,
>   multo mi tamen es vilior et levior.
> „Qui potis est?" inquis. Quod amantem iniuria talis
>   cogit amare magis, sed bene velle minus.

1 quondam einst, einmal → LW – **nosse** ~ novisse – **2 prae me** *übersetze* statt meiner – **tenere** *hier* im Arm halten – **3 diligere** lieben, hoch achten → LW – **tantum ut** so … wie – **vulgus, -i** *n* Pöbel, Masse → LW – **4** *ordne* sed ut pater natos et generos diligit – **natus, -i** Sohn → LW – **gener, -eri** Schwiegersohn → LW – **5 cognovi** ich habe erkannt; *präsentisches Perfekt* ich kenne – **impensius** *Adv.* heftiger – **urere** verbrennen, entflammen; *Pass.* leidenschaftlich entflammt sein → LW – **6 multo** *Abl. mens.* zu **vilior et levior**; *beziehe auf* Lesbia – **vilis, -e** billig; wertlos → LW – **levis, -e** *hier* unbedeutend – **7 qui** wie – **potis** möglich – **inquis** *hier* du fragst – **iniuria, -ae** *hier* Kränkung – **8 cogere** *hier* zwingen – **amare** *hier* begehren – **bene velle** wohlwollen, aufrichtig lieben → LW

Aufgaben

C. 70

1. In *C. 70* (V. 1) erscheint der Infinitiv *malle*, in *C. 72* (V. 2/8) *velle*.
   a) Nenne ein weiteres Kompositum zu *velle*!
   b) Welche Bestandteile beinhalten die Komposita zu *velle*?
2. *Dicit: Sed ...* am Anfang von V. 3 gliedert *C. 70* in zwei Sinnabschnitte.
   a) Gib kurz den Inhalt der beiden Abschnitte wieder!
   b) Beschreibe die Bedeutung des dreimal verwendeten Verbums *dicit*!
   c) Stelle fest, welcher Zusatz hier die Nachhaltigkeit von *scribere* zunichte macht!
3. Welche deutsche Redewendung entspricht der Aussage der lateinischen *in vento et rapida aqua scribere* (V. 4)?
4. Weise die Stilmittel Alliteration und Antithese den entsprechenden Textstellen zu!

C. 72

5. *nosse ~ novisse* „kennengelernt zu haben" ~ „kennen" (V. 1) ist präsentisches Perfekt zu *noscere*. Wie lautet dies zum Verbum *consuescere* „sich gewöhnen"? Gib die deutsche Übersetzung an!
6. In V. 6 erscheint der Ablativus mensurae *multo* (auf die Frage: um wie viel?) in Verbindung mit den Komparativen *vilior et levior*.
   Nenne weitere Ablativfunktionen, die in Verbindung mit dem Komparativ stehen!
7. Im ersten Teil des *C. 72* (V. 1–4) benutzt Catull Verben in der Vergangenheit, im zweiten (V. 5–8) im Präsens. Welche Adverbien verstärken den zeitlichen Bruch?
8. In *C. 72* verwendet Catull die Verwandtschaftsbezeichnungen *natus, gener* und *pater*. Stelle mithilfe eines Wörterbuchs lateinische Wortfamilien zu diesen drei Substantiven zusammen! Wie heißt das männliche Gegenstück zu *mulier* (*C. 70*, V. 3)? Nenne weitere Bezeichnungen für Mitglieder einer römischen Familie!
9. Suche in *C. 72* die Verben der Bedeutungsfelder „lieben, schätzen" bzw. „lieben, begehren" und ordne sie entsprechend zu! Welche Unterscheidung trifft der Dichter zwischen *diligere, amare* und *bene velle*?
10. Welche Veränderung erfahren in *C. 72* die Gefühle des Dichters? Der Dichter nennt als Ursache *iniuria talis*. Diskutiert darüber, was geschehen sein könnte und ob dieser Vorfall der Leidenschaft zu- oder abträglich ist!

LW *(C. 70 und C. 72)*

gener, -erī	Schwiegersohn
nātus, -ī	Sohn
ventus, -ī	Wind
vulgus, -ī n	Pöbel, Masse
rapidus, -a, -um	reißend
vīlis, -e	billig, wertlos
dīligere, dīligō, dīlēxī, dīlēctum	lieben, hoch achten
nūbere, nūbō, nūpsi, nūpta *m. Dat.*	einen Mann heiraten
mālle, mālō, māluī	lieber wollen
ūrere, ūrō, ūssī, ūstum	verbrennen, entflammen; *Pass.* leidenschaftlich entflammt sein
bene velle, volō, voluī	wohlwollen, aufrichtig lieben
quondam	einst, einmal

EW Erkläre Herkunft und Bedeutung: vulgär – rapid – Ventilator – Nation – pränatal!

2.2.6 Alles Vergangenheit – aus und vorbei!
(C. 87)

Trotz aller Versicherungen ehrlicher und ehrenhafter Absichten des Liebenden ist die Beziehung gescheitert. War Lesbia sich dieser großen Gefühle bewusst und hat dennoch nur damit gespielt? Konnte der Dichter denn jemals auf ein Happy End der Liebesbeziehung hoffen?

Lesbia und Catull, Stich, 1879

Nulla potest mulier tantum se dicere amatam
    vere, quantum a me Lesbia amata mea est.
Nulla fides ullo fuit umquam in foedere tanta,
    quanta in amore tuo ex parte reperta mea est.

---

1 *ordne* **nulla mulier potest dicere** *m. AcI* – **1/2 tantum ... quantum** so sehr ... wie – **3 fides, -ei** *f* Vertrauen, Treue, Glaubwürdigkeit → LW – **foedus, -eris** *n* Bund, Bündnis → LW – *ordne* **nulla fides umquam in ullo foedere tanta fuit** – **umquam** jemals → LW – **ullus, -a, -um** irgendein, -e → LW – **3/4 tanta ... quanta** so groß ... wie – **4 in amore tuo** *hier* in Liebe zu dir – **ex parte mea** *übersetze* von meiner Seite her – **reperire** feststellen, finden → LW

Aufgaben

1. In *C. 87* (V. 1) erscheint das Verb *dicere* mit AcI.
    a) Bestimme Zeitverhältnis und Genus verbi des Infinitivs!
    b) Erkläre den Unterschied zwischen *dicere se amatam* und *amata est*!
2. In V. 3 erscheint das Indefinitpronomen *ullus, -a, -um*.
    a) Informiere dich in einer Grammatik über die Regeln zur Verwendung der Indefinitpronomina *aliquis/-quid* und *aliqui, -qua, -quod* sowie *quis-/quidquam* und *ullus, -a, -um* (→ GR 17, S. 224)!
    b) Erstelle zu jedem Pronomen eine Deklinationstabelle!
    c) Unterscheide die Pronomina nach ihrer Verwendung als Substantiv bzw. Adjektiv in positiven bzw. negativen Aussagen!
3. a) Finde in einem Wörterbuch die Grundbedeutungen des Substantivs *mulier* im Vergleich zu *femina*, *uxor*, *matrona*, *amica* und *puella*!
    b) Beschreibe die Bedeutungsunterschiede!
    c) Erläutere die inhaltliche Verbindung von *amare*, *fides* und *foedus*!
4. Nenne drei Stilmittel und belege diese durch die entsprechenden Textstellen!
5. Erstelle eine metrische Analyse von *C. 87* (→ METRIK, S. 228 f.)!
6. Betrachte die Darstellung von Lesbia und Catull aus dem Jahr 1879.
    a) Beschreibe die beiden Personen und überlege, wofür die Attribute stehen, die ihnen der Künstler zugedacht hat!
    b) Welche Haltung zeigen Lesbia und Catull, jeder für sich und zueinander?
    c) Beschreibe Mimik und Gestik genau!

Anklage an die Geliebte *(C. 75)*

Der Dichter zieht eine traurige Bilanz: Was ist aus der Liebesbeziehung, was aus dem Liebenden geworden? Wohin hat ihn seine Leidenschaft nur geführt?

> Huc est mens deducta tua mea, Lesbia, culpa,
> atque ita se officio perdidit ipsa suo,
> ut iam nec bene velle queat tibi, si optima fias,
> nec desistere amare, omnia si facias.

1 *ordne* **mens mea culpa tua deducta est** – **mens, mentis** *f hier* Herz – **deducere** *hier* in die Irre führen, täuschen – **2 perdere** zugrunde richten; verlieren → LW – **ipsa** *beziehe auf* **mens** – **officio suo** *Abl. causae* – **3 nec iam** nicht mehr – **bene velle** wohlwollen, aufrichtig lieben → LW – **quire, queo** können, vermögen → LW – **fias** *übersetze als Irrealis* – **4 amare** begehren – **omnia** *ergänze* mala – **facias** *übersetze als Irrealis*

Hassen und Lieben zugleich: Hassliebe? *(C. 85)*

Das kürzeste Epigramm Catulls ist zugleich eines der bekanntesten. Im äußersten Zwiespalt kämpft der Dichter mit konträren Gefühlen.

> Odi et amo. Quare id faciam, fortasse requiris.
> Nescio, sed fieri sentio et excrucior.

1 odisse *präsentisches Perfekt* hassen → LW – **requirere** fragen – **2 excruciare** quälen, foltern

Botschaft an den Nachfolger *(C. 58)*

Der Dichter kennt offensichtlich die Affären der Verflossenen. Er spicht Caelius an, vielleicht M. Caelius Rufus, der sein Nachfolger als Geliebter Lesbias (~ Clodias?) ist.

> Caeli, Lesbia nostra, Lesbia illa.
> illa Lesbia, quam Catullus unam
> plus quam se atque suos amavit omnes,
> nunc in quadriviis et angiportis
> 5 glubit magnanimi Remi nepotes.

4 quadrivium, -i Wegkreuzung – **angiportum, -i** schmale Seitengasse – **5 glubere, glubo** *altlat.* ausrauben, schröpfen – **magnanimus, -a, -um** hochherzig – **nepos, nepotis** *m hier* Enkel

Aufgaben

C. 75

1. Wie verhalten sich die Verben *bene velle* und *amare* in C. 75 zueinander?
2. a) Erkläre die Verbindung der Aussagen *optima fias* und *omnia facias* in Verbindung mit den Verben *bene velle* und *amare*!
   b) Suche für *optima fieri* und *omnia facere* treffende deutsche Übersetzungen!

3. a) Erstelle eine metrische Analyse von *C. 75* (→ METRIK, S. 228 f.)!
   b) Vers 1 des *C. 75* bietet ein Verwirrspiel der Possessivpronomina *mea* und *tua*. Welche Übersetzungshilfe leistet das Versmaß bei der Zuordnung der Pronomina?
4. a) Finde sprachliche und inhaltliche Übereinstimmungen in *C. 72* (S. 158) und *C. 75* (S. 161)! Worin unterscheiden sich inhaltlich die beiden *Carmina*?
   b) Bezeichne die Vergehen, die der Dichter Lesbia vorwirft!

C. 85

5. Die Anfangsworte des *C. 85* (S. 161) *odi et amo* haben Weltruhm erlangt.
   a) Welche Wendungen aus *C. 72* (S. 158) entsprechen diesen Worten?
   b) Sammle die Wörter, mit denen der Dichter in *C. 72, 75 und 85* seinen Liebesqualen Ausdruck verleiht!
6. *C. 85* ist in mehrfacher Weise antithetisch aufgebaut.
   a) Suche zu *odi, faciam* und *nescio* die Gegenstücke! Worin bestehen genau die Gegensätze? Welche Gedankenfolge wird dadurch ausgedrückt?
   b) Erstmals steht der Dichter allein im Zentrum des Gedichts. Diskutiert, ob diese Position Konsequenzen für sein weiteres Handeln eröffnet!
7. a) Finde die Stilmittel und belege sie am Text!
   b) Die Darstellung des Leidens des Dichters gipfelt am Ende von *C. 85* mit der Passivform *excrucior*. Nenne und erläutere das vorliegende Stilmittel!
8. Vergleiche die Übersetzungen A–C (S. 163) von *C. 85* mit deiner Übersetzung!
   a) Nenne die lateinischen Bestandteile, die eine Übertragung ins Deutsche schwierig gestalten!
   b) Vergleiche die Lösungsvorschläge in den angebotenen Übersetzungen und finde Gemeinsamkeiten und Unterschiede!
9. Thornton Wilder kleidet in „Die Iden des März" Catulls Klage in einen Brief an Clodia (S. 163). Sammle die Übereinstimmungen mit *C. 85*!

C. 58

10. a) Vergleiche die Aussagen Catulls in *C. 58* (S. 161) zu Lesbia mit denen Ciceros in *Pro M. Caelio oratio* (Auszüge, S. 164) zu Clodia (s. auch 2.2 Lesbia, S. 149)!
    b) Sammle weitere Vorwürfe gegen Clodia in Ciceros Rede!
    c) Diskutiert darüber, ob diese beiden Textstellen genügen, um Lesbia als Clodia zu identifizieren!
11. Beschreibe die Abbildung „Frau Venus und der Verliebte" (S. 163)!

LW (C. 87, 75, 85 und 58)

fidēs, -eī *f*	Vertrauen, Treue, Glaubwürdigkeit
foedus, -eris *n*	Bund, Bündnis
ūllus, -a, -um	irgendein, -e
ōdisse, ōdī	hassen
perdere, -dō, -didī, -ditum	zugrunde richten; verlieren
quīre, queō, quīvī	können, vermögen
reperīre, reperiō, répperī, repertum	feststellen, finden
umquam	jemals
bene velle, volō, voluī	wohlwollen, aufrichtig lieben

EW Erkläre Herkunft und Bedeutung: fidel – Repertoire – föderal – la fiducia (it.)!

Zum Weiterlesen und Vertiefen

Auswahl von Übersetzungen zu *C. 85* aus verschiedenen Zeiten

(A) *(Eduard Mörike, 1840)*
Hassen und lieben zugleich muss ich. Wie das – Wenn ich's wüsste!
   Aber ich fühl's, und das Herz möchte zerreißen in mir.

(B) *(Eduard Norden, 1923)*
Hassen und Lieben zugleich. Du fragst wohl, warum ich's so treibe.
   Weiß nicht. Dass es mich treibt, fühl' ich und martre mich ab.

(C) *(Niklas Holzberg, 2002)*
Ich hasse und liebe. Warum ich das tue, fragst du vielleicht.
   Ich weiß es nicht. Aber dass es geschieht, fühle ich, und ich leide Qualen.

Frau Venus und der Verliebte, Meister Casper (um 1480–90), Holzschnitt, Kupferstichkabinett, Staatliche Museen zu Berlin

Catullus an Clodia *(Thornton Wilder, in: Die Iden des März, 1948)*

Geheimdokument XVII, Entwurf, September 45 v. Chr. (Auszug)

Töte mich auf der Stelle – denn das ist es ja, was Du willst, ich selbst kann mich nicht töten – es ist so, als wären meine Augen von einem Schauspiel gefesselt, als sähe ich atemlos zu – um zu sehen, welchen neuen Gräuel du erfinden wirst. Ich kann mich nicht töten, bis ich nicht die letzte schreckliche Bloßstellung dessen gesehen habe, was Du bist – was bist Du? – Mörderin – Ausbund von Grausamkeit – ein Berg von Lügen – ein Hohnlachen – eine Maske – Verräterin an unserem ganzen menschlichen Geschlecht.

Muss ich an diesem Kreuz hängen, ohne zu sterben – und Dir Ewigkeiten lang zusehn?

An wen kann ich mich wenden? Zu wem kann ich rufen? Gibt es die Götter? Hat dein Hohngekreische sie aus dem Himmel verscheucht?

Ihr Unsterblichen, so habt ihr dieses Ungeheuer auf die Erde gesandt, damit es uns etwas lehre? Dass Schönheit der Gestalt bloß ein Sackvoll Böses ist? Und Liebe nur verkleideter Hass? …

(Übersetzung aus dem amerikanischen Englisch: Herberth E. Herlitschka)

Notizen zu Clodia in Ciceros Rede *Pro M. Caelio* (31–49, Auszüge)

M. Caelius Rufus war im Prozessjahr 56 v. Chr. 25 Jahre alt, Clodia etwa zehn Jahre älter als er. Cicero verteidigt Caelius, Clodias Exgeliebten. Sie ist Hauptzeugin der Anklage gegen Caelius wegen Verstoßes gegen die öffentliche Ordnung und versuchten Giftanschlags. Cicero zeichnet von Clodia das Bild einer Lebedame mit ausschweifendem Lebenswandel. Er spricht u. a. zum Nebenkläger im Prozess gegen Caelius, L. Herennius Balbus (vgl. 49):

(31) Res est omnis in hac causa nobis, iudices, cum Clodia, muliere non solum nobili, sed etiam nota. ... (32) Quod quidem facerem vehementius, nisi intercederent mihi
5 inimicitiae cum istius mulieris viro – fratre volui dicere; semper hic erro. ... (34) Mulier, quid tibi cum Caelio, quid cum homine adulescentulo, quid cum alieno? ...

(36) Vicinum adulescentulum aspexisti.
10 Candor huius te et proceritas, vultus oculique pe-pulerunt. Saepius videre voluisti. Fuisti non numquam in isdem hortis. Vis, nobilis mulier, illum filium familias patre parco ac tenaci habere tuis copiis devinctum!
15 Non potes; calcitrat, respuit, non putat tua dona esse tanti! Confer te alio! Habes hortos ad Tiberim ac diligenter eo loco paratos, quo omnis iuventus natandi causa venit. Hinc licet condiciones cotidie legas. Cur huic, qui
20 te spernit, molesta es?

(49) Si quae non nupta mulier domum suam patefecerit omnium cupiditati palamque sese in meretricia vita collocarit, virorum alienissimorum conviviis uti instituerit, si hoc in
25 urbe, si in hortis, si in Baiarum illa celebritate faciat, si denique ita sese gerat non incessu solum, sed ornatu atque comitatu, non flagrantia oculorum, non libertate sermonum, sed etiam complexu, osculatione,
30 actis, navigatione, conviviis, ut non solum meretrix, sed etiam proterva mere-trix procaxque videatur: cum hac si qui adulescens forte fuerit, utrum hic tibi, L. Herenni, adulter an amator ...?

(31) In diesem Prozess, Richter, dreht sich alles um Clodia, eine nicht nur edle, sondern auch bekannte Frau. ... (32) Diesen Prozess hätte ich freilich noch heftiger vorangetrieben, wären mir nicht Querelen dazwischengekommen mit dem Mann dieser Dame – Bruder wollte ich natürlich sagen, darin irre ich immer. ... (34) O Frau, was hast du mit Caelius zu schaffen, was mit diesem jungen, was mit diesem fremden Mann?

(36) Deinen Nachbarsjungen hast du angegafft. Seine vornehme Blässe und die schlanke Gestalt, sein Antlitz und sein Blick haben dich getrieben. Noch öfter wolltest du ihn sehen. Immer warst du im selben Park zugegen. Du, edle Dame, willst jenen Sohn eines sparsamen Vaters mit deinem Reichtum verführen! Das gelingt dir nicht: Er tritt und spuckt darauf, auf deine Geschenke pfeift er. Verschwinde! Du hast Gärten am Tiber und die hast du dir genau dort mit Bedacht zugelegt, wohin alle jungen Männer zum Schwimmen gehen. Hier bieten sich dir täglich gute Gelegenheiten. Warum nervst du den, der nichts von dir will?

(49) Wenn nun eine nicht verheiratete Frau ihr Haus für die Vergnügen aller öffnet und offensichtlich das Leben einer Dirne führt, wenn sie es sich so eingerichtet hat, dass sie an den Gelagen völlig fremder Männer teilnimmt, wenn sie dies hier in Rom, in den Parks, im Trubel von Baiae tut, wenn sie sich schließlich so benimmt, nicht nur durch ihren Gang, sondern auch durch ihr Gewand und ihre Begleitung, nicht nur mit ihren feurigen Blicken, ihrem lockeren Geschwätz, sondern auch mit ihren Umarmungen und Küssen, mit Festen, Lustfahrten und Gelagen, so dass sie nicht nur als Dirne, sondern als schamlose und dreiste Dirne erscheint: Was ist dann für dich, L. Herennius, ein junger Mann, der sich zufällig mit ihr einlässt, ein Ehebrecher oder ein Liebhaber ...?

2.2.7 Trauer um den Sperling *(C. 3)*

Der Dichter verfasst hier einen Nachruf auf das geliebte Vögelchen der Angebeteten. Trauernd stimmt er ein Klagelied an über den Verlust des auch ihm so lieb gewordenen Spielgefährten. Oder empfindet der Dichter auch verhohlene Schadenfreude darüber, dass die Geliebte nun keine Ablenkung im Spiel mit dem Sperling mehr finden kann?

Lesbia weint um ihren Sperling (1866),
Sir Lawrence Alma-Tadema (1836–1912),
Privatsammlung

Lugete, o Veneres Cupidinesque
et quantum est hominum venustiorum!
Passer mortuus est meae puellae,
passer, deliciae meae puellae,
5   quem plus illa oculis suis amabat.
nam mellitus erat suamque norat
ipsam tam bene quam puella matrem,
nec sese a gremio illius movebat,
sed circumsiliens modo huc, modo illuc
10 ad solam dominam usque pipiabat.
Qui nunc it per iter tenebricosum
illuc, unde negant redire quemquam.
At vobis male sit, malae tenebrae
Orci, quae omnia bella devoratis:
15 tam bellum mihi passerem abstulistis.
O factum male! O miselle passer!
Tua nunc opera meae puellae
flendo turgiduli rubent ocelli.

1 lugere trauern → LW – **Veneres, Cupidines** *Pl.* zu *Venus, Cupido* Göttinnen und Götter der Liebe und aller schönen Dinge – **2 quantum est** *m. Gen. part.* **hominum** wie groß die Zahl ist an ... → LW – **venustus, -a, -um** *Adj.* zu *Venus* schön, dem Schönen zugetan, zartbesaitet → LW – **4 deliciae, -arum** *Pl.* Wonne, Schatz – **6 mellitus, -a, -um** *Adj.* zu *mel, mellis n* honigsüß – **suam ipsam** *ergänze* puellam – **norat** ~ noverat – **8 sese** ~ se – **gremium, -i** Schoß – **9 circumsilire** herumspringen – **huc ... illuc** hierhin ... dorthin – **10 usque** *Adv.* ununterbrochen – **pipiare** *Klangwort* piepsen – **11 tenebricosus, -a, -um** dunkel, düster; *Adj.* zu tenebrae, -arum *Pl.* Schatten – **12 negant** *Ergänze ein unpersönliches Subjekt* man! – **quisquam** irgendjemand – **13 vobis male sit** ihr sollt verflucht sein – **tenebrae, -arum** Schatten *der* Unterwelt – **14 Orcus, -i** *Gott der* Unterwelt – **bellus, -a, -um** schön, hübsch → LW – **devorare** verschlingen – **16 factum male** Unglück – **misellus, -a, -um** *Diminutiv zu* miser, -a, -um – **17 tua opera** *Abl. causae* durch deine Schuld – **18 turgidulus, -a, -um** *altlat.* geschwollen – **rubere, rubeo** sich röten – **ocellus, -i** *Diminutiv zu* oculus, -i Äuglein

Aufgaben

1. Bilde die Positive zu den Komparativen *venustiorum* (V. 2) und *plus* (V. 5)!
2. In *C. 3* findest du Adjektive, die Ableitungen von Substantiven darstellen: *venustus* von *Venus*, *mellitus* von *mel*, *tenebricosus* von *tenebrae*.
   Nenne die Substantive, von denen die folgenden Adjektive abgeleitet sind: *laboriosus – vicinus – iocosus – scelestus – patrius*!
   Gib die Bedeutung der Substantive an und erschließe daraus die der Adjektive!
3. Finde die Verben, von denen folgende Adjektive abgeleitet sind: *tenax – parcus – rapidus*!
   Erschließe aus der Bedeutung der Verben die der Adjektive!
4. Substantive entwickeln sich häufig aus Verben. Nenne die Verben zu folgenden Substantiven, übersetze sie und erschließe die Bedeutung der Substantive: *celebritas – incessus – ornatus – actum – sermo – iter*!
5. Finde die Substantive zu folgenden Verben: *odisse – excruciare – basiare – ducere – dolere – fugere*!
6. Das vergnügte Herumhüpfen des Sperlings wird durch sprachliche Mittel nachempfunden (V. 9/10). Dieses Stilmittel nennt man „Klangmalerei". Finde die Wörter, die dieses Bild entstehen lassen!
7. Gliedere *C. 3* nach Sinnabschnitten! Finde hierfür geeignete Überschriften!
8. Mit den Worten *it per iter tenebricosum/illuc, unde negant redire quemquam* (V. 11/12) zeichnet der Dichter den Weg des Sperlings in die Unterwelt nach mit drei Varianten des Verbs *ire (it, iter, redire)*.
   a) Wird der Sperling hier personifiziert oder können Vögel, die als Schatten in die Unterwelt eintreten, nicht mehr fliegen? Oder aber gibt uns der Dichter erst an dieser Stelle zu erkennen, dass er kein Klagelied, sondern vielmehr eine Parodie auf ein Klagelied anstimmt? Diskutiert die Möglichkeiten!
   b) Sollte der Dichter wirklich der Liebende sein, könnte ihn Schadenfreude über den Verlust des Allerliebsten seiner ehemaligen Geliebten leiten? Diskutiert darüber!
9. Martial spottet über das dekadente Luxusleben eines gewissen Publius, hier über dessen Hündchen Issa (S. 167). Issa ist als Eigenname, der Name einer Nymphe, oder auch als *ipsa* im Sinn von „die Geliebte" belegt. Nenne Gemeinsamkeiten und Unterschiede zu Catulls *C. 3*!
10. Das Gedicht auf ein Hündchen namens Myia („Fliege", „Mücke", S. 167) wurde auf einer Grabplatte aus dem 2. Jahrhundert n. Chr. in der Nähe von Augusta Ausciorum, dem heutigen Auch, in Frankreich gefunden.
    Diskutiert Gemeinsamkeiten und Unterschiede sowohl zu Catulls *C. 3* als auch zu Martials Epigramm auf das Hündchen Issa *(Ep. I, 109)*!

LW *(C. 3)*

bellus, -a, -um	schön, hübsch
venustus, -a, -um	schön, dem Schönen zugetan, zartbesaitet
lūgēre, lūgeō, lūxī, lūctum	trauern
quantum est *m. Gen. part.*	wie groß die Zahl ist *an*

EW Erkläre Herkunft und Bedeutung: Quantum – Quantität – bello (it.) – beau (frz.)!

Zum Weiterlesen und Vertiefen

Catulls *C. 3* wurde bereits in der Antike häufig nachgeahmt und variiert.

Das Luxushündchen Issa (Martial, *Ep. I, 109, gekürzt*)

Issa est passere nequior Catulli,
Issa est purior osculo columbae,
Issa est blandior omnibus puellis,
Issa est carior Indicis lapillis,
5 Issa est deliciae catella Publi.
Hanc tu, si queritur, loqui putabis;
sentit tristitiamque gaudiumque.
Collo nixa cubat capitque somnos,
ut suspiria nulla sentiantur;
10 et desiderio coacta ventris
gutta pallia non fefellit ulla,
sed blando pede suscitat toroque
deponi monet et rogat levari.
Castae tantus inest pudor catellae,
15 ignorat Venerem; nec invenimus
dignum tam tenera virum puella.
Hanc ne lux rapiat suprema totam,
picta Publius exprimit tabella,
in qua tam similem videbis Issam,
20 ut sit tam similis sibi nec ipsa.

Issa ist neckischer als der Sperling Catulls,
Issa ist reiner als der Kuss der Taube,
Issa ist zärtlicher als alle jungen Mädchen,
Issa ist kostbarer als indische Perlen,
Issa ist das Lieblingshündchen von Publius.
Jault sie, dann meint man, sie rede;
sie empfindet Trauer und Freude mit.
An seinen Hals gelehnt, ruht sie und schläft ein,
ohne dass man dabei ihren Atem spürt;
selbst wenn ein leibliches Bedürfnis sie zwingt,
hat sie noch nie mit einem Tropfen die Decken beschmutzt,
vielmehr weckt sie mit sanfter Pfote, mahnt,
sie vom Lager hinunterzulassen, und bittet, dass man sie dann wieder hochnehme.
So viel Scham steckt in dem keuschen Hündchen,
dass es von der Liebe nichts weiß: Wir fanden
noch kein Männchen, das einer so feinen Geliebten
würdig gewesen wäre.
Damit ihr letzter Tag sie ihm nicht völlig entziehe,
ließ Publius sie in einem Gemälde abbilden,
auf dem man eine so große Ähnlichkeit mit Issa feststellen kann,
dass sie nicht einmal sich selbst so ähnlich ist.

(Übersetzung: P. Barié und W. Schindler)

Grabinschrift für das Schoßhündchen Myia

Quam dulcis fuit ista, quam benigna,
quae, cum viveret, in sinu iacebat
somni conscia semper et cubilis.
O factum male, Myia, quod peristi.
5 Latrares, modo si quis adcubaret
rivalis dominae, licentiosa!
O factum male, Myia, quod peristi.
Altum iam tenet insciam sepulcrum,
nec saevire potes nec insilire,
10 nec blandis mihi morsibus renides.

Schoßhündchen (1936), Lotte Herrlich

---

1 benignus, -a, -um gutmütig – **3 conscius, -a, -um** *m. Gen. einer Sache* bewusst – **cubile, -is** *n* Bett – **4 perire** zugrunde gehen, sterben – **5 latrare** bellen – **latrares** *hier unerfüllbarer Wunsch* – **modo si** wenn nur – **adcubare** *m. Dat.* sich *zu jmdm.* legen – **6 rivalis, -is** *m* Nebenbuhler – **licentiosus, -a, -um** ausgelassen – **9 saevire** toben – **insilire** herumspringen – **10 blandus, -a, -um** schmeichlerisch – **morsus, -us** *m* Biss – **renidere, -nideo** *m. Dat. jmdn.* anstrahlen

2.2.8 Das Leben geht weiter! *(C. 8)*

Nach den Qualen um den Verlust der großen Liebe ermahnt sich der Dichter endgültig zur Vernunft. Nach anfänglichem Betrauern der vergangenen schönen Zeit mit der Geliebten besinnt er sich darauf, dass ja nicht nur er, sondern auch sie viel verliert.

Miser Catulle, desinas ineptire,
et, quod vides perisse, perditum ducas.
Fulsere quondam candidi tibi soles,
cum ventitabas, quo puella ducebat,
5 amata nobis, quantum amabitur nulla.
Ibi illa multa cum iocosa fiebant,
quae tu volebas nec puella nolebat,
fulsere vere candidi tibi soles.
Nunc iam illa non vult: tu quoque, impotens, noli!
10 Nec, quae fugit, sectare, nec miser vive,
sed obstinata mente prefer! Obdura!
Vale, puella. Iam Catullus obdurat
nec te requiret nec rogabit invitam:
At tu dolebis, cum rogaberis nulla.
15 Scelesta, vae te! Quae tibi manet vita?
Quis nunc te adibit? Cui videberis bella?
Quem nunc amabis? Cuius esse diceris?
Quem basiabis? Cui labella mordebis?
At tu, Catulle, destinatus obdura!

Forget it! Forget me! (1962), Roy Lichtenstein (1923–1997), Rose Art Museum, Waltham

1 ineptire töricht daherreden, faseln – **2** *ergänze* id, **quod** *Subjektsakk. im AcI* – **perire** zugrunde gehen →LW – **perdere** zugrunde richten; verlieren →LW – **ducere** *m. dopp. Akk.* jmdn./etw. betrachten als jmdn./etw →LW – **3 fulgere, fulgeo, fulsi** leuchten – **fulsere** ~ fulserunt – **candidi soles** helle Sonnentage – **4 ventitare** *Frequentativum* oft kommen – **5 amata** *ergänze* tantum – **nobis** *Dat. auctoris* ~ a me – **6 iocosa, -orum** *n Pl. hier* Liesbesgeplänkel – **9 impotens, -ntis** *hier* ohnmächtig – **10 sectari** *Intensivum zu sequi* hinterherlaufen; *ergänze hierzu* eam, **quae fugit** – **miser** *prädikativ* – **11 obstinatus, -a, -um** hartnäckig, fest entschlossen – **perferre** ertragen →LW – **obdurare** standhaft bleiben – **14 nulla** *Adv.* überhaupt nicht – **15 vae te!** wehe dir! – **17 cuius esse** *Gen. poss.* – **18 basiare** küssen – **labellum, -i** Lippe – **mordere** beißen, knabbern – **19 destinatus** *prädikativ* entschlossen

Aufgaben

1. Bestimme die Verbformen nach Person, Numerus, Tempus, Modus und Genus verbi: *desinas* (V. 1), *fulsere* (V. 3/8), *sectare* (V. 10), *perfer* (V. 11), *rogaberis* (V. 14)!
2. a) Die Verben *velle* und *nolle* (V. 7) werden nicht antithetisch gegenübergestellt, vielmehr wird *velle* durch *nec ... nolle* verstärkt. Nenne die Stilfigur und erläutere ihre Wirkung!
   b) Vergleiche dazu: *Nunc illa non vult, tu quoque ... noli* (V. 9)!
3. *C. 8* beginnt mit der Anrede des Dichters an sich selbst, wobei er sich als *miser* bezeichnet. Erläutere seine Gründe für diese Ansprache!
4. a) Gliedere *C. 8* in fünf Sinnabschnitte und teile ihnen Überschriften zu!
   b) Ordne jedem Sinnabschnitt eine Zeitstufe zu!
   c) Erläutere daraus folgend den Aufbau des Gedichts!
5. Sammle die Personal- und Interrogativpronomina (unterscheide: substantivischer und adjektivischer Gebrauch) und vervollständige deren Deklinationen!
6. Vergleiche *C. 8* mit *C. 85* (S. 161)! Nenne Gemeinsamkeiten und Unterschiede bezüglich der Sprecherperspektive und der sprachlichen Mittel! Erläutere die Aussagen in *C. 8*, die darauf hinweisen, dass die Liebesqualen ein Ende finden!

LW *(C. 8)*

dūcere, dūcō, dūxī, ductum *m. dopp. Akk. jmdn./etw.* betrachten als *jmdn./etw.*
perdere, -dō, -didī, -ditum   zugrunde richten; verlieren
perīre, -eō, -iī   zugrunde gehen
pérferre, -ferō, -tulī, -lātum ertragen

EW Erkläre Herkunft und Bedeutung: perdu (frz.) – Aquädukt!

Zum Weiterlesen und Vertiefen

Die Elegiker: Tibull, Properz, Sulpicia und Ovid

Die Klage (1866),
Sir Edward Burne-Jones (1833–1898), William Morris Gallery, Walthamstow

Catull und die Neoteriker hatten in Rom den Grundstein für die lyrische Dichtkunst gelegt (vgl. 2., S. 143). Die Römer fanden großen Gefallen an dieser literarischen Gattung und besonders natürlich am Vortrag der Gedichte bei Gastmählern und in literarischen Zirkeln. Römische Dichter entwickelten sie weiter zur elegischen Liebesdichtung.

Elegische Dichtung ist in Griechenland schon seit dem 7. Jahrhundert v. Chr. als Kunstform belegt, so z. B. bei Archilochos (680–645 v. Chr.), der eines der Vorbilder für die Dichtung Catulls war. Ursprünglich war das Themenspektrum sehr weit gefasst, von Trinkliedern bis zu Totenklagen, später beschränkten sich die Themen mehr und mehr auf Klagegesänge. Das Versmaß der Elegie war anfangs der Pentameter, doch bald setzte sich das Distichon durch, die Kombination aus Hexameter und folgendem Pentameter. In hellenistischer Zeit verfeinerte Kallimachos von Kyrene (um 300–nach 245 v. Chr.) diese Gattung zu hoher Poesie.

In Rom wurde die Elegie als Liebeselegie durch C. Cornelius Gallus eingeführt, von dessen Werk uns leider nichts mehr erhalten ist, was ihm mit Bestimmtheit zugeordnet werden könnte. Freude- und vor allem Klagelieder über das subjektive Empfinden des lyrischen Ichs in der Liebesbeziehung bestimmen das Thema. Liebe wird als Dauerzustand betont *(foedus aeternum)*, der Liebesdienst ersetzt den Kriegsdienst *(militia amoris)* und das Liebesverhältnis wird als Sklavendienst gegenüber der Geliebten *(servitium amoris)* deklariert. Die oder der Geliebte wird mit einem Pseudonym benannt, wie wir es bereits in Catulls Lesbia kennengelernt haben.

Inwieweit die elegische Dichtung ein lyrisches Spiel ist, entzieht sich unserer Kenntnis. Aber wir können wohl davon ausgehen, dass Römer des Ritterstands sich nicht ernsthaft öffentlich als Sklaven ihrer Geliebten ausgegeben haben. Daher scheint es durchaus möglich, dass die Liebeselegie in der Nähe der Komödie anzusiedeln ist.

Die Hauptvertreter dieser Gattung in Rom waren Sextus Aurelius Propertius, Albius Tibullus, Publius Ovidius Naso sowie eine Dichterin namens Sulpicia. Wir wissen, dass sie eine Nichte des kunstgeneigten Staatsmanns M. Valerius Messalla Corvinus (64 v.–8 n. Chr.) war, der einen Kreis junger Dichter förderte. Somit stand sie mit Tibull und Ovid in engem literarischen Austausch. Im *Corpus Tibullianum III* sind uns sechs ihrer innigen Gedichte überliefert. In der höheren Gesellschaft Roms dichteten sicherlich mehr Frauen, doch sind uns nur Sulpicias Elegien erhalten.

    Tandem venit amor: qualem texisse pudori
        quam nudasse alicui sit mihi fama magis.
    Exorata meis illum Cytherea Camenis
        attulit in nostrum deposuitque sinum.
5 Exsolvit promissa Venus: mea gaudia narret,
        dicetur si quis non habuisse sua.
    Non ego signatis quicquam mandare tabellis,
        ne legat id nemo quam meus ante, velim,
    sed peccasse iuvat, vultus componere famae
10 taedet: cum digno digna fuisse ferar.

---

1 tegere, tego, texi *m. Dat. für jmdn./etw.* verhüllen – **qualem** *übersetze* so beschaffen, dass – **2 nudare** entblößen – **nudasse** ~ nudavisse – **mihi sit magis fama** es gereiche mir eher zum Ruhm – **3 exorare** inständig bitten – **Cytherea, -ae** Venus *ist bei der Insel Cythera dem Meer entstiegen* – **Camenae, -arum** Musen – **4 afferre, -fero, attuli** herbeitragen – **5 promissa exsolvere** Versprechen einlösen – **6 sua** *ergänze* gaudia – **7 signare** *hier* versiegeln – **mandare** anvertrauen – **tabellus, -i** Wachstäfelchen – *ordne* non ego … mandare … velim, ne id legat – **8 ante** ~ antea – **meus** *ergänze* amatus – **9 peccasse** ~ peccavisse – **vultus componere** sich verstellen – **fama, -ae** *hier* Gerücht – **10 taedet** *hier* es ist unrecht – **ferar** *m. NcI* man möge von mir sagen, dass

2.3 PUBLIUS OVIDIUS NASO – DER LIEBESLEHRER

2.3.1 Ovid: Leben und Werk *(Überblick)*

ZEIT	LEBEN	WERK
20.03.43 v. Chr.	Geburt in Sulmo (heute Sulmona) ca. 120 km von Rom entfernt, entstammt einer Adelsfamilie	
31 v. Chr.	Seeschlacht bei Actium Octavian siegt → Ende der Bürgerkriege	
27 v. Chr.	Octavian nimmt Ehrentitel Augustus an	Ovid, Luca Signorelli (1441–1523), Orvieto
ab 23–16 v. Chr.		Arbeit an den *Amores* (Liebesgedichte in 50 Elegien an eine fiktive Geliebte Corinna)
bis 20 v. Chr.	Studium der Rhetorik in Rom und Athen; Einstieg in die Ämterlaufbahn	
ab 20 v. Chr.	Intensivere Beschäftigung mit der Dichtkunst	Erscheinen der *Amores*
10 v. Chr.	Ovid verbringt diese Jahre als angesehener Bürger und Literat in Rom. Er findet Aufnahme in den Kreis um den Mäzen Messalla Corvinus.	Erscheinen der *Heroides* (Briefe von Frauen aus der Sagenwelt an ihre abwesenden Männer)
5 v.–8 n. Chr.		Entstehen der *Fasti I–VI* (Festtagskalender Jan.–Juni)
1 v. Chr.		Entstehen der *Ars amatoria* (Lehrgedicht über die Liebe)
1 v.–10 n. Chr.	Ovid geht drei Ehen ein. In der dritten Ehe wird ihm eine Tochter geboren.	Entstehen der *Metamorphosen* (Verwandlungsgeschichten)
1/2 n. Chr.		Veröffentlichung der *Ars amatoria* und der *Remedia amoris*
8 n. Chr.	Verbannung nach Tomi auf Kaiser Augustus' Befehl hin; Gründe bleiben unklar	
ca. 8–12 n. Chr.		Entstehen der *Tristia*
ca. 10 n. Chr.		Entstehen der *Ibis* (Schmähschrift gegen unbekannt in 322 Distichen)
ab 10 n. Chr.		Erscheinen der *Metamorphosen*
ca. 16 n. Chr.		Erscheinen der *Epistulae ex Ponto*
17 n. Chr.	Tod des Dichters im Exil in Tomi (heute Constanța)	

2.3.2 Einführung: *Ars amatoria* – Lieben als Kunst?

Der Dichter und die *Ars amatoria*

Publius Ovidius Naso war der am meisten gefeierte Dichter seiner Zeit, einer Zeit des Friedens und des Wohlstands. Nachdem Ovid bereits in jungen Jahren mit seinem elegischen Werk *Amores* Berühmtheit erlangt hatte, widmete er sich weiter seinen Dichtungen und variierte und mischte bekannte Gattungsformen. Den *Amores* folgten die *Heroides,* eine Sammlung fiktiver Briefe von Frauen aus der Sagenwelt an ihre Männer, und der erste Teil der *Fasti,* eines Festtagskalenders für die Monate Januar bis Juni.

Ab dem Jahr 1 v. Chr. arbeitete Ovid an der *Ars amatoria* sowie an seinem mythologischen Epos, den *Metamorphosen,* mit 250 Verwandlungsgeschichten und ca. 12 000 Versen, die vom Entstehen der Welt bis zur Lebenszeit des Dichters, der Herrschaftszeit Augustus', führen. Ovid schrieb später in den *Tristia,* den Trauerliedern aus der Verbannung, die zugleich eine Art Lebensrückblick enthalten, über sein Talent: *et quod temptabam scribere, versus erat (Tristia IV, 10, 26).* Im Jahr 2 n. Chr. veröffentlichte er die *Ars amatoria,* ein Lehrbuch der Liebeskunst. Der Titel allein mochte für die Römer befremdlich gewirkt haben, kannten sie doch bisher nur Lehrwerke über Ackerbau oder Bienenzucht, eine *Ars oratoria* und eine *Ars grammatica,* aber eine *Ars amatoria,* ein Handbuch zur Liebeskunst, zum Beherrschen der Liebe? War der Titel schon unerhört, so parodierte die gesamte *Ars amatoria* das ernsthafte Lehrgedicht!

Gattungsmerkmale der *Ars amatoria*

Ovid mischte in der *Ars amatoria* der Gattung des Lehrepos, so wie es die Römer kannten, wie z. B. von Lukrez' *De rerum natura* oder von Vergils *Georgica,* Elemente der elegischen Liebeslyrik bei. Er füllte sozusagen das Korsett des Lehrgedichts mit den Inhalten der Liebeselegie. Dies zeigt sich schon in der Form: Das Lehrepos war in der Antike im Hexameter abgefasst, Ovid verwendete das elegische Distichon wie bereits in seinen Elegien *Amores.* War das lyrische Ich in den *Amores* noch der duldende Verliebte, der in den Elegien sein Los überschwänglich pries oder beklagte, so übernimmt der Dichter in der *Ars amatoria* die Rolle des Lehrers als *praeceptor amoris*, der seine Schüler und Schülerinnen in den Fertigkeiten, Techniken und Tricks der Liebeskunst unterrichtet, und zwar einfach deshalb, weil er sie besser kennt und beherrscht als seine Zöglinge. Er führt seiner Schülerschaft vor Augen, dass die *ars amandi* immer mit der *ars fallendi*, einer gekonnten Mischung aus Sein und Schein, einhergeht. In der Metamorphose über Pygmalions Kunstfertigkeit sagt uns Ovid: *Ars adeo latet arte sua (Metamorphosen X, 252).* Ungewiss ist, ob die *Remedia amoris* von Anfang an als IV. Buch oder erst nach Abschluss der *Ars amatoria* geplant wurden. Die Römer rissen Ovid und seinen Verlegern das Werk förmlich aus der Hand, es erschien in der Antike bereits in hoher Auflagenzahl.

Die Verbannung

Sechs Jahre nach ihrem überwältigenden Erfolg sollte die *Ars amatoria* zum Stein des Anstoßes werden. Ovid lebte als angesehener und gefeierter Künstler in der Hauptstadt, der Metropole, am Puls der Zeit, als ihn im Jahr 8 n. Chr. das amtliche Schreiben des Kaisers erreichte, mit dem dieser Ovids Verbannung in die tiefste Provinz anordnete, nach Tomi ans Schwarze Meer. Die einzige Gnade, die Augustus erwies, war die *relegatio*, eine abgemilderte Form der Verbannung, bei der die Familie in Stand und Besitz bleiben durfte. Als Grund nennt Ovid *carmen et error (Tristia II, 207)*, an vielen anderen Stellen beteuert er immer wieder seine Unschuld: Es handele sich um *error, non scelus*. Ovid durfte seiner Leserschaft den wirklichen Anlass wohl nicht nennen, doch vermutlich spielte entweder ein Sittenskandal der Enkelin des Kaisers, Julia, eine Rolle, von dem Ovid wusste, der jedoch unter allen Umständen verschwiegen werden musste, oder sogar – wie man in der neueren Forschung mutmaßt – eine politische Intrige gegen Augustus, in die die Kaiserenkelin Julia und ihr Mann verwickelt waren. Hatte sich doch Augustus selbst zum Richter über die Moral des Volkes erhoben, indem er eine strenge Sitten- und Ehegesetzgebung (vgl. S. 178) eingeführt hatte, um unter seiner Herrschaft Sitte und Anstand wieder erblühen zu lassen. Offiziell musste der Kaiser natürlich einen anderen Grund für Ovids Verbannung als die Unzulänglichkeiten im eigenen Haus angeben. Hatten ihm die frivolen Gesänge der *Amores* vielleicht bereits missfallen, so grenzte die *Ars amatoria*, in der der Dichter so weit ging, den Vollzug der Ehegesetze in Rom in Frage zu stellen, nahezu an eine anarchische Schrift gegen das Moralbestreben des Kaisers. Doch weshalb sollte der Kaiser dann erst sechs Jahre nach der Veröffentlichung der *Ars amatoria* diese Maßnahme ergreifen? Im Übrigen hatten die strengen Gesetze auch Julia, die Kaiserenkelin, nicht wieder an den Webstuhl getrieben, sondern sie führte ihr Leben in der mondänen Hauptstadt wie gewohnt. Ebenfalls im Jahre 8 n. Chr., dem Verbannungsjahr Ovids, sah sich Augustus gezwungen, seine eigene Enkelin, die Tochter seiner Tochter Julia und seines engsten Vertrauten Agrippa, auf die Isole Tremiti im Norden des Gargano in Apulien zu verbannen.

In der Verbannung in Tomi entstanden Ovids letzte Werke, die *Tristia* und die *Epistulae ex Ponto*, Schriften, die von Trauer und Hoffnung zugleich geprägt sind. Doch sollte sich Ovids Hoffnung auf Rückkehr in die geliebte Hauptstadt nicht mehr erfüllen. Er starb im Jahr 17 n. Chr. in Tomi. Übrigens starb Augustus' Enkelin Julia auch an ihrem Verbannungsort: Augustus kannte keine Gnade, wenn es sich um sein politisches Programm handelte.

Aufbau und Sprache der *Ars amatoria*

Ursprünglich hatte Ovid wohl zwei Bücher geplant, doch dann entschied er sich anders und komponierte drei Bücher mit über 2300 Versen: In Buch I und II gibt er kundige Ratschläge an Männer, in Buch III an Frauen, die lieben wollen. Er stattet seine Schülerschaft mit Rüstzeug für nahezu alle Eventualitäten in verschiedenen, auch sehr heiklen Situationen aus.

Wie im Lehrgedicht sind die Bücher – die an die männliche sowie das an die weibliche Schülerschaft – jeweils von einem Proömium und einem Epilog eingerahmt. Auch untermauern mythologische und historische Exkurse die Theorien des Lehrers.

Das Lehrwerk führt ausgehend von geeigneten Orten zur Jagd auf das andere Geschlecht über Annäherungs- und Eroberungsversuche, Schönheitspflege, Auswahl von Kleidung und Schmuck über Ratschläge zum Erhalt der Beziehung bis hin zum Ziel der Begierde, dem Liebesspiel.

Die *Ars amatoria* ist ein Lehrbuch, doch ohne trockene Worte der Belehrung. Ovids Sprache ist elegant und raffiniert, geprägt von der Leichtigkeit des urbanen und gepflegten Plaudertons. Leichtfüßig tanzt er im Distichon der Elegie von Szene zu Szene, bisweilen spöttisch und frivol, bisweilen aber auch mit dem Augenzwinkern der Selbstironie. Ovid schafft sprachlich ein Bild der Zufriedenheit und Lebensfreude seiner Zeit, der beginnenden Ära der Kaiserzeit in Rom.

2.4 ARS AMATORIA

2.4.1 Lieben will gekonnt sein!

Lehren heißt Bändigen *(Proömium, I, 1–10, gekürzt)*

Si quis in hoc artem populo non novit amandi,
 hoc legat et lecto carmine doctus amet.
Arte citae veloque rates remoque moventur,
 arte leves currus: arte regendus amor.
5 Me Venus artificem tenero praefecit Amori;
 Tiphys et Automedon dicar Amoris ego.
Ille quidem ferus est et qui mihi saepe repugnet:
 Sed puer est, aetas mollis et apta regi.

Amor in einer Landschaft (1610),
Bartolomeo Schedoni (1578–1615),
Staatliche Eremitage, St. Petersburg

3 velum, -i *f* Segel – **ratis, -is** *f* Floß; *hier* Schiff – **remus, -i** Ruder – **4 currus, -us** *m* Wagen → LW – **regendus** *ergänze* est – **5 artifex, -icis** *m* Künstler, Meister → LW – **tener, -a, -um** *zart, fein, weich* → LW – **6 Tiphys** *Steuermann der Argo, des Schiffs der Argonauten, mit dem Jason auf der Suche nach dem Golden Vlies nach Kolchis segelt* – **Automedon** *Wagenlenker des Kriegers Achill; bekannt für seine außerordentliche Geschicklichkeit* – **7 ille** *beziehe auf* Amor – **qui** *ergänze* is, **qui** – **repugnare** *Widerstand leisten* – **8 mollis, -e** *hier* zart – **aptus, -a, -um** *m. Inf.* geeignet, fähig, *etw. zu tun* → LW

Professionelles Selbstbewusstsein! *(Proömium, I, 21–24; 29–34)*

Et mihi cedet Amor, quamvis mea vulneret arcu
 pectora, iactatas excutiatque faces.
Quo me fixit Amor, quo me violentius ussit,
 hoc melior facti vulneris ultor ero. …
5 Usus opus movet hoc: vati parete perito!
 Vera canam: coeptis, mater Amoris, ades!
Este procul, vittae tenues, insigne pudoris,
 quaeque tegis medios, instita longa, pedes.
Nos venerem tutam concessaque furta canemus,
10 inque meo nullum carmine crimen erit.

1 quamvis *Adv.* wie sehr auch – **arcus, -us** *m* Bogen → LW – **1/2 mea pectora** *dicht. Pl.; hier* Herz – **2 iactare** *hier* herumwirbeln – **excutere** *hier* schwingen – **fax, facis** *f* Fackel → LW – **3/4 quo … hoc** je … desto – **3 figere** *hier* treffen – **violens, -ntis** gewaltsam, heftig – **urere** verbrennen, entflammen → LW – **ultor, -oris** *m* Rächer – **5 usus, -us** *m hier* Erfahrung – **vates, -is** *m* Sänger, Dichter → LW – **peritus, -a, -um** *m. Gen.* kundig, erfahren *in etw.* → LW – **6 coeptum, -i** Beginnen, Unternehmen, Vorhaben → LW – **7 vitta, -ae** Haarbinde; *hier Vokativ* – **tenuis, -e** dünn, fein, zart → LW – **insigne, -is** *n* Kennzeichen – **pudor, -oris** *m* Scham, Sittsamkeit, Ehrenhaftigkeit → LW – **8 instita, -ae** Saum; *hier Vokativ; Besatz an der Tunika verheirateter Frauen* – **medii pedes** die Mitte der Füße – **9 nos** *dicht. Pl.* ego – **venus, -eris** *f* Liebe; Schönheit → LW – **furtum, -i** Diebstahl; Liebschaft; Seitensprung; *hier Pl.* heimliches Tun → LW – **concedere** erlauben, überlassen → LW – **canere, cano** *trans.* besingen

Aufgaben

Proömium, I, 1–10, gekürzt

1. a) Bestimme die -nd-Formen *amandi* (V. 1) und *regendus* (V. 4)!
   b) Erläutere ihre Verwendung!
2. Erstelle mithilfe eines Lexikons Wortfamilien zu *ars* und *amare*!
3. Gliedere den Text und weise jedem Sinnabschnitt eine geeignete Überschrift zu!
4. Stelle die Wörter zusammen, mit denen Ovid Amor beschreibt! Vergleiche sie mit der Abbildung auf S. 174!

Proömium, I, 21–24; 29–34

5. Nenne die Waffen, die Amor hier zugeschrieben werden!
6. Erläutere die Wirkung der Futur I-Formen in ihrem Kontext auf den Leser: *mihi cedet Amor – ultor ero – vera canam – furta concessa canemus – nullum crimen erit*!
7. a) Analysiere die Satzglieder sowie die syntaktischen Strukturen in den Versen 5/6 und 7/8!
   b) Bringe die Satzglieder in die gewohnte Stellung eines Prosatexts!
   c) Welche Wortpaare bzw. -gruppen bilden die Stilfigur Hyperbaton?
8. Nenne die Personengruppe, die Ovid von seinem Lehrgang ausschließen will *(Proömium, T2, V. 7–10)*! Erläutere, inwiefern Kaiser Augustus diese Aussagen Ovids als Affront gegen seine Ehegesetze (vgl. S. 178) empfunden haben mag!
9. a) Nenne die Schutzgottheit, die Ovid um Beistand für sein Werk bittet!
   b) Finde die Richtlinien, die Ovid seinem Werk auferlegt!
10. Erläutere den Begriff *concessa furta* (T 2, V. 9) im Hinblick auf den Zeithintergrund!

LW *(I, 1–10; I, 21–25; 30–34)*

arcus, -ūs *m*	Bogen
artifex, -icis *m*	Künstler, Meister
coeptum, -ī (*subst. PPP zu* incipere, incipiō, coepī, inceptum/coeptum)	Beginnen, Unternehmen, Vorhaben (anfangen, beginnen)
currus, -ūs *m*	Wagen
fax, facis *f*	(Hochzeits-, Liebes-)Fackel
fūrtum, -ī; *Pl.* fūrta, -ōrum	Diebstahl; Liebschaft; Seitensprung; *Pl.* heimliches Tun
pudor, -ōris *m*	Scham; Sittsamkeit; Ehrenhaftigkeit
vātēs, -is *m/f*	Sänger, Dichter; Wahrsager, Seher
venus, -eris *f*	Liebe; Schönheit
aptus, -a, -um *m. Inf.*	geeignet, fähig, *etw. zu tun*
perītus, -a, -um *m. Gen.*	kundig, erfahren *in etw.*
tener, -a, -um	zart, fein, weich
tenuis, -e	dünn, fein, zart
concēdere, -cēdō, -cessī, -cessum *trans.*	erlauben, überlassen
ūrere, ūrō, ūssī, ūstum	verbrennen, entflammen; *Pass.* leidenschaftlich entflammt sein

EW Erkläre Herkunft und Bedeutung: Adapter – Konzession – artificiale (it.)!

Drei Lektionen für Anfänger *(Proömium, I, 35–44)*

Principio, quod amare velis, reperire labora,
    qui nova nunc primum miles in arma venis!
Proximus huic labor est placitam exorare puellam:
    Tertius, ut longo tempore duret amor.
5 Hic modus; haec nostro signabitur area curru:
    Haec erit admissa meta terenda rota.
Dum licet, et loris passim potes ire solutis,
    elige, cui dicas: „Tu mihi sola places!"
Haec tibi non tenues veniet delapsa per auras:
10   Quaerenda est oculis apta puella tuis!

Wagenrennen im Circus Maximus in Rom (1998), Peter Connolly (geb. 1935)

1 reperire feststellen, finden → LW – **laborare** *hier* sich bemühen – **2 qui** *ergänze* tu, **qui** – **miles** *prädikativ* – **3 huic** *ergänze* labori – **labor, -oris** *m hier* Aufgabe – **placitus, -a, -um** auserwählt – **exorare** inständig bitten – **4 tertius** *ergänze* labor – **durare** andauern, bestehen → LW – **5 area, -ae** Kampfplatz – **signare** kennzeichnen, markieren – **6 admissa rota** *Abl. instr.* mit schnellem Wagenrad – **meta, -ae** Wendemarke *beim Wagenrennen* – **terere** abreiben; *hier* streifen – **7 passim** ringsumher – **lorum, -i** Zügel – **9 per auras delabi** vom Himmel herabgleiten – **10 aptus, -a, -um** *m. Dat.* passend, geeignet *für jmdn./etw.* → LW

ROMA ~ AMOR – das Palindrom! *(I, 55–66)*

Tot tibi tamque dabit formosas Roma puellas,
    „Haec habet", ut dicas, „quicquid in orbe fuit."
Gargara quot segetes, quot habet Methymna racemos,
    aequore quot pisces, fronde teguntur aves,
5 quot caelum stellas, tot habet tua Roma puellas:
    Mater in Aeneae constitit urbe sui.
Seu caperis primis et adhuc crescentibus annis,
    ante oculos veniet vera puella tuos:
Sive cupis iuvenem, iuvenes tibi mille placebunt.
10   Cogeris voti nescius esse tui:
Seu te forte iuvat sera et sapientior aetas,
    hoc quoque, crede mihi, plenius agmen erit.

1 formosus, -a, -um schön, wohlgestaltet → LW – **2 haec** *beziehe auf* Roma – **ut dicas** *konsekutiv* – **3 Gargara** *Stadt in Kleinasien; berühmt wegen ihres Getreidereichtums* – **3–5 quot … tot** *indekl.* wie viele – so viele, so viele … wie → LW – **3 seges, -etis** *f* Saatfeld – **Methymna** *Stadt auf Lesbos; bekannt wegen ihres Weines* – **racemus, -i** Traube – **4 piscis, -is** *m* Fisch → LW – **frons, frondis** *f* Laub(wald) – **tegere** bedecken → LW – **avis, -is** *f* Vogel → LW – **5 caelum, -i** Himmel → LW – **stella, -ae** Stern → LW – **6 Aeneas, -ae** *m* Aeneas (*vgl. 1., S. 140*) – **consistere** sich niederlassen → LW – **7–11 seu … sive … seu** sei es, dass … oder … oder – **10 votum, -i** *hier* Wunsch, Verlangen – **nescius esse** *m. Gen. etw.* nicht wissen – **11 forte** ~ fortasse vielleicht → LW – **serus, -a, -um** spät – **12 plenus, -a, -um** voll, (zahl)reich – **agmen, -inis** *n* Heerschar → LW

Aufgaben

Proömium, I, 35–44
1. Analysiere die syntaktische Struktur der Verse 1/2!
2. Die Wörter *laborare* (V. 1) und *labor* (V. 3) gehören der gleichen Wortfamilie an. Nenne drei Paare (Verb und Substantiv), die Mitglieder einer Wortfamilie sind!
3. a) Ovid verfährt wie in einem Lehrbuch. Mit welchen Worten ordnet er die Regeln an?
   b) Paraphrasiere die drei Lektionen, die der noch unerfahrene Schüler lernen muss!
4. Ovid verwendet aus der Elegie das Bild der *militia amoris*.
   a) Finde die Begriffe für dieses Motiv und erläutere diese in ihrem Kontext!
   b) Vergleiche dazu *Amores I, 9* (S. 178)! Zitiere und erkläre aus dieser Textstelle die Ausdrücke, die dem unbequemen Militärdienst entstammen!
5. Weise die Fachbegriffe aus dem Wagenrennen der Abbildung auf S. 176 zu!

I, 55–66
6. Erkläre den Begriff „Palindrom" und finde drei Beispiele dafür in der deutschen Sprache!
7. a) Welches Wörterpaar spannt den Bogen von V. 1 zu V. 5?
   b) Ovid nennt uns verschiedene Beispiele (V. 2–5) für nahezu unzählbare Dinge aus der Natur des *orbis*. Beschreibe in eigenen Worten die Beispiele, die Ovid zu *quidquid in orbe* (V. 2) anführt!
8. a) Bringe die Wörter der Verszeile 6 in Prosastellung und kläre die Bezüge!
   b) Für welche Göttin und Funktion steht *mater Aeneae* (V. 6) stellvertretend?
   c) Nenne das Bezugswort, das zum Possessivpronomen *sui* zu ergänzen ist!
9. Lest die Information zu den Ehe- und Sittengesetzen des Kaisers Augustus (vgl. S. 178)! Diskutiert darüber, inwiefern Augustus die Aussage Ovids zum *plenius agmen* (V. 12) der bejahrteren Damen mit der Verstärkung *crede mihi* (V. 12) als Affront gegenüber den kaiserlichen Ehegesetzen deuten konnte!
10. In beiden Textausschnitten findest du als Erläuterung im Relativsatz nicht das zu erwartende Femininum, sondern die Neutra *quod* (T 2, V. 1) und *quidquid* (T 2, V. 2). Diskutiert darüber, welche Wirkung dadurch beim Leser oder Hörer entstanden sein mochte!

LW *(I, 35–44; I, 55–66)*

agmen, -inis *n*	Heerschar
avis, -is *f*	Vogel
caelum, -ī	Himmel
piscis, -is *m*	Fisch
stēlla, -ae	Stern
aptus, -a, -um *m. Dat.*	passend, geeignet *für jmdn./etw.*
fōrmōsus, -a, -um	schön, wohlgestaltet
quot … tot … *indekl.*	wie viele … so viele, so viele … wie
cōnsistere, -sistō, -stitī	sich niederlassen
dūrāre	andauern, bestehen
reperīre, reperiō, répperī, repertum	feststellen, finden
tegere, tegō, tēxī, tēctum	bedecken
forte ~ fortāsse	vielleicht

EW Erkläre Herkunft und Bedeutung: Quote – endurance (e.) – forse (it.) – il pesce (it.)!

Zum Weiterlesen und Vertiefen

Ehe- und Sittengesetze des Kaisers Augustus

Im Zuge der Reformierung des Staates machte Augustus auch vor einer moralischen Neuordnung in seiner Bürgerschaft nicht halt. Wie in Friedenszeiten üblich, besannen sich die Menschen mehr auf ihre privaten Bedürfnisse. Augustus empfand dies als steten Verfall des moralischen Bewusstseins und wollte dem durch die Einführung dreier Gesetze entgegenwirken. Allerdings wurden diese Gesetze bereits zu ihrer Entstehungszeit von den Römern eher bewitzelt denn befolgt. Dennoch hatten sie im *Corpus Iustinianum* – wenigstens offiziell – Bestand bis ins 6. nachchristliche Jahrhundert.

Im Jahre 18 v. Chr. wurde das Gesetz zur Verhinderung des Ehebruchs *(lex Iulia de adulteriis coercendis)* sowie das Gesetz zur Heiratspflicht der Stände *(lex Iulia de maritandis ordinibus)* erlassen. Ehebruch stand unter harter Bestrafung; der Ehemann wurde sogar zur Verantwortung gezogen, wenn er seine untreue Frau nicht verstieß. Nur standesgemäße Heiraten waren fortan erlaubt. Im Jahr 9 n. Chr. beschloss Augustus die gesetzliche Verpflichtung zur Ehe für alle Römer *(lex Papia Poppaea)*, um den Nachwuchs im Reich sicherzustellen. Wer diesen Gesetzen zuwiderhandelte, hatte mit erheblichen Nachteilen in Besteuerung sowie in Erbverfahren zu rechnen. Andererseits erhielten römische Bürger mit mindestens drei Kindern *(ius trium liberorum)* verschiedene Privilegien bezüglich des Erbrechts und politischer Ämter, die Mütter wurden zu juristischen Personen.

Militia amoris – Liebesdienst ist Kriegsdienst!

In den *Amores I, 9* (V. 1–10; 15–18) führt Ovid seinem Freund Atticus, dem er dieses Gedicht widmet, die Parallelen zwischen Liebes- und Kriegsdienst vor Augen.

> Militat omnis amans, et habet sua castra Cupido;
>   Attice, crede mihi, militat omnis amans.
> Quae bello est habilis, Veneri quoque convenit aetas.
>   turpe senex miles, turpe senilis amor.
> 5 Quos petiere duces animos in milite forti,
>   hos petit in socio bella puella viro.
> Pervigilant ambo; terra requiescit uterque
>   ille fores dominae servat, at ille ducis.
> Militis officium longa est via; mitte puellam,
> 10   strenuus exempto fine sequetur amans. …
> Quis nisi vel miles vel amans et frigora noctis
>   et denso mixtas perferet imbre nives?
> Mittitur infestos alter speculator in hostes;
>   in rivale oculos alter, ut hoste, tenet.

Mars und Venus mit Flora und Cupido (um 1560), Paris Bordone (1500–1571), Kunsthistorisches Museum, Wien

---

1 militare Kriegsdienst leisten – **Cupido** ~ Amor – **3 quae** *beziehe auf* **aetas** – **habilis, -e** *m. Dat.* geeignet *für jmdn./etw.* – **4 turpe** *ergänze* est – **senex** ~ **senilis** – **5 petiere** ~ petiverunt – **6 socius vir** Begleiter – **7 pervigilare** Nächte durchwachen – **terra** *ergänze* in terra – **8 foris, -is** *f* Tor, Tür – **9 mittere** *hier* fortschicken – **10 strenuus, -a, -um** *prädikativ* entschlossen, unbeirrbar – **exempto fine** *übersetze* ohne Unterlass – **11 frigus, -oris** *n hier* dicht. Pl. Kälte – **12 densus, -a, -um** dicht – **imber, -bris** *m* Regen(guss) – **nix, nivis** *f* Schnee(schauer) – **speculator, -oris** *m* Späher – **14 rivalis, -is** *m* Nebenbuhler – **hoste** *ergänze* in hoste

2.4.2 Ratschläge für die Praxis

Jagdplätze – nicht nur Tempel und heilige Hallen *(I, 79–146, gekürzt)*

Et fora conveniunt – quis credere possit? – Amori
    flammaque in arguto saepe reperta foro:
Illo saepe loco capitur consultus Amori
    quique aliis cavit, non cavet ipse sibi:
5 Illo saepe loco desunt sua verba diserto
    resque novae veniunt causaque agenda sua est.
Hunc Venus e templis, quae sunt confinia, ridet:
    Qui modo patronus, nunc cupit esse cliens.
Sed tu praecipue curvis venare theatris!
10   Haec loca sunt voto fertiliora tuo.
Illic invenies, quod ames, quod ludere possis,
    quodque semel tangas quodque tenere velis.
Ut redit itque frequens longum formica per agmen,
    granifero solitum cum vehit ore cibum, …
15 sic ruit ad celebres cultissima femina ludos.
    Copia iudicium saepe morata meum est.
Spectatum veniunt, veniunt, spectentur ut ipsae:
    Ille locus casti damna pudoris habet.
Nec te nobilium fugiat certamen equorum.
20   Multa capax populi commoda Circus habet.
Proximus a domina, nullo prohibente, sedeto!
    Iunge tuum lateri qua potes usque latus;
Et bene, quod cogit, si nolis, linea iungi,
    quod tibi tangenda est lege puella loci.
25 Hic tibi quaeratur socii sermonis origo,
    et moveant primos publica verba sonos.
Cuius equi veniant, facito, studiose, requiras!
    Nec mora, quisquis erit, cui favet illa, fave!

---

1 convenire *m. Dat.* passen *für jmdn./etw.* → LW – **2 flamma, -ae** *hier* Leidenschaft – **argutus, -a, -um** scharfsinnig – **reperta** *erg.* est – **3 consultus, -i** Rechtsgelehrter – **Amori** *Dat. auctoris* – **4 cavere** *m. Dat.* jmdn. schützen – **5 disertus, -a, -um** redegewandt → LW – **6 res** *hier* Fall *vor Gericht* – **causa, -ae** Prozess – **7 confinis, -e** benachbart – **ridere** *m. Akk.* jmdn. auslachen – **8 cliens, -ntis** *m* Klient, Schützling – **9 praecipue** vor allem – **curvus, -a, -um** rund, bauchig – **venari** jagen – **theatris** *ergänze* in **theatris** – **10 votum, -i** *hier* Wunsch, Verlangen – **voto** *Abl. comp.* – **fertilis, -e** ertragreich, ergiebig – **13 formica, -ae** Ameise – **agmen, -inis** *n* Heerschar → LW – **14 granifer, -a, -um** körnertragend – **cum** *explicativum m. Ind.* wenn; indem, dadurch, dass → LW – **15 ruere** *hier* eilen – **cultus, -a, -um** gepflegt – **16 copia** *ergänze* feminarum – **morari** *hier* erschweren, verzögern – **17 spectatum** *Supin I; übersetze* um zu sehen – **18 castus, -a, -um** sittsam, keusch → LW – **damnum habere** Schaden bringen – **19 fugere** *hier* entgehen – **20 capax, -acis** geräumig – **commodum, -i** Vorteil → LW – **21 sedeto** du sollst sitzen – **22 qua usque potes** so weit du kannst – **23 bene** *ergänze* fit – **linea, -ae** Schranke *zwischen den Sitzreihen* – **25 tibi** *Dat. auctoris* – **socius, -a, -um** gemeinsam – **26 publicus, -a, -um** allgemein – **sonus, -i** Ton, Klang → LW – **27 facito** *ergänze* ut; *übersetze* mach, dass

Der Liebesbrief – „sein" altbewährtes Mittel! *(I, 475–486)*

Quid magis est saxo durum, quid mollius unda?
    Dura tamen molli saxa cavantur aqua.
Penelopen ipsam, persta modo, tempore vinces!
    Capta vides sero Pergama, capta tamen.
5 Legerit, et nolit rescribere? Cogere noli!
    Tu modo blanditias fac legat usque tuas!
Quae voluit legisse, volet rescribere lectis.
    Per numeros veniunt ista gradusque suos.
Forsitan et primo veniet tibi littera tristis,
10   quaeque roget, ne se sollicitare velis.
Quod rogat illa, timet; quod non rogat, optat, ut instes.
    Insequere, et voti postmodo compos eris!

1 saxum, -i Stein, Fels – **2 cavare** aushöhlen – **3 Penelope** (*Akk.* -en) Gattin des Odysseus; wartete 20 Jahre treu auf dessen Rückkehr aus dem Trojanischen Krieg – **4 sero** Die Belagerung Trojas dauerte 10 Jahre. – **Pergama, -orum** Burg von Troja – **5 legerit** *inhaltliches Subjekt ist die Angebetete* – **6 blanditia, -ae** Schmeichelei, Kompliment → LW – **fac** *ergänze* ut – **usque** *Adv.* weiterhin – **7 lectis** *ergänze zum Abl. abs.* epistulis – **8 per numeros … gradusque suos** schrittweise der Reihe nach – **ista** *n Pl. hier* das Gewünschte – **9 forsitan** ~ fortasse – **10 rogare, ne** bitten, dass nicht – **11 instare** *hier* beharrlich bleiben – **12 insequi** *hier* weitermachen – **votum, -i** *hier* Wunsch, Verlangen – **postmodo** bald darauf – **compos esse** *m. Gen. hier* erfüllen

„Ihre" Reaktion auf „seinen" Liebesbrief *(III, 471–482)*

Inspice, quodque leges, ex ipsis collige verbis,
    fingat an ex animo sollicitusque roget!
Postque brevem rescribe moram! Mora semper amantes
    incitat, exiguum si modo tempus habet.
5 Sed neque te facilem iuveni promitte roganti
    nec tamen e duro, quod petit ille, nega!
Fac timeat speretque simul, quotiensque remittes,
    spesque magis veniat certa minorque metus!
Munda, sed e medio consuetaque verba, puellae,
10   scribite! Sermonis publica forma placet;
A! Quotiens dubius scriptis exarsit amator,
    et nocuit formae barbara lingua bonae.

Der Liebesbrief (1913),
John William Godward (1861–1922),
Sotheby's, New York

1 inspicere prüfen, genau betrachten → LW – **colligere** *hier* erschließen; *ergänze* utrum – **2 ex animo** aus reinem Herzen – **sollicitus, -a, -um** aus Leidenschaft – **3 mora, -ae** Verzögerung, Aufschub → LW – **5 facilis, -e** *prädikativ; hier* leichtfertig – **6 e duro** *ergänze* animo – **7 fac** *ergänze* ut – **remittere** *ergänze* epistulam – **9 mundus, -a, -um** gepflegt, elegant – **e medio** *ergänze* sermone – **consuetus, -a, -um** gewohnt, normal – **11 a!** ach! – **scriptum, -i** *hier* Brief – **exardere, -ardeo, -arsi** leidenschaftlich entflammt werden – **12 forma, -ae** Schönheit → LW – **barbarus, -a, -um** *hier* ungehobelt – **bonus, -a, -um** *hier* vortrefflich

Aufgaben

I, 79–146, gekürzt

1. Stelle die Begriffe aus der Gerichtssprache (V. 1–8) zusammen und beschreibe deren Bedeutung! Erläutere ihre Übertragung in den Bereich „Liebe und Leidenschaft"!
2. a) Weise den Stilmitteln Anapher, Chiasmus, Parallelismus und Metapher die entsprechenden Textstellen zu und beschreibe ihre Wirkung im Kontext (V. 3–8)!
   b) Erläutere die Wirkung des Relativpronomens *quod* (V. 11)!
   c) Gib den Vergleich (V. 13–16) mit eigenen Worten wieder!
3. Gruppenarbeit: Erstellt Kurzreferate zu Lage, Bau und Funktion
   a) des Caesarforums;
   b) des Tempels der *Venus genetrix*!
4. Gruppenarbeit: Informiert euch über die vom Lehrer den männlichen Schülern empfohlenen Jagdreviere! Präsentiert euere Informationen zu den Bauwerken, deren Lage, Funktion und Fassungsvermögen (zu b, c) mithilfe von Plakaten:
   a) *in foro arguto* (V. 2);
   b) *(in) curvis theatris* (V. 9);
   c) *capax Circus* (V. 20)!
   Weist durch die Aussagen im Text die Eignung dieser Orte für die Jagd nach! Diskutiert, welche Plätze für die „Jagd nach dem anderen Geschlecht" an eurem Wohnort geeignet erscheinen!
5. Eine Theatervorstellung in der Frühzeit Roms brachte die Sabinerinnen in Not. Erstelle ein Kurzreferat über den Raub der Sabinerinnen!

I, 475–486; III, 471–482

6. Nenne das Sprichwort, mit dem du die Verse 1/2 wiedergeben kannst! Finde deutsche Sentenzen, die den langwierigen Weg zum Erfolg ausdrücken!
7. a) Stelle die konkreten Anweisungen aus beiden Texten zusammen!
   b) Beschreibe die Gefühle, die dem Gegenüber jeweils unterstellt werden!
   c) Schreibt in Gruppenarbeit jeweils einen fiktiven Liebesbrief und beziet dabei die Forderungen Ovids zum Sprachniveau mit ein (V. 9–12)!
8. Finde in der Abbildung auf S. 180 die Hinweise dafür, dass die Empfängerin einen Liebesbrief erhalten hat!

LW *(I, 79–146, gekürzt; I, 475–486; III, 471–482)*

agmen, -inis *n*	Heerschar
blanditia, -ae	Schmeichelei, Kompliment
commodum, -ī	Vorteil
fōrma, -ae	Schönheit
mora, -ae	Verzögerung, Aufschub
sonus, -ī	Ton, Klang
castus, -a, -um	sittsam, keusch
disertus, -a, -um	redegewandt
convenīre, -veniō, -vēnī, -ventum *m. Dat.*	passen *für jmdn./etw.*
īnspicere, -spiciō, -spexī, -spectum	prüfen, genau betrachten
cum *explicativum m. Ind.*	wenn; indem; dadurch, dass

EW Erkläre Herkunft und Bedeutung: Inspektion – Moratorium – Konvenienz – Kommode!

Wandel von Kult und Kultur *(III, 103–110; 121–122)*

Forma dei munus! Forma quota quaeque superbit?
  Pars vestrum tali munere magna caret.
Cura dabit faciem; facies neglecta peribit,
  Idaliae similis sit licet illa deae.
5 Corpora si veteres non sic coluere puellae,
  nec veteres cultos sic habuere viros. ...
Simplicitas rudis ante fuit. Nunc aurea Roma est
  et domiti magnas possidet orbis opes. ...
Prisca iuvent alios: ego me nunc denique natum
10   gratulor: haec aetas moribus apta meis.

1 quotus quisque *übersetze m. Pl.* wie wenige – **superbire** *m. Abl.* stolz *auf etw.* sein können – **3 facies, -ei** *f* ~ pulchritudo – **4 dea Idalia** ~ Venus; *nach ihrem Heiligtum Idalium auf der Insel Zypern* – **5 veteres** aus der Vorzeit – **7 rudis, -e** roh, unkultiviert – **8 <u>domare</u>** bezwingen, unterwerfen; zähmen → LW – **9 <u>priscus, -a, -um</u>** altertümlich → LW – **10 gratulari** beglückwünschen – **<u>aptus, -a, -um</u>** *m. Dat.* passend, geeignet *für jmdn./etw.* → LW

Haarmoden *(III, 133–152, gekürzt)*

Munditiis capimur. Non sint sine lege capilli!
  Admotae formam dantque negantque manus.
Nec genus ornatus unum est: quod quamque decebit
  eligat, et speculum consulat ante suum!
5 Longa probat facies capitis discrimina puri.
  Sic erat ornatis Laodamia comis.
Exiguum summa nodum sibi fronte relinqui,
  ut pateant aures, ora rotunda volunt.
Alterius crines umero iactentur utroque!
10 Talis es adsumpta, Phoebe canore, lyra.
Altera succinctae religetur more Dianae,
  ut solet, attonitas cum petit illa feras.
Nec mihi tot positus numero conprendere fas est:
  adicit ornatus proxima quaeque dies.

Artemis (Diana),
Phidias und seine Werkstatt,
Parthenonfries, Ausschnitt
(447–422 v. Chr),
Akropolismuseum, Athen

1 munditia, -ae *hier dicht. Pl.* Sauberkeit – **3 <u>ornatus, -us</u>** *m* Zier, Schmuck → LW – **4 speculum, -i** Spiegel – **5 <u>facies, -ei</u>** *f* Antlitz, Gesicht → LW – **discrimen, -inis** *n hier* Scheitel – **<u>purus, -a, -um</u>** sauber, rein → LW – **6 Laodamia** *mythologische Frauengestalt; folgte ihrem Gatten Protesilaus in die Unterwelt* – **<u>coma, -ae</u>** Haar → LW – **7/8** *ordne* **ora ... volunt** *m. AcI* **nodum ... relinqui** – **7 <u>nodus, -i</u>** Knoten → LW – **summa fronte** über der Stirn – **8 ora** *dicht. Pl.* Antlitz, Gesicht – **rotundus, -a, -um** rund – **9 <u>crinis, -is</u>** *m* Haar → LW – **<u>umerus, -i</u>** Schulter → LW – **10 adsumpta lyra** *Abl. abs.* – **Phoebus** *Beiname Apolls* – **canorus, -a, -um** singend – **11 altera** *ersetze durch* alterius crines – **succincta Diana** Diana mit kurz geschürztem Gewand – **religare** *hier* zusammenbinden – **12 attonitus, -a, -um** bestürzt, verängstigt – **fera, -ae** wildes Tier → LW – **13 positus, -us** *m hier* Frisur

Ars latet arte sua – die Kunst der Kosmetik *(III, 193–208, gekürzt)*

Quam paene admonui, ne trux caper iret in alas,
  neve forent duris aspera crura pilis!
Quid, si praecipiam, ne fuscet inertia dentes,
  oraque suscepta mane laventur aqua?
5 Scitis et inducta candorem quaerere creta.
  Sanguine quae vero non rubet, arte rubet.
Arte supercilii confinia nuda repletis,
  parvaque sinceras velat aluta genas.
Nec pudor est oculos tenui signare favilla
10   vel prope te nato, lucide Cydne, croco.
Est mihi, quo dixi vestrae medicamina formae,
  parvus, sed cura grande, libellus, opus;
Hinc quoque praesidium laesae petitote figurae!
  Non est pro vestris ars mea rebus iners.

Mumienporträt,
2. Jh. n. Chr., Louvre, Paris

1 trux, trucis trotzig, grimmig – **caper, capri** Bock – **ala, -ae** *hier* Achselhöhle – **2 neve** oder nicht – **forent** ~ essent – **crus, cruris** *n* Schienbein – **pilus, -i** Haar – **3 fuscare** braun werden lassen – <u>**inertia, -ae**</u> Faulheit → LW – **4 ora** *dicht. Pl.* Gesicht – **5 et** ~ etiam – **candor, -oris** *m* Blässe – **creta, -ae** Kreide – **6 quae** *ergänze* gena, -ae Wange – **rubere** rot sein, röten – **7 supercilium, -i** Augenbraue – **confinium, -i** *hier* Umgebung – **8 velare** verhüllen – **aluta, -ae** *hier* Schönheitspflaster – **9 favilla, -ae** Asche, Kohle – **10 Cydnus, -i** *Fluss in Kilikien in Kleinasien* – **crocus, -i** Safran – **11/12** *ordne* est mihi opus, parvus libellus, sed cura grande, quo dixi ... – **11 medicamen, -inis** *n* Heilmittel – <u>**forma, -ae**</u> Schönheit → LW – **13 petitote** *übersetze* ihr sollt bitten – **figura, -ae** ~ forma, -ae – **14 iners, -ertis** müßig

Die Kunst wirke im Verborgenen! *(III, 209–230, gekürzt)*

Non tamen expositas mensa deprendat amator
  pyxidas: ars faciem dissimulata iuvat.
Quem non offendat toto faex inlita vultu,
  cum fluit in tepidos pondere lapsa sinus?
5 Nec coram mixtas cervae sumpsisse medullas,
  nec coram dentes defricuisse probem.
Ista dabunt formam, sed erunt deformia visu:
  Multaque, dum fiunt, turpia, facta placent.
Tu quoque dum coleris, nos te dormire putemus;
10   Claude forem thalami! Quid rude prodis opus?
Multa viros nescire decet. Pars maxima rerum
  offendat, si non interiora tegas!

1 mensa *ergänze* in **mensa** – **deprendere** ergreifen – **2 pyxida, -ae** Döschen – **3 faex, -cis** *f* Hefe – **inlitus, -a, -um** verschmiert – **4 tepidus, -a, -um** warm – **pondus, -eris** *n* Gewicht – **labi** hinabgleiten – **5/6** *ordne* **nec probem** *m. Inf.* – **mixtae cervae medullae** aus Hirschmark gemischte Salbe – **6 defricare** abreiben – **7 deformis, -e** *prädikativ* hässlich – **visu** *Supin II; übersetze* anzusehen – **10 foris, -is** *f* Tür – **thalamus, -i** Schlafzimmer – **rudis, -e** roh, unfertig – <u>**prodere**</u> herausgeben, verraten → LW – **12 interiora, -um** *n Pl. hier* Geheimnisse, Verborgenes

Aufgaben

III, 103–110; 121–122

1. Bestimme die Stilmittel und belege sie am Text (V. 1–4)! Beschreibe ihre Wirkung im Kontext!
2. a) Analysiere Ovids Sichtweise des zeitgenössischen und des früheren Rom! Gehe dabei besonders auf die Gegenüberstellung *simplicitas rudis* (V. 7) und *aurea Roma* (V. 7) ein! Vergleiche dazu auch I., 2.3 (S. 46)!
   b) Informiere dich über Kaiser Augustus' innenpolitisches Programm!
   c) Gruppenarbeit: Stellt die städtebaulichen Veränderungen zusammen, die Augustus im Sinne seiner Herrschaftspropaganda in Rom durchführen ließ! Präsentiert eure Ergebnisse anhand von Plakaten!

III, 133–152, gekürzt

3. a) Erstelle einen Ratgeber zu Gesichtsform und Haarmode als Beilage für eine Mädchenzeitschrift nach Ovids Tipps! Beziehe die auf S. 182 abgebildete Frisur mit ein!
   b) Suche im Internet nach Abbildungen zur Illustration der beschriebenen Frisuren und füge sie deinem Ratgeber bei!

III, 193–230, gekürzt

4. a) Vergleiche die Begriffe *inertia* (V. 3) und *iners* (V. 14) in ihrem Kontext! Grenze ihre Bedeutungsfelder ein!
   b) Beschreibe mit eigenen Worten das Kosmetikprogramm, das Ovid den Frauen vorschlägt! Welche kosmetischen Mittel sind heute noch aktuell?
5. Ovid erklärt: *Multa viros nescire decet* (T 2, V. 11). Formuliere mit eigenen Worten das eigentliche Ziel der weiblichen Schönheitspflege!
6. Die Begleittexte (S. 185) beschäftigen sich mit männlicher Schönheit und deren Pflege. Venus liebte Adonis, obwohl er ein Bursche aus dem Wald war – nachlässig schön, aber natürlich schön. Adonis galt schlechthin als das männliche Schönheitsideal (vgl. Abb. S. 185). Diskutiert darüber, ob männliche Schönheit immer gleich natürlicher Schönheit sein muss!

LW *(III, 103–110; 121–122; III, 133–152, gekürzt; III, 193–230, gekürzt)*

coma, -ae	Haar
crīnis, -is *m*	Haar
faciēs, -ēī *f*	Antlitz, Gesicht
fera, -ae	*wildes* Tier
fōrma, -ae	Schönheit
inertia, -ae	Faulheit
nōdus, -ī	Knoten
ōrnātus, -ūs *m*	Zier, Schmuck
umerus, -ī	Schulter
aptus, -a, -um *m. Dat.*	passend, geeignet *für jmdn./etw.*
prīscus, -a, -um	altertümlich
pūrus, -a, -um	sauber, rein
domāre, domō, domuī, domitum	bezwingen, unterwerfen; zähmen
prōdere, -dō, -didī, -ditum	herausgeben, verraten

EW Erkläre Herkunft und Bedeutung: pur – Ornament – face (e.) – il nodo (it.)!

Zum Weiterlesen und Vertiefen

Auch Männern schadet Schönheitspflege nicht ... *(I, 505–522, gekürzt)*

Nicht aber soll dir's gefallen, mit Eisen die Haare zu kräuseln;
    Reibe die Schenkel auch nicht mit rauem Bimsstein dir glatt. ...
Sauber, damit er gefällt, und gebräunt sei vom Marsfeld der Körper;
    Fleckenlos sei sie, und gut sitze die Toga an dir.
Vorstehen soll nicht die Lasche am Schuh, frei von Rost solln die Haken
    sein; nicht so weit, dass der Fuß locker drin schwimmt, sei der Schuh.
Nicht sei zu Stacheln dein Haar in entstellender Weise geschoren;
    Von der geübten Hand lass Haare dir schneiden und Bart.
Nicht zu lang lass die Nägel dir wachsen, lass frei sie von Schmutz sein,
    Und aus dem Nasenloch steh' niemals ein Haar dir hervor.
Nicht komme widriger Atem aus übel riechendem Munde.
    Nicht stör' die Nase der Bock, welchem die Herde gehorcht.

Adonis (1808–1832),
Bertel Thorvaldsen (1770–1844),
Neue Pinakothek München

Aber: Vorsicht vor allzu schönen Männern! *(III, 433–456, gekürzt)*

Aber meidet die Männer, die, dass sie ihr Äußeres pflegen,
    Offen zur Schau stelln und die kunstvoll die Haare frisieren.
Was sie euch sagen, zu tausend Mädchen schon sagten sie's vorher;
    Unstet ist Amor hier, streift ohne Behausung umher.
Was macht die Frau, wenn der Mann vielleicht eine glattere Haut hat,
    Wenn er imstande ist, mehr Männer zu haben als sie? ...
Manche gehen unter dem Schein erlogener Liebe auf Raub aus,
    Suchen auf so einem Weg schnöden Gewinn für sich.
Weder das Haar, das von flüssiger Narde[1] glänzt, noch eine glatte
    Schuhlasche täusche euch, die fest in den Schuhfalten sitzt,
Noch täusche euch eine Toga aus fein gewobenen Fäden,
    Noch auch, wenn Ring an Ring an ihre Finger sie reihn.
Kann doch von denen grad der, der am besten gepflegt ist, ein Dieb sein,
    und seine Liebesglut gilt lediglich deinem Gewand! ...
Lernt aus den Klagen der andern, für das, was ihr selbst habt, zu fürchten,
    Lasst einem Mann, der betrügt, nie eure Tür offen stehn.

(Übersetzungen: Niklas Holzberg)

---

[1] Salböl aus wohlriechenden Pflanzen

3. LASTER – LÄSTERN – LEIDENSCHAFT

Einführung: Das Epigramm in Rom

Wie viele andere literarische Gattungen übernahmen die Römer das Epigramm aus dem Griechischen, veränderten es aber selbstbewusst zu einer völlig neuen, römischen Literaturgattung. Das Epigramm (griech. ἐπίγραμμα) ist in Griechenland seit dem 6. Jahrhundert v. Chr. belegt als kurze Inschrift im Versmaß des Distichons, z. B. als Grabinschrift oder Weihinschrift. Im 4. Jahrhundert vollzog sich die Entwicklung zum literarischen Epigramm.

Die Römer entdeckten die satirischen Möglichkeiten, die der knapp bemessene, aber aussagekräftige Textverlauf bot. Catull verwendete das Epigramm zur Darstellung des Spotts über Zeitgenossen in aller Kürze und Würze und bereitete damit den Nährboden für Martials Epigramme: Lästern über Laster und Leidenschaften der Römer, sowohl über die Laster der Gesellschaft als auch die lasterhaften Neigungen des Individuums, dessen Identität jedoch immer in einem Pseudonym Schutz findet nach dem Grundsatz *(Ep. X, 33, 9/10)*:

> Hunc servare modum nostri novere libelli,
>   parcere personis, dicere de vitiis.

Aufbau des Epigramms

Kürze, antithetischer Aufbau von „Erwartung" und „Aufschluss" nach Gotthold Ephraim Lessing (1729–1781) sind wesentliche Prinzipien des Epigramms: Im ersten Teil wird eine Tatsache dargestellt, die nicht immer auf den ersten Blick nachvollziehbar ist. Im zweiten Teil wird – für den Leser oder den damaligen Hörer oft vollkommen überraschend – die Auflösung dieses „Rätsels" erschlossen, bisweilen in Verbindung mit einer subjektiven Stellungnahme des Dichters. Diese Pointierung wird hinausgezögert, oft erfolgt sie im letzten Vers oder gar erst im letzten Wort. Friedrich Gottlieb Klopstock (1724–1803) beschreibt den Charakter des Epigramms wie folgt:

> Bald ist das Epigramm ein Pfeil,
> Trifft mit der Spitze;
> Ist bald ein Schwert,
> Trifft mit der Schärfe;
> Ist manchmal auch – die Griechen liebten's so –
> Ein klein Gemäld', ein Strahl, gesandt
> Zum Brennen nicht, nur zum Erleuchten.

Entwicklung und Rezeption des Epigramms

Die Epigrammdichtung hat Tradition bis in die Neuzeit. Die deutschen Dichter des Humanismus und des Barocks experimentierten mit der Gattung, regten sogar Endreime an. Der britische Dichter J. Owen (1564–1622) schuf eine Sammlung von Epigrammen in neulateinischer Sprache, die zu seiner Zeit sehr großen Anklang fand. In der Klassik formten J. W. von Goethe und F. Schiller das Epigramm wieder im strengen Distichon. C. Morgenstern, E. Roth, W. Busch und B. Brecht führten diese Gattung fort. In der Literatur der Moderne sind Epigramme allerdings nur noch spärlich vertreten.

3.1 M. VALERIUS MARTIALIS – DAS LÄSTERMAUL

Leben und Werk

Über Martials Leben wissen wir wenig, das meiste davon aus seinen Epigrammen. Er wurde um 40 n. Chr. in dem nordspanischen Dorf Bilbilis in der Region Aragonien geboren. Nach dem Besuch der Grammatiker- und Rhetorikerschule ging er um das Jahr 64 n. Chr. erwartungsfroh nach Rom, um die Laufbahn des Anwalts einzuschlagen.

Zunächst noch konnten ihn seine berühmten Landsleute Seneca d. J. und Lukan fördern, doch die unheilvolle Regierungszeit Neros warf ihren Schatten auch auf den jungen Dichter. Seine bedeutenden Gönner wurden zu Opfern der Pisonischen Verschwörung. Martial fristete als Klient bis zum Jahr 80 n. Chr. sein Dasein in ärmlichen Verhältnissen. Erst mit seinen Epigrammen zur Einweihung des Kolosseums unter Kaiser Titus gelang ihm in Rom der literarische Durchbruch.

M. Valerius Martialis

Diese Epigramme wurden später im *Liber spectaculorum* zusammengefasst. Die der flavischen Dynastie entstammenden Kaiser Titus und Domitian zeigten sich erfreut und geschmeichelt über die – für unseren Zeitgeschmack deutlich übertriebenen – Lobeshymnen des Dichters. Kaiser Titus erhob ihn in den Ritterstand und sprach ihm – trotz vermutlicher Ehe- und Kinderlosigkeit – pro forma das Dreikinderrecht zu. Dieses Recht beinhaltete Privilegien, z. B. den bevorzugten Aufstieg in der Ämterlaufbahn, und ermöglichte ihm finanzielle Begünstigungen. Somit erreichte er durch seine Epigrammdichtungen bescheidenen Wohlstand, ein Haus auf dem Quirinal und ein kleines Landgut bei Nomentum, nordöstlich von Rom. Dennoch blieb Martial zeitlebens finanziell von der Gunst seiner Gönner abhängig. Zur Regierungszeit Domitians (81–96 n. Chr.) schuf Martial den Großteil seines Werks. Er genoss in literarischen Kreisen hohes Ansehen, sodass er u. a. den Briefautor Plinius d. J., den Rhetoriklehrer Quintilian und den Satiriker Juvenal zu seinem Freundeskreis zählen konnte. Unter den Kaisern Nerva (96–98 n. Chr.) und Trajan (98–117 n. Chr.) änderte sich jedoch die politische Lage, was Martial deutlich zu spüren bekam. Beide Machthaber wiesen die schmeichlerischen Lobpreisungen des Dichters strikt zurück. Zudem schadeten ihm seine ehemaligen Gunstbezeugungen gegenüber Kaiser Domitian, der sich durch seine autokratische Herrschaftsführung immer mehr Feinde in der römischen Oberschicht gemacht hatte. Martial verlor die Zuhörerschaft für den Vortrag seiner Epigramme und damit seine literarische Bedeutung.

Im Jahr 98 n. Chr. verließ er Rom und kehrte in seine spanische Heimat zurück. Die Reise finanzierte Plinius dem Freund. Martial starb um das Jahr 104 n. Chr. in Bilbilis.

Martials Werk besteht aus 1557 Epigrammen in 15 Büchern, dem *Liber spectaculorum*, den *Xenia* und den *Apophoreta*, die Begleitaufschriften zu Geschenken vorwiegend zum Saturnalienfest ausweisen.

Die eigentlichen *Epigrammaton Libri* umfassen die Bücher II–XII und sind in den Jahren 86 bis 101 n. Chr. veröffentlicht worden. Die Themen dieser Epigramme sind vielfältig: Sie reichen von Dichtung und Dichtern, von Schwächen und Gebrechen, von Liebe, Heirat und Erotik, von Lastern und Berufsständen bis hin zum Klientelwesen – um nur einige wenige zu nennen. Alle Themen können in dieser Ausgabe nicht bearbeitet werden.

3.2 EPIGRAMMATION LIBRI XII

3.2.1 Der Stolz des Dichters auf seinen Erfolg

Ep. VI, 60 Laudat, amat, cantat nostros mea Roma libellos,
   meque sinus omnes, me manus omnis habet.
Ecce rubet quidam, pallet, stupet, oscitat, odit.
   Hoc volo: nunc nobis carmina nostra placent.

1 nostri ~ mei – **libelli, -orum** *Diminutiv zu* liber, -bri *Büchlein* – **2 sinus, -us** *m hier* Tasche der Toga – **me** *Identifikation des Dichters mit seinem Werk* ~ meos libellos – **3 rubere, rubeo** erröten – **pallere, palleo** erblassen – **stupere, stupeo** stutzen – **oscitare** *vor Entsetzen* den Mund aufsperren – **4 nobis** ~ mihi – **nostra** ~ mea

Ep. XIV, 194 Sunt quidam, qui me dicant non esse poetam:
   Sed, qui me vendit, bybliopola putat.

2 me ~ meos libellos – **bybliopola, -ae** *m* Buchhändler – **bybliopola** *ergänze* id **putat**

Ep. I, 16 Sunt bona, sunt quaedam mediocria, sunt mala plura,
   quae legis hic: aliter non fit, Avite, liber.

1 mediocris, -e mittelmäßig → LW – **2 Avitus, -i** *sprechender Name; leite ab von* avus, -i

Ep. IX, 97 Rumpitur invidia quidam, carissime Iuli,
   quod me Roma legit, rumpitur invidia.
Rumpitur invidia quod turba semper in omni
   monstramur digito, rumpitur invidia.
₅ Rumpitur invidia, tribuit quod Caesar uterque
   ius mihi natorum, rumpitur invidia.
Rumpitur invidia, quod rus mihi dulce sub urbe est
   parvaque in urbe domus, rumpitur invidia.
Rumpitur invidia, quod sum iucundus amicis,
₁₀   quod conviva frequens, rumpitur invidia.
Rumpitur invidia, quod amamur quodque probamur.
   Rumpatur, quisquis rumpitur invidia!

1 rumpitur *übersetze* er platzt – **invidia** *Abl. causae* – **Iulius** *ein Freund Martials* – **3 turba, -ae** Menschenmenge – **4 monstramur** *übersetze* man zeigt auf mich – **digitus, -i** Finger – **5/6** *ordne* **quod Caesar uterque mihi ius natorum tribuit** – **Caesar uterque** *Titus und Domitian* – **6 nati, -orum** ~ liberi, -orum – **ius trium natorum** Dreikinderrecht; *dieses Recht wurde auch Kinderlosen für besondere Verdienste verliehen (vgl. hierzu auch Ehe- und Sittengesetze des Kaisers Augustus, S. 178)* – **7 rus, ruris** *n hier* Landgut Nomentanum – **sub urbe** am Stadtrand → LW – **9 iucundus, -a, -um** angenehm, willkommen → LW – **10 conviva, -ae** *m* Gast → LW – **frequens, -ntis** *hier* häufig eingeladen – **11 probari** Applaus finden

3.2.2 Kritik unter Dichterkollegen

Ep. VII, 3 Cur non mitto meos tibi, Pontiliane, libellos?
 Ne mihi tu mittas, Pontiliane, tuos!

1 Pontilianus, -i *fiktiver Name*

Ep. I, 110 Scribere me quereris, Velox, epigrammata longa.
 Ipse nihil scribis: tu breviora facis.

1 queri sich beklagen → LW – **Velox, -ocis** *m sprechender Name; leite ab von* **velox, -ocis** schnell → LW – **epigramma, -atis** *n* Epigramm; *griech. Plural* epigrammata, -on → LW

Ep. VIII, 29 Disticha qui scribit, puto, vult brevitate placere.
 Quid prodest brevitas, dic mihi, si liber est?

1 distichon (*auch* **-um**), **-i** *n* Distichon – **brevitas, -atis** *f* Kürze → LW – **2 prodesse** nützen → LW

Ep. II, 88 Nil recitas et vis, Mamerce, poeta videri.
 Quidquid vis, esto, dummodo nil recites!

1 nil ~ nihil – **Mamercus, -i** *fiktiver Name* – **2 esto** du sollst sein – **dummodo** *m. Konj.* wenn nur, wenn bloß, sofern nur → LW – **recitare** rezitieren, laut vortragen

Ep. I, 91 Cum tua non edas, carpis mea carmina, Laeli.
 Carpere vel noli nostra vel ede tua!

1 cum *konzessive Sinnrichtung* – **edere** herausgeben → LW – **carpere** pflücken, rupfen → LW – **Laelius, -i** *fiktiver Name* – **2 nostra** ~ mea – **tua** *ergänze* carmina

Ep. VII, 77 Exigis, ut nostros donem tibi, Tucca, libellos.
 Non faciam: nam vis vendere, non legere.

1 exigere, -igo fordern – **Tucca, -ae** *m fiktiver Name*

Ep. VIII, 69 Miraris veteres, Vacerra, solos
 nec laudas nisi mortuos poetas.
 Ignoscas petimus, Vacerra! Tanti
 non est, ut placeam tibi, perire.

1 mirari bewundern → LW – **Vacerra, -ae** *m fiktiver Name* – **2 nec ... nisi** nur – **3 ignoscere** verzeihen → LW – **petimus** *ergänze* ut ignoscas – **3/4 tanti esse** *Gen. pretii* so viel wert sein → LW

Römischer Dichter,
Fresko, 1. Jh.
Museo Archeologico
Nazionale, Neapel

Aufgaben

Ep. VI, 60
1. Belege folgende Stilmittel durch die entsprechenden Textstellen:
   Asyndeton, Parallelismus, Alliteration, Klimax!
2. a) Beschreibe die Wirkung des Hyperbatons *nostros mea Roma libellos* (V. 1)!
   b) Nenne die Einflüsse, die entscheidend für den Erfolg Martials in Rom waren! Vergleiche dazu auch den einleitenden Brief zu Buch XII (an Priscus) (S. 191)!

Ep. IX, 97
3. Nenne das Stilmittel, das dieses Epigramm beherrscht! Interpretiere dessen Abänderung in der letzten Verszeile!
4. Erläutere die Dinge, auf die Martial stolz ist! Erkläre die autobiographischen Hinweise im Vergleich mit der Einführung zum Leben des Dichters (vgl. 3.1, S. 187)!

Ep. VII, 3
5. Finde die korrespondierenden Wortpaare und beschreibe deren Wirkung!
6. Belege anhand dieses Epigramms das antithetische Prinzip „Erwartung" und „Aufschluss"! Erläutere die Pointe dieses Epigramms!

Ep. I, 110–VIII, 69
7. Finde zu jedem Epigramm, das Kritik unter Dichterkollegen zum Ausdruck bringt, eine geeignete Überschrift (S. 189)!
8. Vergleiche dazu John Owens Epigramm *Ad Martialem* (2, 160; S. 191)!
   Erläutere daraus die zusätzlichen Informationen zu Martials Programm!
9. Formuliere mit eigenen Worten das literarische Programm und Ziel Martials! Nenne die weiterführenden Informationen aus dem Vorwort zu Buch I sowie aus dem *Ep. I, 1*! Nenne drei Charaktereigenschaften des Dichters Martial (S. 191)!

LW

brevitās, -ātis *f*	Kürze
convīva, -ae *m*	Gast
epigramma, -atis *n (griech. Pl.* epigrammata, -ōn)	Epigramm
iūcundus, -a, -um	angenehm, willkommen
mediocris, -e	mittelmäßig
vēlōx, -ōcis	schnell
carpere, carpō, carpsī, carptum	pflücken, rupfen
ēdere, ēdō, ēdidī, ēditum	herausgeben
īgnōscere, -nōscō, -nōvī, -nōtum	verzeihen
mīrārī, mīror, mīrātus sum	bewundern; sich wundern
prōdesse, prōsum, prōfuī	nützen
querī, queror, questus sum	sich beklagen
dummodo *m. Konj.*	wenn nur, wenn bloß, sofern nur
sub urbe	am Stadtrand
tantī esse *Gen. pretii*	so viel wert sein

EW Erkläre Herkunft und Bedeutung: exzerpieren – Edition – Prosit! – Querulant – suburb (e.) – la velocità (it.)!

Zum Weiterlesen und Vertiefen

Prologus – Vorwort zu Buch I *(gekürzt)*

Ich hoffe, in meinen Gedichtbüchern so maßvoll zu verfahren, dass sich keiner über sie beklagen kann, der ein reines Gewissen hat. Mein Spott bewahrt auch vor den einfachsten Menschen aufrichtige Achtung. Diese Achtung fehlte den alten Autoren, so dass sie nicht nur die echten Namen, sondern sogar die Namen bedeutender Personen in ein schlechtes Licht rückten. Mein Dichterruf soll nicht um so hohen Preis erkauft sein, und möge mir auch der letzte Geistesrang zugebilligt werden.

Martial, *Epigrammaton libri* (I, 1)

Hic est quem legis ille, quem requiris,	Das Buch, das du hier liest, ist von Martial.
toto notus in orbe Martialis	Durch seine Sinngedichte, scharf wie Stahl,
argutis epigrammaton libellis.	ist er im ganzen Erdenrund bekannt.
Cui, lector studiose, quod dedisti	Du ehrst mich, lieber Leser, schon im Leben.
5 viventi decus atque sentienti,	Und diese Ehren, die mich heut bereits erheben,
rari post cineres habent poetae.	sind oft nicht einmal toten Dichtern zuerkannt.

John Owen, *Ad Martialem, Epigrammatum libri X* (2, 160)

> Dicere de rebus, personis parcere nosti.
>   Sunt sine felle tui, non sine melle sales.

1 nosti ~ novisti – **2 fel, fellis** *n* Galle; *übertragen* Bitterkeit – **mel, mellis** *n* Honig; *übertragen* Süße, Anmut – **sal, salis** *m* Salz; *übertragen* Witz, Spott

Valerius grüßt seinen Priscus *(einleitender Brief zu Buch XII, gekürzt)*

Priscus kehrt nach einem mehrjährigen Aufenthalt in Rom in die spanische Provinz zurück. Von dort aus lädt Martial den Freund in dem Brief zu einem Begrüßungsmahl ein. Martial schildert hierbei seine Situation nach der Rückkehr in die Heimat.

Ich weiß, dass ich eine Entschuldigung zu geben habe, weil ich hartnäckig drei Jahre das Schreiben verbummelte. Dafür würde nicht einmal wegen der im Großstadtleben üblichen Abhaltungen Absolution erteilt, durch die man eher erreicht, dass man lästig als beschäftigt erscheint; geschweige denn in der Abgeschiedenheit der Provinz, wo ich, wenn ich maßlos arbeite, einen Aufenthalt ohne Trost und Gnade gefunden habe. Vernimm also den Grund: Der erste und wichtigste ist, dass ich die Ohren der Bürger Roms brauche, an die ich mich gewöhnt hatte, und ich komme mir jetzt vor, als ob ich auf einem fremden Forum prozessierte. Denn wenn an meinen Büchern etwas dran ist, das Gefallen findet, so hat es mir der Hörer diktiert. Jene Feinsinnigkeit der Urteile, jenen Ideenreichtum der Gegenstände, die Bibliotheken, Theater, Begegnungen, wo man über dem Vergnügen gar nicht spürt, dass man Studien macht, kurz und gut, was ich, verwöhnt wie ich war, aufgegeben habe – nach all dem sehne ich mich wie einer, der ins Abseits gestellt ist. Dazu kommt noch der Fäulnisgeruch der Provinzgebisse, die Missgunst anstelle von gerechter Beurteilung; auch manch ein übler Zeitgenosse – und ihrer sind viele in diesem winzig kleinen Ort!

(Übersetzungen: Walter Hoffmann)

3.2.3 Heiratslustige Zeitgenossinnen

Ep. X, 8   Nubere Paula cupit nobis, ego ducere Paulam
nolo: anus est. Vellem, si magis esset anus.

1 nubere *m. Dat. einen Mann heiraten* → LW – **nobis** ~ mihi – **ducere** *ergänze* in matrimonium *eine Frau* heiraten → LW – **2 anus, -us** *f* Greisin, alte Frau; *Adj.* bejahrt, alt

Ep. IX, 10   Nubere vis Prisco: non miror, Paula. Sapisti.
Ducere te non vult Priscus: et ille sapit.

1 nubere *m. Dat. einen Mann heiraten* → LW – **priscus, -a, -um** alt, betagt – **Priscus, -i** *sprechender Name* – **Paula, -ae** *Mädchenname* – **sapere** verstehen, einsehen → LW – **2 ducere** *ergänze* in matrimonium *eine Frau* heiraten → LW

The Honeymoon, Thomas Rowlandson (1756–1827), Privatsammlung

Ep. VIII, 79   Omnes aut vetulas habes amicas
aut turpis vetulisque foediores.
Has ducis comites trahisque tecum
per convivia, porticus, theatra.
5 Sic formosa, Fabulla, sic puella es.

1 vetulus, -a, -um *abschätzig* in die Jahre gekommen, ältlich – **2 turpis** ~ turpes *Akk. Pl.* – **foedus, -a, -um** hässlich – **4 convivium, -i** Gastmahl, Einladung – **porticus, -us** *f* Säulenhalle – **theatrum, -i** (Amphi-)Theater – **5 formosus, -a, -um** schön, wohlgestaltet → LW – **Fabulla, -ae** *sprechender Name, etwa: eine, die Geschichten erzählt*

3.2.4 Problematische Eheleute

Ep. III, 26

    Praedia solus habes et solus, Candide, nummos,
      aurea solus habes, murrina solus habes,
    Massica solus habes et Opimi Caecuba solus,
      et cor solus habes, solus et ingenium.
5 Omnia solus habes – nec me puta velle negare,
      uxorem sed habes, Candide, cum populo.

1 praedium, -i Land, Grundstück – **Candidus, -i** *sprechender Name, etwa: Strahlender, Prächtiger* – **nummus, -i** Geldstück – **2 aureum, -i** *Subst.; hier* Geschirr aus Gold – **murrinum, -i** Schale aus Kristall – **3 Massica** *ergänze* vina Massikerweine – **Opimius, -i** *Konsul des Jahres 121 v. Chr.; die Weine dieses Jahrgangs galten als besonders edel* – **Caecuba** *ergänze* vina Käkuberweine

Ep. IX, 15

    Inscripsit tumulis septem scelerata virorum
      „Se fecisse" Chloë. Quid pote simplicius?

1 inscribere *m. Dat. etw.* mit einer Inschrift versehen – **tumulus, -i** Grabhügel – **2 se fecisse** *Mit der Grabinschrift „Ipse fecit" gab ein Hinterbliebener an, dass er den Grabstein setzen ließ (vgl. II., 2.3.1, S. 81).* – **Chloë, -es** *f Mädchenname, etwa: junges Grün; Beiname Demeters als Beschützerin der jungen Saat* – **pote** ~ potest – **simplex, -icis** *hier* passend

Circe (1912/13),
Franz von Stuck (1863–1928),
Alte Nationalgalerie, Berlin

Ep. IX, 78

    Funera post septem nupsit tibi Galla virorum,
      Picentine. Sequi vult, puto, Galla viros.

1 funus, -eris *n* Begräbnis → LW – *ordne* post funera septem virorum – **nubere** *m. Dat.* einen Mann heiraten → LW – **Galla, -ae** Mädchen aus Gallien – **2 Picentinus, -i** *Bezeichnung für einen Provinzbewohner aus der Region Picenum an der Adria um Ancona*

Ep. X, 43

    Septima iam, Phileros, tibi conditur uxor in agro.
      Plus nulli, Phileros, quam tibi, reddit ager.

1 Phileros *sprechender Name, etwa: Freund der Liebe* – **condere** *hier* begraben – **2 reddere** *hier* Ertrag einbringen

Aufgaben

Ep. X, 8
1. a) Erläutere den Irrealis der Gegenwart *Vellem, si magis esset anus* (V. 2)!
   b) Finde und erkläre die Pointe!
   c) Erschließe die Vorteile, die der Dichter unter veränderter Bedingung in einer Heirat mit Paula sehen könnte!

Ep. IX, 10
2. a) Erläutere Martials Wortspiel mit den Formen von *velle* und *sapere*!
   b) Welche Erwartung beim Hörer bzw. Leser wird im Hexameter aufgebaut?
   c) Finde und erkläre die Pointe!
   d) Interpretiere die Abbildung „The Honeymoon" auf S. 192 im Hinblick auf das Epigramm! Welche Gefahren sieht Priscus?

Ep. VIII, 79
3. Belege am Text die Stilmittel Trikolon, Alliteration und Anapher und beschreibe ihre Wirkung!
4. a) Paraphrasiere mit eigenen Worten die Argumentationsführung!
   b) Im elegischen Distichon bietet die Mittelzäsur des Pentameters, die eine kurze Sprechpause bewirkt, sehr gut die Möglichkeit, die Pointe zu setzen.
   Welche sprachlichen Mittel setzt Martial zur Einführung der Pointe in diesem Epigramm ein, das im Versmaß des Hendekasyllabus (→ METRIK, S. 229) verfasst ist?

Ep. III, 26
5. a) Nenne die Wortpaare, die dieses Epigramm beherrschen!
   b) Belege das Stilmittel der Klimax am Text des Epigramms!
   c) Erkläre das Prinzip „Erwartung" und „Aufschluss" anhand dieses Epigramms!
   d) Finde die sprachlichen Mittel, die hier zur Gestaltung der Pointe dienen!

Ep. IX, 15, IX, 78 und X, 43
6. a) Stelle aus den drei Epigrammen ein Wortfeld zum Thema „Bestattung" zusammen!
   b) Finde Gemeinsamkeiten und Unterschiede in den drei Epigrammen!
   c) Weise den Epigrammen geeignete Überschriften zu!
   d) Recherchiere die Bedeutung der Zahl Sieben in der römischen Antike!
7. Betrachte das Gemälde von Franz v. Stuck mit dem Titel „Circe" (S. 193)!
   a) Informiere dich in einem mythologischen Lexikon über Circe!
   b) Nenne die Situation, die hier im Bild dargestellt wird!
   c) Erläutere den Bezug zu den drei Epigrammen!
8. a) Finde Gründe für die Verwendung sprechender Namen im Epigramm!
   b) Suche in deutschsprachigen Epigrammen und Fabeln drei Beispiele für die Verwendung sprechender Namen und erkläre diese in ihrem Kontext!

LW

fūnus, -eris *n*	Bestattung, Begräbnis
fōrmōsus, -a, -um	schön, wohlgestaltet
dūcere, dūcō, dūxī, ductum *erg.* in mātrimōnium	*eine Frau* heiraten
nūbere, nūbō, nūpsī, nūpta *m. Dat.*	*einen Mann* heiraten
sapere, sapiō, sapīvī	verstehen, einsehen

EW Erkläre Herkunft und Bedeutung: Homo sapiens – funeral (e.) – il matrimonio (it.)!

3.2.5 Schönheitsfehler

Ep. V, 45   Dicis formosam, dicis te, Bassa, puellam.
              Istud, quae non est, dicere Bassa solet.

1 dicis *ergänze* te – **formosus, -a, -um** schön, wohlgestaltet → LW – **Bassa, -ae** *Leite ab von* bassus, -a, -um *dicklich!* – **2 quae** *Relativpron. zu* **Bassa**

Der Karpfen und der Aal (1842),
Honoré Daumier (1808–1879),
Kunstbibliothek, Staatliche Museen zu Berlin

Ep. XI, 101   Thaida tam tenuem potuisti, Flacce, videre?
              Tu, puto, quod non est, Flacce, videre potes.

1 Thais, -idis (*Akk.* **Thaida**) *f Name einer Hetäre aus Athen, zunächst im Gefolge Alexanders d. Gr., dann Gattin des Königs Ptolemäus I. von Ägypten* – **Flaccus, -i** *Eigenname* – **2 videre** *ergänze* id, **quod**

Ep. III, 8   „Thaida Quintus amat." „Quam Thaida?" „Thaida luscam."
              Unum oculum Thais non habet, ille duos.

1 Thais, -idis (*Akk.* **Thaida**) *f Name einer Hetäre aus Athen, zunächst im Gefolge Alexander d. Gr., dann Gattin des Königs Ptolemäus I. von Ägypten* – **luscus, -a, -um** einäugig

Ep. XII, 7   Toto vertice quot gerit capillos,
              annos si tot habet Ligeia, trima est.

1/2 *Übersetze den si-Satz vor dem Hauptsatz!* – **vertex, -icis** *m* Scheitel; Kopf → LW – **Ligeia, -ae** *Mädchenname* – **capillus, -i** Haar → LW – **gerere** *hier* tragen – **trimus, -a, -um** dreijährig

Ep. I, 19   Si memini, fuerant tibi quattuor, Aelia, dentes.
              Expulit una duos tussis et una duos.
              Iam secura potes totis tussire diebus.
              Nil istic, quod agat, tertia tussis habet.

1 Aelia, -ae *Mädchenname* – **2 tussis, -is** *f* Husten – **3 securus, -a, -um** sicher, unbekümmert → LW – **tussire** husten – **4 nil** ~ nihil – **istic** dort, an jener Stelle – **agat** *Potentialis*

Ep. II, 35 Cum sint crura tibi, similent quae cornua lunae,
in rhytio poteras, Phoebe, lavare pedes.

1 crus, cruris *n* Unterschenkel – **similare** ähneln – **cornu, -us** *n* Horn; *hier* Sichel →LW – **luna, -ae** Mond →LW – **2 rhytium, -i** Trinkhorn – **Phoebus, -i** *der Leuchtende; Beiname Apolls; hier sprechender Name für einen wichtigen Zeitgenossen oder einen, der sich dafür hält*

3.2.6 Nachhilfe in Sachen Schönheit

Ep. V, 43 Thais habet nigros, niveos Laecania dentes.
Quae ratio est? Emptos haec habet, illa suos.

1 Thais, -idis *f Name einer Hetäre aus Athen, zunächst im Gefolge Alexanders d. Gr., dann Gattin des Königs Ptolemäus I. von Ägypten* – **niger, -gra, -grum** schwarz, dunkel →LW – **niveus, -a, -um** schneeweiß →LW – **Laecania, -ae** *Mädchenname*

Trinkhorn
(6. Jh. n. Chr.),
Grabfund aus Sutri
bei Viterbo, British
Museum, London

Ep. III, 43 Mentiris iuvenem tinctis, Laetine, capillis,
tam subito corvus, qui modo cycnus eras.
Non omnes fallis. Scit te Proserpina canum:
personam capiti detrahet illa tuo.

1 mentiri lügen, vortäuschen →LW – **tingere** färben →LW – **Laetinus, -i** *sprechender Name, etwa: einer, der gefallen will* – **capillus, -i** Haar →LW – **2 corvus, -i** Rabe – **cycnus, -i** Schwan – **3 Proserpina, -ae** Göttin der Unterwelt – **canus, -a, -um** weißgrau – **canum** *ergänze* esse – **4 persona, -ae** Maske →LW – **detrahere** *m. Dat. u. Akk.* jmdm. etw. wegziehen, entreißen →LW

Ep. XII, 23 Dentibus atque comis – nec te pudet – uteris emptis.
Quid facies oculo, Laelia? Non emitur!

1 coma, -ae Haar →LW – **pudet** *m. Akk.* es beschämt *jmdn.* →LW – **uti** *m. Abl.* etw. benutzen – **2 oculo** *Abl. lim.; übersetze* bezüglich deines Auges – **Laelia, -ae** *Mädchenname* – **emitur** *übersetze* es wird im Handel angeboten

Ep. VI, 57 Mentiris fictos unguento, Phoebe, capillos
et tegitur pictis sordida calva comis.
Tonsorem capiti non est adhibere necesse.
Radere te melius spongea, Phoebe, potest.

1 mentiri lügen, vortäuschen →LW – **unguentum, -i** Salbe →LW – **Phoebus, -i** *der Leuchtende; Beiname Apolls; hier sprechender Name für einen wichtigen Zeitgenossen oder einen, der sich dafür hält* – **capillus, -i** Haar →LW – **2 tegere** bedecken →LW – **pingere** malen →LW – **sordidus, -a, -um** schmutzig – **calva, -ae** *hier* Glatze – **coma, -ae** Haar →LW – **3 tonsor, -oris** *m* Friseur – **4 radere, rado** rasieren – **spongea, -ae** Schwamm

Aufgaben

Ep. V, 43
1. Weise in *Ep. V, 45* die Stilmittel Anapher und Hyperbaton nach und erkläre ihre Wirkung am Text!
2. Bestimme die Antithese in *Ep. V, 45*! Erläutere die Absicht des Dichters!

Ep. XI, 101 und Ep. III, 8
3. a) Belege die Stilmittel Alliteration, Parallelismus und Chiasmus am Text!
   b) Erläutere die Pointen der beiden Epigramme!
4. Finde Gemeinsamkeiten und Unterschiede in Sprache und Inhalt!

Ep. XII, 7 und Ep. I, 19
5. Umschreibe mit eigenen Worten, worin in *Ep. XII, 7* die besondere Komik besteht!
6. Finde in *Ep. I, 19* die Stilmittel Hyperbaton, Parallelismus und Alliteration! Erläutere deren Stellung und Wirkung im Kontext!

Ep. II, 35
7. a) Beschreibe die Wirkung, die die Verbindung der Worte *crura – similent – cornua* (V. 1) erzielen!
   b) Notiere, welches Ziel der Dichter mit der Nennung von Namen im Pentameter verfolgt!

Ep. V, 43 – Ep. VI, 57
8. Überprüfe dein Ergebnis zur Aufgabe 7 b) an weiteren Epigrammen!
9. Weise jedem der Epigramme zum Thema „Schönheitsfehler" und „Nachhilfe in Sachen Schönheit" eine geeignete Überschrift zu!
10. Findet die beiden Epigramme, die die Abbildung „Der Karpfen und der Aal" (S. 195) illustriert. Diskutiert über deren Aktualität!

LW

capillus, -ī	Haar
coma, -ae	Haar
cornu, -ūs *n*	Horn; Sichel
lūna, -ae	Mond
persōna, -ae	Maske
unguentum, -ī	Salbe
vertex, -icis *m*	Scheitel; Kopf
fōrmōsus, -a, -um	schön, wohlgestaltet
niger, -gra, -grum	schwarz, dunkel
niveus, -a, -um	*schnee*weiß
sēcūrus, -a, -um	sicher, unbekümmert
dētrahere, -trahō, -trāxī, -tractum *m. Dat. u. Akk.*	*jmdm. etw.* wegziehen, entreißen
mentīrī, mentior, mentītus sum	lügen, vortäuschen
pingere, pingō, pīnxī, pictum	malen
pudet, puduit *m. Akk.*	es beschämt *jmdn.*
tegere, tegō, tēxī, tēctum	bedecken
tingere, tingō, tīnxī, tīnctum	färben

EW Erkläre Herkunft und Bedeutung: Tinte – Detektiv – Person – picture (e.)!

3.2.7 Lasterhafte Eigenschaften

Ep. I, 71

Laevia sex cyathis, septem Iustina bibatur,
quinque Lycas, Lyde quattuor, Ida tribus!
Omnis ab infuso numeretur amica Falerno,
et quia nulla venit, tu mihi, Somne, veni!

1/2 Laevia, Iustina, Lycas, Lyde, Ida *Mädchennamen* – **cyathus, -i** *Becher* – <u>**bibere**</u> *trinken* → LW – **Laevia … bibatur** *übersetze es soll getrunken werden auf Laevia …* – **3 numerare** *abzählen* – **infundere Falernum** *Falernerwein einschenken* – **4 Somnus, -i** *Gott des Schlafes*

Ep. I, 40

Qui ducis vultus et non legis ista libenter,
omnibus invideas, livide, nemo tibi!

1 vultus ducere *Grimassen ziehen* – **ista** *hier diese Verse* – **2 lividus, -a, -um** *hier Neider*

INVIDIA RVMPVNTVR AVES NEQVE NOCTVA CVRAT
Apotropäon (3. Jh.), Archäologisches Museum, El Djem, Tunesien

Ep. IV, 24

Omnes, quas habuit, Fabiane, Lycoris amicas
extulit. Uxori fiat amica meae!

1 Fabianus, -i *Eigenname* – **Lycoris, -idis** *Name einer Freigelassenen, Schauspielerin und Geliebten mehrerer Männer* – **2 efferre, -fero, extuli** *hier zu Grabe tragen* – **fiat** *Optativ*

Ep. III, 94

Esse negas coctum leporem poscisque flagella.
Mavis, Rufe, cocum scindere quam leporem.

1 coctus, -a, -um *gar gekocht* – **lepus, -oris** *m Hase* – **flagellum, -i** *Peitschenhieb* – **2 malle** *lieber wollen* → LW – **cocus, -i** ~ *coquus, -i Koch* – **scindere** *zerreißen, schinden*

Ep. X, 54

Mensas, Ole, bonas ponis, sed ponis opertas.
Ridiculum est: possum sic ego habere bonas.

1 mensa, -ae *Tisch; Mahl* → LW – **Olus, -i** *Eigenname* – <u>**operire**</u> *verdecken* → LW – **2 <u>ridiculus, -a, -um</u>** *lächerlich* → LW

3.2.8 Verzerrte Berufsbilder

Ep. X, 62, gekürzt Ludi magister, parce simplici turbae!
Sic te frequentes audiant capillati!
Ferulaeque tristes, sceptra paedagogorum,
cessent et Idus dormiant in Octobres!
5 Aestate pueri si valent, satis discunt.

1 turba, -ae *hier* Kinderschar – **2 capillatus, -i** Lockenschopf – **3 ferula, -ae** Gerte, Stock – **sceptrum, -i** Zepter – **paedagogus, -i** Lehrer – **4 in Idus Octobres** bis Mitte Oktober

Ep. X, 60 Iura trium petiit a Caesare discipulorum.
Adsuetus semper Munna docere duos.

1 iura trium discipulorum Dreischülerrecht; *Ironie, das ius trium natorum wird auf den Schulbereich übertragen* – **petiit** ~ petivit – **2 adsuetus** *ergänze* est er ist es gewohnt – **Munna, -ae** *m* Eigenname

Ep. V, 54 Extemporalis factus est meus rhetor!
„Calpurnium" non scripsit – et salutavit!

1 extemporalis, -e ohne *schriftliche* Vorbereitung – **factus est** er macht sich – **rhetor, -oris** *m* Redelehrer → LW – **2 Calpurnius, -i** *Eigenname; hier im Akk. der Anrede als Gruß*

Ep. VII, 83 Eutrapelus tonsor, dum circuit ora Luperci
expingitque genas, altera barba subit.

1 Eutrapelus, -i *sprechender Name, etwa: der Könner* – **tonsor, -oris** *m* Barbier – **circuire** umkreisen – **ora** ~ os – **Lupercus, -i** *altital. Herdengott* – **2 expingere, -pingo** *hier* einseifen – **gena, -ae** Wange – **barba, -ae** Bart – **subire** *hier* nachwachsen

Ep. I, 47 Nuper erat medicus, nunc est vispillo Diaulus.
Quod vispillo facit, fecerat et medicus.

1 vispillo, -onis *m* Totenträger – **Diaulus, -i** *Eigenname* – **2 vispillo/medicus** *prädikativ*

Ep. VIII, 74 Oplomachus nunc es, fueras opthalmicus ante.
Fecisti medicus, quod facis oplomachus.

1 oplomachus, -i Gladiator – **ophthalmicus, -i** Augenarzt – **ante** ~ antea

Ep. XI, 93 Pierios vatis Theodori flamma penates
abstulit. Hoc Musis et tibi, Phoebe, placet?
O scelus, o magnum facinus crimenque deorum,
non arsit pariter quod domus et dominus!

1 Pierii penates Musentempel *nach der Landschaft Pieria in Makedonien, einem Sitz der Musen* – **Theodorus, -i** *sprechender Name, etwa: Gottesgabe*

Aufgaben

Ep. I, 71
1. Wiederhole die Kardinalzahlen! Erstelle eine Auflistung der Zahlen 1–10 sowie die möglichen Deklinationsschemata!
2. Belege die Stilmittel Chiasmus, Parallelismus und Hyperbaton am Text und erläutere ihre Wirkung!
3. Das *Ep. I, 71* lässt an ein Trinklied denken. Finde die sprachlichen Mittel, mit denen dieser Eindruck vermittelt wird!

Ep. I, 40–X, 54
4. Erläutere die Eigenschaften, die Martial in den vier Epigrammen bei seinen Zeitgenossinnen und -genossen anprangert! Weise jedem Epigramm eine Überschrift zu!

Ep. X, 62 und X, 60
5. a) Fasse die Informationen zusammen, die uns Martial *(Ep. X, 62)* zum Schulbetrieb in Rom vermittelt!
   b) Erläutere die Forderung, die der Dichter im Sinne der Schulkinder stellt!
6. In Rom gab es kein *ius trium discipulorum (Ep. X, 60, V. 1)*, nur das *ius trium natorum,* das auch für Martials Auskommen entscheidend war.
   a) Konkretisiere den Vorwurf, den der Dichter dadurch an den Lehrer richtet!
   b) Erschließe daraus die lasterhafte Eigenschaft, die Martial dem Lehrer *(Ep. X, 60)* ankreidet!

Ep. V, 54 und VII, 83
7. Konkretisiere die Vorwürfe gegen die beiden exemplarischen Zeitgenossen des Dichters! Stelle fest, was bei beiden bezüglich des Themas Zeitmanagement aus Martials Sicht zu beanstanden ist!

Ep. I, 47 und VIII, 74
8. In den beiden Epigrammen befasst sich Martial mit Ärzten.
   a) Stelle fest, worin die Unterschiede hinsichtlich der Betätigung als Arzt liegen!
   b) Recherchiere im Internet, bei welchen Krankheitsbildern ein Augenarzt Erfolge mit einem Stich ins Auge erzielt haben und erzielen könnte *(Ep. VIII, 74)*!

Ep. XI, 93
9. Worin besteht die lasterhafte Eigenschaft des Theodorus?
10. Auf S. 198 siehst du ein Mosaik, das ein Apotropäon gegen den Neid, den „bösen Blick", darstellt. Informiere dich im Internet über das Apotropäon, seine Erscheinungsformen, Funktionen und seine heutige Verbreitung in verschiedenen Kulturen! Erstelle eine Informationsbroschüre für deine Klasse!

LW

mēnsa, -ae	Tisch; Mahl
rhētor, -oris *m*	Redelehrer
rīdiculus, -a, -um	lächerlich
bibere, bibō, bibī, pōtum	trinken
mālle, mālō, māluī	lieber wollen
operīre, operiō, operuī, opertum	verdecken

EW Erkläre Herkunft und Bedeutung: Mensa – Rhetorik – bere (it.) – ridicule (frz.)!

3.3 C. VALERIUS CATULLUS – DER BISSIGE SPÖTTER

3.3.1 Provinzschönheiten

Catull zeigt sich stolz auf die Schönheit und Eleganz seiner *puella*. In folgenden beiden Gedichten vergleicht er die Erscheinung und Wirkung seines Mädchens mit denen anderer junger Damen aus der Provinz. Sogar die viel gerühmte Schönheit der Quintia kann den Dichter nicht überzeugen. Quintia ist eine junge Dame der Veroneser Gesellschaft.

C. 86
Quintia formosa est multis, mihi candida, longa,
    recta est: Haec ego sic singula confiteor.
Totum illud formosa nego: nam nulla venustas,
    nulla in tam magno est corpore mica salis.
5 Lesbia formosa est, quae cum pulcherrima tota est,
    tum omnibus una omnis surripuit Veneres.

1 formosus, -a, -um schön, wohlgestaltet →LW – **candidus, -a, -um** strahlend weiß, blass – **2 rectus, -a, -um** *hier* gerade gewachsen – **haec singula** *n Pl.; übersetze* jede Eigenschaft für sich – **confiteri** gestehen, zugeben →LW – **3 totum illud** *Gegensatz zu* haec singula – **venustas, -atis** *f* Anmut, Schönheit →LW – **4 mica, -ae** Körnchen – **sal, salis** *m* Salz →LW – **5/6 cum … tum** sowohl … als insbesondere – **5 tota** prädikativ – **6 una** prädikativ – **omnis** ~ omnes – **surripere, -ripio, -ripui** entreißen – **Veneres** *Pl. zu Venus; hier* Aspekte der Schönheit

Empört äußert sich der Dichter darüber, dass es in Verona, der eigenen Heimatstadt, jemand wagt, die Provinzschönheit Ammiana, noch dazu die Geliebte des oft von Catull verhöhnten Mamurra, mit Lesbia auf eine Stufe zu stellen. Der Dichter fingiert ein zufälliges Zusammentreffen mit diesem Mädchen und gibt kund, was er von ihrem Äußeren hält.

C. 43
Salve, nec minimo puella naso
nec bello pede nec nigris ocellis
nec longis digitis nec ore sicco
nec sane nimis elegante lingua,
5 decoctoris amica Formiani!
Ten provincia narrat esse bellam?
Tecum Lesbia nostra comparatur?
O saeclum insapiens et infacetum!

Die drei Grazien (1. Jh. n. Chr.), Fresko, Pompeji, Museo Archeologico Nazionale, Neapel

1 salve, puella *fingierte Anrede* – **nasus, -i** Nase – **2 bellus, -a, -um** schön, hübsch →LW – **pes, pedis** *m* Fuß →LW – **niger, -gra, -grum** schwarz, dunkel →LW – **ocellus, -i** *Diminutiv zu* oculus, -i Äuglein – **3 longus, -a, -um** *hier* schlank, zart – **digitus, -i** Finger →LW – **os, oris** *n* Mund →LW – **siccus, -a, -um** trocken →LW – **4 nec sane** *übersetze* und gewiss ebenso wenig – **5 decoctor, -oris** *m eigtl.* einer, der alles verkocht Pleitegeier – **Formianus, -a, -um** aus Formiae; *Stadt nahe Rom* – **6 ten** ~ te-ne – **8 saeclum, -i** ~ saeculum, -i Menschenalter, Generation →LW – **insapiens, -ntis** geistlos – **infacetus, -a, -um** geschmacklos

Aufgaben

C. 86
1. Catull verwendet das Adjektiv *formosa* jeweils im Hexameter. In welches Verhältnis setzt er dieses Adjektiv zu den anderen Wörtern, die Schönheit ausdrücken? Was hat Quintia nicht, das Lesbia sehr wohl hat?
2. Erstelle eine metrische Analyse des Gedichts!
3. Finde die Stilmittel und erläutere ihre Wirkung in der Gestaltung des Gegensatzes!

C. 43
4. In den beiden Gedichten *C. 86* und *C. 43* stehen wie auf der Abbildung auf S. 201 drei Grazien miteinander im Wettbewerb. Entwickelt gemeinsam ein Bild, wie wir uns Lesbia vielleicht vorstellen dürfen!

LW *(C. 84 und C. 43)*

digitus, -ī	Finger
ōs, ōris *n*	Mund
pēs, pedis *m*	Fuß
sāl, salis *m*	Salz
saec(u)lum, -ī	Menschenalter, Generation
venustās, -ātis *f*	Anmut, Schönheit
bellus, -a, -um	schön, hübsch
fōrmōsus, -a, -um	schön, wohlgestaltet
niger, -gra, -grum	schwarz, dunkel
siccus, -a, -um	trocken
cōnfitērī, -fiteor, -fessus sum	gestehen, zugeben

EW Erkläre Herkunft und Bedeutung: Konfession – Salz – digital – secco (it.) – nero (it.)!

3.3.2 Catull und Caesar – Kritik an Machtgier und Günstlingswirtschaft?

Caesar gilt in Rom als der zum Zenit der Macht aufsteigende Stern. Mamurra ist sein Günstling, bekannt als verschwendungssüchtiger Lebemann und Bankrotteur. Mamurra befand sich im Gallienfeldzug im Gefolge Caesars. Auf dem Weg ins Winterlager in Oberitalien kamen sie auch nach Verona und machten sich unter den Damen der Gesellschaft einen Namen. Catull verhöhnt Mamurra an verschiedenen Stellen bitter, doch ihn in direkten Zusammenhang mit Caesar zu stellen, ist ein Affront.

C. 57, gekürzt
Pulchre convenit improbis cinaedis,
Mamurrae pathicoque Caesarique.
Nec mirum: maculae pares utrisque:
urbana altera et illa Formiana, …
5 rivales socii et puellularum.

1 pulchre convenit *m. Dat. hier prima verstehen sich beide* – **cinaedus, -i** Wüstling; *hier* Schwuchtel – **2 pathicus, -a, -um** *übersetze* schamlos – **3 nec mirum** *ergänze* est – **macula, -ae** Makel, Laster – **par, paris** *m. Dat. jmdm.* gleich, ebenbürtig → LW – **4 urbanus, -a, -um** stadtrömisch – **illa** *beziehe auf* **macula** – **Formianus, -a, -um** aus Formiae – **5 rivalis, -is** *m m. Gen. obi.* Rivale, Nebenbuhler *um etw.*

Catull scheut nicht einmal davor zurück, die beiden Machthaber Caesar und Pompeius, die Triumvirn des Jahres 60, Schwiegervater und Schwiegersohn, in Verbindung mit Mamurra zu bringen. Beide hatten Mamurra als Gefolgsmann offenbar fürstlich mit Beutegut entlohnt. Catull greift beide in seiner Schmährede aufs Schärfste an.

C. 29, gekürzt

Quis hoc potest videre, quis potest pati,
nisi impudicus et vorax et aleo,
Mamurram habere, quod Comata Gallia
habebat ante et ultima Britannia?
5 Cinaede Romule, haec videbis et feres?
Et ille nunc superbus et superfluens
perambulabit omnium cubilia
ut albulus columbus aut Adoneus?
Cinaede Romule, haec videbis et feres?
10 Es impudicus et vorax et aleo.
Eone nomine, imperator unice,
fuisti in ultima occidentis insula,
ut ista vestra diffututa mentula
ducenties comesset aut trecenties?
15 Quid est alid sinistra liberalitas?
Quid hunc malum fovetis? Aut quid hic potest
nisi uncta devorare patrimonia?
Eone nomine, urbis opulentissime
socer generque, perdidistis omnia?

Caesars Triumphzug I
(Kopie nach Mantegna),
Alte Pinakothek, München

1 potest videre/pati *m. AcI* – **2 impudicus, -a, -um** schamlos – **vorax, -acis** gefräßig – **aleo, -onis** *m* Würfelspieler – **3 Comata Gallia** *das transalpinische* Gallien*, dessen Bewohner langes Haar trugen* – **4 ultimus, -a, -um** *hier* fern, entlegen – **5 cinaedus, -i** Wüstling; *hier* Schwuchtel – **6 superfluens, -ntis** ausschweifend – **7 perambulare** durchstreifen – **cubile, -is** *n* Bett – **8 albulus, -a, -um** weiß – **columbus, -i** Täuberich – **Adoneus, -i** Adonis *Sinnbild für männliche Schönheit (vgl. S. 185)* – **11 eone** ~ eo-ne – **eo nomine** *hier* zu diesem Zweck – **12 ordne in ultima insula occidentis** – **13/14 ut ista vestra diffutata mentula ducenties comesset aut trecenties** *übersetze* damit dieser euer Schlappschwanz 20 oder 30 Millionen Sesterzen verjubelt – **15 alid** ~ aliud – **sinister, -tra, -trum** *hier* falsch – **16 fovere** warmhalten, begünstigen – **17 unctus, -a, -um** *hier* fett – **devorare** verschlingen – **patrimonium, -i** *väterliches* Erbe → LW – **18 opulentus, -a, -um** reich, mächtig → LW – **19 socer, -eri** Schwiegervater – **gener, -eri** Schwiegersohn – **perdere** zugrunde richten; verlieren → LW

Wir dürfen annehmen, dass Catulls Spottepigramme, die sicher schmunzelnd in Rom weitergereicht wurden, auch in die Hände Caesars gelangt sind. Wir wissen nicht, ob Caesar den Dichter vielleicht wegen seiner Invektiven zur Abbitte aufgefordert hat oder ob Catull in *C. 93* seinem Desinteresse an Caesars Person und Taten Ausdruck verleiht.

C. 93   Nil nimium studeo, Caesar, tibi velle placere
          nec scire utrum sis albus an ater homo.

1 nil ~ nihil – **2 albus, -a, -um** weiß → LW – **ater, atra, atrum** schwarz → LW

Aufgaben

C. 57
1. Belege die Stilmittel Alliteration und Chiasmus durch Zuordnung der Textstellen und erkläre ihre Wirkung im Kontext!

C. 29
2. Nenne die Textstellen, die Caesar höchst provokant erschienen sein mögen! Erläutere deren sprachliche Gestaltung!
3. Mit *Eone nomine* leitet Catull die Verse 11 und 18 ein, doch er führt sie nicht parallel fort, sondern schafft einen Widerspruch. Stelle diesen fest! Beschreibe die Konsequenz dieses Widerspruchs für die Anrede *imperator unice* (V. 11)!
4. Finde die Textstellen, in denen Catull offensichtlich maßlos übertreibt! Erläutere die Wirkung, die er dadurch beim Hörer/Leser erzielt!
5. Diskutiert darüber, welche Gründe dafür sprechen, dass die Anrede *Cinaede Romule* (V. 5) auf Caesar, nicht auf Pompeius gemünzt ist!
6. Die Bestandteile der Anrede *urbis opulentissime* (V. 18) sind nicht eindeutig überliefert: In verschiedenen Textgrundlagen findet sich *orbis* statt *urbis*, *piissimi* oder *putissimei* statt *opulentissime*.
   a) Informiere dich in einem Wörterbuch über die Bedeutung der Alternativvorschläge und interpretiere deren Bedeutung im Text!
   b) Nenne Gründe, die die bestehende Auswahl rechtfertigen können!
7. Informiere dich in einem Lexikon der Antike, worin das zwischen *socer* und *gener* herrschende Verhältnis der *pietas* besteht! Welches gemeinsame Ziel unterstellt Catull hier dem Schwiegervater und seinem Schwiegersohn?
8. Finde die Anhaltspunkte für eine Datierung dieses Gedichts! Vergleiche hierzu I., 2.1.2, S. 16, und die Einführung zu Leben und Werk Catulls, S. 144!

C. 93
9. Bestimme Wortart und Form von *nil ~ nihil* und *nimium* (V. 1)!
10. Belege durch die Angabe der Textstellen die Stilmittel Alliteration, Pleonasmus und Antithese und erkläre ihre Verwendung im Kontext!
11. Vergleicht die drei Übersetzungen des 1. Verses! Stellt fest, welche Wortgruppe die Unterschiede in den Übersetzungen zulässt! Diskutiert darüber, welche der Übersetzungen eurer Meinung nach Catulls Aussageintention treffen könnte!

   (A) Wenig liegt mir daran, o Caesar, dir zu gefallen ... *(Werner Eisenhut, 1993)*
   (B) Keineswegs reiße ich mich darum, dir, Caesar, gefallen zu wollen, ... *(Michael v. Albrecht, 1995)*
   (C) „Nichts zuviel!" Ich bemühe mich [jetzt], Caesar, dir gefallen ... zu wollen ... *(Niklas Holzberg, 2002)*

LW

patrimōnium, -ī	*väterliches* Erbe
albus, -a, -um	weiß
āter, ātra, ātrum	schwarz
opulentus, -a, -um	reich, mächtig
pār, paris *m. Dat.*	*jmdm.* gleich, ebenbürtig
perdere, -dō, -didī, -ditum	zugrunde richten; verlieren

EW Erkläre Herkunft und Bedeutung: patrimonial – Album – opulent – Paar – Parität!

ANHANG

I. GRAMMATIK

GR 1.1 SATZANALYSE – „EINRÜCKMETHODE"

Da die Stellung der Wörter im Lateinischen oft anders und viel freier ist als im Deutschen, ist es gerade bei längeren Sätzen hilfreich, wenn man sie zuerst analysiert.

Man unterscheidet Hauptsätze (HS) und Gliedsätze verschiedenen Grades (GS 1, GS 2 …), außerdem AcI, NcI und die Partizipialkonstruktionen und ordnet diese z. B. nach der „Einrückmethode" in Spalten so an, dass der Aufbau des Satzes sichtbar wird.

Zur ersten Orientierung nutzt man die Satzzeichen; bei den Kommas muss man klären, ob sie Aufzählungen verbinden oder Sätze verschiedenen Grades voneinander trennen. Nur die wichtigsten Wörter werden eingetragen: Subjekte und Prädikate und die Konjunktionen, Relativpronomina und Fragewörter, mit denen die Gliedsätze eingeleitet werden. Um die Subjekte zu bestimmen, muss man die Wörter im Nominativ herausfinden und feststellen, ob sie allein stehen oder zum Prädikat gehören. Dieses hat eine finite Verbform und steht bekanntlich sehr häufig am Ende des Haupt- oder Gliedsatzes. Andere Wörter werden nur eingetragen, wenn die bessere Verständlichkeit oder die Satzstruktur dies erfordern (z. B. das Bezugswort vor dem Relativsatz).

Beachte:

Die satzwertigen Konstruktionen (s. II.) gelten im Lateinischen nicht als Gliedsätze, sondern als Satzglieder; deshalb wird die Spalte nicht gewechselt.

I. Hauptsatz – Gliedsatz

Beispiel: Caesar, *B. G. I, 1* (S. 19, Z. 8–16)

Horum omnium fortissimi sunt Belgae, propterea quod a cultu atque humanitate provinciae longissime absunt minimeque ad eos mercatores saepe commeant atque ea, quae ad effeminandos animos pertinent, important, proximique sunt Germanis, qui trans Rhenum incolunt, quibuscum continenter bellum gerunt.

HS	GS 1	GS 2
… fortissimi sunt Belgae,		
	propterea **quod** … absunt	
	minime-**que** mercatores … commeant	
	atque ea,	
		quae … pertinent,
	important,	
	proximi-**que** sunt Germanis,	
		qui … incolunt,
		quibuscum … gerunt.

205

II. Hauptsatz – satzwertige Konstruktionen

1. AcI und Participium coniunctum

Beispiel: Caesar, *B. G. I, 12* (S. 21, Z. 3–6)

Ubi per exploratores Caesar certior factus est tres iam partes copiarum Helvetios id flumen traduxisse, quartam vero partem citra flumen Ararim reliquam esse, de tertia vigilia cum legionibus tribus e castris profectus ad eam partem pervenit, quae nondum flumen transierat.

HS	GS 1
	Ubi Caesar ... certior factus est ... [Helvetios ... traduxisse
	quartam vero partem ... reliquam esse],
[profectus] ... ad eam partem pervenit,	
	quae ... transierat.

2. NcI

Beispiel: Caesar, *B. G. II, 28*

Quos Caesar, ut in miseros ac supplices usus misericordia videretur, diligentissime conservavit.

HS	GS 1
Quos Caesar, ...	
	ut ... [usus (esse)] ... videretur,
diligentissime conservavit.	

3. Participium coniunctum

Beispiel: Cicero, *De officiis III, 99* (S. 11, Z. 1–3)

M. Atilius Regulus iuratus missus est ad senatum, ut nisi redditi essent Poenis captivi nobiles quidam, rediret ipse Carthaginem.

HS	GS 1	GS 2
M. Atilius Regulus [iuratus] missus est,		
	ut ...	
		nisi ... redditi essent,
	rediret.	

4. Ablativus absolutus

Beispiel: Caesar, *B. G. IV, 16* (S. 31, Z. 1 f.)

Germanico bello confecto Caesar statuit sibi Rhenum esse transeundum.

HS
[Germanico bello confecto] Caesar statuit ... Rhenum esse transeundum.

1.2 AUFGABEN ZUR SYNTAX

Satzanalyse	S. 22.5; 30.3; 33.2 a); 177.1
AcI	S. 22.2; 92.1; 105.2 a); 153.4; 160.1
NcI	S. 36.1; 151.1
Indirekte Rede	S. 24
Ablativus absolutus	S. 30.1; 41.1; 64.2; 72.1; 92.1; 153.2
Participium coniunctum	S. 12.1; 22.3; 90.1; 92.1; 94.2; 151.2
Gerundium	S. 20.3 a); 53.1; 56.1; 130.2; 175.1
Gerundivum	S. 20.3; 41.1; 136.1; 175.1
Relativischer Satzanschluss	S. 12.3
Verschränkter Relativsatz	S. 26.1; 36.3; 92.2; 105.2 a)
Konjunktiv im Hauptsatz	S. 77.1; 94.1; 99.2; 123.2; 137.1; 147.2; 153.1
Konjunktiv im Gliedsatz	S. 12.2; 94.1; 123.2; 153.1

GR 2   PRÄFIX UND SUFFIX

Viele lateinische Wörter sind aus verschiedenen Wortteilen zusammengesetzt.
Wird dem Grundwort eine Silbe vorangestellt, so ist dies ein Präfix, das meist auf einer Präposition basiert. Wird hingegen eine Silbe angehängt, so spricht man von Suffix. Beide gehören zur Gruppe der Affixe. Sie können Verben, Nomen oder Adjektiven angefügt werden. Wird einem Verbum ein Präfix vorangestellt, so wird aus dem Verbum simplex ein Verbum compositum.
Manchmal finden dabei Lautveränderungen statt, damit die Wörter leichter ausgesprochen werden können.

Assimilation nennt man die Angleichung eines Konsonanten an den folgenden: Sub-fix → Suffix.
Vokalabschwächung liegt bei Umwandlung eines starken Vokals in einen schwächeren innerhalb einer Silbe vor: con-tangere → contingere.
Ablaut wird die Veränderung eines Vokals beim Konjugieren, Deklinieren oder bei der Änderung der Wortart genannt: tegere („binden") → toga („Toga").
Kontraktion ist das Zusammenziehen zweier Laute zu einem einzigen: con-agere → cogere.

1. Präfixe

Wichtige Präfixe und ihre Bedeutung:

Präfix	Bedeutung	Präfix	Bedeutung
ab-	weg	in-	nicht, ohne *(bei Substantiven und Adjektiven)*
ad-	heran	ob-	entgegen
con-	zusammen	ne-	nicht, ohne
de-	weg, herab	per-	durch
dis-	auseinander	prae-	vor, vorzeitig
ex-	aus, heraus	re-	zurück, wieder
in-	in, hinein	sub-	unter

Beispiele:

afferre – apportare – coire – descendere – discedere – evadere – inire – ignotus – offerre – nescire – persequi – praeesse – recedere – subicere

2. Suffixe

Je nach Wortart gibt es verschiedene Suffixe. Hier die wichtigsten:

Nomen

Suffix	Bedeutung
-tas, -tus, -tudo	Eigenschaft
-ellus	Verkleinerung
-(t)io	Tätigkeit
-ium	Handlung oder Ergebnis
-or	Tätigkeit oder Zustand
-(t)or/-trix	Ausführende(r) einer Handlung
-mentum	Mittel

Beispiele:

gravitas – servitus – fortitudo – libellus – seditio – negotium – studium – amor – peccator – victrix – tormentum – instrumentum

Verb

Suffix	Bedeutung
-scere, -sci	Einsetzen einer Handlung (*verbum incohativum*)
-(i)tare	Wiederholung / Verstärkung einer Handlung (*verbum iterativum / intensivum*)

Beispiele:

timescere – irasci – saltare – habitare – captare – cantare

Adjektiv

Suffix	Bedeutung
-alis, -ius	Zugehörigkeit
-idus	Zustand
-eus	Stoffangabe
-(b)ilis	Tauglichkeit
-timus	Ort
-osus	Fülle

Beispiele:

mortalis – patrius – timidus – ferreus – incredibilis – utilis – finitimus – copiosus

GR 3   DIE STAMMFORMEN DER LATEINISCHEN VERBEN

Beispiel:

ē-Konjugation: monēre – moneō – monuī – monitum mahnen

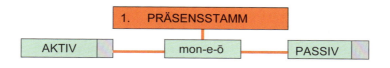

Präsens	Indikativ	mone-		ō
	Konjunktiv	mone-	a-	m
Imperfekt	Indikativ	monē-	ba-	m
	Konjunktiv	monē-	re-	m
Futur I	Indikativ	monē-	b-	ō

Präsens	Indikativ	mone-		or
	Konjunktiv	mone-	a-	r
Imperfekt	Indikativ	monē-	ba-	r
	Konjunktiv	monē-	re-	r
Futur I	Indikativ	monē-	b-	or

Perfekt	Indikativ	mon-u-		ī
	Konjunktiv	mon-u-	eri-	m
Plusqpf.	Indikativ	mon-u-	era-	m
	Konjunktiv	mon-u-	isse-	m
Futur II	Indikativ	mon-u-	er-	ō

Perfekt	Indikativ	mon-itus	sum
	Konjunktiv	mon-itus	sim
Plusqpf.	Indikativ	mon-itus	eram
	Konjunktiv	mon-itus	essem
Futur II	Indikativ	mon-itus	erō

GR 4 BILDUNG UND STEIGERUNG VON ADVERBIEN

Das Adverb drückt innerhalb des Satzes einen näheren Umstand aus; als Satzglied bezeichnet man es daher als Adverbiale. Es ist unveränderlich und steht meistens beim Verbum („ad verbum"), manchmal auch beim Adjektiv oder Partizip.

1. Bildung

a) aus Adjektiven

	Adjektiv	Wortstamm	Adverb	Bedeutung
ā-/o-Dekl.	iustus	iust-	iust-**e**	gerecht[1]
	miser	miser-	miser-**e**	unglücklich
	pulcher	pulchr-	pulchr-**e**	schön
abweichende Bildungen	bonus	bon-	ben-**e**	gut
3. Dekl./ i-Stämme	fortis	fort-	fort-**iter**	tapfer
	celer	celer-	celer-**iter**	schnell
	acer	acr-	acr-**iter**	heftig
abweichende Bildungen	constans	constant-	constant-**er**	standhaft

[1] Im Deutschen wird das Adjektiv ohne Veränderung auch als Adverb verwendet.

Merke:

vere	wahrheitsgemäß, richtig	vir vere Romanus	ein echter Römer
vero	aber; wahrlich, allerdings	neque vero	aber nicht
verum (~ sed)	aber *(starker Gegensatz)*		

b) **Kasusformen** als Adverbien

Akkusativ: ceterum (übrigens) – Ablativ: modo (nur, eben), frustra (vergeblich)

2. Steigerung

Im Komparativ hat das Adverb die gleiche Endung *-ius* wie das Neutrum des gesteigerten Adjektivs.

	Adverb	Wortstamm	Komparativ	Superlativ
ā-/o-Dekl.	iust-**e**	iust-	iust-**ius**	iust-**issime**
	miser-**e**	miser-	miser-**ius**	miser-**rime**
	pulchr-**e**	pulchr-	pulchr-**ius**	pulcher-**rime**
abweichende Bildungen	ben-**e**	bon-	mel-**ius**	opt-**ime**
3. Dekl./ i-Stämme	fort-**iter**	fort-	fort-**ius**	fort-**issime**
	celer-**iter**	celer-	celer-**ius**	celer-**rime**
	acr-**iter**	acr-	acr-**ius**	acer-**rime**
abweichende Bildungen	constant-**er**	constant-	constant-**ius**	constant-**issime**

Merke: quam celerrime   möglichst schnell

GR 5 ADJEKTIV, PARTIZIP, PRONOMEN ALS SUBSTANTIV IM NEUTRUM PLURAL (Endung -a, -ōrum)

1. a) Adjektive können auch als Substantive gebraucht werden.
   Wenn sie im Neutrum Plural stehen, kann der Plural im Deutschen nicht beibehalten werden. Denn der Plural „die Guten" würde im Deutschen als Maskulinum aufgefasst, lateinisch *boni; bona* heißt „das Gute, die Güter".
   Merke: Verwende im Deutschen Singular oder ein sinnverwandtes Wort im Plural!
   b) Partizipien werden in sinnentsprechende Substantive umgewandelt.
   (*imperatum* „das Befohlene")   *imperata* „die Befehle"
   (*postulatum* „das Geforderte")   *postulata* „die Forderungen"
2. Auch Pronomina können substantiviert werden.
   Merke: *ea, quae* … ist Neutrum Plural und heißt „das, was …". Oft fehlt *ea* und muss bei der Übersetzung ergänzt werden.

GR 6 VERGANGENHEIT: HISTORISCHES PERFEKT – HISTORISCHES PRÄSENS – HISTORISCHER INFINITIV

1. Historisches Perfekt

Als Erzähl- und Berichtzeit wird im Lateinischen üblicherweise das historische Perfekt *(Perfectum historicum)* verwendet. Die Vorgänge werden damit als einmal vorgekommen und abgeschlossen dargestellt, unabhängig davon, wie lange sie gedauert haben.
Regulus Carthaginem rediit neque eum caritas patriae retinuit nec suorum.
Regulus kehrte nach Karthago zurück und weder die Liebe zum Vaterland noch zu den Seinen konnte ihn zurückhalten.

2. Historisches Präsens

Das historische Präsens *(Praesens historicum)* steht in lebhafter Erzählung, um Handlungen gleichsam in die Gegenwart zu ziehen und das Tempo des Ablaufs zu beschleunigen.
Eius (Caesaris) adventu ex colore vestitus cognito, quo insigni uti consuerat, …, hostes proelium committunt.
Als sein Eintreffen an der Farbe seines Mantels bemerkt worden war, den er als Erkennungszeichen immer trug, …, lieferten sich die Feinde die Schlacht.

3. Historischer Infinitiv

Der historische Infinitiv *(Infinitivus historicus)* dient zur Belebung des Geschehens (meist statt des Imperfekts) in einer affektvollen Schilderung.
Hostes ex omnibus partibus signo dato decurrere.
Nachdem das Zeichen gegeben worden war, liefen die Feinde von allen Seiten herab.

(Das Plusquamperfekt drückt wie im Deutschen Vorzeitigkeit in der Vergangenheit aus, das Imperfekt andauernde, wiederholte und begleitende Handlungen oder den Versuch dazu.)

GR 7 — ACI UND NCI

1. Accusativus cum Infinitivo

Der AcI steht bei allen Verben und Ausdrücken des Sagens, Glaubens, Meinens, Denkens, Fühlens und der Gemütsbewegung sowie bei unpersönlichen Ausdrücken, wenn die Aussage als **Tatsache** hingestellt werden soll. Im Deutschen steht das Prädikat des dass-Satzes im **Indikativ**.

Caesar certior factus est tres iam partes copiarum Helvetios id flumen traduxisse.	Caesar wurde benachrichtigt, dass die Helvetier schon dreiviertel ihrer Truppen über diesen Fluss geführt hatten/hätten.

Beachte:

Sehr häufig verwendet man im Deutschen im dass-Satz statt des Indikativs den **Konjunktiv**, wenn der Inhalt von Gedanken, Meinungen und Gefühlen wiedergegeben wird. Oft kann man außerdem die Wahl des Modus umgehen, indem man mit Infinitiv übersetzt. (Vergleiche zur Verwendung der Tempora, Pronomina und Modi GR 8, I., S. 213!)

Weitere Beispiele:

Caesar portas claudi iussit.	Caesar befahl, dass die Tore geschlossen würden/die Tore zu schließen.
(Atuatuci) crediderant nostros praesidia deducturos esse.	(Die Atuatuker) hatten geglaubt, die Unseren würden die Besatzung abziehen.
Caesar statuit sibi Rhenum esse transeundum (→GR 11; S. 218).	Caesar entschied, dass er den Rhein überschreiten müsse/den Rhein zu überschreiten.
Vercingetorix id bellum se suscepisse communis libertatis causa demonstrat.	Vercingetorix betonte, dass er diesen Krieg um der gemeinsamen Freiheit willen geführt habe.

2. Nominativus cum Infinitivo

Diese besondere lateinische Konstruktion wird bei bestimmten Verben im Passiv mit persönlicher Konstruktion verwendet, so z. B. bei *dici, videri, putari*. Im Deutschen muss der Satz umgeformt werden.

Hi (Suebi) centum pagos habere dicuntur.	Man sagt, dass diese 100 Gaue besitzen. Man sagt von diesen, dass sie 100 Gaue besitzen. Diese besitzen – wie man sagt – 100 Gaue. Diese sollen 100 Gaue besitzen.
Pauca mihi de his rebus dicenda esse videntur.	Darüber muss ich – wie mir scheint – nur wenig sagen.

GR 8 INDIREKTE REDE

Mithilfe der indirekten Rede kann man den Inhalt einer Rede oder einer Unterredung mitteilen, deren genauen Wortlaut man nicht kennt oder nicht in allen Einzelheiten wiedergeben will.
Bei der Übersetzung vom Lateinischen ins Deutsche ist neben dem Konjunktiv vor allem auf das richtige Tempus zu achten.

I. Die indirekte Rede im Lateinischen

1. Die **Aussagesätze** stehen im **AcI**. Sie werden als von einem Verbum dicendi abhängig gedacht. Der **Infinitiv** steht
   a) bei **Gleichzeitigkeit** mit dem übergeordneten Satz im **Präsens**,
   b) bei **Vorzeitigkeit** mit dem übergeordneten Satz im **Perfekt**,
   c) bei **Nachzeitigkeit** mit dem übergeordneten Satz im **Futur**.
2. Die **Gliedsätze** stehen im **Konjunktiv** nach den Regeln der Consecutio temporum bei Vergangenheit im übergeordneten Satz
   a) bei **Gleichzeitigkeit** im **Konjunktiv Imperfekt**,
   b) bei **Vorzeitigkeit** im **Konjunktiv Plusquamperfekt.**
3. Befehle, Wünsche, Fragen und Bitten stehen ebenfalls im Konjunktiv.
4. **Die Pronomina**
   a) Alle Pronomina, die sich auf das **übergeordnete Subjekt**, also den/die Redner beziehen, sind reflexiv:
      Personalpronomen Singular und Plural: *sui, sibi, se, a se, secum;*
      Possessivpronomen Singular und Plural: *suus, sua, suum.*
   b) Pronomina, die sich auf den/die Angeredeten (2. Pers.) oder andere beziehen (3. Pers.), werden mit *is* oder *ille* wiedergegeben.
   c) Zur Verdeutlichung wird auch *ipse* verwendet.

II. Die indirekte Rede im Deutschen

1. **Alle Sätze** erscheinen im **Konjunktiv I** (Präsens und Perfekt).
   Ersatzformen im Konjunktiv II (Imperfekt und Plusquamperfekt) treten ein, wenn der Konjunktiv I mit dem Indikativ gleich lautet.
2. Folgende Zeitverhältnisse sind zu beachten:
   a) bei **Gleichzeitigkeit** die **Präsensform** des Konjunktivs I,
   b) bei **Vorzeitigkeit** die **Perfektform** des Konjunktivs I,
   c) bei **Nachzeitigkeit** die **Futurform** des Konjunktivs I.

III. Übersetzungstipps:

- **Betrachte** den AcI als selbstständigen **Aussagesatz**, nicht wie sonst üblich als dass-Satz!
- Bestimme das Tempus des Infinitivs und stelle das Zeitverhältnis fest **(gleich-, vor-** oder **nachzeitig)**!
- Wähle dann im Deutschen den **richtigen Konjunktiv**!

IV. Ausgewählte Beispiele für die Konjunktivformen im Deutschen

zu II.1.a) Gleichzeitigkeit (direkte Rede in der Gegenwart)

SINGULAR		PLURAL	
Der Sprecher sagt/sagte		Die Sprecher sagen/sagten	
direkte Rede	indirekte Rede	direkte Rede	indirekte Rede
Präsens	Konj. Präsens	Präsens	Konj. Präsens/Prät.
ich bin	se ... esse	wir sind	se ... esse
	er sei		sie seien
ich habe	se ... habere	wir haben	se ... habere
	er habe		sie hätten
ich weiß	se ... scire	wir wissen	se ... scire
	er wisse		sie wüssten
ich werde geschickt	se ... mitti	wir werden geschickt	se ... mitti
	er werde geschickt		sie würden geschickt
ich frage („schwaches" Verb)	se ... rogare	wir fragen	se ... rogare
	er frage		sie fragten

zu II.1.b) Vorzeitigkeit (direkte Rede in der Vergangenheit)

direkte Rede	indirekte Rede	direkte Rede	indirekte Rede
Prät./Perfekt	Konj. Perfekt	Prät./Perfekt	Konj. Perfekt/Plqupf.
ich war	se ... fuisse	wir waren	se ... fuisse
	er sei gewesen		sie seien gewesen
ich hatte	se ... habuisse	wir hatten	se ... habuisse
	er habe gehabt		sie hätten gehabt
ich wusste	se ... scivisse	wir wussten	se ... scivisse
	er habe gewusst		sie hätten gewusst
ich wurde geschickt	se ... missum esse	wir wurden geschickt	se ... missos esse
	er sei geschickt worden		sie seien geschickt worden
ich fragte („schwaches" V.)	se ... rogavisse	wir fragten	se ... rogavisse
	er habe gefragt		sie hätten gefragt

Beachte:
Wenn im Lateinischen bei der indirekten Rede das übergeordnete Verbum dicendi in der Vergangenheit steht, müssen bei Gleichzeitigkeit die finiten Verbformen (s. I.2 und 3) im Imperfekt stehen. Da **im Deutschen bei Gleichzeitigkeit** immer die Präsensform des Konjunktivs I verwendet wird, muss auch der **lateinische Konjunktiv Imperfekt mit der Präsensform des Konjunktivs I** wiedergegeben werden.

Ariovist fragte also Caesar *(B. G. I, 1, 44,* S. 25, Z. 5*)*,
cur in suas possessiones veniret – warum er in sein Eigentum komme.

zu II.1.c) Nachzeitigkeit (direkte Rede in der Zukunft)

direkte Rede Prät./Perfekt	indirekte Rede Konjunktiv 1	direkte Rede Prät./Perfekt	indirekte Rede Konjunktiv 2
ich werde sein	se ... fore/ futurum esse	wir werden sein	se ... fore/ futuros esse
	er werde sein		sie würden sein
ich werde haben	se habiturum esse	wir werden haben	se habituros esse
	er werde haben		sie würden haben
ich werde wissen	se sciturum esse	wir werden wissen	se scituros esse
	er werde wissen		sie würden wissen
ich werde geschickt werden	se ... missum iri[1]	wir werden geschickt werden	se ... missum iri[1]
	er werde geschickt werden		sie würden geschickt werden
ich werde fragen („schwaches" Verb)	se rogaturum esse	wir werden fragen	se rogaturos esse
	er werde fragen		sie würden fragen

[1] *-um iri*: unveränderliches Futur Passiv für alle drei Genera in Singular und Plural

Hinweis:

Am häufigsten begegnet man dem Konjunktiv in der Zeitung und bei der Buchlektüre, im Radio und im Fernsehen. Achte darauf und erweitere deine eigenen Kenntnisse!

GR 9 — DAS PARTIZIP ALS SATZGLIED

I. als Teil des Prädikats im Perfekt Passiv

1. Beispiel: *B. G. II, 29*
   ... reliqui in oppidum reiecti sunt.   ... die Übrigen wurden in die Stadt zurückgetrieben.

2. Beispiel: *B. G. I, 1*
   Gallia est omnis divisa in partes tres ...   Gallien ist insgesamt in drei Teile geteilt ...

II. Ablativus absolutus (Ablativ mit Partizip)

Der Ablativus absolutus ist ein typisch lateinischer Satzbaustein. In seiner Knappheit eignet er sich besonders für historische Texte, weil zeitliche Zusammenhänge, Gründe, Begleitumstände als Adverbiale komprimiert in das Hauptgeschehen eingebaut werden können.

Der Ablativus absolutus besteht aus Substantiv und Partizip (1. Beispiel). An die Stelle des Partizips können auch bestimmte Substantive treten (2. Beispiel).

Bei der Übersetzung ins Deutsche wird die Verkürzung aufgelöst. Die Sinnrichtung ergibt sich aus dem inneren Zusammenhang mit dem Hauptsatz (zu den verschiedenen Sinnrichtungen s. S. 217).

1. Beispiel: *B. G. 4, 16*
   Germanico bello confecto multis de causis Caesar statuit sibi Rhenum esse transeundum.

   a) **Adverbialsatz** (temporal):
      Nachdem der Krieg gegen die Germanen beendet worden war, beschloss Caesar aus vielen Gründen, dass er den Rhein überschreiten müsse.
   b) **mit Substantiv (Präpositionalausdruck):**
      Nach dem Ende des Krieges/Nach dem Krieg gegen die Germanen beschloss Caesar ...
   c) **Beiordnung:**
      Der Krieg gegen die Germanen war beendet worden; danach beschloss Caesar ...

2. Beispiel: *B. G. 1, 12*
   L. Cassio consule populus Romanus insignem calamitatem accepit.

   a) **Adverbialsatz** (temporal):
      Als L. Cassius Konsul war, erlitt das römische Volk eine empfindliche Niederlage.
   b) **mit Substantiv (Präpositionalausdruck):**
      Unter dem Konsulat des L. Cassius erlitt das römische Volk eine empfindliche Niederlage.
   c) **Beiordnung:**
      L. Cassius war Konsul; (und) damals erlitt das römische Volk eine empfindliche Niederlage.

III. Participium coniunctum

Das Partizip bezieht sich auf ein Substantiv des Satzes in jedem beliebigen Fall. Beide stimmen in Kasus, Numerus und Genus (KNG-Gesetz) überein und schließen wie beim Ablativus absolutus meist mehrere Wörter zu einer Wortgruppe zusammen („geschlossene Wortstellung"). Bei der Übersetzung dürfen einzelne Wörter nicht aus dem Zusammenhang gerissen werden.

Es gibt unterschiedliche Möglichkeiten für die Übersetzung.

Beispiel: *Regulus* iuratus *ad senatum missus est, ut nisi redditi essent Poenis captivi nobiles quidam, ipse Carthaginem rediret.*
(*iurari* „schwören, einen Eid ablegen"; PPP mit aktivischer Bedeutung)

1. **Relativsatz:**
   Regulus, der geschworen hatte, selbst nach Karthago zurückzukehren, falls den Puniern einige vornehme Gefangene nicht zurückgegeben würden, wurde zum Senat geschickt.

2. **Adverbialsatz:**
   Nachdem Regulus geschworen hatte, selbst nach Karthago zurückzukehren, falls ..., wurde er zum Senat geschickt.

3. **Präpositionalausdruck:**
   Unter dem Eid, selbst nach Karthago zurückzukehren, falls ..., wurde Regulus zum Senat geschickt.

4. **Beiordnung:**
   Regulus hatte geschworen, selbst nach Karthago zurückzukehren, falls ..., und wurde dann zum Senat geschickt.

GR 10 WIEDERGABE DES PARTIZIPS: ABLATIVUS ABSOLUTUS UND PARTICIPIUM CONIUNCTUM

Sinnrichtung	a) Adverbialsatz	b) Präpositionalausdruck	c) Beiordnung
1. temporal (Zeit)	vorzeitig: als, nachdem gleichzeitig: als, während, wenn	nach während, bei	(und) danach (und) dabei, währenddessen
2. kausal (Grund)	weil, da	wegen, aus	(und) deshalb, nämlich
3. modal (Art und Weise)	dadurch, dass; indem, wobei verneint: ohne zu	bei, durch, mit verneint: ohne	(und) dabei, dadurch, damit (und) so
4. konditional (Bedingung)	wenn, falls	im Falle, bei	(und) in diesem Falle
5. konzessiv (Einräumung)	obwohl, wenn auch	trotz	(aber) trotzdem, (aber) dennoch

GR 11 DIE -ND-FORMEN: GERUNDIUM UND GERUNDIVUM

Die -nd-Formen sind deklinierbare Verbformen. Sie werden im lateinischen Satz als substantivierter Infinitiv **(Gerundium)** oder wie Adjektive **(Gerundivum)** attributiv oder prädikativ verwendet.

Merke: Gerundium und Gerundivum können wegen ihrer Ableitung aus dem Verbum meist mithilfe des Infinitivs wiedergegeben werden.

I. **Gerundium** (Endungen wie Substantiv, o-Deklination, *n*)

facultas auxiliandi	eine Möglichkeit, Hilfe *zu leisten*
(auxiliari: Hilfe leisten)	eine Hilfsmöglichkeit
locus ad aggrediendum idoneus	ein geeigneter Ort, um *anzugreifen*
	ein für einen Angriff geeigneter Ort

II. **Gerundivum** (Endungen wie Adjektiv, -us, -a, -um)

Das Gerundivum hat passivische Grundbedeutung und drückt eine Notwendigkeit oder einen Vorgang aus. Im Deutschen muss es umgeformt werden.

1. attributiv

a)
virtus laudanda	eine lobenswerte Tapferkeit; Tapferkeit, die *gelobt werden* muss; die *zu loben* ist
dolor non perferendus	ein unerträglicher Schmerz; Schmerz, der nicht *ertragen werden* kann; nicht *zu ertragen* ist
occasio non praetermittenda	eine Gelegenheit, die man nicht *vorübergehen lassen* darf

b) Im Genitiv oder bloßen Ablativ kann das Gerundium gleichbedeutend durch das attributive Gerundivum ersetzt werden. Beim Dativ oder in Abhängigkeit von einer Präposition ist dies die Regel. Die Endung wird dabei an das Substantiv angepasst.

facultas belli gerendi	die Möglichkeit, Krieg *zu führen*
(statt: facultas gerendi bellum)	
navium parandarum causa	um die Schiffe *zu bauen*
(statt: naves parandi causa)	wegen des Baus der Schiffe, des Schiffsbaus
ad haec cognoscenda	um dies in Erfahrung *zu bringen*
(statt: ad cognoscendum haec)	

2. prädikativ

Beim prädikativen Gerundivum steht die handelnde Person im Dativ (Dativus auctoris).

Virtus laudanda est.	Die Tapferkeit muss *gelobt werden.*
	Die Tapferkeit muss man *loben.*
Virtus nobis laudanda est.	Die Tapferkeit muss von uns *gelobt werden.*
	Wir müssen die Tapferkeit *loben.*
Occasio pugnandi Caesari praetermittenda non erat.	Caesar durfte die Gelegenheit zum Kampf nicht *vorübergehen lassen.*

GR 12   RELATIVISCHER SATZANSCHLUSS

Im Lateinischen kann ein Hauptsatz auch mit dem Relativpronomen eingeleitet werden. Dadurch wird eine enge Verbindung mit vorher genannten Personen, Ereignissen u. Ä. hergestellt.
Im Deutschen wird das Relativpronomen durch das Demonstrativpronomen **dieser**, **diese**, **dieses**, gelegentlich auch durch das Personalpronomen ersetzt.

Qui cum Romam redisset, …	Als dieser nach Rom zurückgekehrt war, …
Quae cum ita sint/essent, …	Da dies so ist/war, …; unter diesen Umständen …
Cuius cum valuisset auctoritas, …	Als sich dessen (seine) Autorität durchgesetzt hatte, …

Als Übergangsformeln werden feste Verbindungen verwendet, z. B.
Quo fit/factum est, quod …   Dadurch geschieht/geschah es, dass …

In Verbindung mit dem **Ablativus comparationis** müssen Ausdruck und Satzbau im Deutschen angepasst werden.
Quo nullum bellum atrocius susceptum est.
a) Dieser Krieg war der schrecklichste, der je geführt wurde.
b) Kein Krieg, der je geführt wurde, war schrecklicher als dieser.

GR 13   VERSCHRÄNKTER RELATIVSATZ

Der Relativsatz kann mit einer **Infinitivkonstruktion** oder einem **Gliedsatz** verschränkt werden. Dabei wird das Relativpronomen in den untergeordneten Satz hineingezogen und im Kasus an dessen Konstruktion angepasst.
Im Deutschen gibt es diese Möglichkeit nicht; der Satzbau muss deshalb etwas freier gestaltet werden.

Beispiele:

1. **mit AcI**

   In Gallia Cisalpina tum habitabant Boi Insubresque, quos a Romanis paucis annis ante subactos esse constat.
   In Gallien diesseits der Alpen (heute Norditalien) lebten damals die Boier und Insubrer,
   a) **Relativsatz**: von denen bekannt ist, dass sie nur wenige Jahre vorher von den Römern besiegt worden waren.
   b) **Parenthese**: die – wie bekannt ist – nur wenige Jahre vorher von den Römern besiegt worden waren.
   c) **Adverb**: die bekanntlich nur wenige Jahre vorher von den Römern besiegt worden waren.
   d) **Präpositionalausdruck**: die nach allgemeiner Kenntnis nur wenige Jahre vorher von den Römern besiegt worden waren.

2. **mit Gliedsatz**

   Caesar, qui quam peritus belli gerendi fuerit scimus, Galliam pacavit.
   Caesar, von dem wir wissen, wie erfahren er in der Kriegsführung war, unterjochte Gallien.

GR 14 — KONJUNKTIV IM HAUPTSATZ

Der Konjunktiv im Hauptsatz bezeichnet den Modus 1. des Wunsches, 2. der Möglichkeit oder Unmöglichkeit einer Aussage bzw. 3. des Zweifelns daran. Im Deutschen müssen diese Aussageweisen fast immer mithilfe von Modalverben und/oder Zusätzen wiedergegeben werden.

1. Der Konjunktiv als Modus des **Wunsches, Begehrens, Gebotes** (Verneinung: *ne*):
   a) Der **Optativ** richtet sich in der Regel an die 2. Pers. (Sg./Pl.) und ist manchmal durch die Einleitung mit *utinam* verstärkt:
      (Utinam) venias!   Hoffentlich kommst du! Komm doch!
   b) Der **Jussiv** richtet sich an die 3. Pers. (Sg./Pl.) und drückt ein Gebot aus:
      Taceant!   Sie sollen schweigen!
      Ne legat!   Er soll ja nicht lesen!
   c) Der **Hortativ** richtet sich an die 1. Pers. Pl. im Sinne einer Aufforderung:
      Vivamus atque amemus!   Lasst uns leben und lieben!

2. Der Konjunktiv als Modus a) der **Möglichkeit** bzw. b) **Unmöglichkeit** einer Aussage (Verneinung: **non**)
   a) Der **Potentialis** versetzt eine Aussage in den Bereich der Möglichkeit:
      – formuliert für die Gegenwart im Konjunktiv Präsens oder Perfekt
        Dicat/dixerit (aliquis) …   Jemand könnte/mag wohl sagen …
      – formuliert für die Vergangenheit im Konjunktiv Imperfekt
        Diceret aliquis …   Jemand hätte sagen können …
   b) Der **Irrealis** gestaltet eine Aussage (meist in Verbindung mit einer Bedingung im Konditionalsatz) als nicht wirklich (Verneinung: **non**, im Konditionalsatz: **nisi**, bisweilen **si non**):
      – für die Gegenwart im Konjunktiv Imperfekt
        Manerem, si velles.   Ich würde bleiben, wenn du wolltest.
      – für die Vergangenheit im Konjunktiv Plusquamperfekt
        Mansissem, si voluisses.   Ich wäre geblieben, wenn du gewollt hättest.
        Non mansissem, nisi voluisses. Ich wäre nicht geblieben, wenn du nicht gewollt hättest.

3. Der Konjunktiv als Modus des **Zweifelns/Zögerns** im Moment der Aussage (Verneinung: **non**)
   Der **Deliberativ** richtet sich vorwiegend in einer Frage an die 1. Pers. Sg./Pl., d. h. den Sprecher selbst oder ihn eingeschlossen:
   – für die Gegenwart im Konjunktiv Präsens
     Quid faciam?   Was soll ich nur tun?
   – für die Vergangenheit im Konjunktiv Imperfekt
     Quid non ferremus?   Was hätten wir nicht zulassen sollen?

GR 15 KONJUNKTIV IM GLIEDSATZ

1. Der **indirekte** (abhängige) **Fragesatz** steht immer im Konjunktiv der Abhängigkeit. Das Tempus wird nach den Regeln der Consecutio temporum vom Hauptsatz bestimmt. Dieser steht entweder in einem Haupttempus oder in einem Nebentempus. Beachte jeweils das Zeitverhältnis (Gleich-, Vor- oder Nachzeitigkeit)!
   a) **Haupttempus (Präsens oder Futur I):**
      Amicus ex te quaerit (quaeret),   Der Freund fragt dich (wird dich fragen),
      – an audias;   – ob du zuhörst;
      – cur heri non veneris;   – warum du gestern nicht gekommen bist;
      – quando cras venturus sis.   – wann du morgen kommen wirst.
   b) **Nebentempus (jede Vergangenheit):**
      Amicus ex te quaesivit (quaerebat),   Der Freund fragte dich,
      – an audires;   – ob du zuhörtest;
      – cur heri non venisses;   – warum du gestern nicht gekommen warst;
      – quando cras venturus esses.   – wann du morgen kommen würdest.
2. Der **Relativsatz** steht im Konjunktiv, wenn er eine **adverbiale** Bedeutung hat.
   a) **konsekutiv:** Non est is, qui timeat.   Er ist keiner, der sich fürchtet.
          (... der **so** beschaffen ist, **dass** er ...)
   b) **final:** Legatos miserunt,   Sie schickten Gesandte,
          qui auxilium peterent.   die um Hilfe bitten **sollten**.
3. **Adverbialsätze** stehen im Konjunktiv, wenn die Sinnrichtung der Subjunktion dies verlangt.
   a) **Finalsätze** (Begehren, Wunsch oder Ziel):
      Einleitung: **ut** (dass, damit); **quo ~ ut eo** (damit umso); **ne** (dass nicht, damit nicht)
      Beachte nach den Verben des Fürchtens bzw. *periculum est*: **ne** (dass), **ne non/ut** (dass nicht): *Timeo, ne nemo veniat.* Ich fürchte, dass niemand kommt.
   b) **Konsekutivsätze** (Folge):
      Einleitung: **ut** (dass, so dass); **ut non** (dass nicht, so dass nicht)
   c) **Kausalsätze** (Grund):
      Einleitung: **cum causale** (da) bisweilen in Verbindung mit **quippe** oder **praesertim**
   d) **Temporalsätze** (Zeitangabe):
      Einleitung: **cum historicum** (als) für einmalige, abgeschlossene Handlungen)
   e) **Konditionalsätze** erscheinen im Konjunktiv als
      – **Potentialis**, wenn Bedingung und Folgerung als möglich betrachtet werden:
        Si quis haec credat (crediderit), erret. Wenn einer dies glauben sollte, irrt er wohl.
      – **Irrealis**, wenn Bedingung und Folgerung als nicht wirklich betrachtet werden:
        Si quis haec crederet, erraret. Wenn einer dies glauben würde, würde er irren.
      – **Optativ**, wenn Wunschsätze an eine Bedingung gekoppelt sind.
        Einleitung: **dum, modo** oder **dummodo** (wenn nur); **dummodo ne** (wenn nur nicht)
        Beachte: nisi verneint den ganzen Bedingungssatz, **si non** ein einzelnes Wort darin.
   f) **Konzessivsätze** stehen in Abhängigkeit von ihrer einleitenden Subjunktion im Indikativ oder im Konjunktiv. Mit Konjunktiv werden verbunden das **cum concessivum** (obwohl) und das **cum adversativum** (während), ebenso **licet** (mag auch) und **quamvis** (wie sehr auch, obgleich).
      Beachte: dum (während; temporal), **cum** (während; adversativ)!

GR 16 MEHRDEUTIGE SATZVERBINDUNGEN

		Modus	Bedeutung

cum   Ind.   damals als *(temporale)*
                 als, da *(inversum)*
                 jedes Mal, wenn *(iterativum)*
                 dadurch, dass *(modale)*

cum primum   Ind. Perf.   sobald als

           Konj.   als, nachdem *(historicum)*
                 da, weil *(causale)*
                 obwohl *(concessivum)*
                 während *(adversativum)*
           <u>Unterscheide hiervon:</u>   *cum ... tum* sowohl ... als insbesondere
                                       cum (Präp. m. Abl.) mit, in Begleitung von

dum   Ind.   solange als
           Ind. Präs.   während
           Konj.   wenn nur *(bedingter Wunsch; Verneinung ne)*
           Ind./Konj.   solange bis

ne   Konj.   dass nicht, damit nicht *(finale)*
                   dass *(nach Verben/Ausdrücken des Fürchtens u. Ä.)*
           <u>Unterscheide hiervon:</u>   *Ne timueris!* (Prohibitiv) Fürchte dich nicht!
                                       ne ... quidem nicht einmal

quin   Konj.   dass *(nach verneinten Ausdrücken des Zweifelns)*
           <u>Unterscheide hiervon:</u>   *quin?* warum nicht?

quod   Ind.   (die Tatsache, der Umstand) dass *(faktisch)*
                 weil *(causale)*
           <u>Unterscheide hiervon:</u>   *quod* (Relativpronomen; adj. Interrogativpronomen)

si   Ind.   wenn *(real; Verneinung: nisi; Verneinung eines Wortes: si non)*
      Konj.   wenn *(potential; irreal; Verneinung: s. o.)*
      <u>Unterscheide hiervon:</u>   *sin, sin autem (conditionale)* wenn aber
                                 sive ... sive sei es dass ... oder dass
                                 etsi, etiamsi (concessivum) auch wenn, selbst wenn
                                 quodsi (conditionale) wenn also, wenn nun
                                 nisi (bei Negationen) außer, nur

ut   Ind.   (m. Ind. Perf., oft: *ut primum*) sobald als *(bei einmaligem Ereignis)*
                  (m. Ind. Plqupf.) sooft *(bei wiederholtem Ereignis)*
      Konj.   dass, damit *(finale; Verneinung: ne)*
                  dass, so dass *(consecutivum; Verneinung: ut non)*
                  dass nicht *(nach Verben des Fürchtens u. Ä.)*
      <u>Unterscheide hiervon:</u>   *ita ... ut* so ... wie

GR 17 — PRONOMINA

I. Das **Pronomen** vertritt die Stelle eines Nomens („Pro-nomen").
Die 1.–3. Person Singular und Plural umfassen folgende Pronomina:

1. Das **Personalpronomen** steht als
   - 1. Pers. für den/die Sprecher „ich/wir" (Sg. *ego, mei, mihi, me, a me/mecum*, Pl. *nos, nostri, nobis, nos, a nobis/nobiscum*)
   - 2. Pers. für den/die Angesprochenen „du/ihr" (Sg. *tu, tui, tibi, te, a te/tecum*, Pl. *vos, vestri, vobis, vos, a vobis/vobiscum*)
   - 3. Pers. „er, sie, es/sie" (die Formen des Demonstrativpronomens Sg. *is, ea, id*/ Pl. *ii (ei), eae, ea*) für den-/diejenigen, über den/die gesprochen wird.

2. Das **Reflexivpronomen** steht, wenn Objekt (im Genitiv, Dativ oder Akkusativ bzw. im Adverbiale, z. B. *secum*) und Subjekt der Handlung identisch sind.
In der 1. und 2. Pers. Sg./Pl. gelten die Formen des Personalpronomens.
In der 3. Pers. gibt es eigene, für Sg. und Pl. gemeinsame Formen: *sui, sibi, se, a se/secum*. Reflexivpronomina werden häufig durch *-met* oder Verdoppelung, z. B. *sese*, verstärkt.

3. Das **Possessivpronomen** dient wie ein Adjektiv als Attribut zur näheren Bezeichnung, vor allem zur Besitzbestimmung, eines Nomens in der
   - 1. Pers. (Sg. *meus, mea, meum*/Pl. *noster, nostra, nostrum*);
   - 2. Pers. (Sg. *tuus, tua, tuum*/Pl. *vester, vestra, vestrum*);
   - 3. Pers. (Sg. und Pl. *suus, -a, -um*/reflexiv; sonst *eius/eorum, earum, eorum*).
Das Possessivpronomen folgt regelmäßig der ā-/o-Deklination.

II. **Demonstrativ-, Relativ- und Indefinitpronomina**
Die Kasusendungen folgen der ā-/o-Deklination, Ausnahme: im Genitiv Sg. ***-ius***, Dativ Sg. ***-i***.

1. Das **Demonstrativpronomen** weist detailliert auf eine Person oder Sache hin, über die gesprochen wird:
   - *hic, haec, hoc* (dieser, diese, dieses) bzw. *is, ea, id* (dieser, diese, dieses; er, sie, es) auf das dem Sprecher (1. Person) zeitlich oder räumlich Nahe,
   - *iste, ista, istud* (dieser, diese, dieses da) auf das Gegenüberstehende (2. Person) oder verächtlich gemeint,
   - *ille, illa, illud* (jener, jene, jenes) auf sowohl zeitlich als örtlich (auch bzgl. der Anordnung im Text) weiter Entferntes (3. Person).
   - *ipse, ipsa, ipsum* (selbst, gerade) dient zur Hervorhebung (z. B. *consul ipse* der Konsul selbst, gerade der Konsul).
   - *idem, eadem, idem* (der-, die-, dasselbe) dient zur Darstellung der Gleichheit („Iden-tität") zwischen Personen oder Sachen.

z. B.

	Sg.			Pl.		
	m	f	n	m	f	n
Nom.	is	ea	id	ii/ei	eae	ea
Gen.	eius			eorum	earum	eorum
Dat.	ei			iis/eis		
Akk.	eum	eam	id	eos	eas	ea
Abl.	eo	ea	eo	iis/eis		

2. Das **Relativpronomen** *qui, quae, quod* (der, die, das; welcher, welche, welches) bestimmt in der Regel ein Nomen des übergeordneten Satzes näher.
   Beachte: Akk. Sg. Mask. *quem*, Dat. und Abl. Pl. *quibus.* Am Anfang eines Hauptsatzes dient es zur relativischen Verknüpfung mit dem vorhergehenden Satz (→ GR 12, S. 219).
3. Das **Interrogativpronomen** wird substantivisch oder adjektivisch gebraucht und fragt nach Personen oder Sachen:
   – substantivisch: *quis?* (wer?), *quid?* (was?) (Akk. Sg. Mask. *quem*);
   – adjektivisch: *qui, quae, quod?* (welcher, welche, welches?) (wie das Rel.pron.).
4. Die Deklination von **nemo, nihil** (niemand, nichts) und **nullus, -a, -um** (kein, keine):

Nom.	nemo	nihil	nullus	nulla	nullum
Gen.	null**ius**	null**ius** rei		null**ius**	
Dat.	nemini	null**i** rei		null**i**	
Akk.	nemin**em**	nihil	nullum	nullam	nullum
Abl.	nullo	nulla re	weiter regelmäßig nach der ā-/o-Dekl.		

5. Wie **nullus, -a, -um** werden die **Pronominaladjektive** dekliniert: *unus* (einer), *solus* (allein), *totus* (ganz), *ullus* (irgendeiner), *uter* (welcher von beiden), *alter* (der eine von beiden; der andere), *neuter* (keiner von beiden); *alius* (Gen. *alterius*, Dat. *alii*; ein anderer).
6. Die **Pronomina correlativa** stehen in gegenseitiger Beziehung zueinander:

Demonstrativa		**Relativa und Interrogativa**	
– *talis, -e*	so beschaffen	*qualis, -e*	wie (beschaffen)
– *tantus, -a, -um*	so groß	*quantus, -a, -um*	wie (groß)
– *tantum*	so viel	*quantum*	wie (viel)
– *tot* (indekl.)	so viele	*quot* (indekl.)	wie (viele)

7. Das **Indefinitpronomen** bezeichnet keine bestimmte Person oder Sache, sondern verallgemeinert. Hierzu bedient es sich der Formen des Relativ- bzw. Interrogativpronomens in Verbindung mit **Prä-** oder **Suffixen** (Vor- oder Nachsilben). Auch hier unterscheiden wir substantivischen und adjektivischen Gebrauch.
   a) **welcher, welche, welches auch immer; jeder, jede, jedes**
   – *qui**cumque**, quae**cumque**, quod**cumque*** (welcher, welche, welches auch immer; jeder, jede, jedes) im Sg. meist adjektivisch, im Pl. auch substantivisch
   – *quis**que**, quid**que*** (jeder; alles); *quis**que**, quae**que**, quod**que*** (jeder, jede, jedes)
   Beachte: Bisweilen wird *unus-* vorgeschaltet: *unusquisque* usw.
   – *qui**vis**, quae**vis**, quid**vis**; qui**vis**, quae**vis**, quod**vis*** (jeder, jede, jedes beliebige)
   – *qui**libet**, quae**libet**, quid**libet**; qui**libet**, quae**libet**, quod**libet*** (jeder beliebige)
   – *uter**que**, utra**que**, utrum**que*** (jeder von beiden; beide)
   b) **jemand, etwas; ein gewisser, eine gewisse, ein gewisses**
   – *quidam, quaedam, quiddam* (jemand, etwas) substantivisch und *quidam, quaedam, quoddam* adjektivisch (ein, eine, ein gewisser, Pl. einige, manche)
   Beachte: *quendam, quandam, quorundam, quarundam*!
   c) **irgendjemand, irgendetwas; irgendein, -eine, -ein**
   – *aliquis, aliquid* (irgendjemand, irgendetwas) substantivisch und *aliqui, aliqua(!), aliquod* (irgendein, -eine, -ein) adjektivisch, nur im Satz ohne Verneinung
   Beachte: Nach *si, nisi, ne, num, quo* und *quanto* entfällt das Präfix *ali-*.
   – *quis**quam**, quic**quam**/quid**quam*** (irgendjemand, irgendetwas) substantivisch und *ullus, ulla, ullum* (irgendein, -eine, -ein) adjektivisch, nur im verneinten Satz

II. STILMITTEL

Alliteration	„Stabreim"; Hervorhebung von bedeutungstragenden Wörtern mit gleichem Anlaut	princeps poenam persolvit (Caesar, *B. G. I, 12*)
Anapher	Ein- oder mehrfache Wiederholung eines Wortes oder einer Wortgruppe am Anfang von Sätzen oder Satzteilen, um Eindringlichkeit und Übersichtlichkeit zu erreichen	Sunt bona, sunt quaedam, sunt quaedam mediocria, … sunt mala plura. (Martial, *Ep. XIV, 194, V. 1/2*)
Antithese	Gegenüberstellung zweier gegensätzlicher Gedanken oder Begriffe, zur eindringlichen Charakterisierung und Abgrenzung	Odi et amo. (Catull, *C. 85*) Thais habet nigros, niveos Laecania dentes. (Martial, *Ep. V, 43*)
Asyndeton	Aneinanderreihen von Wörtern, Wortgruppen ohne Konjunktion; meist Kennzeichen eines knappen, prägnanten Stils; Gegensatz: Polysyndeton	Laudat, amat, cantat nostros mea Roma libellos. (Martial, *Ep. VI, 60, V. 1*)
Chiasmus	Überkreuzstellung einander zugeordneter Wörter oder Wortgruppen (benannt nach dem griechischen Buchstaben X: chi); dient z. B. der Verdeutlichung einer Antithese; Hervorhebung durch Stauung (im Gegensatz zur Gleichmäßigkeit des Parallelismus)	Provinciam suam hanc esse ✕ Galliam, sicut illam nostram. (Caesar, *B. G. I, 44, 6*)
Ellipse	Auslassung eines leicht zu ergänzenden Wortes zur Straffung und Prägnanz	Forma dei munus! (Ovid, *Ars am., III, 103*)
Hendiadyoin	(griech. ἐν-δια-δυοῖν „eins durch zwei") Verstärkung der Aussage durch Verkoppelung zweier sinnverwandter Wörter gleicher Wortart	cultu atque humanitate (Caesar, *B. G. I, 1*)
Homoioteleuton	Folge von Wörtern mit der gleichen Endung, betont den Zusammenhang der Aussage, verleiht Nachdruck	Cui dono lepidum novum libellum (Catull, *C. 1, V. 1*)

Hyperbaton	Trennung von zwei zusammengehörenden Wörtern durch ein anderes; erzeugt Spannung	ne quam noctu oppidani a militibus iniuriam acciperent (Caesar, *B. G. II, 33*)
Klimax	Aufzählung mit einer Steigerung in derselben Wortart	pallet, stupet, oscitat, odit (Martial, *Ep. VI, 60, V. 3*)
Litotes	Aussage durch Verneinung des Gegenteils; dient der Steigerung, kann den Inhalt der Aussage gelegentlich auch abschwächen	nec ... nega! (Ovid, *Ars am., III, V. 476*)
Metapher	Bildlicher Vergleich durch Übertragung der Bedeutung eines Wortes, ohne Einleitung durch „wie"; dient der Veranschaulichung	religione Christiana inbutus (Einhard, *Vita Karoli Magni 26*) scriptis exarsit amator (Ovid, *Ars III, V. 481*)
Oxymoron	Verbindung zweier einander scheinbar widersprechender, sich gegenseitig ausschließender Begriffe; als Ausdruck für nicht Fassbares, sonst nicht Sagbares	Summum ius, summa iniuria. (Sprichwort, von Cicero in *De officiis I, 10, 33* zitiert)
Parallelismus	Wiederkehr der Wortreihenfolge in zwei oder mehr aufeinanderfolgenden Sätzen; schafft durch die Regelmäßigkeit Klarheit und Ebenmäßigkeit des Ausdrucks	meque sinus omnes, me manus omnis habet (Martial, *Ep. VI, 60, V. 2*)
Pars pro toto	Gebrauch des Teils für das Ganze; dient der Variation	meque sinus omnes, me manus omnis habet (Martial, *Ep. VI, 60, V. 2*)
Polysyndeton	Mehrfache Verbindung von Wörtern durch Konjunktionen; steigert die Eindringlichkeit der Aussage	Nec minimo naso nec bello pede nec nigris ocellis nec longis digitis ... (Catull, *C. 86, V. 1–3*)
Trikolon	Dreifache Aufzählung in derselben Wortart; dient der Verstärkung	per convivia, porticus, theatra (Martial, *Ep. VIII, 9, V. 4*)
Zeugma	Beziehung zweier oder mehrerer Substantive auf ein Verbum, das dem Sinn nach nur zu einem von ihnen wirklich passt	*pacem an bellum gerens* (urspr. *pacem agere*)

III. BESONDERHEITEN DER DICHTERSPRACHE

Die römische Dichtkunst ist an ein Versmaß gebunden. Endreime gibt es in der Antike nicht. Anders als in der deutschen Lyrik, in der das Versmaß im geregelten Wechsel von betonten und unbetonten Silben besteht, ist der Dichter in der lateinischen Sprache an Quantitäten, d.h. Längen und Kürzen der Vokale in Silben, gebunden. Demnach muss er Syntax und Wörter sowie ihre Formen und Stellung dem Grundmuster der Metren anpassen. Zudem erstrebt er aber auch sprachliche Verdichtung: Er will Stellen besonders hervorheben, Situationen zuspitzen, das Tempo der Ereignisse steigern oder verlangsamen, Spannung erzeugen, die Zäsuren nutzen, so z. B. die Mittelzäsur im Pentameter, um die unerwartete Wende zu gestalten. Außerdem bedient er sich der gesamten Fülle der Stilmittel. Dadurch werden Freiheiten in der Dichtersprache notwendig, die uns in reiner Prosa seltener begegnen.

Häufige Besonderheiten:

1. **Verben in Kurzform**
   - -ēre statt -ērunt (3. Pers. Pl. Perf. Akt.)   z. B. fulsēre statt fulsērunt
   - -re statt -ris (2. Pers. Sg. Pass./Dep.)   z. B. tuēre statt tuēris
   - Ausfall des -v- + Vokal (v-Perfekt)   z. B. cōnsuērat statt cōnsuēverat
   - Ausfall des Binnenkonsonanten   z. B. mī statt mihī

2. **Historischer Infinitiv statt finiter Verbform**

3. **Veraltete oder griechische Endungen bei Substantiven**
   - Kontraktion zweier Vokale   z. B. dī statt deī
   - -um statt -ōrum (Gen. Pl. o-Dekl.)   z. B. deum statt deōrum
   - -ēn/-on statt -am/-um (Akk. Sg.)   z. B. Penelopēn statt Penelopam
   - -a (Akk. Sg. 3. Dekl. Neutr.)   z. B. aethera; aëra
   - -īs statt -ēs (Akk. Pl. 3. Dekl.)   z. B. iacentīs statt iacentēs

4. **Kurzformen**
   - Auslassung von Binnenvokalen   z. B. saeclum statt saeculum
   - Kurzformen von Adverbien   z. B. et statt etiam; ante statt antea

5. **Pluralis maiestatis (dichterischer Plural)**
   - Substantiv im Plural statt Singular   z. B. ōra statt ōs; nostrī statt meī

IV. EINFÜHRUNG IN DIE LATEINISCHE METRIK

I. Prosodie:

Die Prosodie ist die Lehre von der Silbenmessung. Der Rhythmus der lateinischen Verse wird von der Länge der Silben bestimmt, die – wie nach einem bestimmten Takt – in einer regelmäßigen Anordnung aufeinanderfolgen. Eine lange Silbe wird dabei wie zwei kurze Silben gewertet. Um das jeweilige Schema zu erfassen und die Verse richtig lesen zu können, muss man also die Quantität der Silben kennen.

II. Längen:

Als <u>Länge</u> gilt in der lateinischen Metrik eine Silbe,
1. wenn sie einen <u>Diphthong</u> (meist *au*, *eu*, *ae*, *oe*, z. B. *amoenus*) oder
2. einen naturlangen Vokal enthält (<u>Naturlänge</u>, z. B. *formōsus*).
3. Bestimmte <u>Kasusendungen</u> sind immer lang:
   a) Ablativ Singular der langvokalischen Deklinationen (-ā, -ō, -ē, -ū, -ī)
   b) ā-Deklination: -ārum, -ās, -īs *(Pl.)*
   c) o-Deklination: -ī, -ō *(Sg.)*; -ī, -ōrum, -īs, -ōs *(Pl.)*
   d) ē-Deklination: z. B. rēs, reī, reī *(Sg.)*; rēs, rērum, rēbus *(Pl.)*
   e) u-Deklination: z. B. currūs *(Gen.)*, curruī *(Sg.)*; currūs *(Pl.)*
   f) 3. Deklination, i-Stamm: z. B. turrēs, turrīs *(Pl.)*
   g) kons. Deklination: -ī *(Sg.)*; -ēs *(Pl.)*
4. <u>Positionslänge</u>:
   Eine Positionslänge liegt vor, wenn zwei oder mehr Konsonanten auf einen kurzen Vokal folgen.
   Beachte: *qu* gilt als ein, *x* und *z* aber gelten als zwei Konsonanten.
   Die Konsonantenverbindung <u>MUTA CUM LIQUIDA</u> (b/p, g/c, d/t + l, r) lässt eine vorausgehende Länge oder Kürze der Silbe zu.
5. Folgt einem Vokal ein zweiter Vokal, so ist der erste meist kurz (z. B. *basĭum*).

III. Hiat (vgl. *hiare* „den Rachen aufsperren"):

1. Ein Hiat liegt vor, wenn zwei Vokale an der Wortgrenze, aber auch im Wortinneren (Binnenhiat), aufeinandertreffen.
2. Der Hiat entsteht bei Aufeinandertreffen von
   – aus- und anlautenden Vokalen *(atqu<u>e</u> <u>a</u>memus)*;
   – auslautendem Vokal + -m vor anlautendem Vokal *(que<u>m</u> <u>i</u>n)*;
   – auslautendem Vokal vor h- am Beginn des folgenden Wortes *(namqu<u>e</u> <u>h</u>uic)*;
   – auslautendem Vokal + -m und h- am Beginn des folgenden Wortes *(monstr<u>um</u> <u>h</u>orrendum)*.
3. <u>Vermeidungsformen des Hiats</u>:
   a) <u>Elision</u>: Ausstoßung des vorangehenden oder auslautenden Vokals
   Der elidierte Vokal wird nicht gesprochen, z. B. *atqu‹e› amemus; qu‹em› in; namqu‹e› h›uic.*
   b) <u>Synaloephe</u>: Verschmelzung zweier Vokale
   Der elidierte Vokal wird noch kurz angeschlagen, z. B. *nostr‹um› inter.*
   c) <u>Aphaerese</u> (auch: <u>Elisio inversa</u>): Ausstoßung des folgenden Vokals
   Ist das zweite Wort eine mit *es-* beginnende Form von *esse*, so wird das *e-* des Hilfsverbs ausgestoßen, z. B. *laetitia ‹e›st.*
   d) <u>Synizese</u>: Zusammenziehen zweier Binnenvokale (Binnenhiat)
   Treffen innerhalb eines Wortes zwei Vokale aufeinander oder sind sie durch ein *-h-* getrennt, so spricht man von einem Binnenhiat, z. B. *cŏăgo → cōgo; dĕhĭnc → deinc.*

IV. Metrik:

1. <u>Metrum</u>:
   Das Metrum ist der kleinste Bestandteil einer Verszeile, z. B. ein Jambus ⌣ –, ein Trochäus – ⌣, ein Daktylus – ⌣ ⌣ oder ein Spondeus – –. Die geordnete Abfolge dieser Metren bildet eine Verszeile.

2. Hexameter:
a) Der Hexámeter besteht aus sechs Daktylen, wobei die zwei Kürzen in den ersten vier Daktylen jeweils durch eine Länge ersetzt werden können.
b) Die letzte Verssilbe ist *anceps* (lang oder kurz). Demnach ist der letzte Versfuß ein Trochäus oder ein Spondeus.
c) Die Zäsur (Einschnitt) steht am häufigsten nach dem 3. (*Trithemimeres*), nach dem 5. (*Penthemimeres*) oder nach dem 7. (*Hephthemimeres*) halben Daktylus.

Grundschema: — ⏖ | — ‖ ⏖ | — ‖ ⏖ | — ‖ ⏖ | — ⏑⏑ | — ⏓

3. Pentameter:
Der Pentámeter findet sich nur im Anschluss an einen Hexameter (elegisches Distichon). Der Pentameter besteht aus zweimal zweieinhalb, also zusammen fünf (*griech.* penta) Daktylen, obwohl sechs Versfüße vorliegen. Spondeen sind nur in der ersten Vershälfte erlaubt. Das letzte Metrum in beiden Vershälften ist immer katalektisch (unvollständig, hier: einsilbig) und betont; dadurch entsteht eine Mittelzäsur.

Grundschema: — ⏖ | — ⏖ | — ‖ — ⏑⏑ | — ⏑⏑ | —

Grundschema
elegisches Distichon: — ⏖ | — ⏖ | — ⏖ | — ⏖ | — ⏑⏑ | — ⏓

— ⏖ | — ⏖ | — ‖ — ⏑⏑ | — ⏑⏑ | —

Núbere Páula cupít nobís, ego dúcere Páulam
nól‹o›: anus ést. Vellém, sí magis ésset anús. (Martial, *Ep. X, 8*)

4. Hinkjambus:
Der Hinkjambus besteht aus fünf jambischen Versfüßen, der sechste Versfuß ist ein Trochäus oder ein Spondeus. Der Hinkjambus wirkt disharmonisch und schleppend.

Grundschema: ⏓ — | ⏑ — | ⏓ ‖ — | ⏑ — | ⏑ — | — ⏓

Misér Catúlle, désinás inéptíre
et quód vidés perísse, pérditúm dúcas. (Catull, *C. 8*)

5. Hendekasyllabus (auch Elfsilbler):
Der Hendekasyllabus besteht aus elf Silben. Dem Spondeus bzw. Jambus des ersten Metrums folgt ein Chorjambus (Kombination aus „Choreus" = Trochäus und Jambus), gefolgt von einem Jambus. Der Chorjambus gibt dem Vers die besondere Melodie. Das letzte Metrum ist ein jambisches Versmaß mit drei Silben.

Grundschema: Es gibt zwei Varianten:

1. — — | — ⏑ ⏑ — | ⏑ — | ⏑ — ⏓   2. ⏑ — | — ⏑ ⏑ — | ⏑ — | ⏑ — ⏓

Cuí donó lepidúm novúm libéllum   meás éss‹e› aliquíd putáre núgas
áridá modo púmic‹e› éxpolítum?   (Catull, *C. 1*)

V. LERNWORTSCHATZ

abdere, -dō, -didī, -ditum	verbergen
absolvere, -solvō, -solvī, -solūtum	losmachen, freisprechen, vollenden; freilassen
adipīscī, -ipīscor, -eptus sum	erlangen, bekommen
adiungere, -iungō, -iūnxī, -iūnctum	anschließen, hinzufügen
adversus *Präp. m. Akk.*	gegen, wider; gegenüber
aequābilis, -e	gleichmäßig, unparteiisch
aequāre	gleichmachen; *Pass.* gleichkommen
aeternus, -a, -um	ewig während
agmen, -inis *n*	Heerschar
albus, -a, -um	weiß
alternus, -a, -um	abwechselnd
ancilla, -ae	Magd
antecēdere, -cēdō, -cessī, -cessum *m. Dat.*	*jmdn.* übertreffen
antīquissimum quodque tempus	gerade die älteste Zeit
aptus, -a, -um *m. Dat.; m. Inf.*	passend, geeignet *für jmdn./etw.*; geeignet, fähig, *etw. zu tun*
arcus, -ūs *m*	Bogen
ārdor, -ōris *m*	Feuer; Leidenschaft
arduus, -a, -um	steil, mühevoll, beschwerlich; schwierig
arguere, arguō, arguī, argūtum	darlegen, verraten, offenbaren
artifex, -icis *m*	Künstler, Meister
artus, -ūs *m (meist Pl.* artūs, -uum*)*	Gelenk, Glied
as, assis *m; Gen. Pl.* assium	As *(Kupfermünze geringen Wertes)*
aspicere, -spiciō, -spexī, -spectum	hinsehen, *kurz* anblicken
asservāre	bewahren
assiduus, -a, -um	ununterbrochen, unablässig
āter, ātra, ātrum	schwarz
augēre, augeō, auxī, auctum	vergrößern, vermehren, erweitern, fördern
avis, -is *f*	Vogel
bāsium, -ī	Kuss
bellum dēfendere, -fendō, -fendī, -fēnsum	einen Verteidigungskrieg führen, sich verteidigen
bellum gerere, gerō, gessī, gestum	Krieg führen
bellum īnferre, -ferō, intulī, illātum *m. Dat.*	*m. jmdm.* Krieg anfangen, einen Angriffskrieg führen
bellum suscipere, -cipiō, -cēpī, -ceptum	einen Krieg führen
bellus, -a, -um	schön, hübsch
bene velle, volō, voluī	wohlwollen, aufrichtig lieben
benīgnus, -a, -um	gütig, freundlich, gnädig, wohltätig
bibere, bibō, bibī, pōtum	trinken
blanditia, -ae	Schmeichelei, Kompliment
brevitās, -ātis *f*	Kürze
caelestēs, -ium *m*	die Götter
caelum, -ī	Himmel
caeremōnia, -ae	heilige Handlung, Verehrung
calor, -ōris *m*	Wärme, Hitze
capillus, -ī	Haar
carēre, careō, caruī *m. Abl.*	*etw.* entbehren, nicht haben
carpere, carpō, carpsī, carptum	pflücken, rupfen
castus, -a, -um	sittsam, keusch
cellula, -ae	kleine Kammer, Zelle
certāre	streiten, wetteifern
certiōrem facere, faciō, fēcī *m. Akk.*	*jmdn.* benachrichtigen
clērus, -ī	Geistlicher

cliēns, -ntis *m*	Gefolgsmann; Schutzflehender; Klient
coeptum, -ī (*subst. PPP zu* incipere, incipiō, coepī, inceptum/coeptum)	Beginnen, Unternehmen, Vorhaben (anfangen, beginnen)
cohibēre, -hibeō, -hibuī, -hibitum; *m. Abl.*	zurückhalten, hemmen, zügeln; abhalten *von*
coma, -ae	Haar
commemorāre	erwähnen
commercium, -ī	Handel, Verkehr
commodum, -ī	Vorteil
concēdere, -cēdō, -cessī, -cessum *trans.*	erlauben, überlassen
conciliāre	gewinnen, sich geneigt machen
concurrere, -currō, -currī, -cursum	zusammenlaufen
concutere, -cutiō, -cussī, -cussum	erschüttern, beunruhigen, schütteln
condūcit *m. Dat.*	es nützt jmdm.
cōnfēstim	unverzüglich, sofort
cōnfīdere, confīdō, confīsus sum in *m. Abl.*	auf etw. vertrauen, sich *auf etw.* verlassen
cōnfīnium, -ī	Grenzgebiet, Grenze
cōnfitērī, -fiteor, -fessus sum	gestehen, zugeben
cōnfluere, -fluō, -flūxī	zusammenfließen, -strömen
cōnscrībere, -scrībō, -scrīpsī, -scrīptum	aufschreiben, verfassen, anwerben
cōnsistere, -sistō, -stitī	haltmachen, sich aufstellen, sich niederlassen
cōnsistere in *m. Abl.*	beruhen *auf*, bestehen *in etw.*
cōnsuēscere, -suēscō, -suēvī, -suētum *m. Dat.,* ad *m. Akk./m. Inf.*	sich gewöhnen *an etw./etw. zu tun*
contendere, -tendō, -tendī, -tentum	sich anstrengen *m. ut;* kämpfen, eilen; behaupten *m. AcI*
convenīre, -veniō, -vēnī, -ventum *m. Dat.*	passen *für jmdn./etw.*
convīva, -ae *m*	Gast
cōram *Präp. m. Abl.*	in Gegenwart *von jmdm./etw.,* vor *jmdm./etw.*
cornu, -ūs *n*	Horn; Sichel
crīnis, -is *m*	Haar
cum *explicativum m. Ind.*	wenn; indem; dadurch, dass
cum ... tum	sowohl ... als auch besonders
currus, -ūs *m*	Wagen
dēcrētum, -ī	Entscheidung
dēficere, -ficiō, -fēcī, -fectum	abfallen, fehlen
dētrahere, -trahō, -trāxī, -tractum *m. Dat. u. Akk.*	jmdm. etw. wegziehen, entreißen
digitus, -ī	Finger
dīligere, dīligō, dīlēxī, dīlēctum	lieben, hoch achten
dimicāre	kämpfen, ringen
disertus, -a, -um	redegewandt
doctrīna, -ae	Lehre, Unterricht
domāre, domō, domuī, domitum	bezwingen, unterwerfen; zähmen
dūcere, dūcō, dūxī, ductum *m. dopp. Akk.*	jmdn./etw. betrachten als *jmdn./etw.*
dūcere *erg.* in mātrimōnium	eine Frau heiraten
dummodo *m. Konj.*	wenn nur, wenn bloß, sofern nur
dūrāre	andauern, bestehen
ēdere, ēdō, ēdidī, ēditum	herausgeben
effingere, -fingō, -fīnxī, -fictum	darstellen, veranschaulichen
ēminēre, ēmineō, ēminuī	herausragen, hervortreten
epigramma, -atis *n* (*griech. Pl.* epigrammata, -ōn)	Epigramm
ergā *Präp. m. Akk.*	gegenüber
ērigere, -rigō, -rēxī, -rēctum	aufrichten

ēvādere, -vādō, -vāsī, -vāsūrum	herausgehen, entkommen
exorīrī, -orior, -ortus sum	sich erheben, entstehen, aufgehen, losbrechen
expetere, -petō, -petīvī, -petītum	heftig verlangen, fordern, wünschen
faciēs, -ēī f	Antlitz, Gesicht
factiō, -ōnis f	Partei, Anhängerschaft
famulus, -ī	Diener
fās n indekl.(↔ nefās n indekl.)	*göttliches* Recht (↔ Unrecht)
fax, facis f	(Hochzeits-, Liebes-)Fackel
fera, -ae	*wildes* Tier
fidēs, -eī f	Treue, Vertrauen, Glaube, Glaubwürdigkeit
fīnis, -is m;	Grenze, Ende
Pl. fīnēs, -ium m	Gebiet
flūmen trādūcere, -dūcō, -dūxī, -ductum	über den Fluss hinüberführen
foedus, -eris n	Bund, Bündnis, Vertrag
folium -ī	Blatt
fōrma, -ae	Schönheit
fōrmōsus, -a, -um	schön, wohlgestaltet
forte ~ fortāsse	vielleicht
fūnus, -eris n	Bestattung, Begräbnis
fūrtum, -ī; *Pl.* fūrta, -ōrum	Diebstahl; Liebschaft; Seitensprung; *Pl.* heimliches Tun
geminus, -a, -um	zweifach, doppelt; *Subst.* Zwilling
gener, -erī	Schwiegersohn
gradī, gradior, gressus sum	gehen, schreiten
gradus, -ūs m	Schritt, Stufe, Grad; Treppe
grandis, -e	groß, bedeutend, erhaben
grātia, -ae	Anmut, Liebe, Gunst, Nachsicht; Gnade
gravitās, -ātis f	Ernst, Würde, Schwere
īgnāvus, -a, -um	feige
īgnis, -is m	Feuer
īgnōscere, -nōscō, -nōvī, -nōtum	verzeihen
īlicō	sogleich, auf der Stelle
impedītus, -a, -um	gehindert; nicht kampfbereit
impetus, -ūs m	Angriff, Andrang, Ansturm, Schwung; Strömung
in prōvinciam rēdigere, -igō, -ēgī, -āctum	zur Provinz machen
incolere, -colō, -coluī, -cultum	wohnen, bewohnen
induere, -induō, induī, indūtum	anziehen, anlegen, bedecken
inertia, -ae	Faulheit
īnfāns, -ntis m/f	Kind
īnfantia, -ae	Kindheit; Säuglingsalter
inīquus, -a, -um	ungerecht, ungleich, ungünstig
iniūriae, -ārum *Pl.*	Gewalttaten, Übergriffe
īnspicere, -spiciō, -spexī, -spectum	prüfen, genau betrachten
intentus, -a, -um	beschäftigt mit
interdīcere, -dīcō, -dīxī, -dictum m. *Dat.*	untersagen, ausschließen *von*
interrumpere, -rumpō, -rūpī, -ruptum	unterbrechen, stören
iocus, -ī	Scherz
iūcundus, -a, -um	angenehm, willkommen
labōriōsus, -a, -um	beschwerlich, arbeitsaufwendig
libēns, -ntis	willig, gern, mit Vergnügen
līberālis, -e	großzügig
lībertus, -ī	Freigelassener
liquor, -ōris m	Flüssigkeit
lūgēre, lūgeō, lūxī, lūctum	trauern
lūmen, -inis n	Licht, Augenlicht; *Pl.* Augen
lūna, -ae	Mond
mālle, mālō, māluī	lieber wollen

mediocris, -e	mittelmäßig
meminisse, meminī *m. Gen. obi.*	*an jmdn./etw.* denken, sich erinnern
mēnsa, -ae	Tisch; Mahl
mentīrī, mentior, mentītus sum	lügen, vortäuschen
meritō	mit Recht, verdientermaßen
minae, -ārum *Pl.*	Drohung
mīrārī, mīror, mīrātus sum	bewundern; sich wundern
mora, -ae	Verzögerung, Aufschub
nātus, -ī	Sohn
niger, -gra, -grum	schwarz, dunkel
nimius, -a, -um	außerordentlich, übermäßig
niveus, -a, -um	*schnee*weiß
nocturnus, -a, -um	nächtlich, des Nachts
nōdus, -ī	Knoten
novissimum agmen, -inis *n*	Nachhut *eines Heereszuges*
nūbere, nūbō, nūpsī, nūpta *m. Dat.*	*einen Mann* heiraten
nūgae, -ārum	Tändeleien, Nichtigkeiten
nummus, -ī	Münze
oblīvīscī, oblīvīscor, oblītus sum *m. Gen. obi.*	*jmdn./etw.* vergessen
obloquī, -loquor, -locūtus sum	widersprechen; schimpfen, lästern
obses, -idis *m/f*	Geisel
occidēns, -ntis *m*	Westen, Abendland
ōdisse, ōdī	hassen
operīre, operiō, operuī, opertum	verdecken
opīniō, -ōnis *f*	Meinung, Ruf, Gerücht
ops, -is *f;* *Pl.* opēs, opum *f*	Hilfe, Kraft; *politische* Macht, Mittel, Reichtum, Streitkräfte
opulentus, -a, -um	reich, mächtig
ōrdinem dare, dō, dedī, datum	einen Rang zuweisen
ōrnātus, -ūs *m*	Zier, Schmuck
ōs, ōris *n*	Mund
pacāre	unterjochen, unterwerfen
pār, paris *m. Dat.*	*jmdm.* gleich, ebenbürtig
partim	teils
partim … partim	teils … teils
patefacere, -faciō, -fēcī, -factum	öffnen
patrimōnium, -ī	*väterliches* Erbe
peccātor, -ōris *m*	Sünder
percutere, -cutiō, -cussī, -cussum	schlagen, durchstoßen, erschüttern
perdere, -dō, -didī, -ditum	zugrunde richten; verlieren
perdūcere, -dūcō, -dūxī, -ductum	bringen, führen, leiten; weiterführen, fortfahren
perennis, -e	über die Jahre hindurch, immerwährend
pérferre, -ferō, -tulī, -lātum	ertragen
perīre, -eō, -iī	zugrunde gehen
perītus, -a, -um *m. Gen.*	kundig, erfahren *in etw.*
perpetuus, -a, -um	immerwährend, ewig
persōna, -ae	Maske
pēs, pedis *m*	Fuß
pīlum, -ī	Wurfspeer
pingere, pingō, pīnxī, pictum	malen
piscis, -is *m*	Fisch
plānē	deutlich, klar
posterī, -ōrum *Pl.*	Nachkommen, Nachfahren
potēns, -ntis	mächtig, einflussreich
potius	eher
praedicāre	verkünden

praeditus, -a, -um *m. Abl.*	begabt, versehen *mit etw.*
praestāns, -ntis	vorzüglich, ausgezeichnet
praetextus, -ūs *m*	Grund, Vorwand
prāvus, -a, -um	schlecht, böse
pretiōsus, -a, -um	wertvoll, kostbar
prīscus, -a, -um	altertümlich
prōdere, -dō, -didī, -ditum	herausgeben, verraten
prōdesse, prōsum, prōfuī	nützen
prohibēre, -hibeō, -hibuī, -hibitum *m. Abl.*	abhalten von
prohibēre ab *m. Abl.*	schützen *vor jmdm./etw.*
prōpōnere, -pōnō, -posuī, -positum	in Aussicht stellen
prōpositum, -ī	Absicht, Vorhaben, Plan
proprius, -a, -um	eigen, eigentümlich, charakteristisch
propterea quod	deswegen weil
proximus, -a, -um	der nächste, am nächsten
pudet, puduit *m. Akk.*	es beschämt *jmdn.*
pudor, -ōris *m*	Scham; Sittsamkeit; Ehrenhaftigkeit
pūrus, -a, -um	sauber, rein
quā dē causā	aus diesem Grund, deshalb
quantum est *m. Gen. part.*	wie groß die Zahl ist *an*
querī, queror, questus sum	sich beklagen
quiēs, -ētis *f*	Ruhe
quīlibet, quaelibet, quodlibet *Adj.*	jeder, jede, jedes beliebige
quīre, queō, quīvī	können, vermögen
quō … eō	je … desto
quō pactō?	wie, auf welche Weise?
quondam	einst, einmal
quōquō modō	auf jede beliebige Weise
quot … tot … *indekl.*	wie viele … so viele, so viele … wie
rapidus, -a, -um	reißend
ratiōnem habēre *m. Gen.*	*etw.* berücksichtigen, Rücksicht nehmen *auf*
recūsāre, nē	sich weigern, dass
referre, referō, rettulī, relātum	berichten, melden
rem gerere, gerō, gessī, gestum	kämpfen
reperīre, reperiō, répperī, repertum	feststellen, finden
rērī, reor, ratus sum	meinen, glauben
rhētor, -oris *m*	Redelehrer
rīdiculus, -a, -um	lächerlich
ruīna, -ae	Zusammenbruch
sacrificium, -ī	Opfer
saec(u)lum, -ī	Menschenalter, Generation
sāl, salis *m*	Salz
sānctus, -a, -um	heilig, unverletzbar, geweiht
sapere, sapiō, sapīvī	verstehen, einsehen
scindere, scindō, scidī, scissum	abreißen, zerreißen, spalten
scūtum, -ī	der (Lang-)Schild
sēcēdere, -cēdō, -cessī	weggehen, sich zurückziehen
sēcūrus, -a, -um	sicher, unbekümmert
semel	einmal
senex, senis *m*	Greis, alter Mann
sententiam dīcere, dīcō, dīxī, dictum	*bei der Abstimmung* seine Stimme abgeben
sepelīre, sepeliō, sepelīvī, sepultum	bestatten, begraben
seu … seu	sei es, dass … oder sei es, dass …
sevērus, -a, -um	streng, ernst
siccus, -a, -um	trocken
sīdus, -eris *n*	Stern, Gestirn
simul *Adv.*	zusammen, zugleich, gleichzeitig

sincērus, -a, -um	ehrlich, aufrichtig
sinus, -ūs *m*	Busen; Bausch
sonus, -ī	Ton, Klang
spernere, spernō, sprēvī, sprētum	verschmähen
stēlla, -ae	Stern
stīpendium, -ī	Sold *der Soldaten*, Steuer, Abgabe; *Pl.* öffentliche Geldmittel
stīpendium pōnere, pōnō, posuī, positum	Abgaben auferlegen
strēnuus, -a, -um	energisch, eifrig, entschlossen
stupor, -ōris *m*	Staunen
sub urbe	am Stadtrand
subtīlis, -e	fein, feinfühlig
superstitiō, -ōnis *f*	Aberglaube; falscher Glaube
supplex, -icis	demütig bittend, flehend
supplicāre	*die Götter* anflehen, *zu den Göttern* beten
surgere, surgō, surrēxī, surrēctum	sich erheben, aufstehen
taberna, -ae	Gastwirtschaft
tantī *(Gen. pretii)* esse	so viel wert sein
tegere, tegō, tēxī, tēctum	bedecken
tellūs, -ūris *f*	Erde
tener, -a, -um	zart, fein, weich
tenuis, -e	dünn, fein, zart
thēsaurus, -ī	Schatz
tingere, tingō, tīnxī, tīnctum	färben
titulus, -ī	Inschrift, Titel, Ehrenname
tormentum, -ī	Folter, Marter
ūllus, -a, -um	irgendein, -e
umerus, -ī	Schulter
umquam	jemals
ūnā cum	zusammen mit
unguentum, -ī	Salbe
ūrere, ūrō, ūssī, ūstum	verbrennen, entflammen; *Pass.* leidenschaftlich entflammt sein
ūtilitās, -ātis *f*	Nutzen
vacuus, -a, -um	leer
valēre, valeō, valuī	vermögen; den Ausschlag geben
vātēs, -is *m/f*	Sänger, Dichter; Wahrsager, Seher
vēlōx, -ōcis	schnell
ventus, -ī	Wind
venus, -eris *f*	Liebe; Schönheit
venustās, -ātis *f*	Anmut, Schönheit
venustus, -a, -um	schön, dem Schönen zugetan, zartbesaitet
vertex, -icis *m*	Scheitel; Kopf
victus, -ūs *m*	Nahrung, Lebensmittel
vidētur	es erscheint richtig
vigilāre	wachen
vīlis, -e	billig, wertlos
vincere, vincō, vīcī, victum	besiegen, übertreffen
vincīre, vinciō, vīnxī, vīnctum	fesseln
virtūte praecēdere, -cēdō, -cessī, -cessum *m. Akk.*	*jmdn.* an Tapferkeit übertreffen
volvere, volvō, volvī, volūtum	drehen, wälzen, rollen; überlegen
vulgus, -ī *n*	Pöbel, Masse

VI. GRUNDWISSEN

Stilmittel: Alliteration gleicher Anlaut aufeinanderfolgender Wörter; **Anapher** Wortwiederholung am Anfang von Satzteilen; **Antithese** Gegenüberstellung gegensätzlicher Begriffe; **Asyndeton** Reihung ohne Konjunktion; **Chiasmus** Überkreuzstellung analoger Satzglieder; **Ellipse** Auslassung; **Hendiadyoín** Ausdruck eines Begriffs durch zwei Synonyme; **Hyperbaton** Trennung zusammengehörender Wörter durch Einschub; **Klimax** Steigerung; **Litotes** Verstärkung durch Verneinung des Gegenteils; **Metapher** bildhafter Vergleich in übertragener Bedeutung; **Oxymoron** Verbindung zweier sich widersprechender Begriffe; **Parallelismus** analoge Anordnung der Satzglieder; **Polysyndeton** Reihung mit Konjunktion

Metrik: quantitierende Dichtung geregelte Folge kurzer und langer Silben; **Länge** Natur- oder Positionslänge; **Hiat**; Elision; **Metren** Jambus, Trochäus, Daktylus und Spondeus; **daktylischer Hexameter** sechs Daktylen, Ersatz des Daktylus durch Spondeus möglich (außer im 5. Metrum), letzte Silbe kurz oder lang; **daktylischer Pentameter** fünf Metren, Mittelzäsur; in der zweiten Vershälfte kein Spondeus; **elegisches Distichon** Hexameter und Pentameter

1. MACHT UND POLITIK

Römische Werte

mores maiorum (die Sitten der Vorfahren): für die Römer Vorbild und moralischer Maßstab in der Zeit der Republik und anfangs der Kaiserzeit; Geltung im privaten und im öffentlichen Leben: z. B. *virtus* (von *vir* abgeleitet) Tapferkeit (im Kampf), Tüchtigkeit, Redlichkeit, Tugend; *fides* Treue, Verlässlichkeit (auch gegenüber Bundesgenossen), *iustitia* Gerechtigkeit; *pietas* Frömmigkeit, Sittlichkeit, innere Verpflichtung (z. B. auch als Patriotismus); **vir vere Romanus:** Idealbild der Vereinigung der *virtutes*

Politik und Gesellschaft

nobiles (die Adligen): politische Führungsschicht, zusammengesetzt aus den **senatores** (Senatoren) und solchen **equites** (Rittern), deren Vorfahren oder die sich selbst den Zugang zu den höchsten Ämtern erkämpft hatten; *homo novus*: verächtlich für einen bis zum Konsul aufgestiegenen Ritter, z. B. M. Tullius Cicero, Konsul 63 v. Chr.; *senatus* (Senat): ursprünglich nur von den alten Adelsfamilien der *patricii* (Patrizier) gestellt, beriet die *magistratus* (Beamten); Einfluss der **plebs** (einfaches Volk) durch die Abstimmung in der Volksversammlung (z. B. bei Wahlen)

Imperium Romanum (Geschichte und Ausdehnung)

frühe Republik (5./4. Jh. v. Chr., Ausdehnung bis in die Poebene und nach Unteritalien, Ständekämpfe zwischen Patriziern und Plebejern), **mittlere Republik** (3./2. Jh. v. Chr., Sieg über Karthago, Vorherrschaft im ganzen Mittelmeergebiet, Gracchen-Reformen), **späte Republik** (1. Jh. v. Chr., Einführung der Berufsarmee durch Marius, 1. und 2. Bürgerkrieg 88–82, 49–46, Ende der Republik durch Caesar; 3. Bürgerkrieg 44–40); *principatus* (Prinzipat): Alleinherrschaft des *princeps* (des führenden Mannes, begründet von Augustus); römischer Wahlspruch: *Tu regere imperio populos, Romane, memento ...* (Vergil, Aeneis VI, 851 ff.)

Pax Romana: die von Rom garantierte Friedensepoche während des *imperium Romanum;* römisches Bürgerrecht für die Reichsbewohner, Steuerpflicht gegenüber

Rom; größte Ausdehnung unter Kaiser Trajan (117 n. Chr., Mittelmeerraum und angrenzende Provinzen im Norden und Osten); Ende des Weströmischen Reichs 476

Bedeutende Politiker

Augustus (63 v. Chr.–14 n. Chr.): „der Erhabene", Ehrentitel des Octavianus; erster römischer Kaiser; Festigung des Staates im Inneren und nach außen durch sinnreiche Vereinigung von Republik und Monarchie; Rückbesinnung auf altrömische Werte, Förderer von Kunst und Literatur; **M. Iunius Brutus:** einer der Caesarmörder; **C. Iulius Caesar:** Politiker und Feldherr; Eroberer Galliens, Sieger im 2. Bürgerkrieg; kurze Alleinherrschaft als *dictator;* ermordet an den Iden des März 44 v. Chr.; **M. Porcius Cato Uticensis:** römischer Senator, Gegner Caesars, nahm sich nach der Niederlage der pompeianischen Truppen gegen Caesar bei Thapsus in Utica, Africa, das Leben. **Marius:** Führer der *populares* (Volkspartei) im 1. Bürgerkrieg; **Sulla**: Marius' Gegner, Führer der *optimates* (Senatspartei), gnadenloser Verfolger der besiegten Gegner; **Gn. Pompeius:** Politiker und Feldherr, zunächst Freund und Schwiegersohn, später erbitterter Gegenspieler Caesars

Karl der Große (768–814) – Wiederaufnahme der Reichsidee

Ziel der Eroberungspolitik: Förderung der abendländischen Einheit durch Ausdehnung des Frankenreichs auf alle germanischen Stämme in Europa mithilfe der Christianisierung; Sicherung der Grenzen nach außen; an Weihnachten im Jahr 800 Krönung Karls zum Kaiser des geeinten christlichen Reichs durch Papst Leo III.; **„Karolingische Renaissance":** nach dem Vorbild des Kaisers Augustus Reform in Verwaltung und Rechtswesen, Familienpolitik; tiefgreifende Umgestaltung der kirchlichen Verhältnisse, mithilfe der Klöster Förderung des Schulwesens, der lateinischen und deutschen Sprache;

Auflösung des Reiches aufgrund der Erbfolge bereits 843; Teilung in germanisches und romanisches Sprachgebiet

Literatur

Commentarius:

Bericht; insbesondere Tätigkeitsbericht eines Feldherrn oder hohen Beamten vor dem Senat; von **Caesar** wegen des Anscheins der Objektivität genutzt und in den *Commentarii de bello Gallico* zur literarischen Form entwickelt; Rechenschaftsbericht Caesars über seine Kriegsführung gegen die Gallier, sieben Bücher über die Jahre 58–52 v. Chr.; im 6. Buch Exkurs über Leben und Sitten der Gallier und Germanen; das achte Buch verfasste Hirtius, sein Nachfolger als Feldherr

Biographie:

Nepos (1. Jh. v. Chr.): *De viris illustribus* (bedeutende Römer und Nichtrömer); **Sueton** (1./2. Jh. n. Chr.): *De vita Caesarum* (nach griechischem Vorbild festgelegte Aneinanderreihung von Daten und Ereignissen); **Tacitus** (1. Jh. n. Chr.): s. Geschichtsschreibung; **Einhard** (8./9. Jh.): Berater Karls d. Großen, Leiter der Hofschule, Verfasser der Biographie *De vita Karoli Magni*

Münzen

erste römische Silbermünze zu Beginn des 3. Jh.s v. Chr.; Motive der Münzen meist auch Mittel politischer Propaganda, zur Zeit der Republik Prägungen im Auftrag der großen Familien

Berühmte Museen der griechischen und römischen Antike

Berlin: Pergamonmuseum; London: British Museum; München: Staatliche Antikensammlung – griechische Meistervasen, griechische und römische Kleinkunst; Glyptothek – griechische und römische Skulpturen; Paris: Louvre; Rom: Kapitolinische Museen, Vatikanische Museen

2. ROM UND EUROPA

Lingua Latina
der in der Provinz Latium gesprochene Dialekt, der sich als Sprache im Römischen Reich durchsetzte. Aus der *lingua Latina* haben sich die romanischen Sprachen Italienisch, Französisch, Spanisch, Portugiesisch und Rumänisch entwickelt.

Die römischen Provinzen
alle eroberten, unter römischer Herrschaft stehenden Gebiete außerhalb des heutigen Italiens; Verwaltung der Provinzen durch Statthalter (Prokonsuln oder Proprätoren); wichtige Provinzen: *Gallia, Germania Superior* mit der Hauptstadt *Mogontiacum* (Mainz) und *Germania Inferior* mit der Hauptstadt *Colonia Agrippina* (Köln), *Raetia* mit der Hauptstadt *Augusta Vindelicorum* (Augsburg) und *Noricum*.
Grenzsicherung in Germanien durch den obergermanisch-rätischen Limes, einen etwa 550 Kilometer langen, offenen Grenzwall, der unterschiedlich ausgebaut war. Im Jahr 2005 wurde der Limes zum Weltkulturerbe der UNESCO erklärt.

Rom und das Christentum
systematische Verfolgung von Christen v. a. unter den Kaisern Decius und Diokletian bis ins Jahr 312 (Schlacht an der Milvischen Brücke); Kaiser Konstantin wurde Fürsprecher des Christentums (Toleranzedikt von Mailand 313 n. Chr.);
Kaiser Theodosius erklärt im Dreikaiseredikt vom 28. Februar 380 das Christentum zur Staatsreligion im Römischen Reich.
Verteidiger des Christentums nennt man **Apologeten**.
Hieronymus (347–429): verfasste einen Standardtext der Bibel, *Vulgata* genannt, in lateinischer Sprache und vereinheitlichte damit die vielen unterschiedlichen Übersetzungen

Vagantenlyrik
weltliche, v. a. lateinische Lyrik des Mittelalters (12. und 13. Jh.), dargeboten von in ganz Europa umherziehenden Dichtern, meist angehenden, manchmal auch dem Klosterleben entflohenen Studenten, die gegen Bezahlung ihre Kunst darboten

Rezeption der lateinischen Literatur
Humanismus: Wiedergeburt der griechischen und römischen Antike durch die Humanisten im 14.–16. Jh.
Klassizismus: Mitte 18.–Mitte 19. Jh. in Bayern unter König Ludwig I.

3. LIEBE – LASTER – LEIDENSCHAFT

C. Valerius Catullus (87/84 in Verona–54 v. Chr. in Rom)
Dichter der ausgehenden Republik, Verfasser einer aus 116 *Carmina* bestehenden Gedichtsammlung; besondere Bedeutung haben die Lesbia- und *passer*-Gedichte sowie die Spottepigramme erlangt. Catull ist scharfer Kritiker Caesars und Pompeius' sowie ihrer Günstlinge, besonders des Gefolgsmanns Mamurra. Catull dichtet im Kreis der Neoteriker („die Neueren"), sie führen als *poetae docti* das künstlerisch ausgefeilte *Epyllium* (Kleinepos) in Rom ein; Vorbilder für Catulls Dichtung: Sappho, Alkaios und Kallimachos

P. Ovidius Naso (43 v. Chr. in Sulmo–17 n. Chr. in Tomi im Exil)
Dichter der beginnenden Kaiserzeit; ab 8 n. Chr. abgemilderte Form der Verbannung *(relegatio)* nach Tomi ans Schwarze Meer auf Befehl Kaiser Augustus' (Grund: *carmen et error* – *carmen* wohl die *Ars amatoria*, *error* vermutlich Ereignisse um die Kaiserenkelin Julia); **Werk:** elegische Liebesgedichte *Amores*, *Epistulae Heroidum* (Briefe von Frauen aus der Sagenwelt an ihre Männer), das mythologische Großepos der *Metamorphosen*, *Ars amatoria* sowie die *Remedia amoris,* die Dichtungen aus der Verbannung: *Tristia* (Trauerlieder) und *Epistulae ex Ponto;* die *Ars amatoria* ist eine Parodie auf das antike, ernsthafte Lehrgedicht, ein Lehrwerk Ovids als *praeceptor amoris* in drei Büchern mit verschiedenen Lektionen für Liebende und lieben Wollende.

M. Valerius Martialis (40–104 n. Chr. in Bilbilis/Nordspanien)
Erfolg des Dichters unter den flavischen Kaisern Titus und Domitian durch die Epigramme des *Liber spectaculorum* zur Einweihung des Kolosseums im Jahr 80 n. Chr.: übertriebene Lobeshymnen auf das Kaiserhaus; Domitian begünstigte seinen Klienten Martial; unter der Regierung Nervas und Trajans, die sich die schmeichlerischen Lobpreisungen verbaten, verblasste Martials Bedeutung als Dichter; **Werk:** *Epigrammaton Libri XII* (1557 Epigramme in 15 Büchern, neben dem *Liber spectaculorum* zwölf Bücher spottreicher Epigramme mit unterschiedlichen Themen: Stolz und Kritik des Dichters, lasterhafte Zeitgenossinnen und -genossen, künstliche Schönheit, verzerrte Berufsbilder; Vorbild: Catull; Buch XIII: *Xenia* (Begleitaufschriften zu Geschenken, v. a. Nahrungsmitteln) und Buch XIV: *Apophoreta* (Begleitaufschriften zu Geschenken, v. a. Gebrauchsgegenständen). **Rezeption:** J. W. v. Goethe und Fr. v. Schiller (Xenien); später W. Busch, Chr. Morgenstern und B. Brecht

Musen (Camenae)
Töchter von Zeus und Mnemosyne, der Göttin der Erinnerung; gehören dem Gefolge Apollos an und verweilen auf den Bergen Helikon bzw. Parnass; aus den dort entspringenden Flussquellen schöpfen die Künstler Inspiration und Talent

Proömium (Prologus, Vorwort)
In der Antike wurden im Proömium zu einem literarischen Werk häufig die Musen oder Götter um Beistand und Geleit angefleht.

Elegie
Liebeslieder in oft klagendem Ton, z. B. zum Ausdruck unerfüllter Liebe; die oder der Geliebte werden unter Pseudonym eingeführt; Versmaß: elegisches Distichon; zentrale Themen: Liebe ist ein Dauerzustand *(foedus aeternum)*, Liebe bedeutet Sklavendienst gegenüber der Geliebten *(servitium amoris)*, Liebesdienst gleicht Kriegsdienst *(militia amoris)*; Vertreter in Rom: Ovid *(Amores)*, Properz, Tibull und Sulpicia; **Rezeption:** J. W. v. Goethe: Römische Elegien (1795)

Epigramm
ursprünglich kurze Inschrift auf Weihgeschenken, Gräbern, Denkmälern; später kurze Gedichte satirischen Inhalts; meist im Versmaß des elegischen Distichons; Gestaltungsprinzip: Aufbau einer Erwartung im Hexameter, Aufschluss oft mit überraschender Pointe im Pentameter; Vertreter in Rom: Catull, Martial

VII. LITERATURVERZEICHNIS

Texte

Apostelgeschichte	Novum Testamentum Latine, hrsg. von B. u. K. Aland, Deutsche Bibelgesellschaft, Stuttgart, 1992
Archipoeta	Die Gedichte des Archipoeta, ed. H. Watenphul, H. Krefeld, Winter, Heidelberg, 1958
Augustus	Res gestae divi Augusti, lat./griech./dt., übers. u. hrsg. von E. Weber, Artemis & Winkler, Düsseldorf/Zürich, 2004
Caesar	C. Iulii Caesaris commentarii rerum gestarum, Vol. I, ed. O. Seel, Teubner, Leipzig, 1961
Carmina Burana	Carmina Burana, Die Gedichte des Codex Buranus, lat./dt., übers. von C. Fischer, mittelhochdt. Texte übers. von H. Kuhn, Anm. u. Nachw. G. Bernt, Artemis, München, 1974
Carm. Lat. epigraph.	in: Anthologia Latina II, hrsg. von F. Bücheler, Teubner, Stuttgart, 1982
Catull	C. Valerius Catullus, hrsg. u. erkl. von W. Kroll, B. G. Teubner, Stuttgart, 1968^5
	C. Valerius Catullus, Gedichte, ed. W. Eisenhut, Artemis, München, 1993^{10}
	C. Valerius Catullus, Sämtliche Gedichte, lat./dt., übers. u. hrsg. von M. v. Albrecht, Philipp Reclam jun., Stuttgart, 1995
Cicero	Cicero, De natura deorum, post O. Plasberg ed. W. Ax, B. G. Teubner, Stuttgart, 1961
	M. Tulli Ciceronis De officiis libri tres, lat./dt., eingel. u. neu übers. von K. Büchner, Artemis, Zürich/Stuttgart, 1964^2
	M. Tullius Cicero, fasc. 39, De re publica, hrsg. von K. Ziegler, Teubner, Leipzig, 1969
	M. Tulli Ciceronis De re publica libri, lat./dt., eingel. u. neu übers. von K. Büchner, Artemis, Zürich/München, 1973^3
	M. Tullius Cicero, Epistulae ad Atticum, lat./dt., hrsg. von H. Kasten, Artemis & Winkler, München, 1998
	Ciceronis orationes, Vol. III (In Verrem), ed. G. Peterson, Clarendon, Oxford, 1965
	M. Tulli Ciceronis pro M. Caelio oratio, ed. R. G. Austin, Clarendon Paperbacks, Oxford, 1988
Einhard	Vita Karoli Magni, lat./dt., Reclam, Stuttgart, 2008
Ennius	Ennius, Quintus, Annales, Clarendon, Oxford, 1985
Eugipp	Das Leben des heiligen Severin, lat./dt., Einf., Übers. u. Erl. von R. Noll, Akademie-Verlag, Berlin, 1963
	Eugippius, Vita sancti Severini, hrsg. von P. Becker, 1955^2
Inschriften	Corpus Signorum Imperii Romani, M. Mattern, Mainz, 2005
Laktanz	Lucius Caecilius Firmianus Lactantius, De mortibus persecutorum, lat./dt., hrsg. u. bearb. von A. Städele, Brepols, Turnhout, 2003
Märtyrerakten	Acta Martyrum, Th. Ruinart, Manz, Ratisbonae, 1859
Martial	M. Valerii Martialis Epigrammaton libri, ed. W. M. Lindsay, Oxford, 1929^2

Minucius Felix	M. Minucius Felix, Octavius, lat./dt., hrsg. u. übers. von B. Kytzler, Reclam, Stuttgart, 1967
Nepos	Cornelius Nepos, De viris illustribus, ed. P. K. Marshall, Teubner, Stuttgart, 1991
Ovid	P. Ovidius Naso, Liebeskunst, lat./dt., übers. u. hrsg. von N. Holzberg, Artemis, München/Zürich, 1985
	P. Ovidius Naso, Liebesgedichte – Amores, lat./dt., übers. u. hrsg. von W. Marg, R. Harder, Artemis, München/Zürich, 1984[6]
	P. Ovidius Naso, Tristia, hrsg. von J. B. Hall, Teubner, Stuttgart, 1995
	P. Ovidius Naso, Metamorphosen, übers. u. hrsg. von E. Rösch, Artemis, München/Zürich, 1990[12]
Petrarca	Petrarca, Francesco, Epistolae familiares XXIV, lat./dt., hrsg. u. bearb. von F. Neumann, Dieterich, Mainz, 1999
Quintilian	Quintilianus, Marcus Fabius, Institutio oratoria, lat./dt., Reclam, Stuttgart, 1985
Sallust	C. Sallustius Crispus, Catilina – Iugurtha – Fragmenta ampliora, ed. A. Kurfess, Teubner, Leipzig, 1976
	C. Sallustius Crispus, Werke und Schriften, lat./dt., hrsg. u. übers. von W. Schöne unter Mitw. von W. Eisenhut, Heimeran, München, 1975[5]
Seneca	L. Annaeus Seneca, Ad Lucilium epistularum moralium quae supersunt (et) Supplementum Quirinianum, ed. O. Hense, Teubner, Leipzig, 1914–1921
Vergil	Aeneis, lat./dt., übers. u. hrsg. von J. Götte, Artemis, München/Zürich, 1983[6]
Sueton	C. Suetoni Tranquilli De vita Caesarum libri VIII, hrsg. von M. Ihm, Teubner, Stuttgart, 1993
Sulpicia	Sulpiciae Elegidia, Tibulli Lib. III. XIII = IV. VII, in: Tibulli aliorumque carmina libri tres, hrsg. von J. P. Postgate, Clarendon, Oxford, 1959[2]
Tertullian	Apologeticum, lat./dt., hrsg. von C. Becker, München, 1991[2]

Weiterführende Literatur

Albrecht, Michael v., Geschichte der römischen Literaturen, Bd. 1/2, dtv, München, 2003[3]
ders., Römische Poesie, Lothar Stiehm Verlag, Heidelberg, 1977
André, Jean-Marie, Griechische Feste – römische Spiele: Die Freizeitkultur der Antike, Reclam, Leipzig, 2002
Bölling, Rainer, Lateinische Abiturarbeiten am altsprachlichen Gymnasium von 1840–1990, in: Pegasus-Online IX/2, 2009
Büchner, Karl, Römertum, Versuch einer Wesensbestimmung, Reclam, Stuttgart, 1980
ders., Römische Literaturgeschichte, Kröner, Stuttgart, 1962
Burck, Erich, Drei Grundwerte der römischen Lebensordnung (labor, moderatio, pietas), in: Oppermann, Hans (Hrsg.), Römertum, Ausgewählte Aufsätze und Arbeiten aus den Jahren 1921 bis 1961 (WdF 18), WB, Darmstadt, 1976, S. 35–65
Campion, Thomas, A Booke of Ayres I, Campion's Works, ed. V. Percival, Clarendon Press, Oxford, 1909[6]
Capellanus, Georg, Sprechen Sie Lateinisch?, Ferd. Dümmlers, Bonn, 1970

Carcopino, Jerôme, Rom: Leben und Kultur in der Kaiserzeit, Philipp Reclam jun., Stuttgart, 1992[4]
Eck, Werner, Augustus und seine Zeit, C. H. Beck – Wissen, München, 1998
Fontane, Theodor, Die Brück' am Tay, in: Theodor Fontane, Werke in fünf Bänden, Bd. 3, Nymphenburger Verlagshandlung, München, 1974, S. 641
Gebhardt, Handbuch der deutschen Geschichte, Bd. 2: Heinz Löwe, Deutschland im fränkischen Reich, dtv, München, 1981[6]
Holzberg, Niklas, Catull – der Dichter und sein erotisches Werk, WB, Darmstadt, 2002[2]
ders., Martial und das antike Epigramm, WB, Darmstadt, 2002
ders., Ovid: Dichter und Werk, C. H. Beck, München, 1997
Janka, Markus, Römerwerte und Musterrömer heute: Neues zur prisca virtus Romana, Vortrag im Rahmen des 4. Lateintages an der Universität Potsdam am 26.09.08; handout: klassphil.philfak.uni-potsdam.de/denkwerk/2008/Janka.Musterroemer.HO.pdf (15.02.2011)
Jesse, Dominik, Das Opferedikt des Kaisers Decius und die Verfolgung der christlichen Kirche, Seminararbeit Universität Potsdam, GRIN Verlag, München, 2007
Kämper, Dietrich, Fortunae Rota volvitur. Das Symbol des Schicksalsrades in der spätmittelalterlichen Musik, in: Miscellanea Mediaevalia, Bd. 8, Der Begriff der Repraesentatio im Mittelalter, hrsg. von Albert Zimmermann, de Gruyter, Berlin/New York, 1971
Klopstock, Friedrich Gottlieb, Klopstocks Epigramme, gesammelt u. erl. von C.F.R. Vetterlein, Lehnhold, Leipzig, 1830, in: www.bsb-muenchen-digital.de (15.02.2011)
Kolb, Peter, Die Römer bei uns, Juniorkatalog und Sachbuch zur Landesausstellung 2000 in Rosenheim, MPZ München, 2000
König, Ingemar, Vita Romana, WB, Darmstadt, 2004
Krefeld, Heinrich, Res Romanae, Ausgabe 2008, Cornelsen, Berlin, 2008
Kroh, Paul (Hrsg.), Lexikon der antiken Autoren, Kröner, Stuttgart, 1972
ders. (Hrsg.), Wörterbuch der Antike, Kröner, Stuttgart, 1966[7]
Kussl, Rolf (Hrsg.), Lateinische Lektüre in der Mittelstufe (Dialog Schule – Wissenschaft, Klassische Sprachen und Literaturen, Band 42), Kartoffeldruck-Verlag, Speyer, 2008
Martin, Jochen, Das alte Rom, Geschichte und Kultur des Imperium Romanum, Bertelsmann, München, 1994
Meier, Christian, Caesar, dtv, München, 1986
Meijer, Fik, Kaiser sterben nicht im Bett. Die etwas andere Geschichte der römischen Kaiserzeit, Primus, Darmstadt, 2003
Mommsen, Theodor, Römische Geschichte, Bd. 6, dtv, München, 1984[3]
Moosburger, Peter, Cäsar, Meister des Manipulierens, in: Die alten Sprachen im Unterricht 2/2008, C. C. Buchner, Bamberg
Oborski, Frank, Macht macht Macht – Europa am Scheideweg, Cäsar, Mussolini und Berlusconi am Rubikon der Republik, in: Forum Classicum 4/2008, C. C. Buchner, Bamberg
Peter, Rudolf, Gerechter Krieg, in: Nohlen, Dieter/Schultze, Rainer-Olaf (Hrsg.): Lexikon der Politikwissenschaft, Theorien, Methoden, Begriffe, Band 1, C. H. Beck, München, 2002, S. 266
Der kleine Plötz, Hauptdaten der Weltgeschichte, Plötz, Freiburg/Würzburg, 1980[33]
Schickel, Joachim (Hrsg.), Sappho – Strophen und Verse, insel taschenbuch 309, Frankfurt a. M./Leipzig, 1978
Schmalzriedt, Egidius (Hrsg.), Hauptwerke der antiken Literaturen, Kindler, München, 1976

Shakespeare, William, Julius Caesar, engl./dt., Reclam, Stuttgart, 1986
Staatsinstitut für Schulqualität und Bildungsforschung München (Hrsg.), Lateinische Lektüre in den Jgst. 9 und 10, Handreichung, C. C. Buchner, Bamberg, 2008
Stauffer, Ethelbert, Clementia Caesaris, in: Schrift und Bekenntnis, Zeugnisse lutherischer Theologie, Furche, Hamburg/Berlin, 1950, S. 174–184
Stroh, Wilfried, Latein ist tot, es lebe Latein! Kleine Geschichte einer großen Sprache, List, Berlin, 2007
Tripp, Edward, Reclams Lexikon der antiken Mythologie, Philipp Reclam jun., Stuttgart, 1974
Wamser, Ludwig, Die Römer zwischen Alpen und Nordmeer, Zivilisatorisches Erbe einer europäischen Militärmacht, Katalog-Handbuch zur Landesausstellung des Freistaates Bayern, Rosenheim, 2000
Weeber, Karl-Wilhelm, Alltag im Alten Rom. Ein Lexikon, Artemis & Winkler, Düsseldorf/Zürich, 2000[5]
Wilder, Thornton, Die Iden des März, Fischer TB, Frankfurt a. M., 1985[40Tsd.]
Wolters Reinhard, Die Schlacht im Teutoburger Wald, Arminius, Varus und das römische Germanien, C. H. Beck, München, 2008

VIII. NAMEN- UND SACHVERZEICHNIS

Aeneas trojanischer Held, Sohn der Venus und des Sterblichen Anchises, irrt nach seiner Flucht aus dem brennenden Troja viele Jahre über die Meere, gründet schließlich in Latium die Stadt Lavinium, wird zum Stammvater des röm. Volkes; S. 10, 49f., 140, 176f.
Aeskulap griech. Gott der Heilkunst; S. 110f.
Africa röm. Provinz, die nach den Punischen Kriegen eingerichtet wurde, umfasste u. a. das heutige Tunesien mit der Hauptstadt Karthago; S. 42, 77, 113
Alesia Hauptstadt der Mandubier in der Nähe des heutigen Dijon, 52 v. Chr. Entscheidungsschlacht zwischen Caesar und den Galliern; S. 17, 43, 48
Ambiorix König der Eburonen; S. 17, 41
Apollo Gott der Dichtkunst, Musik, Weissagung und Heilkunst, Urbild der Schönheit; Sohn Jupiters und Latonas, Zwillingsbruder Dianas; S. 36f., 110f., 148, 182, 196
Arar (Akk. **Ararim**) heute Saône, Fluss in der Nähe von Lyon; S. 21
Ariovist Fürst der Sueben; S. 23, 25f., 31, 79
Arverner keltischer Stamm aus der heutigen Auvergne in Zentralfrankreich; S. 25, 43f.
Asia Provinz des Röm. Reiches (seit 133 v. Chr.), in der heutigen Türkei; S. 42, 104
Attila Hunnenkönig, gest. 453 n. Chr.; S. 89
Atuatuker germanischer Volksstamm aus dem Gebiet zwischen Maas und Schelde; S. 18, 20, 27f., 30, 51
Awaren anderer Name für Hunnen; S. 61, 65
Batavis antiker Name des heutigen Passau; S. 90
Belenus keltische Gottheit ~ Apollo; S. 37
Belger Bezeichnung Caesars für die gallischen Stämme nördlich von Marne und Seine; S. 17, 19, 27
Benefiziarier vom röm. Statthalter abkommandierter Offizier oder Sekretär, der sich um die Straßen und den Handelsverkehr in der Provinz kümmerte; S. 83
Brutus, Marcus Iunius (85–42 v. Chr.), röm. Senator, einer der Caesarmörder; S. 15, 57, 60
Caelius, Marcus Rufus, (84–48 v. Chr.), röm. Politiker, ehemaliger Geliebter Clodias, von Cicero verteidigt gegen Vorwürfe des Umtriebs, Diebstahls und Erwerbs und versuchten Einsatzes von Gift gegen Clodia; S. 149, 161, 164

Caesar, Gaius Iulius (100–44 v. Chr.), Triumvir im Jahre 60 v. Chr.; Sieger über Gallien, ab 45 v. Chr. mächtigster Mann in Rom, erstrebte das Amt des Diktators auf Lebenszeit, Ermordung durch verfassungstreue Senatoren an den Iden des März 44 v. Chr.; S. 11, 14 ff., 74, 79, 134, 140 f., 155, 202 ff.
Camenae urspr. Nymphen oder Quellgottheiten, später den Musen gleichgesetzt; S. 148, 170
Capitolinus Beiname des Jupiter, sein Tempel stand auf dem Kapitol; S. 110
Cassius, Lucius Longinus Ravilla Konsul 107 v. Chr.; S. 21
Castor und Pollux (Castores) röm. Name der beiden Dioskuren, Zwillinge der Leda und des spartanischen Königs Tyndareos; S. 46, 110
Cato, Marcus Porcius Uticensis (95–46 v. Chr.), röm. Senator, Stoiker, Gegner Caesars, nahm sich nach der Niederlage der pompeianischen Truppen gegen Caesar bei Thapsus in Utica/Africa das Leben; S. 17, 55 f., 58
Catullus, C. Valerius (87/84–54 v. Chr.), röm. Dichter, gehörte dem Kreis der Neoteriker an; S. 141 ff., 186, 201 ff.
Cicero, Marcus Tullius (106–43 v. Chr.), röm. Politiker, Anwalt, Schriftsteller, Philosoph und berühmtester Redner Roms, Konsul des Jahres 63 v. Chr.; S. 10 f., 16, 48, 52, 55, 74, 77 f., 82, 109, 141, 143, 146, 149, 162, 164
Circus Maximus, Arena für Wagenrennen; S. 176, 179, 181
Clodia (um 94–56 v. Chr.?), eventuell die Geliebte des Dichters Catull, in dessen Dichtung unter dem Pseudonym Lesbia angebetet, berüchtigt wegen ihres ausschweifenden Lebenswandels (Cic., *Pro Caelio*); S. 141, 149, 155 f., 162 ff.
Crassus, Marcus Licinius Dives (115–53 v. Chr.), Senator, Triumvir neben Caesar und Pompeius 60 v. Chr., machte unter Sulla ein Vermögen durch die Proskriptionen; S. 16 f., 50
Crassus, Publius Licinius (gest. 53 v. Chr.), jüngerer Sohn des M. Licinius Crassus Dives; S. 29
Critognatus Fürst der Arverner; S. 43, 48
Cytherea Venus soll in der Nähe der Insel Cythera südlich des Peloponnes dem Meer entstiegen sein; S. 170
Daker Volk im Schwarzmeergebiet; S. 42
Damascus Stadt in Syrien; S. 98 f.
Decius röm. Kaiser von 249–251 n. Chr.; S. 101, 104 f.
Eburonen keltischer Volksstamm; S. 17, 41
Einhard (um 770–840), verfasste die *Vita Karoli Magni*, eine Biographie Karls des Großen; S. 61 f., 64 f., 68 f., 70 f.
Ennius, Quintus (239–169 v. Chr.), „Vater" der röm. Poesie, übertrug griech. Originale ins Lateinische, verfasste das historische Epos *Annales*; S. 10
Ephesia Beiname der Diana, deren Tempel in Ephesus stand; S. 110
Esus keltische Gottheit ~ Mars; S. 37
Feretrius Beiname des Jupiter; S. 110
Franken germanischer Großstamm, entstanden im 3. Jh. n. Chr.; S. 61, 63, 65 ff., 69, 72
Gaetuler nordafrikanisches Volk; S. 113
Gallia Cisalpina Provinz des Röm. Reiches im heutigen Norditalien von 203–41 v. Chr.; S. 17, 58, 79
Gallia Comata das transalpinische Gallien, dessen Bewohner langes Haar trugen; S. 203
Gallia Narbonensis röm. Provinz im heutigen südl. Frankreich (Provence), benannt nach ihrer Hauptstadt Narbo, von Caesar im Jahr 58 v. Chr. als Statthalter verwaltet; S. 17, 19, 23, 79, 105
Gibuldus König der Alemannen, um 470 n. Chr.; S. 91
Häduer größter keltischer Stamm in Gallien, offiziell mit den Römern verbündet; S. 21, 23, 25, 44
Hammon Beinamen des Jupiter, gleichgesetzt mit dem ägyptischen Gott Amon; S. 110
Harun al Rashid Kalif der Abbasiden (Persien) von 786–809; S. 67
Helvetier keltischer Volksstamm in der Gegend der heutigen Schweiz; S. 17 ff., 21 ff., 51
Hercules Sohn des Zeus und der Alkmene; S. 110
Hercynischer Wald antiker keltischer Name für deutsche Mittelgebirgswälder, bei Caesar die Grenze zwischen Germanen und Kelten; S. 40
Hilarianus Statthalter der Provinz Africa; S. 102
Hunnen zentralasiatische Reitervölker, die ab dem 4. Jh. n. Chr. in Europa einfielen und die Völkerwanderung auslösten; S. 61, 65 f., 89
Idalium Heiligtum der Venus auf der Insel Zypern; S. 182

Illyricum röm. Provinz im heutigen Kroatien an der Adriaküste, eine der drei Provinzen, die Caesar als Statthalter bekam; S. 17, 29

Iuppiter, Gen. *Iovis (Zeus)* Sohn der altlatin. Gottheiten Saturn und Rhea, höchster Gott der Römer; S. 36 f., 81, 110 f., 140, 146, 148, 158

Karl der Große (765–814), vereinte und beherrschte als Frankenkönig weite Teile Mitteleuropas, im Jahr 800 in Rom vom Papst zum Kaiser gekrönt; S. 61 ff., 118

Karnuten keltischer Volksstamm zwischen Loire und Seine; S. 29

Karthago Hauptstadt der gleichnamigen See- und Handelsmacht, deren Einwohner von den Römern als Punier bezeichnet wurden, 146 v. Chr. von den Römern zerstört; S. 11 f., 77, 103, 107

Kimbern germanischer Volksstamm aus dem nördlichen Jütland, unternahm mit Teutonen und Ambronen ab 120 v. Chr. einen Beutefeldzug nach Südmitteleuropa; S. 20, 23, 27, 43

Kleopatra VII. Philopator (69–39 v. Chr.), letzte Königin des ägyptischen Ptolemäerreiches, Geliebte C. Iulius Caesars und Marcus Antonius'; S. 14, 60

Konstantin röm. Kaiser von 306–337 n. Chr., unter seiner Herrschaft wurde das Christentum zur wichtigsten Religion im Reich; S. 75, 112 ff., 116 f.

Langobarden germanischer Stamm, der im Zuge der Völkerwanderung nach Norditalien kam; S. 61, 63

Latiaris Beiname des Jupiter, Schutzgott der Latiner; S. 110

Lemoviker keltischer Stamm aus der Gegend um Limoges in Zentralfrankreich; S. 44

Lepidus, Marcus Aemilius (um 90–12. v. Chr.), Feldherr unter Caesar, nach dessen Ermordung Mitglied des Triumvirats zur Wiederherstellung der Republik mit Marcus Antonius und Octavian; S. 60

Lesbia *(Mädchen aus Lesbos)* Pseudonym für die Geliebte Clodia in Catulls Gedichten; S. 145, 149 f., 152 ff., 165, 170, 201 f.

Liberalien Fest des Bacchus (mit Liber, dem altlatinischen Gott der Befruchtung, gleichgesetzt), es wurde am 17. März gefeiert; S. 107 f.

Lucanus, Marcus Annaeus (39–65 n. Chr.), röm. Dichter, verfasste das Epos *Pharsalia* über den röm. Bürgerkrieg; S. 58, 187

Marius, Gaius (156–86 v. Chr.), röm. Feldherr und siebenmaliger Konsul, Gegner Sullas und Führer der Popularen; S. 16

Mars (Ares) Gott des Krieges, in der Gründungssage Roms Vater der Zwillinge Romulus und Remus; Namenspatron des ursprünglich ersten Monats Martius (März) im Jahr und des Martis dies (martedí it.); S. 13, 36 f., 134, 140, 142, 178

Martialis, M. Valerius (38/41–102/103 n. Chr.), geb. in Bilbilis (Spanien), röm. Epigrammatiker; S. 127, 141, 166 f., 186 ff.

Massica *erg. vina* Massikerweine; aus dem Gebiet um den Berg Massicus an der Grenze zwischen Latium und Kampanien; S. 193

Mauren nordafrikanisches Volk; S. 61, 113

Maxentius (reg. 306–312) Kaiser der Tetrarchie; S. 112 ff., 116

Maximilian I. (1573–1651), 1597 Herzog von Bayern und ab 1623 Kurfürst des Heiligen Römischen Reiches; S. 131 ff.

Maximinianus (ca. 240–310), Vater des Maxentius; S. 113

Mercurius röm. Gott der Diebe, des Handels und der Reisenden; S. 36 f., 110

Musae (Camenae) Töchter des Zeus und der Mnemosyne, Göttinnen der Schönen Künste, inspirieren Dichter und Künstler; S. 146 ff., 199

Nepos, Cornelius (ca. 100–24 v. Chr.), röm. Historiker und Biograph, Freund des Dichters Catull; S. 62, 145 ff.

Nervier belgischer Volksstamm im Gebiet zwischen Maas und Schelde; S. 17, 27

Odoaker Germanenfürst, der den letzten röm. Kaiser stürzte (476 n. Chr.); S. 15, 75

Orcus Gott der Unterwelt; S. 165

Ovidius, P. Naso (43 v.–17 n. Chr.), röm. Dichter; S. 141, 145, 169 ff.

Pannonien Gebiet zwischen der Oststeiermark, dem Wiener Becken, dem Südwesten Ungarns und Serbiens, bestand aus Pannonia inferior und Pannonia superior; S. 65, 89

Penelope *(Akk. -en)* Gattin des Odysseus, wartete 20 Jahre treu auf dessen Rückkehr aus dem Trojanischen Krieg; S. 180

Pergama die Burg von Troja; S. 180

Pharsalos Ort der Schlacht zwischen Caesarianern und Pompeianern während des röm. Bürgerkriegs (48 v. Chr.); S. 14, 17
Phoebus Beiname des Apollo, „der Leuchtende"; S. 182, 196, 199
Pieria Landschaft in Makedonien, ein Sitz der Musen; S. 199
Plutarch griech. Philosoph und Biograph des 1./2. Jh.s n. Chr.; S. 51
Pompeius, Gnaeus Magnus (106–48 v. Chr.), röm. Politiker und Feldherr, Konsul der Jahre 70 und 52 v. Chr., zunächst Freund und Schwiegersohn, später erbitterter Gegenspieler Gaius Iulius Caesars; S. 14 f., 17, 52, 58, 144, 203 f.
Pons Mulvius die Milvische Brücke, Tiberbrücke in der Nähe von Rom; S. 113, 115 f.
Pulcher, Publius Clodius (um 92–52 v. Chr.), röm. Politiker, gehörte zur Partei der Populoren, berüchtigter Volkstribun, Erzfeind Ciceros, Bruder der Clodia; S. 149
Quintilianus, Marcus Fabius (35–100 n. Chr.), Rhetoriklehrer, verfasste ein grundlegendes Gesamtwerk zur Redeerziehung; S. 11, 47, 187
Raeten germanisches Volk im südlichen Deutschland, etwa südliches Württemberg; S. 42
Regulus, Marcus Atilius Konsul 267 v. Chr., 256 v. Chr. erneut Konsul, Feldherr während des Ersten Punischen Krieges (264–241 v. Chr.); S. 11 f.
Rubikon kleiner Grenzfluss zwischen der Provinz Gallia Cisalpina und Italien; S. 15, 17, 58
Sachsen westgermanischer Volksstamm, der sich im 3. Jh. n. Chr. bildete und von Karl dem Großen unterworfen wurde; S. 63 f.
Sallust, Gaius Crispus (86–34 v. Chr.), verfasste *De coniuratione Catilinae*; S. 14, 52, 55 f.
Santonen keltischer Volksstamm nördlich von Bordeaux; S. 21
Sappho (um 600 v. Chr.), griech. Lyrikerin, unterhielt eine musische Schule für Mädchen auf der Insel Lesbos; S. 141 ff., 145, 149 ff.
Sarmaten nomadisches Steppenvolk im heutigen südlichen Russland; S. 42
Saturnalien altröm. Fest um den 17. Dezember zu Ehren des Gottes Saturn; S. 107 f., 187
Sequaner keltischer Volksstamm im heutigen Elsass; S. 21, 23, 26
Severus röm. Kaiser der Tetrarchie, ab 306 n. Chr.; S. 113
Sizilien zu Italien gehörige Mittelmeerinsel, erste röm. Provinz (seit 241 v. Chr.); S. 77 f.
Sueben germanische Stammesgruppe; S. 23, 31 ff., 35, 41
Suetonius, Gaius Tranquillus (ca. 70 v. Chr.–140 n. Chr.), Biograph röm. Kaiser; S. 14, 46, 51 ff., 57, 62, 144
Sugambrer westgermanischer Stamm vom Niederrhein; S. 31 f.
Tacitus, Publius Cornelius (ca. 55–ca. 120 n. Chr.), röm. Schriftsteller, verfasste die *Annales*, die *Germania* und die Biographie *Agricola*; S. 42, 62, 80, 97, 105
Taranis keltische Gottheit ~ Jupiter; S. 37
Tenkterer germanischer Stamm vom Niederrhein; S. 17, 31 f.
Teutates keltische Gottheit ~ Merkur; S. 37
Teutonen germanischer Stamm aus Jütland, unternahm mit den Kimbern und Ambronen einen Feldzug nach Italien (ab 120 v. Chr.); S. 20, 23, 27, 43
Thais (Akk. ***Thaida***) Name einer Hetäre aus Athen, zunächst im Gefolge Alexander d. Gr., dann Gattin des Königs Ptolemäus I. von Ägypten; S. 195 f.
Trivia Beiname der Göttin Diana; S. 110
Troja (Ilion) mächtige phrygische Stadt an der Westküste der heutigen Türkei; S. 140, 180
Ubier germanischer Stamm, Verbündete Caesars; S. 31 f.
Usipeter germanischer Stamm vom Niederrhein; S. 17, 31 f.
Venus (Aphrodite) urspr. Göttin der Gartenfruchtbarkeit, später der Liebe und Schönheit, Gattin von Vulcanus, Tochter von Zeus und Dione (nach Homer) oder aus Meerschaum entstanden (nach Hesiod); S. 22, 124, 140 ff., 163, 165 f., 170, 174, 178 f., 181 f.
Vercingetorix Fürst der Arverner, unterlag Caesar 52 v. Chr. in der Schlacht von Alesia, S. 17, 43 ff.
Vergilius, Publius Maro (70–19 v. Chr.) bedeutender Dichter der Augusteischen Zeit, verfasste die *Aeneis* in Anlehnung an die Odyssee des Homer; S. 10, 49 f., 128, 172

IX. ABKÜRZUNGSVERZEICHNIS

Autoren / Werke

act.	actio	d. Ä.	der Ältere
Ad Att.	Epistulae ad Atticum	d. Gr.	der Große
Am.	Amores	De off.	De officiis
Ars. am.	Ars amatoria	De re pub.	De re publica
Att.	Atticus	Disp. Tusc.	Disputationes Tusculanae
B. G.	Bellum Gallicum	Div. Iul.	Divus Iulius
C.	Carmen	Ep.	Epigramm
Cic.	Cicero	Ep. mor.	Epistulae morales
		Met.	Metamorphoses

Autorenkommentar / Einführungstexte, Aufgaben und Grammatik

m f n / Sg. Pl.	Genus- / Numerusangaben	m.	mit
Nom./Gen./Dat./Akk./Abl.	Nominativ / Genitiv / Dativ / Akkusativ / Ablativ	nachklass.	nachklassisch
		NcI	Nominativus cum infinitivo
Abb.	Abbildung	Part.	Participium / Partizip
Abl. abs.	Ablativus absolutus	Part. coni.	Participium coniunctum
Abl. causae	Ablativus causae	Pass.	Passiv
Abl. comp.	Ablativus comparativus	Perf.	Perfekt
Abl. instr.	Ablativus instrumentalis	Pers.	Person
Abl. lim.	Ablativus limitationis	PFA	Partizip Futur Aktiv
Abl. mens.	Ablativus mensurae		
Abl. orig.	Ablativus originis	Plqupf.	Plusquamperfekt
Abl. qual.	Ablativus qualitatis		
Abl. sep.	Ablativus separativus	PPA	Partizip Präsens Aktiv
Abl. soc.	Ablativus sociativus	PPP	Partizip Perfekt Passiv
AcI	Accusativus cum infinitivo	Präp.	Präposition
Adj./adj.	Adjektiv / adjektivisch	Rel.Satz	Relativsatz
Adv./adv.	Adverb / adverbial	relat.	relativisch
ca.	circa	s.	siehe
Dekl.	Deklination/en	S.	Seite
dir. R.	direkte Rede	Subst./subst.	Substantiv / substantivisch
dicht. Pl.	dichterischer Plural	T1, T2	Text 1, Text 2
dopp.	doppelt	trans.	transitiv
entst.	entstanden	u. (Ä.)	und (Ähnliches)
f./ff.	folgend/-e	u. a.	unter anderem / und andere
fakt.	faktisch	V.	Vers
Frequ.	Frequentativum	verschr.	verschränkt
Fut.	Futur	vgl.	vergleiche
Gen. obi.	Genitivus obiectivus	VZ/vz	Vorzeitigkeit / vorzeitig
Gen. part.	Genitivus partitivus	Z.	Zeile
Gen. poss.	Genitivus possessivus	Zeit-V.	Zeitverhältnis
Gen. pretii	Genitivus pretii		
GR	Grammatikanhang		
griech.	griechisch	**Wortschatz**	
Impf.	Imperfekt		
Inf.	Infinitiv	LW	Lernwortschatz
intrans.	intransitiv	EW	Erweiterungswortschatz
Jh. v./n. Chr.	Jahrhundert vor / nach Christus	e.	englisch
jmdm./jmdn./etw.	jemandem / jemanden / etwas	frz.	französisch
		it.	italienisch
Kompar.	Komparativ		
Konj.	Konjunktiv		
konsek.	konsekutiv		
LW	Lernwortschatz		

X. BILD- UND TEXTQUELLENVERZEICHNIS

Bildquellenverzeichnis

Umschlag.1: Meyers Konversations-Lexikon, 1. Band, Bibliographisches Institut Leipzig/Wien ⁵1897; Umschlag.2: Jutta Harrer, Gräfelfing
S. 9.1: Archäologisches Institut der Universität Göttingen, Photo Stephan Eckardt; S. 9.2: Deutsches Historisches Museum, Berlin; S. 10: bpk / Museumslandschaft Hessen Kassel; S. 11: Bishkek Rocks / Public Domain; S. 14: Joe Genario / cngcoins.com; S. 15: akg-images; S. 16.1–3: Archäologisches Institut der Universität Göttingen, Photo Stephan Eckardt; S. 19: Public Domain; S. 21: Joe Genario / cngcoins.com; S. 27: Archiv Bernhard Harms; S. 29: Meyers Konversations-Lexikon, 1. Band, Bibliographisches Institut Leipzig/Wien ⁵1897; S. 32: Bridgeman Art Library; S. 33.1: Max Malsch / terminfoto.de; S. 33.2: Lo Scaligero / Public Domain; S. 37: akg images; S. 38: The Art Archive / National Museum Copenhagen; S. 40: Public Domain; S. 45.1: Joe Genario / cngcoins.com; S. 45.2: Bridgeman Art Library / Giraudon; S. 47: artur / Edmund Sumner; S. 50.1–3: Archäologisches Institut der Universität Göttingen, Photo Stephan Eckardt; S. 51: Joe Genario / cngcoins.com; S. 53: Manfred Werner / Public Domain; S. 55: bpk / Gerard Le Gall; S. 58: Bernhard Jussen, Liebig's Sammelbilder; S. 59.1: akg-images; S. 59.2: akg-images; S. 60: Fotex Medien Agentur / Target; S. 63: bpk / Scala; S. 66: akg-images; S. 68: Südtiroler Landesarchiv, Archiv Planinschek, Brixen; S. 71: bpk / Lutz Braun; S. 73: picture-alliance / Lonely Planet Images; S. 74: akg-images; S. 78: akg-images / Werner Forman; S. 78: akg-images / Hervé Champollion; S. 80: Bundesministerium der Finanzen / Annegret Ehmke; S. 81: Archäologische Staatssammlung München / Manfred Eberlein; S. 82: William P. Thayer 2000; S. 83: Deutsches Zollmuseum, Hamburg; S. 84: Agnete / Public Domain; S. 85: Luciano Pedicini / archivio dell´arte; S. 88: San Severo; S. 91: Richard Penn, Passau; S. 95: Vinzenz Katzler, aus: Moritz Smeets, Geschichte der Oesterreichisch-Ungarischen Monarchie, 1878, Universitätsbibliothek München; S. 96: akg-images / Erich Lessing; S. 98: Landeskriminalamt NRW; S. 99: bpk / Scala Picture Library; S. 100: bpk / Scala Picture Library; S. 101: The National Gallery Picture Library, London; S. 103: heiligenlexikon.de / Public Domain; S. 106: akg-images / Gilles Mermet; S. 108: akg-images; S. 111: Ingrid Terpolilli; S. 112: akg-images; S. 115: Bildagentur Huber; S. 116: akg-images / Andrea Jemolo; S. 117: Ingrid Terpolilli; S. 118: bpk / Scala Picture Library; S. 119: Kloster Benediktbeuern; S. 121: akg-images / Erich Lessing; S. 123: Bridgeman Art Library / Giraudon; S. 124: akg images; S. 127: Bayerische Staatsbibliothek München; S. 128: akg-images / Rabatti-Domingle; S. 129: Ingrid Terpolilli; S. 131: f1online.de; S. 132/133: Tim Kolbet; S. 134: Martin von Wagner Museum der Universität Würzburg – Antikensammlung;S. 136: akg-images / Bildarchiv Monheim; S. 139: Bridgeman Art Library; S. 140: bpk; S. 142: Bridgeman Art Library; S. 144: Schorle / Public Domain; S. 146: Scala Picture Library; S. 147: Karin Bittner; S. 149: Bridgeman Art Library/Gavin Graham Gallery; S. 151: bpk; S. 152: bpk / Jörg P. Anders; S. 153: akg-images / Electa; S. 154: akg-images; S. 157: Bridgeman Art Library / Christie's Images; S. 158: akg-images; S. 160: Scala Picture Library; S. 163: bpk / Jörg P. Anders; S. 165: Bridgeman Art Library; S. 167: bpk / Lotte Herrlich; S. 168: VG-Bild-Kunst, Bonn 2011 / akg images; S. 169: Bridgeman Art Library / William Morris Gallery; S. 171: akg-images; S. 174: akg-images; S. 176: akg-images / Peter Connolly; S. 178: akg-images / Erich Lessing; S. 179: Bridgeman Art Library; S. 180: Sotheby's / akg images; S. 182.1: akg-images / Erich Lessing; S. 183: akg-images / Erich Lessing; S. 185: bpk / BStGS; S. 187: Public Domain; S. 189: Bridgeman Art Library; S. 192: Bridgeman Art Library / The Stapleton Collection; S. 193: akg-images; S. 195: bpk / Knut Petersen; S. 196: akg-images / Erich Lessing; S. 198: akg-images / Gilles Mermet; S. 201: akg-images / Bildarchiv Steffens; S. 203: bpk / BStGS
Nachsatz.1: Illustration Joachim Norweg, in: comes – Unterrichtswerk für Latein als gymnasiale Eingangssprache. Hrsg. von Christian Czempinski. © 2011 Oldenbourg Schulbuch-Verlag GmbH, München; Nachsatz.2: Jutta Harrer, Gräfelfing

Textquellenverzeichnis

S. 34: Theodor Fontane, Die Brück' am Tay, Werke in 5 Bänden, Band 3, S. 641, Nymphenburger Verlagshandlung, München 1974; S. 59.1: Theodor Mommsen: Römische Geschichte. © 1976 Deutscher Taschenbuchverlag, München; S. 59.2 A: „Die Geschäfte des Herrn Julius Caesar. Romanfragment", aus: Bertolt Brecht, Werke;Große kommentierte Berliner und Frankfurter Ausgabe, Band 27: Journale 2. © Suhrkamp Verlag Frankfurt am Main 1995; S. 59.2 B: „Fragen eines lesenden Arbeiters", aus: Bertolt Brecht, Werke. Große kommentierte Berliner und Frankfurter Ausgabe, Band 12: Gedichte 2. © Suhrkamp Verlag Frankfurt am Main 1988; S. 59.3: Christian Meier, Caesar, © 2004, Siedler Verlag, München, in der Verlagsgruppe Random House GmbH; S. 75: Rutilius Claudius Namatianus, De reditu suo sive Iter Gallicum, hrsg. und übers. von Ernst Doblhofer, Bd. 2, Universitätsverlag Winter, Heidelberg 1977; S. 127: Regula Sancti Benedicti 40, in: Die Benediktusregel (lat./dt.), hrsg. im Auftrag der Salzburger Äbtekonferenz, Beuroner Kunstverlag, Beuron 1992; S. 137: Autoren Dr. Peter Roland, Dr. Peter Diem; S. 138.1,2,3: aus „Durchstarten in Latein: Nuntii Latini Teil 2, Übersetzungsvergnügen mit lateinischen News", Wolfram Kautzky, Veritas-Verlag, Wien 2004; S. 142: „Das Schönste", aus: Sappho, Strophen und Verse. Aus dem Griechischen und herausgegeben von Joachim Schickel. © Insel Verlag Frankfurt am Main 1978; S. 143: „Hymnus auf Aphrodite", aus: Sappho, Strophen und Verse. Aus dem Griechischen und herausgegeben von Joachim Schickel. © Insel Verlag Frankfurt am Main 1978; S. 150: „Scheinen will mir", aus: Sappho, Strophen und Verse. Aus dem Griechischen und herausgegeben von Joachim Schickel. © Insel Verlag Frankfurt am Main 1978; S. 156.2 u. 163.2: Thornton Wilder, Die Iden des März. © 1948 by Thornton Wilder. Bermann-Fischer/Querido, Amsterdam 1949. Deutsch von Herberth Herlitschka. Alle Rechte vorbehalten S. Fischer Verlag GmbH, Frankfurt am Main; S. 163.1 C u. 204 C: Holzberg, N., Catull – Der Dichter und sein erotisches Werk, dort S. 176 und S. 185. © C.H. Beck Verlag; S. 167: Martial, Ep. I, 109, gekürzt, in: Martial, Epigramme, lat./dt., hrsg. und übers. von Paul Barié und Winfried Schindler, Düsseldorf; Zürich, 1999 (Tusculum). © Bibliographisches Institut / Artemis & Winkler, Mannheim; S. 185.1: aus: Ovid, Ars amatoria I, 505–522, gekürzt, in: Ovidius Naso, Liebeskunst, lat./dt., übers. und hrsg. von Niklas Holzberg, Artemis, München/Zürich 1985. © Bibliographisches Institut / Artemis & Winkler, Mannheim; S. 185.2: aus: Ovid, Ars amatoria III, 433–456, gekürzt, in: P. Ovidius Naso, Liebeskunst, lat./dt., übers. und hrsg. von Niklas Holzberg, Artemis, München/Zürich 1985. © Bibliographisches Institut / Artemis & Winkler, Mannheim; S. 191.1,2,3: „Prologus – Vorwort zu Buch I" (gekürzt), „Das Buch, das du hier liest", „Valerius grüßt seinen Priscus" (gekürzt), aus: Martial, Epigramme. Aus dem Lateinischen und herausgegeben von Walter Hofmann. © Insel Verlag Frankfurt am Main 1997

Trotz entsprechender Bemühungen ist es nicht in allen Fällen gelungen, den Rechteinhaber ausfindig zu machen. Gegen Nachweis der Rechte zahlt der Verlag für die Abdruckerlaubnis die gesetzlich geschuldete Vergütung.

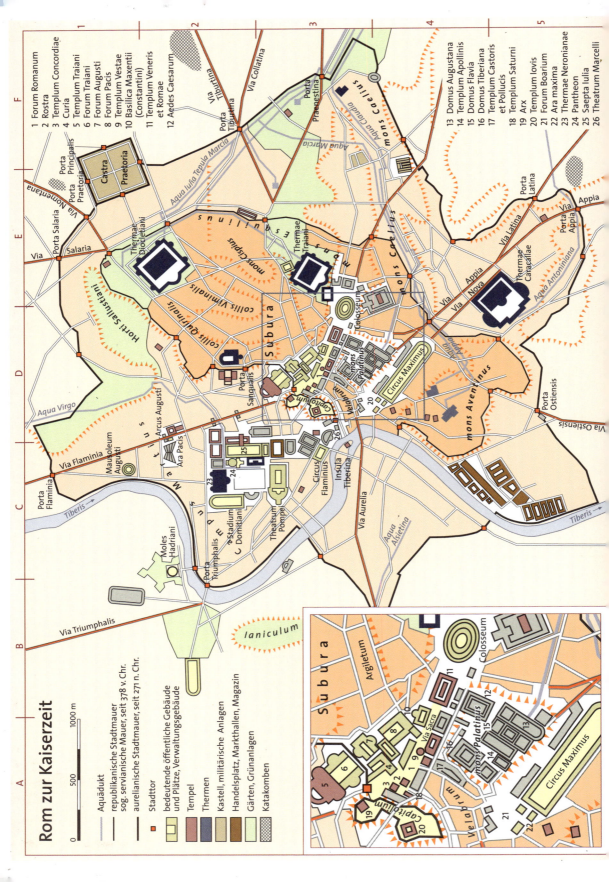